La Mara

Briefe hervorragender Zeitgenossen an Franz Liszt

Nach den Handschriften des Weimarer Liszt-Museums - 1. Band

La Mara

Briefe hervorragender Zeitgenossen an Franz Liszt
Nach den Handschriften des Weimarer Liszt-Museums - 1. Band

ISBN/EAN: 9783744683777

Hergestellt in Europa, USA, Kanada, Australien, Japan

Cover: Foto ©ninafisch / pixelio.de

Weitere Bücher finden Sie auf **www.hansebooks.com**

Briefe
hervorragender Zeitgenossen

an

Franz Liszt.

Nach den Handschriften des Weimarer Liszt-Museums
mit Unterstützung von dessen Custos Geheimrath Gille

herausgegeben

von

La Mara.

————

Erster Band: 1824—1854.

Leipzig

Druck und Verlag von Breitkopf & Härtel

1895.

Seiner Königlichen Hoheit

CARL ALEXANDER

Grossherzog von Sachsen

dem hohen Eigenthümer des Liszt-Museums

ehrfurchtsvoll dargebracht.

Die »Briefe hervorragender Zeitgenossen an Franz
Liszt« bilden, obwol ein in sich selbständiges Werk,
eine Ergänzung der von mir im selben Verlag herausgegebenen Liszt'schen Briefe. Manches der hier mitgetheilten
Schreiben steht mit denen Liszt's in directem Zusammen-
hang, sodass es sich zu jenen wie Rede zur Gegenrede
verhält. Andere weisen neue, dort nicht wahrnehmbare
Beziehungen auf: das Bild von Liszt's Weltverkehr, wie
er bei keinem anderen Musiker, noch bei einem Künstler
überhaupt je seines Gleichen fand, zeigt sich demnach
hier um vieles erweitert. Nach Fürstenart sehen wir den
Meister fast auf jedem Blatt dieses Buchs von Bitten,
Anliegen, Huldigungen umdrängt; unvergleichlich wie sein
Genie war ja seine hülfreiche Güte, seine edle Selbst-
losigkeit. Doch auch neue Züge der einzigartigen künstlerischen und menschlichen Persönlichkeit Liszt's treten
in diesen Blättern hinzu zu den altbekannten; in immer
vielseitigere Beleuchtung gerückt steht sie vor uns, und
statt Einbusse zu erleiden vor dem scharfen Licht intimerer
Betrachtung, wächst sie vielmehr vor unsern Augen an
Grösse und Schönheit und der Macht, die die Herzen be-
zwingt, noch im Grabe den alten Zauber bewahrend, den
der lebendige Liszt einst übte.

Das Material zu vorliegender Sammlung gewährten die
handschriftlichen Schätze des Weimarer Liszt-Museums,
der grossherzigen Stiftung der Fürstin Marie Hohenlohe
in Wien, die im hohen Sinne Liszt's und ihrer verstorbenen
Mutter, Fürstin Caroline Wittgenstein, über seine künstle-
rische Hinterlassenschaft verfügte. Durch den verdienten
Custos des Museums, Geheimrath Dr. Gille in Jena, Liszt's
langjährigen Freund, wurden mir unter Genehmigung des
hohen Eigenthümers die Originale zugänglich gemacht.
Er begleitete das Entstehen und Wachsen des ihm am
Herzen liegenden Werkes mit thätiger Theilnahme. Die
Veröffentlichung erfolgt hier nach dem Wortlaut in der
Originalorthographie; Auslassungen sind durch das bei den
Liszt-Briefen gebrauchte Zeichen: .—. kennntlich.

Ziemlich ungleichmässig vertheilen sich die Briefe über die Lebenszeit des Meisters, an den sie gerichtet sind. Er selbst sagte mir einmal: »Ich habe nicht gesammelt; dazu war mein unruhiges, wechselvolles Leben nicht angethan.« So entstammt denn auch die weit überwiegende Mehrzahl der Schriftstücke der relativ ruhigsten, sesshaftesten Periode seines Lebens: der Zeit der Weimarer Altenburg, da die ordnende, sorglich hütende Hand der Fürstin Wittgenstein neben ihm waltete. Was hinter dieser Periode zurück und mehr noch, was über sie hinaus liegt, erscheint, an der reichen Brieffülle der Jahre 1848—1861 gemessen, fast spärlich. Nur die Briefe hervorragender Hand, die Liszt in Rom erreichten oder von ihm der Fürstin mitgetheilt wurden, scheinen bewahrt und von ihr alsbald in sichere Hut genommen worden zu sein. Aus den Jahren 1862—64, 1872—80, 1882—86 aber fehlen sie ganz, und von 1881 ist nur ein einziger auf uns gekommen, der letzte, mit dem die gegenwärtige Sammlung abschliesst.

Nicht der gesammte Briefreichthum des Museums freilich konnte innerhalb zweier Bände Raum finden. Widerstrebte doch überdies, nicht nur in Rücksicht auf die gebotene räumliche Beschränkung, der für die Veröffentlichung ungeeignete Inhalt vieler Briefe von vornherein der Aufnahme derselben. So musste ich mir's beispielsweise versagen, Hans von Bronsart, Alexander Winterberger, Rosenhain, Paul Heyse, Alfred Meissner, Rodenberg, Griepenkerl, Moritz von Schwind, E. de Girardin, Baudelaire, Marie Bayer-Bürck, Marie Dorval, Rosine Stoltz, Graf Apponyi, Fürst und Fürstin Metternich und andere in der Reihe der Liszt-Correspondenten vertreten zu sehen, während ich manche wiederum nicht vollständig zu Worte kommen lassen durfte. Die dem Liszt-Museum gehörigen Briefe Hans von Bülow's hoffe ich an anderer Stelle der Öffentlichkeit zu übergeben.

Im Übrigen möge die Sammlung, der ich durch Beigabe der Namenszüge der Schreibenden erhöhtes Interesse zu verleihen bemüht war, für sich selber sprechen.

Wien, 22. October 1895.

La Mara.

Inhalt.

—

Virtuosen- und Wanderjahre 1824—1847.

Seite

1. Carl Czerny, Wien, 14. Juli 1824 3
2. Thaddäus Graf Amadé, Wien, 1. Mai 1828 5
3. N. G. Biagioli, London, 16. Juni 1830 7
4. George Sand, Paris, 9. Mai 1834 8
5. Dieselbe, Paris, 19. Januar 1835 9
6. Ignaz Moscheles, London, 11. December 1837 10
7. Ernest Legouvé, 1840 12
8. F. Mendelssohn Bartholdy, Leipzig, 8. April 1840 15
9. Robert Schumann, Leipzig, 29. October 1840 17
10. A. Marquis de Custine, Paris, 26. März 1841 18
11. Adolphe Crémieux, Paris, 30. März 1841 18
12. George Sand, Paris, März oder April 1841 19
13. Ole Bull, Warschau, 1. April 1841 20
14. Edgar Quinet, Paris, 15. April 1841 21
15. Alexandre Dumas, Paris, Mai 1841 22
16. Joseph d'Ortigue, Paris, 2. Juli 1841 22
17. H. W. Ernst, Frankfurt a. M., Spätherbst 1841 25
18. Adelaide Kemble, London, 4. November 1841 27
19. Cristina Fürstin von Belgiojoso, Locate, 9. November 1841 28
20. Georg Herwegh, Paris, 14. December 1841 30
21. C. Spontini, geb. Erard, Berlin, 22. December 1841 31
22. Felix Fürst Lichnowsky, Wien, 4. Januar 1842 32
23. Wilhelm Wieprecht, Berlin, 20. Jan. 1842 33
24. Felix Fürst Lichnowsky, Schloss Grätz, 26. Januar 1842 . . 35
25. Ludwig Rellstab, Berlin, 29. Januar 1842 36
26. Alex. v. Humboldt, Berlin, Januar oder Februar 1842 . . . 37
27. F. Mendelssohn Bartholdy, Berlin, 1. Februar 1842 38
28. Gasparo Spontini, Berlin, 9. Februar 1842 38
29. Ottilie v. Goethe, Weimar, 10. Februar 1842 40
30. Friedrich Wilhelm, Erbprinz von Mecklenburg-Strelitz, Stre-
    litz, 11. Februar 1842 42

		Seite
31.	Bettina v. Arnim, Berlin, Februar 1842	43
32.	Alexis v. Lwoff, Petersburg, 21. April 1842	45
33.	Bettina v. Arnim, Ems, 20. Juni 1842	46
34.	Julius Benedict, Mayfair, 12. August 1842	50
35.	Bettina v. Arnim, Ems, 17. September 1842	51
36.	H. W. Ernst, Haag, 4. October 1842	52
37.	Carl Czerny, Wien, 6. December 1842	53
38.	Robert Schumann, Leipzig, 2. Januar 1843	54
39.	Giacomo Meyerbeer, Berlin, 6. Februar 1843	55
40.	Marie Pleyel-Moke, Brüssel, 11. Februar 1843	57
41.	Friedrich Wilhelm IV., König von Preussen, Berlin, 27. Februar 1843	58
42.	G. B. Rubini, Petersburg, 31. März 1843	59
43.	M. G. Saphir, Cöln, 16. August 1843	59
44.	Robert Schumann, Leipzig, 1. Januar 1844	60
45.	Ludwig Rellstab, Berlin, 2. Januar 1844	61
46.	Clara Schumann-Wieck, Leipzig, 7. Januar 1844	63
47.	Julius Benedict, London, 12. Februar 1844	65
48.	Alexandre Dumas, Paris, März oder April 1844	67
49.	Heinrich Heine, Paris, vor 16. April 1844	67
50.	Derselbe, zwischen 17. und 25. April 1844	68
51.	George Sand, Paris, wol April 1844	68
52.	Marie Pleyel, Lüttich, 26. April 1844	69
53.	Abbé F. de Lamennais, Paris, 3. Mai 1844	70
54.	Joseph d'Ortigue, Paris, 18. April 1845	70
55.	Pierre Erard, Paris, 1. Mai 1845	72
56.	Alphonse de Lamartine, Macon, 21. Mai 1845	72
57.	Abbé de Lamennais, Paris, 23. Mai 1845	73
58.	M. A. E. de Lamartine, Monceau, Ende Mai 1845	73
59.	Alphonse de Lamartine, 7. Juli 1845	74
60.	Giacomo Meyerbeer, Berlin, 7. Juli 1845	74
61.	O. L. B. Wolff, Jena, 11. Juli 1845	75
62.	F. J. Fétis, Brüssel, 17. Juli 1845	77
63.	Franz Dingelstedt, Stuttgart, 27. October 1845	78
64.	K. F. Dräxler-Manfred, Darmstadt, 21. November 1845	81
65.	Franz Dingelstedt, Stuttgart, 30. December 1845	82
66.	Hector Berlioz, Prag, 26. März 1846	84
67.	Cristina, Fürstin von Belgiojoso, Mailand, 12. Mai 1846	85
68.	Felix Fürst Lichnowsky, Sagan, 24. September 1847	86

Weimarer Jahre 1848—1854.

69.	Ludwig Schwanthaler, München, 7. Februar 1848	91
70.	Jules Janin, Paris, 24. Februar 1848	91
71.	Friedrich Smetana, Prag, 23. März 1848	95
72.	Hector Berlioz, Paris, 23. Juli 1848	98

Seite

73. Franz Grillparzer, Wien, 13. August 1848 101
74. Robert Franz, Halle, 3. October 1848 101
75. Ary Scheffer, Paris 1848 102
76. Cristina Fürstin von Belgiojoso, Paris, 15. Januar 1849 . 104
77. Karl Lipinski, Dresden, 27. Januar 1849 106
78. Hector Berlioz, Paris, Februar oder März 1849 107
79. Otto Nicolai, Berlin, 3. März 1849 108
80. Charlotte v. Oven, geb. v. Hagn, München, 7. April 1849 110
81. Ferdinand David, Leipzig, 22. April 1849 111
82. Charlotte v. Oven, München, 29. April 1849 112
83. Dieselbe, München, 24. Mai 1849 113
84. Robert Schumann, Kreischa, 31. Mai 1849 114
85. Marie Pleyel, Brüssel, 2. Juni 1849 116
86. H. W. Ernst, London, 7. Juni 1849 117
87. Derselbe, London, Sommer 1849 120
88. Robert Schumann, Dresden, 29. Juli 1849 121
89. Ernst II., Herzog v. Coburg-Gotha, Callenberg, 1. Septem-
        ber 1849 122
90. Adolf Stahr, Oldenburg, 14. October 1849 123
91. François Seghers, Paris, 14. October 1849 124
92. Joachim Raff, Hamburg, 21. November 1849 126
93. Rudolf Lehmann, Hamburg, 5. Februar 1850 127
94. Charles Augustin Sainte-Beuve, Paris, 31. März 1850 . . 129
95. Franz Dingelstedt, Stuttgart, 19. April 1850 129
96. Derselbe, Stuttgart, 4. Mai 1850 131
97. Derselbe, Stuttgart, 15. Juni 1850 134
98. Derselbe, Cannstatt, 9. Juli 1850 136
99. Friedrich Preller, Cassel, 11. August 1850 136
100. Manuel Garcia, London, 26. August 1850 136
101. Carl Gutzkow, Weimar, 29. August 1850 139
102. Ferdinand David, Leipzig, 16. September 1850 140
103. Adolf Henselt, Dresden, 23. September 1850 141
104. Gérard de Nerval, Paris, 6. October 1850 143
105. Julius Rietz, Leipzig, 16. October 1850 144
106. Franz Dingelstedt, Stuttgart, 5. November 1850 145
107. Robert Volkmann, Pest, 6. November 1850 146
108. Felice Ronconi, London, 14. November 1850 148
109. Eduard Genast, Weimar, 25. November 1850 149
110. Joachim Raff, Weimar, 29. December 1850 151
111. Walther v. Goethe, Wien, Januar 1851 155
112. Antoine de Kontski, Berlin, 22. Februar 1851 157
113. Theodor Kullak, Berlin, 22. Februar 1851 157
114. Joachim Raff, Weimar, 13. März 1851 159
115. Carl Gutzkow, Dresden, 18. März 1851 161
116. Joachim Raff, Weimar, 25. März 1851 166

Seite

117. Eduard Bauernfeld, Wien, 25. März 1851 167
118. Adolf Stahr, Oldenburg, 27. März 1851 169
119. Augusta, Prinzessin v. Preussen, Coblenz, 20. April 1851   170
120. Friedrich Wilhelm Constantin, Fürst v. Hohenzollern-
        Hechingen, Hohlstein, 27. April 1851 171
121. Robert Franz, Halle, 1. Mai 1851 173
122. Derselbe, Halle, 7. Mai 1851 176
123. Siegfried Dehn, Berlin, 18. Mai 1851 177
124. Adolf Stahr, Weimar, 20. Mai 1851 182
125. Fanny Lewald, Weimar, 20. Mai 1851 184
126. Adolf Henselt, Petersburg, Juni 1851 185
127. Derselbe, Ende Juni oder Juli 1851 186
128. Hector Berlioz, Paris, 6. August 1851 187
129. Derselbe, Paris, 29. August 1851 188
130. Fanny Lewald, Jena, 13. September 1851 190
131. Ferdinand Hiller, Paris, 15. October 1851 192
132. Peter Cornelius, Soest, 21. October 1851 193
133. Robert Schumann, Düsseldorf, 5. November 1851 195
134. Derselbe, Düsseldorf, 6. December 1851 196
135. Robert Volkmann, Pest, 6. December 1851 197
136. Siegfried Dehn, Berlin, 22. December 1851 199
137. Robert Schumann, Düsseldorf, 25. December 1851 200
138. Hector Berlioz, Paris, 24. Januar 1852 201
139. Derselbe, Paris, 4. Februar 1852 203
140. Giacomo Meyerbeer, Berlin, 8. Februar 1852 204
141. Robert Schumann, Düsseldorf, 10. Februar 1852 206
142. Robert Volkmann, Pest, 15. Februar 1852 206
143. Hector Berlioz, Paris, 22. Februar 1852 207
144. Carl Czerny, Wien, 23. Februar 1852 208
145. Clara Schumann, Düsseldorf, 28. Februar 1852 209
146. Hector Berlioz, Paris, 2. März 1852 211
147. Robert Schumann, Leipzig, 11. März 1852 212
148. Wilhelmine Clauss, Paris, 18. März 1852 212
149. Robert Franz, Halle, 21. März 1852 214
150. Derselbe, Halle, 25. März 1852 214
151. Henriette Gräfin Rossi, geb. Sontag, Hamburg, 26. März 1852 215
152. Hector Berlioz, London, Ende März 1852 217
153. Derselbe, London, 12. April 1852 218
154. Marie Pleyel, London, 5. Mai 1852 220
155. Adolf Stahr, Jena, 18. Mai 1852 221
156. Josef Joachim, London, 22. Mai 1852 222
157. Robert Franz, Halle, 23. Mai 1852 223
158. Marie Pleyel, London, 23. Mai 1852 225
159. Adolf Stahr, Jena, 3. Juni 1852 227
160. Hector Berlioz, London, 7. Juni 1852 229

Seite

161. Heinrich Schlesinger,
    Peter v. Lindpaintner,
    Siegfried Dehn,   Berlin, 19. Juni 1852 231
    Michael Glinka,

162. Hector Berlioz, Paris, 2. Juli 1852 233
163. Derselbe, Paris, 3. oder 4. Juli 1852 236
164. Robert Franz, Halle, 8. Juli 1852 238
165. Bettina v. Arnim, Berlin. 9. August 1852 240
166. Carl Czerny, Wien, 15. September 1852 242
167. Hector Berlioz, Paris, 10. October 1852 244
168. Derselbe, Paris, 6. November 1852 245
169. Derselbe, Weimar, 22. November 1852 246
170. Derselbe, Paris, 30. November 1852 246
171. Eduard Devrient, Carlsruhe, 10. December 1852 249
172. Hector Berlioz, Paris, 20. December 1852 250
173. Derselbe, Paris, 29. December 1852 251
174. Derselbe, Paris, 1. Januar 1853 253
175. Siegfried Dehn, Berlin, 6. Januar 1853 254
176. Hector Berlioz, Paris, 14. Januar 1853 257
177. Henri Vieuxtemps, Bordeaux, 31. Januar 1853 259
178. Hector Berlioz, Paris, Ende Januar od. Auf. Februar 1853 261
179. Ernst II., Herzog v. Coburg-Gotha, Gotha, 20. Februar 1853 265
180. Hector Berlioz, Paris, 4. März 1853 267
181. Adolf Stahr, Berlin, 6. März 1853 267
182. Robert Franz, Halle, 7. März 1853 270
183. Adolf Stahr, Berlin, 15. März 1853 272
184. Bettina v. Arnim, 19. März 1853 275
185. Josef Joachim, Hannover, 21. März 1853 278
186. Eduard Sobolewski, Königsberg, 4. Juli 1853 279
187. Hector Berlioz, Paris, 10. Juli 1853 280
188. Eduard Reményi, Weimar, 1. Juli-Hälfte 1853 283
189. Ferdinand Laub, Carlsbad, 24. Juli 1853 285
190. Hector Berlioz, Paris, Ende Juli 1853 287
191. Giacomo Meyerbeer, Sommer 1853 290
192. Franz Dingelstedt, München, 2. September 1853 290
193. Hector Berlioz, Paris, 3. September 1853 293
194. Josef Joachim, Hannover, 9. September 1853 294
195. Otto Ludwig, Loschwitz, 1. October 1853 295
196. Hector Berlioz, Braunschweig, 26. October 1853 296
197. Carl Czerny, Wien, 3. Nov. 1853 297
198. Bonaventura Genelli, München, 13. November 1853 . . . 299
199. Franz Dingelstedt, München, 20. November 1853 299
200. Heinrich Dorn, Berlin, 4. December 1853 301
201. Wilhelm Wieprecht, Berlin, 5. December 1853 302
202. H. W. Ernst, Carlsruhe, 13. December 1853 305

Seite

203. Josef Joachim, 29. December 1853 307
204. Derselbe, 9. Januar 1854 308
205. Julius Schulhoff, Prag, 12. Januar 1854 309
206. Hector Berlioz, Paris, 15. Januar 1854 309
207. Robert Franz, Halle, 21. Januar 1854 311
208. Hector Berlioz, Paris, 24. Januar 1854 313
209. Ernst Rietschel, Dresden, 30. Januar 1854 315
210. Marie Kalergis, geb. Gräfin Nesselrode, Brüssel, 8. Febr. 1854 317
211. Heinrich Dorn, Berlin, 19. Februar 1854 320
212. Ernst Hähnel, Dresden, 2. März 1854 321
213. Hector Berlioz, Paris, 11. März 1854 323
214. C. F. Weitzmann, Berlin, 16. März 1854 325
215. Hector Berlioz, Hannover, 31. März 1854 326
216. Robert Franz, Halle, 8. April 1854 328
217. Josef Joachim, 13. April 1854 329
218. Hector Berlioz, Dresden, 14. April 1854 330
219. Derselbe, Dresden, 15. oder 16. April 1854 332
220. Derselbe, Dresden, 22. April 1854 333
221. Derselbe, Dresden, 26. April 1854 334
222. Franz Dingelstedt, München, 29. April 1854 335
223. Hector Berlioz, Paris, 16. Mai 1854 337
224. Derselbe, Paris, 31. Mai 1854 338
225. Derselbe, Paris, 2. Juli 1854 338
226. Derselbe, Paris, 28. Juli 1854 340
227. Hermann Grimm, Berlin, 31. Juli 1854 342
228. Anton Rubinstein, Biebrich, 5. August 1854 343
229. Eduard Reményi, London, 8. August 1854 345
230. Anton Rubinstein, Biebrich, 9. August 1854 347
231. Derselbe, Biebrich, 28. August 1854 347
232. Peter Cornelius, Bernhardshütte, 6. September 1854 . . . 348
233. Anton Rubinstein, Leipzig, 6. October 1854 351
234. Clara Schumann, Düsseldorf, 6. October 1854 352
235. Peter Cornelius, Bernhardshütte, 7. October 1854 . . . 353
236. Adolf Stahr, Berlin, 11. October 1854 355
237. Hector Berlioz, Paris, 15. October 1854 357
238. Clara Schumann, Leipzig, 21. October 1854 358
239. Hector Berlioz, Paris, 14. November 1854 359
240. Josef Joachim, Hannover, 16. November 1854 361
241. Anton Rubinstein, Leipzig, 16. November 1854 363
242. Derselbe, Leipzig, 15. December 1854 364
243. Hector Berlioz, Paris, 17. December 1854 366
244. Gustav Freytag, wol gegen Ende 1854 367

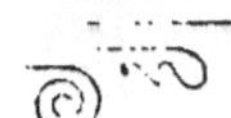

Virtuosen- und Wanderjahre
1824–1847.

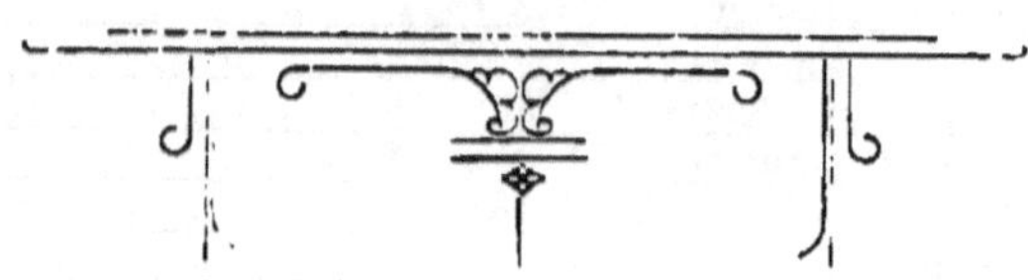

1. Carl Czerny,

einer unserer bedeutendsten Clavierpädagogen und Componisten
instructiver Werke, geb. 21. Febr. 1791 zu Wien, gest. daselbst,
wo er fast ausschliesslich lebte, 15. Juli 1857. Gleich Döhler,
Thalberg, Kullak, Jaell u. a. dankte Liszt ihm (1820—1823) seine
Ausbildung.

An Mr Franz Liszt in London.

Wien, 14. July 1824.

Lieber Franzi!

Mit Freude vernehme ich von allen Seiten, daß Er auch
in der Hauptstadt des hochherzigen England's so glücklich
ist, denselben Beyfall, dieselbe Aufmerksamkeit zu erregen
wie früher in Paris. Ich halte dieß um so viel ehrenvoller,
weil die Bewohner Londons, im Besitz der ausgezeichnetsten
Clavieristen unsrer Zeit, vielleicht einen richtigern Maassstab
zur Würdigung unsrer Kunst haben können, als die Franzosen. Ich bin überzeugt, dass mein lieber kleiner Freund
durch verdoppeltes Studium, durch zweckmässigen Fleiss,
durch stete Aufmerksamkeit auf seine Leistungen so wie auf
sein sittliches Betragen, sich der hohen Ehre würdig erhalten
wird, gegenwärtig selbst in den geachtetsten öffentlichen
Blättern unter die ausgezeichneten Künstler unsrer Zeit ge-
rechnet zu werden. Er wird nie vergessen, dass, je größer
der Ruf und der Enthusiasmus des Publikums ist, desto
schwerer und wichtiger es ist, sich darin zu erhalten; und
dass, wenn man auch dem glänzenden Theil der großen Welt
durch Kleinigkeiten, Kindereyen u. s. w. besondern Beyfall
entlocken kann, doch das Urtheil einzelner, wahrhaft grosser
Meister und Kenner mehr werth ist *und länger dauert*, als

1*

das einstimmige Klatschen der Menge. Der Zeitpunkt ist jetzt für Ihn in London um so günstiger, weil, wie ich höre, Ries [1]) schon Abschied vom musikalischen Leben genommen hat; weil Moscheles noch immer in Böhmen zurückgehalten wird, und auch Kalkbrenner, wie er selber mir sagte, sich bald auf seine Güter an der Loire begeben und der Ruhe pflegen werde. Ich las in einigen Zeitungen von einem kleinen 8jährigen Knaben, Aspull [2]), glaub' ich, mit Nahmen, der so ungemein brav spielen soll. Hat Er ihn gehört? Ich habe, noch eh ich wusste, daß uns der kleine Zisy [3]) schon übers Meer nach London entwischt war, Ihm durch den Fürsten Paul Esterhazy nach Paris einen Pack Musikalien geschickt, worunter meine neuesten Arbeiten, und darunter mehrere zum Produziren geeignete Sachen sich befinden. Da ich sie in Seine Pariser Wohnung adressirte und dem Hrn. Vater schrieb, dass selbe im Hôtel de l'Ambassade Autrichienne abzuholen wären, so hoffe ich, dass Er sie vielleicht doch bekommen hat. Meine Allegri di Bravura für Hrn. Boosey sind nun fertig, und ich erwarte die schicklichste Gelegenheit, sie nach London zu senden. Wenn Er Hrn. Boosey sieht, so sage Er ihm in meinem Nahmen, dass ich ihn sehr bitte, mir baldmöglichst zu wissen zu machen, ob er nicht die Allegri di Br. gemeinschaftlich mit Hrn. Peters in Leipzig herausgeben und sich daher mit ihm in das Honoriren per 50 Duc. für das ganze Werk einverstehen wollte? Er kann den Nachdruck in Deutschland doch auf keinen Fall hindern, und auf *diese* Art geschähe es zu *se'nem* und *meinem* Vortheil.

Ich bin jetzt ziemlich fleissig, und bald erscheinen unter andern von mir brill. Var. über Gott erhalte Franz den Kaiser! mit Orchesterbegleitung, die ich dem Franzi baldmöglichst schicken werde.

---

1) Schüler Beethoven's, Componist und Herausgeber der »Biographischen Notizen über Beethoven«. (1784—1838.)

2) Ein Wunderkind aus Manchester; es erregte in England grosse, aber unerfüllt gebliebene Hoffnungen.

3) Kosename für Franz.

1000 mal Adieu an Seine lieben Hrn. Eltern, und an Ihn selber; sey Er brav und fromm, glücklich und gesund, komme Er bald nach Wien, und mache Er, daß wir bald wieder Nachricht von Ihm erhalten, womit ich verbleibe

Sein immer guter, wahrer Freund

Carl Czerny

Wenn Er Hrn. Schulze, Verleger in London, sieht, von mir alles Schöne, so wie an Neate, Ries, Kalkbrenner etc.

2. Thaddäus Graf Amadé,

einer der frühesten Protectoren Liszt's, nämlich einer der ungarischen Magnaten, die, nach dem ersten Concert des neunjährigen Knaben in Pressburg, ihm durch Zusicherung eines jährlichen Stipendiums von 600 fl. für 6 Jahre, die Mittel zu seiner künstlerischen Ausbildung boten. Ihm ist eine der Erstlingscompositionen Liszt's, sein Allegro di Bravura op. 4, gewidmet.

A Monsieur François Liszt à Paris.
Rue Coquenard N° 38, Faubourg Montmartre.

Mon cher Liszt!

Je prends une part bien sincère au malheur que vous avez éprouvé[1]), vous avez perdu votre premier appui, votre meilleur ami, celui qui depuis votre naissance s'occupait de vos intérêts, et vous aimait avec la plus tendre affection avant même que vous étiez en état d'apprécier et de mériter sa tendresse. — Jusqu'à ce moment votre vie était douce, vous n'aviez besoin que d'obéir, et vous pouviez vous reposer aveuglément sur les soins de votre père. —

Maintenant vous avez une tâche plus difficile à remplir, vous devez vous acquérir des amis, vous devez devenir le soutien de votre mère et rendre grâce au ciel qu'il vous ait conservé celle qui, comme votre père défunt, sera toujours

---

1. Liszt's Vater war am 28. Aug. 1827 gestorben.

disposée à vous chérir et à vous aimer. — Il n'en sera pas de même des nouveaux amis, que votre situation doit vous porter à rechercher, vous ne trouverez en eux ni cette abnégation de soi-même, ni cette affection désinteressée que des parents éprouvent, trop heureux si vous parvenez à leur inspirer de l'intérêt, vous devez tout faire pour l'obtenir; et ne pas vous laisser décourager, si le résultat ne répond pas tout de suite à votre attente. — Avec une attention suivie à parvenir au but que vous vous êtes proposé, avec une observance exacte de tous les devoirs que la convenance impose, avec des manières simples et surtout pas de présomption en vos talents, vous finirez tôt ou tard à acquérir l'estime publique, et l'affection de tous les hommes de mérite. — Ces conseils, c'est mon amitié qui vous les donne, car je m'intéresse bien vivement à votre sort et si je puis vous être de quelque utilité maintenant ou dans la suite, comptez sur moi, et adressez-vous toujours à moi avec cette sincérité que j'ai le droit d'attendre de vous par l'affection que je vous porte. — Ecrivez-moi de temps en temps, parlez-moi de vos affaires, de vos projets, en un mot considérez-moi comme celui qui, après vos parents, prend le plus vif intérêt à tout ce qui vous regarde. — Mes compliments à votre mère, dites-lui qu'elle ne s'est pas trompée en comptant sur la durée de mes sentiments pour vous. — Adieu, cher Liszt, écrivez-moi bientôt, car tout ce qui vous regarde, m'intéresse infiniment.

Vienne, ce 1 May 1828.

3. Niccolò Giosafatte Biagioli [1]),

Sprachgelehrter und Schriftsteller, geb. 1761 in Vizzano bei Genua, wurde 17jährig schon Professor an der Universität Urbino, wanderte aber aus politischen Gründen 1798 nach Paris aus, wo er als italienischer Sprachlehrer lebte und am 13. Dec. 1830 starb.

A Monsieur Mr Liszt.   Rue Montholon N° 7 bis, Paris.

Londres, le 16 Juin 1830.

Mon cher, mon adoré Liszt!

J'étais vraiment malade de corps et d'esprit, lorsque j'ai reçu les nouvelles des succès de ma Luigina chérie [2]).   Mon âme s'est aussitôt partagée entre toi et ma fille; vous m'avez si fortement occupé que j'ai cessé de souffrir et je suis presque revenu à mon premier état.   Je ne te dirai rien de moi, un volume ne suffirait pas pour le récit de mes tristes aventures; tu sauras tout ceci à mon retour, qui aura lieu les premiers jours du mois prochain.   Cette lettre n'a d'autre but que celui de venir te remercier des soins précieux que tu as et que tu auras toujours pour ma chère Luigina; soins au-dessus de tous les trésors de ce monde, soins qui te rendent le maître d'une bonne partie de mon existence.   Cher ami, fils chéri de mon amour, puisse ce Dieu qui t'inspire les bontés que tu as pour moi, répandre sur tes jours toutes les consolations que j'invoque sur toi.

Dès que je serai de retour je t'écrirai, j'espère que le premier dîner que je ferai à Paris, ce sera chez toi et ma fille.   Je t'écrirai de nouveau, ne serait-ce que de Calais.

Je parle de toi partout où je vais avec l'enthousiasme que m'inspirent tes vertus et tes talents.   Oh, si tu voulais l'année prochaine faire un voyage dans ce pays avec moi et

---

1) Mit dem Hiergenannten scheint der Schreiber nachstehenden Briefes, der einfach Biagioli unterzeichnet, identisch zu sein. Von einem andern Träger dieses Namens weiss Fétis ›Biographie universelle‹ nur zu sagen, dass er eine kleine Claviersonate, ›La caccia‹ betitelt, bei Ricordi in Mailand veröffentlichte.

2) Die Tochter Biagioli's unterrichtete Liszt augenscheinlich.

Luigina! Je crois que cela nous ferait du bien à tous. Nous en causerons sérieusement.

Embrasse pour moi mille fois ton excellente mère; dis à ma Luigina que je l'aime au delà de toute expression, que je la presse tendrement à mon coeur, que je la bénis avec toute l'affection paternelle, dont elle est l'unique objet.

Toi, cher ami, aime-moi toujours, et n'oublie jamais que je suis vraiment

ton ami et ton père

88 Piccadilly.

4. George Sand,

mit ihrem eigentlichen Namen Aurore Dupin, seit 1822 Mad. Dudevant, die geniale französische Romanschriftstellerin, geb. 1804 zu Paris, gest. 1876.

Monsieur,

Voici une lettre que M. Janin m'avait chargée de vous remettre; je rends mon importunité moins grande en me bornant à vous l'envoyer.

Rendez-moi, Monsieur, ce service que M. Janin vous demande et que vous ne m'avez pas entièrement refusé. Le jour que vous voudrez, dans le lieu que vous choisirez, dix minutes de votre prodigieux talent, vous si habitué à prodiguer la bonté comme à commander l'admiration! Vous aurez pu dans votre vie si grande, et cependant si jeune encore, obliger des artistes qui aient plus de droits à votre sympathie; vous n'aurez jamais excité une plus vive et plus profonde reconnaissance.

Je vous offre, Monsieur, tous mes compliments les plus sincères et les plus dévoués.

9 Mai [1834[1]].

---

[1] Der weniger entwickelten Handschrift nach muss der Brief, der auch Liszt gegen-

5. Dieselbe.

Monsieur Listz.

Rue de provence 61.   Dimanche.
[Laut Poststempel 19. Januar 1835 [1]).]

Mon cher Monsieur Listz, je ne sais où vous êtes. Plusieurs personnes m'ont dit que vous étiez resté à Paris; où que vous soyez, je présume que votre mère vous fera parvenir ma lettre.

Vous avez eu la bonté de vous intéresser à mes chagrins et de me parler de vos ennuis. Vous m'avez témoigné une très douce et précieuse amitié. Je ne sais pourquoi, quelques personnes autour de moi ont pensé que cette sympathie mutuelle était un sentiment plus vif et même une liaison plus intime. D'autres ont seulement pensé qu'il y avait eu de ma part curiosité et coquetterie. J'en appelle à vous, mon ami, et vous charge du soin de me justifier auprès de ceux avec qui le hasard pourrait vous mettre à même d'échanger quelques mots à ce sujet. Je suis dans une si douloureuse situation, en proie à des chagrins si profonds et entourée de soupçons si cruels, que je ne saurais profiter d'aucune affection si pure et si légitime qu'elle soit. Vous ne viendriez certainement pas chez moi sans en retirer quelque ennui. Permettez-moi de vous prier (au cas où vous seriez de retour à Paris avant moi), de ne pas venir me voir, et croyez bien que malgré cela, je ne vous tiens pas quitte de l'amitié que vous m'avez promise. Je la mets en dépôt, dans votre propre coeur et vous prie de l'y chercher quelques fois pour adresser à Dieu une prière pour moi, car je suis très malheureuse.

Je vais partir pour essayer de rompre une passion bien sérieuse pour moi et bien terrible. Je doute que cela me serve à quelque chose; car chaque nouveau jour de cette

---

über einen viel fremderen Ton anschlägt, mindestens ein Jahr vor dem nächsten Briefe George Sand's an Liszt geschrieben sein.

1) Die letzte Ziffer ist undeutlich und könnte auch als 3 gelesen werden, wäre dies der Zeit nach nicht unwahrscheinlich.

passion m'apprend à douter de mon libre arbitre. Je ne sais où je vais et vous me permettrez de ne le dire ni à vous, ni à aucun autre. Je sais que je vais être accusée d'avoir été vous rejoindre et d'être cachée avec vous, dans quelque retraite romanesque. Justifiez-moi, je compte sur vous.

Je compte sur vous aussi pour me rendre cette justice, qu'aux jours de ma plus grande douleur, je n'ai point accusé l'auteur de mes souffrances. Je vous l'ai dit, moi seule, suis coupable et porte la peine d'une faute immense. En fuyant un pardon trop humiliant, je fais preuve de faiblesse et non de force. Ma vertu serait de m'y soumettre et d'accepter toutes les conséquences du passé, dans un présent orageux et rigide. Je ne le peux pas. Ma raison et ma religion m'abandonnent. Dieu sait ce que je vais devenir. Mon âme est peut-être à jamais perdue. Car je n'ai pas le courage de rester avec celui que je devrais aimer, et je l'aimerai toujours trop, pour jamais offrir de garantie certaine à un autre, contre lui. Je vais donc travailler à tuer l'amour en moi. Il y a peut-être autre chose dans la vie. Priez pour moi. Je le répète.

Tout à vous de coeur.　　　　　　　George.

6. Ignaz Moscheles,

einer der ersten Pianisten und Lehrer der alten Schule, auch als Etuden-Componist von bleibender Bedeutung, geb. 30. Mai 1794 zu Prag, von D. Weber, Albrechtsberger und Salieri gebildet, fixirte sich nach Concertreisen 1821—1846 in London und lehrte sodann bis an seinen Tod, 10. März 1870, am Conservatorium zu Leipzig.

Monsieur F. Liszt, Célèbre professeur de Musique à Milan,
Italie.

Londres, ce 11 Décembre 1837.
Mon adresse: No 3 Chester Place, Regent's Park.

Mon cher Liszt,

Ne jugez pas à l'apparence, c'est-à-dire ne croyez pas que cette réponse tardive soit ma faute. Je n'ai reçu votre lettre que vers la fin d'Octobre, à mon retour de l'Allemagne.

Mori voyageait alors avec Thalberg en province. Je lui ai écrit d'abord, mais comme il allait d'endroit en endroit, ne s'arrêtant que pour donner un concert par jour dans chaque hameau du pays, il me laissa sans réponse. De retour depuis quatre jours, je lui demandai un entretien qu'il ne put m'accorder immédiatement. Ne voulant pourtant plus remettre ma réponse que je vous dois depuis si longtemps, j'écrivis à Mori pour lui demander une décision sur l'offre que vous lui fîtes au sujet de vos compositions; voilà ce qu'il me répond: »Should you really write to night to Liszt, tell him J accept »his proposition to print his works on the terms he states, »but I cannot bind myself to take them *all*, as it will depend »a great deal on his coming to London, and the stay he »makes, whether his works sell or not, as in the event of »his not coming they would be of comparative little value. »If you write to him to night, please to state all this, and if »you will give me his address, I will write to him myself, »as I am bound to write in reply to the letter he sent me. »His letter was from Milan, but I presume he is there no longer, »as he was then travelling.«

J'espère que vous vous entendrez bien avec lui, quant à moi je n'ai pas à me vanter de lui comme homme d'affaires; il sacrifie la croyance musicale en qualité d'artiste distingué pour rendre hommage à la mode en ne publiant que des productions éphémères. Je regrette de plus que les autres éditeurs D'Almaine, Chappell, Cramer ou plutôt Addison et Beale lui ressemblent de près, et quand il s'agit de quelque ouvrage d'importance, ils préfèrent regraver les éditions étrangères. Addison et Beale sont au moins les plus actifs et réels, et ceux qui principalement font mes affaires, et je serai tout prêt à traiter pour vous avec cette maison en cas que vous ne vous arrangiez pas avec Mori. —

J'ai oublié de vous dire que vous me parlez d'une lettre jointe à celle que vous m'aviez écrite, et que je devais remettre à Mori à discrétion; cette lettre ne me parvient point, et je suppose que vous l'envoyâtes par une autre voie. J'ignore donc les propositions que vous lui fîtes. —

C'est un vrai plaisir pour moi que d'accepter la dédicace que vous m'offrez si gracieusement, et j'attends avec le plus vif intérêt la publication de vos arrangements de Symphonies de Beethoven et de votre morceau original, et j'espère de vous l'entendre jouer devant le public anglais qui depuis votre enfance ne vous a jamais oublié. Mandez-moi si vous comptez venir nous voir la saison prochaine et si je puis vous être utile en préparant vos affaires, ce que je ferais avec le plus grand empressement. En ma qualité d'un des Directeurs des Concerts Philharmoniques qui se donneront la saison prochaine, les 5, 19 Mars, 2 et 23 d'Avril, 7 et 21 de Mai, 4 et 18 de Juin — je puis vous assurer d'une réception telle qu'on la doit à votre talent supérieur; et veuillez croire que j'ai suivi avec le plus vif intérêt votre carrière musicale et votre zèle pour tout ce qu'il y a de sublime et de grand dans l'art.

Croyez-moi toujours votre bien sincèrement dévoué ami

J. Moscheles

7. Ernest Legouvé,

geb. 15. Febr. 1807 zu Paris, gefeierter französischer Dramatiker,
Mitglied der Académie Française.

[1840.]

Mon cher Liszt, je dois vous paraître bien indifférent, et je dirai même bien ingrat: vous avez eu l'amicale pensée, au milieu de vos voyages, de dédier à Mme Legouvé trois de vos mélodies de Schubert, et je ne vous en ai même pas remercié! Un seul mot me justifiera auprès de vous; Richault a oublié de mettre cette dédicace, et il m'a avoué son oubli seulement hier soir; je me hâte donc bien vite de vous expliquer mon silence.

Je suis du reste très heureux de cette occasion de correspondance, car il y a bien longtemps que je voulais vous écrire. Schoelcher m'a dit qu'un article de moi sur Chopin, où je l'avais mis au-dessus de vous, vous avait fait de la peine : comme mon opinion musicale n'a aucune autre valeur qu'une valeur individuelle, je ne puis pas attribuer à votre amour-propre blessé, le léger ressentiment que vous avez fait voir à Schoelcher; c'est donc seulement le regret d'un ami qui se voit presqu'attaqué par un ami, et cela me touche si sincèrement que j'éprouve le besoin de m'expliquer avec vous et de me justifier.

Et d'abord, croyez-le bien, si j'eusse cru que cette ligne eût pu vous causer la moindre peine, je ne l'aurais pas écrite; qu'est-ce qui vaut de blesser un homme que l'on estime, et que l'on aime? Mais, puisqu'elle est écrite, je vais vous dire pourquoi et comment je l'ai fait.

Je ne vous ferai pas l'injure de me rétracter et de vous dire : j'ai laissé échapper cette phrase dans le premier mouvement d'une admiration irréfléchie; non, je la pense, puisque je l'ai écrite. Mais voici comment. Dans les arts ce qui me paraît mériter le premier rang, c'est l'unité, c'est ce qui est complet. Chopin est, je crois, un tout; exécution et composition, tout chez lui est en accord, et de même valeur; son jeu et ses oeuvres sont deux choses également créées par lui, qui se soutiennent l'une l'autre, qui sont complètes dans leur genre; Chopin est arrivé enfin à la réalisation de son idéal. Vous au contraire, et je vous l'ai entendu dire, vous n'êtes qu'à mi-route de votre développement; l'un de vos profils est dégagé, l'autre est encore dans l'ombre; le pianiste est arrivé; mais le compositeur est peut-être en retard. Cela est, et cela doit être; une tête comme la vôtre ne s'ordonne pas en quelques jours, ni même en quelques années; cinquante arpents de terre sont plus longs à cultiver qu'un petit jardin, si rempli qu'il soit de plantes précieuses; vous en êtes là; trop d'idées se combattent dans votre imagination; l'enfant

que vous devez mettre au monde, est trop gros et trop vigou-
reux pour que vous accouchiez sans douleurs et sans beaucoup
de temps. Pour moi, je vous le dis, sincèrement comme je le
pense, le jour où Liszt *intérieur* sera sorti, le jour où cette
admirable puissance d'exécution aura son pendant et son complé-
ment dans une force égale de composition (et ce jour-là est
peut-être bien voisin, les hommes comme vous grandis-
sent), ce jour-là, on ne dira pas que vous êtes le premier
pianiste de l'Europe, on trouvera un autre mot! Ne m'en
veuillez donc pas! Si vous ne me satisfaites pas encore
complètement, c'est que je vois en vous plus que les autres,
c'est que j'attends, c'est que j'espère, c'est que je crois.
Eugène Sue vous dira que l'homme qui lui dit le plus de
mal de ses ouvrages, c'est moi; rien de plus simple; je l'aime,
je le connais, et j'enrage de voir que ses livres ont moins
de talent que lui. M'en voudrez-vous, si je vous dis que le
Liszt que je vois dans l'avenir m'empêche d'admirer autant
le Liszt d'aujourd'hui?

Adieu, mon cher Liszt, à bientôt, et j'espère, sans rancune;
ce qui me fait espérer que vous oublierez ce petit différend,
c'est votre dédicace; on ne se venge pas avec plus de bonne
grâce; je vous remercie mille fois de m'avoir ainsi placé
dans mon tort; car cela me fait espérer que vous avez de
l'amitié pour moi.

Adieu.

E. Legouvé

8. Felix Mendelssohn Bartholdy,

der formvollendetste unserer musikalischen Romantiker und bekanntlich einer ihrer Hauptvertreter, geb. 3. Febr. 1809 zu Hamburg, wirkte 1833—1835 als Musikdirector in Düsseldorf, darnach — mit kurzer Unterbrechung in Berlin, wo er zum preuss. General-Musikdirector ernannt ward — als Dirigent der Leipziger Gewandhausconcerte bis zu seinem Tod 4. Nov. 1847.

Herrn Herrn Franz Liszt,
pr. Adresse Herrn Maurice Schlesinger, éditeur de musique in Paris.

Leipzig, den 8ten April 1840.

Lieber Freund,

Daß unsre Correspondenz sobald eröffnet werden würde, hatte ich nicht gedacht — noch weniger aber, dass ein sehr prosaischer Grund mich zuerst zum Schreiben an Sie auffordern würde. Ich bin nämlich im Begriff Leipzig auf einige Wochen zu verlassen, und da findet sich beim Einpacken, dass Ihr Bedienter am Tage Ihrer Abreise von hier meine schwarze Weste und das weisse Halstuch, die Sie Abends nach dem Concerte bei mir anzogen, in Ihren Koffer gethan und mitgenommen haben muß. Ich schickte nämlich den andern Morgen die Magd mit Ihren Sachen nach dem Hotel und trug ihr auf, die meinigen mit zurückzubringen; Ihr Bedienter sagte ihr aber, er habe alles der Wäscherin übergeben, und die werde es uns wiederschicken; — sie hat aber nur das Hemde bekommen, welches sie auch richtig abgeliefert hat — von dem Halstuch und der Weste ¡welche letztere auch gar nicht zu ihrem Ressort gehörte) wusste sie nicht das Mindeste, und die Leute im Hotel eben so wenig. Vielleicht liegt ein Betrug zu Grunde, dem es nicht der Mühe werth wäre genauer nachzuspüren; aber wahrscheinlicher ist mir, dass Ihr Bedienter in der Eil die Sachen für die Ihrigen gehalten und eingepackt hat. Ich bitte Sie deshalb, danach sehen zu lassen, und wenn sich die besagte schwarzseidene Weste und ein F. gezeichnetes Halstuch finden, mir dieselben (natürlich nicht mit Post, aber mit irgend einer Gelegenheit) hierher an Breitkopf & Härtel adressirt zu schicken. Nun

sehe ich schon wie Ferko examinirt wird und seinen Schnurr-
bart streicht.

Hoffentlich ist Ihre ganze Reise gut und glücklich gegangen, und Sie haben dort alles, was Ihnen lieb und theuer
ist, gesund, wie Sie es wünschten, angetroffen. Wir denken
Ihrer täglich und sprechen von der vergnügten schönen
Zeit, die wir Ihnen verdanken. Mögen auch Sie unsrer zuweilen und gern sich erinnern.

Wir reisen übermorgen nach Berlin auf mehrere Wochen:
dass ich im Laufe des Sommers England besuche, ist jetzt
ziemlich gewiss; dort hoffe ich Sie zu treffen. Hiller reist
ebenfalls in 3 Tagen und will sein Oratorium in Frankfurt
aufführen, dann nach dem Comersee zurückkehren. Er hat
alle Ursache mit der hiesigen Aufnahme seines Werks[1] zufrieden zu sein; der Saal war voll, es wurde lebhaft applau-
dirt, eine Wiederholung vielfach begehrt (die aber wahrscheinlich unterbleiben muss wegen mehrerer Localverhältnisse).
ein Verleger kaufte das Manuscript den Tag darauf zu einem
sehr anständigen Preise — kurz es ist vollkommen nach
Wunsch damit gegangen, worüber ich mich in Hillers Seele
freue und delectire. Es ist gut, dass er endlich die Anerkennung einmal findet, die er schon so lange verdient.

Sie schreiben mir wohl einige Zeilen; wär's auch blos,
um mir wegen der Weste Bescheid zu sagen. Adressiren
Sie sie an Mendelssohn & Co. in Berlin. Meine Frau grüsst
Sie aufs herzlichste, und wir Beide wünschen Ihnen alles
Gute und Liebe, was wir uns ersinnen können. Bleiben Sie
uns freundlich und gedenken Sie

Ihres

Felix Mendelssohn Bartholdy

---

1) »Die Zerstörung Jerusalems.«

9. Robert Schumann,

der grosse Tonromantiker, geb. 8. Juni 1810 zu Zwickau, bei Wieck in Leipzig gebildet, Begründer der »Neuen Zeitschrift für Musik« (1835) daselbst, lebte 1844—1850 in Dresden, dann als Musikdirector in Düsseldorf und starb 29. Juli 1856 in der Irrenanstalt zu Endenich bei Bonn.

Herrn Franz Liszt in Hamburg.
Durch Güte des Hrn. Cranz.

Leipzig, den 29sten October 1840.

Mein geliebter Freund,

Von unserem Glücke haben Sie vielleicht schon gehört[1]). Dass Sie manchmal im Geist bei uns gewesen, wie wir Ihrer fast täglich denken, will ich zu meiner Freude hoffen, und so sein Sie mir tausendmal wieder gegrüsst auf deutschem Boden. Schreiben Sie uns zuvörderst von Ihren Reiseplänen; vielleicht dass sie sich mit den unsrigen vereinigen lassen, dass wir Sie bald wieder sprechen und hören. Es ist noch unsere Absicht nach Petersburg zu reisen, wahrscheinlich schon Mitte December[2]). Treffen wir Sie dort? Könnten wir die Reise vielleicht zusammen machen, oder wenigstens so, dass wir uns immer an verschiedenen Puncten träfen? Mich graust es vor der grimmigen Kälte, den polnischen Wölfen pp. pp. Und doch reizt mich auch der Gedanke der Reise wieder. Im Augenblick ist meine Klara krank; doch hoffe ich, dass sie sich bald erholen wird. Eine Nachricht von Ihnen, ein freundliches Wort wird sie erfreuen; drum schreiben Sie mir bald, Lieber!

Fleissig war ich, seit Sie fort sind, *sehr*, doch wenig im Clavieristischen. Sprechen Sie Cranz wegen meiner Lieder; er kennt noch nichts davon, und ich wünsche, dass er sie mit gutem Glauben in die Welt schicke. Von Compositionen von Ihnen ist nichts Neues erschienen, weder das Album[3]),

---

1) Am 12. Sept. hatte sich Schumann mit Clara Wieck vermählt.
2) Die russische Reise Schumann's wurde erst 1844 ausgeführt.
3) Das »Album d'un voyageur« erschien 1842 bei Haslinger.

noch die Paganinietüden. So Vieles hätte ich Ihnen noch zu erzählen; aber die Zeit drängt, und ich will erst eine kurze Antwort von Ihnen abwarten.

Adieu, adieu. Meine Frau grüsst auf das herzlichste und ich bin *immer* Ihr treuer

10. Astolphe Marquis de Custine,

geschätzter französischer Reise- und Romanschriftsteller, geb. 1793 in Paris, gest. Ende Sept. 1857 auf seinem Schlosse Saint-Gratien bei Pau.

Mercredi de Pâque.

Je n'ai reçu le compliment que Vous me faites, mon cher Magicien, que ce soir au retour de St Gratien, où j'avais été passer quelques jours. Quoique je sois souffrant, je Vous prouverai demain ma reconnaissance, en allant Vous admirer comme vous méritez de l'être; l'admiration est un remède, même aux maux du corps, pour ceux qui savent se l'appliquer; j'espère être de ce nombre, et je Vous remercie d'avance du bien que Vous me ferez demain.

Ce 26 [Mars] au soir [1841].

11. Adolphe Crémieux,

hervorragender französischer Advocat und Politiker, geb. 30. April 1796 zu Nîmes, gest. 10. Febr. 1880 in Passy, war wiederholt Justizminister.

Monsieur Liszt.

Rue et hôtel d'Antin. En ville.

Cher Liszt, Pendant que Samedi vous transportiez vos mille auditeurs au septième ciel, moi, hélas! je tentais, heureusement avec succès, d'arracher au bourreau une tête qu'on lui avait promise. Vous donniez à pleines mains l'harmonie des anges, pendant que je pénétrais avec effroi dans les mystères d'une âme dévouée aux enfers. Plaignez-moi, mon cher ami, et de ne vous avoir pas entendu et d'avoir subi ma triste corvée. J'en suis encore malade; car ce n'est pas sans ébranlement qu'on dispute la vie d'un homme, si misérable qu'il soit.

Il faut pourtant que je vous le dise: j'ai reçu, par contre-coup, une bonne partie de l'émotion qui avait transporté ma femme dans cette belle séance de musique, dont elle est encore toute ravie.

Comment pourrons-nous vous remercier? Voyons: Rachel viendra dîner avec nous Mardi prochain; nous serons en petit comité. Voulez-vous, génie de la musique, venir humainement vous asseoir à table à côté du génie de la tragédie classique? Si jusqu'alors je découvre un troisième prodige à votre unisson, soyez bien sûr que je remuerai ciel et terre pour que vous puissiez vous saluer tous les trois.

Je suis à vous de cœur et d'estime

30 Mars [1841].

C'est pour *Mardi 6 Avril* à 6 heures précises que nous vous invitons et vous espérons.

12. George Sand.

Monsieur Liszt.
> Rue et hôtel d'Antin.
> [Wahrscheinlich März od. April 1841.]

Cher vieux, Je vous remercie de la pipe que vous m'annoncez et que je n'ai pas reçue. Je sais d'avance qu'elle sera charmante, et ne le fût-elle pas, elle ne me sera pas moins chère, venant de vous.

Pourvu que vous ne veniez pas avant 3 heures, je vous recevrai toujours, sauf à vous faire attendre 3 minutes pour sortir des limbes du sommeil où je suis encore quelquefois à cette heure-là. Chopin est malade aujourd'hui, et moi aussi; mais nous n'en sommes pas moins vivants pour vous aimer de cœur.

G. Sand

13. Ole Bull,

berühmter norwegischer Geigenvirtuos, geb. 5. Febr. 1810 in Bergen, war Schüler Spohr's und Paganini's und starb nach unruhvollem Wanderleben, das ihn durch drei Erdtheile führte, am 17. Aug. 1880 auf seiner Villa bei Bergen.

Les esclaves de la vie extérieure, des présomptions du monde, les hommes ensevelis sous les flatteries ou des malheurs, ne connaissant la vie que par les émotions vicieuses ou de leur apathie commode, disent, la vie est un rêve; mais l'homme de Dieu, l'homme de progrès, l'âme généreuse se dévouant pour l'humanité, agissant de même, il montre par le bonheur qu'il fait éprouver aux autres, que la vie est une réalité.

Faible témoignage d'estime.

Ole Bull

Varsovie, le 1 Avril 1841.

14. Edgar Quinet,

gefeierter philosophischer und politischer französischer Schriftsteller und Dichter, eine Zeitlang Professor der ausländischen
Literatur an der Facultät zu Lyon und sodann am Collège de
France in Paris, geb. 17. Febr. 1803 in Bourg (Ain), gest. in Ver-
sailles 27. März 1875.

Monsieur Listz,

rue d'Antin, hôtel d'Antin, Paris.

Mardi dernier, je n'ai pu, mon cher Orphée, percer la
foule pour arriver jusqu'à vous. Je n'ai pas été plus heureux hier en frappant à votre porte. Permettez-moi donc
de vous exprimer mon admiration et ma reconnaissance.
Vous avez bien voulu vous souvenir de moi, au milieu de
votre vie d'enchantements. Je vous en remercie du fond du
cœur. Pour moi je peux dire que je n'ai cessé, depuis le
jour où je vous ai connu, de vous suivre des yeux, de loin
comme de près, et de vous aimer de l'amitié la plus sincère.
Je n'espérais pas que vous m'eussiez gardé un souvenir au
milieu de votre renommée. J'ai été étonné et charmé.
Pour toujours

votre très dévoué

Edgar Quinet

Rue Montparnasse 4 bis, ce lundi 15 avril [1841[1]].

---

1) Laut Poststempel.

15. Alexandre Dumas,

einer der berühmtesten und fruchtbarsten französischen Romanschriftsteller, geb. am 24. Juli 1803 zu Villers-Cotterets, gest.
5. Dec. 1870 zu Dieppe.

[Paris, Mai 1841?]

Mon cher Litz,

Ce n'est qu'en revenant de la campagne où j'ai passé
huit jours que je reçois vos deux lettres. Demain Lundi
toute la journée je serai chez moi; passez-y donc à l'heure
qui vous plaira — mais montrez le petit mot que je mets derrière, à la portière pour qu'elle vous laisse monter.

A vous

[Auf der andern Seite des Briefes stehen die für die
Portierin bestimmten Worte: Laissez monter Monsieur Litz.

Alex. Dumas.]

16. Joseph d'Ortigue,

angesehener französischer Musikschriftsteller, besonders mit Ge-
schichte der Kirchenmusik beschäftigt, geb. 22. Mai 1802 zu Cavaillon,
gest. 20. Nov. 1866 in Paris.

Paris, 2 Juillet 1841.

Mon cher bon ami, Il y a longtemps que ton historiographe veut t'écrire, mais il a bien peu de choses à raconter
quand il n'est pas auprès de toi. La grande affaire de ma
collaboration à la *Presse* vient aujourd'hui de faire un pas.
Mais je ne sais encore si ce pas m'avancera de beaucoup.
Il y a une singulière chose que j'ai eu l'occasion de remarquer bien des fois chez M. M. les rédacteurs de Journaux
quand il s'agit de faire choix d'un feuilletoniste musical.
D'un côté, ils vous disent qu'ils regardent le feuilleton musi-

cal comme une partie excessivement accessoire de la rédaction, et, de l'autre, ils soumettent le critique à l'examen le plus sévère, le plus minutieux pour tout ce qui regarde ses opinions dans la sphère de son art. Je doute qu'un rédacteur politique soit l'objet de précautions plus méticuleuses. — Bref, voici ce qui s'est passé. M. Dujarier, qui est, comme tu sais, chargé de la rédaction littéraire dans la *Presse*, comme M. de Girardin[1]) est chargé de la direction politique, M. Dujarier n'avait plus voulu de moi après la publication de mon article sur ton concert de Beethoven, lequel article l'avait rendu furieux. Après de nouvelles instances de Mme d'A. et de M. de Girardin, M. Dujarier a néanmoins consenti à me recevoir pour causer avec moi. Mme d'A. avait eu soin de lui faire envoyer *le Balcon de l'Opéra*[2]) et mon livre sur l'École italienne et Berlioz[3]). M. Dujarier s'est, m'a-t-il assuré, empressé de lire les deux ouvrages. Hé bien, mon cher ami, tu ne sais pas, tu ne devines pas ce qui l'a réconcilié avec moi! Je te le donne en dix mille. — Nous parlions de *Freischütz*, et je m'exprimais sur cet ouvrage comme tu conçois que je doive le faire. — »Comment, Monsieur«, s'est écrié tout radieux Mr Dujarier, »je suis enchanté de voir un partisan aussi déclaré que vous l'êtes de l'école italienne, admirer le chef-d'œuvre de Weber. Il y a tant de gens....«

Tu comprends toute sa tirade. Et comme je n'ai pu me défendre d'un certain air de surprise: »C'est bien vous«, a-t-il ajouté, »qui êtes l'auteur du traité de l'Ecole italienne que j'ai lu ainsi que du Balcon de l'Opéra?« — »Oui«, lui ai-je dit. — »C'est précisément là ce qui fait que je vous estime. Je vous avoue que, de la part d'un homme tel que vous, votre jugement sur *Freischütz* m'a autant charmé qu'étonné.« Et là-dessus il m'a confié tout de suite un article sur *Freischütz* et a donné des ordres pour m'envoyer le Journal. C'est très bien, mais il faut savoir si Théoph. Gautier[4]) voudra

---

1) Bekannter französischer Publicist (1802—1881).
2) Eine Sammlung von Zeitungsfeuilletons d'Ortigue's (1833).
3) 1839 erschienen und den »Cellini« behandelnd.
4 Hervorragender französischer Dichter und Kunstkritiker.

se départir de ses théâtres lyriques, et s'il n'y consent pas s'il supportera à côté de lui quelqu'un qui chante sur un ton différent du sien. Nous verrons. Mais enfin, la scène est bonne. Bien entendu qu'il ne faut pas trop l'ébruiter.

Je ne sais pas si Massart[1]) et Bernard Latte t'ont écrit et t'ont donné des nouvelles de ta Biographie. Ce dernier est entré très bien dans cette idée, mais, en homme d'affaires, il pense que pour la lancer, il faudrait attendre un moment où tu serais à Paris et où tu te ferais entendre. Alors elle aurait un grand succès. Cette considération a fait que je ne me suis pas pressé. Et puis, j'ai eu un mal d'yeux qui m'a interdit tout travail pendant près d'un mois. J'ai réellement souffert beaucoup. Je vais à peu près bien à présent. C'est ce qui fait que je voudrais savoir si tu tarderas beaucoup à revenir et si tu donneras un ou deux *monologues* chez Erard, pour cinq ou six cents de tes amis. Mais je pense à l'accident qui t'est arrivé que je sais d'ailleurs n'avoir d'autre gravité que celle de t'empêcher de jouer[2]). Lorsque j'appris le fait par les journaux, je courus chez Mme d'Ag. pour m'informer. Depuis, Dorus[3]) qui venait de Londres, me rassura. Mais cela a dû diablement te vexer. A propos de Mme d'A. je ne vais pas la voir aussi souvent que j'en suis tenté, car j'irais tous les jours. C'est une femme parfaite et d'un esprit élevé et parfait. Je la quitte toujours avec le regret de ne pouvoir prolonger ma visite, ce que je ferais si je ne craignais pas de l'ennuyer. Cependant, je ne l'ai pas quittée une fois sans avoir eu le sentiment d'avoir fait ou dit quelque bêtise. Je ne peux m'empêcher d'une certaine timidité et gaucherie qui sont du reste dans ma personne, mais qui brillent chez elle dans tout leur lustre. Elle m'a pourtant donné des marques de bonté. J'irai la voir

---

1) Vorzüglicher Violinlehrer (1811—1892).

2) Durch einen Unfall während einer Fahrt hatte sich Liszt die Hand verletzt.

3) Flötenvirtuos in Paris. Seine Schwester, Mad. Dorus-Gras, eine ausgezeichnete Coloratursängerin an der Pariser Grossen Oper, concertirte damals mit Liszt zugleich in London.

aujourd'hui pour lui conter mon entrevue avec Mr Dujarier. J'espère aussi que je me ferai peu à peu à sa présence.

Je vois tous les huit jours Mr de la M. qui est toujours le même, toujours faisant de petits livres, et toujours sûr à s'exposer à troubler sa tranquillité.

Mme Kreutzer est à Vichy avec Massart et Léon. Il paraît qu'elle ne s'en trouve pas mieux. Mon fils est réellement, mais très réellement épris de tes filles. .—.

Si tu m'écris, fais-moi connaître l'époque de ton retour; quant à moi je te préviens que je partirai d'ici du 15 au 20 Août pour passer chez moi le mois de Septembre. N'oublie pas, je te prie, mon makintoche (comment cela s'appelle-t-il?), couleur foncée, bronze, enfin à ton goût et à la taille de Belloni. Ne m'as-tu pas parlé non plus d'étoffes pour pantalon en espèce de velours qui se donnent pour presque rien?

Adieu, cher bon ami, je ferme ma lettre parce qu'on ferme la bibliothèque. Il est l'heure et je t'embrasse.

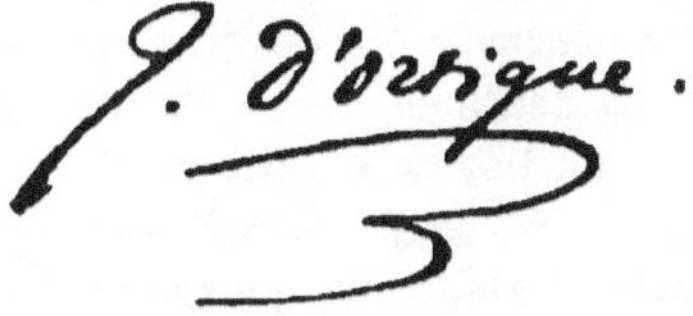

17. Heinrich Wilhelm Ernst,

grosser Geiger, geb. 1814 zu Brünn, gest. 8. Oct. 1865 in Nizza; von Böhm und Mayseder in Wien gebildet, lebte er meist auf Kunstreisen.

[Frankfurt a. M., Spätherbst 1841.]

Mon cher ami, Deux mots seulement pour vous serrer la main et vous envoyer tous mes vœux les plus sincères pour votre bonheur, pour votre santé, et comme vous avez laissé à Francfort quelques personnes qui vous intéressent et que vous intéressez au plus haut degré, je crois vous être agréable en vous en donnant quelques nouvelles. Je commencerai par votre cousine avec laquelle je suis venu en rapport, mais à laquelle, malgré la meilleure volonté de lui être utile. je n'ai pu servir jusqu'à ce jour.

Elle n'a pas pu obtenir encore un jour pour donner un concert. Vous savez que le théâtre tient tout le monopole musical dans ses mains, et qu'il est difficile de trouver une issue, si l'on n'a recours à lui. C'est ce que Mademoiselle Liszt[1]) sera finalement obligée de faire, et j'ai moi-même déjà fait une démarche auprès de Guhr[2]), en promettant de jouer pour Mad. Liszt si elle donne concert au théâtre. Malheureusement, les sœurs Milanollo[3]) sont déjà engagées pour la semaine prochaine.

Moi, je finis mercredi mes concerts qui ont atteint le nombre de six. Samedi je donne une soirée pour la Mozart-Stiftung. En somme je suis très content de Francfort.

Je vous parlerai encore un instant d'autres personnes qui vous sont attachées et vous adorent: La famille d'Arnim. J'y ai passé de délicieux moments pleins d'intérêt et de charme, tant à cause de leur esprit, leur amabilité, leur enthousiasme pour la musique, que par le besoin réciproque que nous sentions de parler de vous.

Berlioz m'a écrit et il m'écrit pour vous ce qui suit: »Si Liszt est toujours à Francfort je lui envoie un accord de 30 notes d'amitiés les plus vives sur une Pédale-double admirative.«

Moi, je ne vous envoie point de notes, mais des amitiés toutes pures, avec le désir que vous y attachiez le prix que vos démonstrations jusqu'à ce jour me le font espérer. Tout à vous de cœur et de vénération.

H. W. Ernst

----

1) Von einer »Cousine« Franz Liszt's: »Mademoiselle Liszt«, die Musikerin war und concertirte, ist der Familie Liszt's nichts bekannt; wohl aber von einer zu jener Zeit in verschiedenen Städten auftretenden Pianistin Frl. List, die sich aus Speculation Liszt nannte und vorgab, mit dem grossen Künstler verwandt zu sein. Dieser lachte darüber, als er es erfuhr, ohne sich weiter darum zu kümmern.

2) Musikdirector und Componist in Frankfurt (1757—1848).

3) Die berühmten italienischen Wunderkinder, deren Violinspiel 1839—1846 allgemein entzückte.

J'ai presque renoncé au projet d'aller en Russie, ou du moins d'y aller en partant d'ici. J'ai l'intention d'aller par Cassel, Hambourg à Copenhague, et s'il me reste du temps, de me diriger vers Pétersbourg après.

Si vous avez quelques moments de loisir, donnez-moi signe de vie. J'ai eu hier de vos nouvelles par Speyer[1] — merci de votre souvenir. Veuillez faire mes amitiés à Rubini et dire bien des choses à votre inappréciable et bien attaché Belloni[2]).

18. Adelaide Kemble,

berühmte englische Sängerin, geb. 1814 zu London, sang in Deutschland, Paris und Italien und entsagte, 1841 in ihre Heimat zurückgekehrt, nach ihrer Vermählung mit dem spanischen Marquis de Caza der Öffentlichkeit.

81 Marley Street, le 4 Novembre [wol 1841].

Tout est allé comme vous l'aurez désiré pour moi — mon début a été couronné d'un succès entier. Je vois souvent Chorley et toujours avec plaisir — nous parlons quelquefois de vous — pourquoi ne m'écrivez-vous pas? Je crois vous l'avoir presque demandé. Je me trouve assez bien dans notre nouvelle maison — j'y ai un petit coin à moi comme dans Claryes Street, mais mieux — où je vis presque entièrement, et auquel je commence à m'attacher. J'ai du plaisir à penser que peut-être je vous y verrai.

Etes-vous donc toujours à Nonnenwerth? et comment êtes-vous? Ah si vous m'écriviez je pourrais vous dire tant de choses! Mes affections sont comme des plantes maladives qui ont besoin de beaucoup de soleil pour porter des fleurs. Donnez-m'en — votre silence m'inspire non la méfiance, mais l'hésitation — et je ne puis vous parler.

Que Dieu soit avec vous!

Adelaide Kemble

---

1) Componist (1790—1878) in Frankfurt, der zu Liszt's Eintritt in den Freimaurerbund (18. Sept. 1841) die Anregung gab.

2) Liszt's Secretär während seiner Concertreisen seit 1841.

19. Cristina, Fürstin von Belgiojoso,

geb. Marchesa Trivulce, geistreiche italienische Schriftstellerin und Patriotin, geb. 28. Juni 1808, 1824 vermählt, lebte von 1830 an lange in Paris, wo ihr Haus den Mittelpunkt einer auserlesenen Gesellschaft bildete. An der Revolution zu Mailand 1848 durch Errichtung eines Freicorps betheiligt, ward sie nach Einnahme Mailands durch die Österreicher verbannt und ihrer Güter beraubt. Bevor sie dieselben 1856 zurückkempfing, bereiste sie den Orient und veröffentlichte in ihren berühmten »Souvenirs d'exil« und andern Büchern ihre Reiseeindrücke. Die Zeitung »Italia« wurde u. a. von ihr gegründet. Sie starb am 5. Juli 1871 zu Mailand, nachdem sie in einem geeinten Italien ihre patriotischen Wünsche erfüllt gesehen.

Votre lettre n'a pas été seule à me donner de vos nouvelles; j'en ai eu aussi par les journaux qui ont retenti jusqu'ici des honneurs qui vous ont accueilli sur le Rhin. Le récit de ceux que vous aurez reçus à Berlin me parviendra peut-être dans six mois, mais c'est bien le cas de dire: mieux vaut tard que jamais.

Je me réjouis de vos triomphes, et lorsque je ne les connais que vieux, je me console en me disant qu'ils ne sont déjà plus les derniers. J'ai envoyé votre lettre à vos prétendues cousines, mais je ne les ai pas encore vues, n'ayant pas encore trouvé le biais de faire une course à Milan. Qu'est-ce donc qui m'occupe si fort à Locate, me demanderez-vous? C'est difficile à dire, et pourtant les journées s'écoulent et se succèdent si rapidement ici pour moi que j'en suis à en avoir des regrets. J'ai trois écoles chez moi que je dirige; mon talent en médecine est souvent réclamé dans le village; étant à peu près la seule propriétaire d'une étendue assez considérable de pays, toutes les affaires de district, de département, de commune finissent par me tomber entre les mains; j'ai mes livres, mes études, un assez grand nombre de lettres à écrire; ma petite Marie qui m'interrompt cent fois dans une heure; enfin je me lève à sept heures du matin et je n'ai point encore su me réserver un jour pour aller à Milan. J'y ai pourtant été l'autre soir, entendre pour une heure l'illustre Thalberg et comme vous

le pensez bien, j'ai été assez heureuse pour lui entendre répéter le Moïse. Je me suis souvent laissé dire que j'étais
injuste à l'égard de Thalberg, et que mon admiration pour
vous troublait mon jugement. Je ne vous admire pas moins
que jadis, mais enfin il y a longtemps que mon admiration
ne s'est retrempée, et d'ailleurs la paix entre vous et Thalberg étant désormais signée, je crois, rien ne s'opposait plus
à ce que mes yeux s'ouvrissent à cette éclatante lumière.
Hélas! ils sont demeurés hermétiquement fermés, et pendant
tout le concert, les ténèbres ont été on ne peut plus pro-
fondes. Ces variations sur Moïse m'ont rappelé le fait d'un
poète italien qui prétendait avoir arrangé la »Jérusalem délivrée« en *versi sdruccioli* (savez-vous ce qu'ils sont?) et qui
n'avait fait autre chose que d'ajouter à chaque vers un *lo*,
ainsi par exemple: *Canto l'armi* pietoso e il Capitano*lo* —
Che il gran sepolcro liberò di Cristo*lo* — et ainsi de suite
jusqu'au bout du poème.

L'enthousiasme a été assez mince pour un enthousiasme
Milanais. Les auditeurs pris sur le fait, avouaient leur dé-
sappointement; mais aujourd'hui qu'ils sont revenus de leur
étonnement, ils renient leur ingénuité: Le Thalberg qui a
fait tant de bruit à Paris, à Londres, à Vienne et jusqu'à
St Pétersbourg, ne peut être qu'un aigle, et partant les voilà qui se pâment. Du reste j'ai été étonnée de le voir ac-
croché au cou de votre ami Neipperg qui s'est fait le gar-
dien de cette bête curieuse, la promenant, l'embrassant, la
montrant et ne la quittant qu'aux bords de la coulisse pour
courir battre des mains parmi le public. Puisqu'il vous a
entendu et vous a persuadé qu'il savait vous apprécier, ne
pourrait-il mesurer un peu mieux ses démonstrations?

Vos projets vénitiens me raviraient si je les croyais sérieux et si je les voyais assez bien arrêtés pour que je puisse
me régler sur eux. Parlez-m'en et donnez-moi des indications précises. —

A Dieu, mon cher Liszt. J'oubliais de vous dire qu'Herman[1]) est à Milan emballant un opéra qu'il a composé pour

---

1) Wol Hermann Cohen, ein Lieblingsschüler Liszt's, geb.

Vénise d'abord et faute de mieux pour Vérone. Je ne l'ai pas vu (Herman s'entend), mais mon frère m'a dit qu'il est fort embelli, fort rapproprié et constamment orné de deux gants jaunes.

A Dieu encore, cher Liszt. Laissez-moi vous dire de ne point oublier vos amis, et me vanter d'être des meilleurs. Ecrivez-moi et parlez-moi de vous.

Votre amie dévouée

Christine de Belgiojoso

Locate, 9 Nov^{bre} 1841.

20. Georg Herwegh,

politischer Lyriker, den seine ›Gedichte eines Lebendigen‹ rasch populär machten, wurde 31. Mai 1817 zu Stuttgart geb., 1842 aus Preussen verwiesen und lebte abwechselnd in der Schweiz und Paris, seit 1866 in Baden-Baden, woselbst er 7. April 1875 starb.

Monsieur Liszt à Leipzig.

Verehrtester Herr!

Aus den Zeitungen erfahre ich, daß Sie einem meiner Gedichte[1]) die Ehre haben angedeihen lassen, die es nie erwartet und, abgesehen von seinem Gedanken, der aber nicht mir, sondern meinem Volke angehört, auch in keinerlei Weise verdient hatte. Als dem Freunde der hochherzigsten Frau unserer Zeit, hatte ich Ihnen längst im Stillen meine Huldigungen dargebracht, als Künstler kenne ich Sie leider nur aus dem Rufe, der Ihnen überall vorangeht. Doppelt erwünscht ist mir nun diese Gelegenheit, ein Paar Worte mit

---

Hamburger, der, in Paris als Pianist gefeiert, 1850 in den Carmeliterorden eintrat und 1871 starb.

1) Es war das 1841 von Liszt componirte Rheinweinlied.

Ihnen zu wechseln; und zwar gleich Worte des Dankes, die
schönsten, die man wechseln kann. Mit meinem heissen
Danke verbinde ich aber auch die Bitte an Sie, mir eine
Abschrift Ihrer Composition zusenden zu lassen und mir die
Erlaubniss zu ertheilen, dieselbe der 3. Auflage meiner Gedichte, die im Februar erscheinen wird, als einen ganz besonderen Schmuck beizufügen. Sollten Sie im Laufe des
Monats December oder Januar einen Augenblick Ruhe finden,
auf meine Bitte einzugehen, so wird mich eine etwaige Sendung
noch hier in Paris treffen; mit dem 1. Februar reise ich von
hier ab nach *Zürich* zurück, wo mein gewöhnlicher Aufenthalt ist und von wo aus jeder Brief an mich gelangt.

Der verfehmte Poet drückt dem gefeierten Componisten
die Hand.

Georg Herwegh.

Paris, 14. Decbr. [1841.]
Rue de Lille Nro. 38, hôtel de Béarn.

21. C. Spontini geb. Erard,
die Gattin Gasparo Spontini's, gest. 1878.

Mon cher Monsieur Liszt,

Vous n'êtes peut-être pas encore accablé d'invitations à
de grands diners; je viens bien vite vous demander si vous
êtes libre Samedi, jour de Noël. Je serais particulièrement
heureuse de vous posséder ce jour-là, puisque d'être avec
de bons anciens amis cela rappelle les réunions de famille qui
ont lieu à l'occasion de ces fêtes. Venez donc si vous le
pouvez, partager notre simple diner d'artiste; nous parlerons
de Paris, d'Erard, de votre maman, de tout ce qui est si
doux dans la vie et dont on est privé sur la terre étrangère.
Nous vous attendons à quatre heures, vous ne trouverez que
quelques amis.

Agréez, je vous prie, Monsieur, mille amitiés et compliments de la part de Spontini et de la mienne.

Mercredi 22 Décembre [1841], Berlin.

22. Felix Fürst Lichnowsky,

geb. 5. April 1814, stand vorübergehend in Diensten des spanischen Prätendenten Don Carlos, der ihn zum Brigadegeneral ernannte. Er trat als Schriftsteller und während der deutschen Nationalversammlung in Frankfurt auch als glänzender Redner hervor und fiel am 18. Sept. 1848 als Opfer des fanatischen Pöbels auf der Bornheimer Heide. Mit Liszt innig befreundet, begleitete er ihn zeitweise auf seinen Reisen.

Vienne, ce 4 Janvier 1842.

Mon bon ami, Les premières lignes que je puis tracer d'une main encore mal assurée, vous sont dues. Je me suis battu le 28 Déc. avec Monténégro[1], qui m'a fait demander à mon arrivée ici si je voulais admettre des explications et preuves et rétracter le passage qui le concerne dans mon 2^d volume (p. 368). J'ai répondu que *non*, sur quoi il m'a provoqué au pistolet, à la barrière. Je l'ai laissé tirer le premier; il m'a traversé de part en part et c'est en chancelant, me sentant défaillir, que je lui ai envoyé ma balle qui lui a fait un trou dans le bras droit au-dessus du poignet, et lui a meurtri la cuisse. — On a dû couper les chairs pour extraire ma balle, ce qui m'a beaucoup fait souffrir; à présent — ce sont 8 jours; aujourd'hui je me sens mieux et je crois que je pourrai me lever dans 8 jours et quitter

---

[1] In Folge des von Lichnowsky veröffentlichten Buches: »Erinnerungen aus den Jahren 1837, 1838, 1839«. (Frankfurt 1841 bis 1842.)

Vienne dans 15 jours pour me rendre à Berlin. Toute la ville est en émoi, on ne parle que de cette affaire, et il y a des gens que l'issue amuse tout aussi peu que lorsque vous leur disiez que ce n'était pas à vous à faire des affaires [1]). —

J'ai dicté l'autre jour deux mots pour N.; mais ce billet, qui me fatigue assez, est le premier que j'écris depuis que je suis blessé.

Rahden, qui vous dit mille amitiés, et le Prince Joseph Lobkowitz étaient mes témoins; Fritz Schwarzenberg (bien malgré lui) et St. de Blacas ceux de Monténégro. — La balle a froissé l'épine dorsale, et il manquait *une* ligne que vous ne perdiez votre meilleur ami au monde.

Je vous ai écrit de chez moi sous adr. de Belloni, j'espère que vous aurez eu ma lettre. Je n'ai signe de vie de vous que par les journaux.

Tout à vous de cœur.

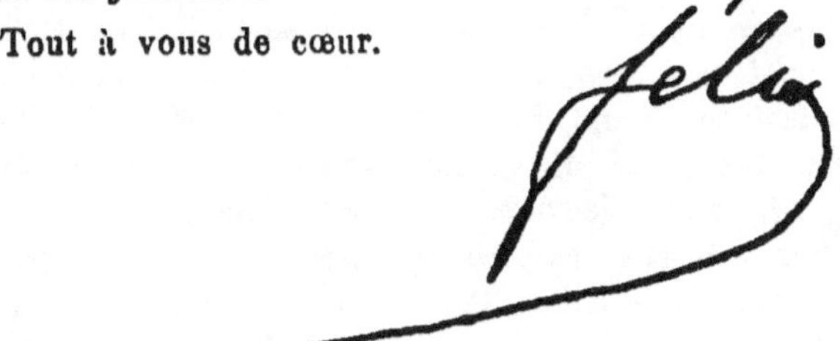

23. Wilhelm Wieprecht,

geb. 8. Aug. 1802 zu Aschersleben, gest. 4. Aug. 1872 in Berlin, als Director der Musikchöre der Garde, war Miterfinder der Basstuba und einer Art Bassclarinette, sowie Verbesserer verschiedener Blasinstrumente.

Mein hochverehrter Herr!

Nochmals muss ich um Ihre gütige Nachsicht bitten, wenn ich Ihr schönes Vaterlands-Lied für mein Blech-Instrumental-

---

1) Dies bezieht sich auf Liszt's vielbesprochene Erwiderung auf die verletzende Frage der Fürstin Clemens Metternich: »Machen Sie gute Geschäfte, Doctor?« — »Gute Geschäfte machen nur die Banquiers und die Diplomaten, Fürstin!«

Orchester etwas frei instrumentire. Alle die Motive, welche Sie in Ihrer Streich-Instrumental-Begleitung gedacht haben, werden sich nicht ganz so treu wieder hervorrufen lassen, und ich muss also nur die Hauptempfindung des Ganzen herauszuheben suchen. Die Arbeit macht mir sehr viel Vergnügen, und wenn es nicht so, wie Sie es wünschen dürfen, mir gelingen sollte, so nehmen Sie den guten Willen für die That; ich werde es so gut machen, wie es in meinen schwachen Kräften liegt. Gestern Abend habe ich Ihr Rheinlied mit 120 Sängern einstudirt; es sprach allgemein sehr an und wurde auch fürs Erstemal recht leidlich executirt. Morgen Abend wird Ihr Vaterlandslied vorgenommen, und den Montag Abend beide mit Instrumental-Begleitung.

Wenn Sie, mein hochverehrter Meister! nun eine neue Bahn für alle Pianisten gebrochen haben, und auch hier in unserm lieben Vaterlande Sich einen hohen Ruhm um diese Kunst erwarben, so können Sie noch Ihrem Werke die Krone aufsetzen, wenn Sie unsern Instrumenten-Fabrikanten auch ein wenig auf die Beine helfen. Ihr Urtheil ist so schlagend, dass Sie damit entweder Leben oder Tod bereiten. Hier will man nun einmal nicht von der alten Wiener Mechanik abgehn! — Stöcker, von dem Sie einen Flügel haben, ist hier der Einzige, welcher sich zur englischen Mechanik bekannte. Wie sehr Sie uns alle nun endlich einmal zur Ueberzeugung bringen könnten, dass diese Mechanik für die Flügel am vortheilhaftesten ist, diess liegt nur in Ihrer Macht allein! — Sie müssten dem Aufstreben unserer Instrumenten-Fabrikation das grosse Opfer bringen, Sich herabzulassen, in einem Ihrer Concerte, und wenn auch nur eine einzige Pièce, auf dem Stöcker'schen Flügel vorzutragen. Stöcker ist ein zu bescheidener junger Mann, diese Bitte selbst bei Ihnen zu wagen. Er ergiebt sich in sein Schicksal, wenn er oder sein Flügel in diesem Kampfe unterliegen sollte. Er will von Ihnen Leben oder Tod! —

Ihre grosse Humanität, von der ich selbst Zeuge gewesen bin, lässt mich hoffen, dass Sie diesen, wirklich ehrenhaft strebenden jungen Künstler nicht ganz unbeachtet lassen.

Stöcker hat hier sehr viele Kämpfe zu bestehen, uud ich
fürchte, er wird doch am Ende den Muth verlieren, wenn
Sie, als Schutzengel ihm nicht endlich sagen und zeigen, was
er von sich und seiner Zukunft zu erwarten hat. Mich treibt
zu dieser Bitte nur die Liebe zur Kunst, und für Pflicht er-
achtete ich es, Ihre Aufmerksamkeit auf diesen recht fleis-
sigen und braven jungen Mann hinzulenken. Sobald ich
meine Arbeiten beendet habe, werde ich selbst das Vergnügen
mir nicht entgehen lassen, sie Ihnen zur Durchsicht vorzulegen, der ich in den Gefühlen grösster Verehrung bin

Euer Wohlgeboren ergebenster

W. Wieprecht.

Berlin, den ⁴⁄₇ 1842.

24. Felix Fürst Lichnowsky.

Château de Grætz[1]), ce 26 Janv. [1842.]

Cher Franz, votre bonne lettre du 12 m'est parvenue hier
soir à mon arrivée ici; *merci*, vous me comprenez *toujours*.
— La publicité et l'éclat de mon affaire, augmentés par quelques articles de la Gazette d'Augsbourg, où l'on nommait
tout le monde en toutes lignes, ont rendu nécessaire que nous
partions tutti quanti pour éviter un procès criminel. J'ai
donc dû quitter Vienne avec Rahden (qui est ici avec moi)
le 12 et me suis rendu en Hongrie. Là j'ai achevé ma première cure; j'ai beaucup vu Cas[imir] Est[erhazy] qui vous
dit mille choses fraternelles; enfin je suis arrivé ici en évi-
tant Vienne; votre lettre qui m'avait suivi à V. m'a été
renvoyée ici où je l'ai trouvée. — Mes papiers à Vienne valent
mille pour cents. — J'expédie un courrier avec cette lettre
à Ratibor, pour qu'elle puisse encore être mise à la poste

---

1) Lichnowsky'sche Herrschaft im Österr. Schlesien. Im dortigen
Parke erhält ein »Liszt-Platz« noch das Andenken an die Freundschaft Liszt's und des Fürsten Felix lebendig.

3*

aujourd'hui. — Donc: je pars d'ici dimanche prochain, 30 à 10 heures du soir, et serai vingt-quatre à trente heures après à Breslau, où je descendrai à la Goldene Gans. Vous me dites que vous restez sûrement jusqu'au 30, et probablement jusqu'au 5. — Je vous verrai donc en tout cas. — Je vais directement à Berlin, doch über Alles dieses mündlich; par mille raisons je ne veux pas que l'on sache d'avance mon arrivée à Breslau ou à Berlin, et je ne *puis* rester plus de 24 heures à Breslau où je suis brouillé avec les lions de la société. .—.

Je suis tout seul ici; j'arrange mes affaires, et puis je suis encore trop souffrant pour pouvoir me mettre en route d'abord, sans quoi je le ferais. Je suis extrêmement content de l'état dans lequel j'ai trouvé mes affaires und kann auf jeden Fall indépendant in Berlin auftreten, als jemand, der *wartet* und nichts braucht. Je suis extrêmement gespannt de causer avec vous. — Vous me comprendrez aisément. Tout à vous do cœur et d'âme. Felix.

Votre remarque sur Fr. Sch. est chevaleresque et herzlich, mais il est innocent et charmant pour moi. — Rahden vous aime et est heureux de votre souvenir. Il vous le rend bien.

25. Ludwig Rellstab,

bekannter Romanschriftsteller und Musikreferent, geb. 13. April 1799 zu Berlin, wo er seit 1823 lebte und 27. Nov. 1860 starb. Er veröffentlichte 1842 eine Biographie Liszt's.

Mein verehrtester Freund!

Sie haben einem Schriftsteller ein Schreibzeug geschenkt und tragen nun die Folgen davon! Er kehrt seine Waffen sogleich gegen Sie selbst, und hat mit Dampfschnelligkeit die Feder eingetaucht, um sofort ein neues Buch daraus zu schreiben! — Und wer weiss, was noch alles Bittres und Lästiges für Sie und die Welt aus dieser schwarzen Quelle fliesst, die Sie geöffnet!

Nun im Ernst, im herzlichsten Ernst. — Ich sende Ihnen mein *letztes* Buch — am allerletzten wird noch gedruckt —

aber weder mein bestes noch das für Sie geeignetste. Von Musik ist keine Zeile darin! — Aber ich bin auch nicht von so arger Zudringlichkeit, dass ich verlangte oder nur hoffte, Sie sollten es lesen. Ich würde das von Niemandem fordern, am wenigsten von Ihnen, der Sie — in vielen Dingen auch der Reichste — doch der Ärmste an Musse sind, den ich kenne.

Wenn Sie aber einmal fünf leere Minuten haben, (Abends oder Morgens im Bett), so blättern Sie in der Vorrede:

1) Weil Sie darin sehen werden, dass ich von den Männern überhaupt nicht verlange und voraussetze, mich lesen zu sollen.

2) Weil Sie darin wirklich ein Stückchen von meinem Selbst, ein deutlicher bezeichnetes oder ausgeprägtes finden.

3) Weil Sie mit einem *kleinen* Blick hinein doch ein *grosses* Glück bereiten würden   Ihrem

Berlin, 29. Jan. 1842.

26. Alexander von Humboldt,

der grösste Naturforscher neuerer Zeit, geb. 14. Sept. 1769 zu Berlin, unternahm 1799—1829 grosse wissenschaftliche Reisen durch Amerika, Asien und Europa und lebte darnach in Berlin, wo er 6. Mai 1859 starb.

[Wahrscheinlich im Januar od. Februar 1842 geschrieben.]

Le Roi sera charmé de Vous recevoir, Monsieur, demain mercredi à deux heures et demie. J'irai Vous prendre dans ma voiture à deux heures et un quart à Votre hôtel pour Vous conduire au Château. Veuillez, de grâce, me répondre deux lignes pour que je sache que Vous m'attendrez. Mille hommages d'admiration.

ce mardi.

27. Felix Mendelssohn Bartholdy.

Herrn F. Liszt.   Hôtel de Russie.

Lieber Liszt, Es thut mir gar zu leid, Ihnen auch heut das Instrument nicht schicken zu können, aber ich habe gerade heut und morgen den ganzen Tag allerlei Leute bei mir, mit denen ich Musikstücke durchzusehen und zu spielen habe, und kann deshalb mein Piano nicht entbehren, so gern es Ihnen sonst, wie Sie wissen, immer zu Dienst steht.

Eben diese Besuche verhindern mich auch heut in Ihr Concert zu kommen — ich brauche Ihnen nicht zu wiederholen, wie sehr ich diese Entbehrung bedaure.

Immer Ihr herzlich ergebner

Berlin, 1sten Febr. 1842.   Felix Mendelssohn Bartholdy.

28. Gasparo Spontini,

einer der bedeutendsten Operncomponisten Italiens, geb. 15. Nov. 1774 zu Majolati, gest. daselbst 24. Jan. 1851, kam 1803 nach Paris, wo er seine drei grössten Opern schuf und Hofcomponist Ludwig's XVIII. wurde. 1820 ging er als Generalmusikdirector nach Berlin, kehrte aber, als er sich dort missliebig gemacht hatte, 1842 nach Paris zurück. Der Papst ernannte ihn zum Conte di Sant'Andrea.

A Monsieur Liszt.

Ce n'est que pour Vous signaler le zèle empressé de Mr Schlesinger, et d'après son désir, que je viens Vous distraire un instant avec ces lignes, mon cher Liszt.

Mr Schlesinger veut que Vous n'ignoriez pas, et il a raison, qu'il a eu la complaisance de venir chez moi me proposer de participer au bien juste hommage que l'on Vous prépare!

Rien ne pouvait assurément me venir de plus agréable et de plus cher à mon cœur; et par l'amitié et l'estime réciproques qui nous lient depuis bientôt dix-huit ans, et par mon admiration toujours croissante, depuis Paris, Milan, Rome et Berlin, pour Votre beau talent, étonnant et extraordinaire!

Ma présence personnelle à cette solemnité n'ajouterait rien à la part intime que j'y prendrai par ma pensée et par mes sentiments sincères, qui Vous accompagnent partout où l'on Vous prodigue les honneurs et les félicités, infiniment méritées! ma présence ombragerait au contraire, ferait même tache au tableau de l'illustre cortège harmonique, qui brille autour de Vous à l'envie et avec tant d'éclat! Ne savez-vous donc pas, mon cher Liszt, que je suis un *Paria* à Berlin? — qu'après avoir été ignominieusement outragé, sifflé, hué, et cetera, le 2 avril 1841, en dirigeant le chef-d'oeuvre de Mozart, Don Juan, par un certain Public de Berlin, dans le Théâtre royal et pendant l'exercice de ma charge royale, que j'avais remplie pendant *vingt-deux* ans avec honneur et gloire, j'ai été ensuite condamné par un tribunal prussien à *neuf mois de forteresse*, pour *crime de lèse-Majesté*, mon cher Liszt, ni plus, ni moins! (avis aux lecteurs, si on ne les aveugle pas pour les empêcher de lire et de voir!) et qu'enfin je ne suis retourné de Paris à Berlin tout récemment, que pour attendre ma seconde sentence et l'exécuter au moment!!.. Voilà! c'est tout mon unique emploi qui m'occupe et me retient à Berlin!!.. que l'on se dépêche cependant; car d'après les progrès menaçants de mon triste état de santé, dans lequel Vous m'avez trouvé, j'ai grand peur que l'on ne soit obligé de ne dénoncer qu'à mon cadavre ma seconde fatale sentence!.... Tant mieux; car, comme je suis déjà *mort* une fois *civilement*, doublement *mort*, mon ombre calme et apaisée, assistera avec grand plaisir auprès de Vous au joyeux Banquet, comme celle de Duncan! et peut-être en face de quelques-uns de mes B.......x[1])!!!....

Adieu, mon cher Liszt! de coeur, de sentiments d'estime et d'admiration croyez-moi toujours tout à Vous jusqu'à mon tombeau, et ce ne sera pas bien long,

Votre ancien ami sincère sans façons et sans grimaces

Berlin, ce 9 Février 1842.

---

[1] Bourreaux.

29. Ottilie von Goethe, geb. von Pogwisch,

Goethe's Schwiegertochter, lebte in Weimar, wo sie nach längerem
Aufenthalt in Wien, am 26. Oct. 1872 starb.

An Herrn Franz Liszt, Ritter des Falken-Ordens, Hochwohlg. Berlin.

Weimar, den 10ten Febr. 1842.

Ich habe geglaubt, dass ein gewisser Grad von schmerz-
licher Unruhe und Ungeduld nur der Liebe angehöre, und
wenn man über diese heisse Zone hinaus sei, man diese
peinliche Empfindung nicht mehr zu fürchten habe; ich sehe
mich aber in dieser Voraussetzung getäuscht, und weiss nur,
dass eine Mama eben so gut wie eine Geliebte dieser Qual
unterworfen ist. Erst nach Ihrer Abreise erfuhr ich, dass
Sie die Direction der deutschen Oper in London übernom-
men, und da mein Sohn Walther eben die Partitur seiner
Oper [1]) Herrn Schumann geschickt hatte, schrieb ich gleich
an Herrn von Schober [2]), damit er Ihnen meine Bitte und
meinen Wunsch ausspräche. Eine Copie der Oper sollte mir
von Berlin aus gesendet werden, um sie an eine andere
Bühne abzugeben; ich ordnete aber gleich an, dass sie in
Berlin bleiben sollte, bis Sie es verliessen, damit sie in einer
passenden Stunde Ihnen vorgelegt würde. Es versteht sich
von selbst, dass Herr Schumann Ihr Urtheil wird entscheiden
lassen, warum sollte also nicht jede Weitläufigkeit vermieden
werden. Wie entscheidend für einen jungen Künstler die
erste Aufführung seines Werkes ist, brauche ich Ihnen nicht
auseinanderzusetzen, und welchem Missverstehen und Miss-
lingen ist es nicht ausgesetzt. Es ist nicht genug, dass das
Gold auch wirklich im Schacht enthalten ist, es muss auch
ein Bergmannsauge es nicht nur erkennen, sondern auch zu
Tage fördern; nicht allein zu Tage fördern, sondern es auch

---

1) Vermuthlich das Singspiel ›Anselmo Lancia‹ (1839.

2) Dichter und Schriftsteller, Weimar'scher Legationsrath, naher
Freund Liszt's (gest. 1882 in Dresden).

in einer Weise der Menge darbieten, dass sie den Werth
verstehen lernt. Wem traute ich mehr die Genialität und
Poesie zu, die Knospen aufbrechen zu lassen, und den Blumen, die erblüht, den richtigen Strahl, der sie beleuchtet.
zu geben, wie Ihnen! Ich wollte Ihnen nicht gleich schreiben,
denn es erschien mir so zudringlich; es sah aus, als wenn
ich nun gleich aus dem flüchtigen zarten Seidenfaden unserer
Bekanntschaft ein Ankertau drehen wollte, als hätten Sie
nicht freundlich und liebenswürdig gegen mich sein können,
ohne dass ich gleich Pläne darauf schmiedete. Es war Unrecht von mir, dass ich nicht so aussehen wollte, denn es
war ja wahr. Mir war ja doch wirklich als hätte ich ein
solches Vertrauen gefasst zu Ihnen, dass ich ohne Verlegenheit Sie um etwas bitten konnte und überzeugt war, Sie
würden für jeden jungen Künstler, dem es Ernst sei um die
Sache, ihm willig die Pfade ebnen. Von der andern Seite
schien es mir beinah ein Eingriff in Herrn von Schobers
Rechte, und so wartete ich 5 Wochen lang auf eine Entscheidung. Es kann nicht davon die Rede sein, dass man
eine ruhige Zeit für Sie abwartet, wann soll die kommen?
Es muss und wird sich das Drängen um Sie her immer stei-
gern; deshalb bitte ich Sie nun direkt, erobern Sie von Sich
Selbst eine ruhige empfängliche Stunde, und sehen es durch.
Ich hatte immer auf Mad. Ungher-Sabatier gehofft, glaube
aber, sie ist schon nach Dresden zurück. Leben Sie recht
wohl, ich möchte wir fänden uns einmal wieder; aber ich
wünschte gleich eine Unmöglichkeit dazu, Sie nehmlich dann
wirklich kennen zu lernen, im kleinen gemüthlichen Kreise.
Herr von Schober hat Ihnen vielleicht gesagt, wie ich im
März nach Wien gehe, und wahrscheinlich von dort nach
Italien, weil ein Halsübel sich immer mehr verschlimmert.
Ihr Conzert im Theater war das letzte Ausgehen! Ich schloss
so in gewisser Art mein Leben mit einer schönen Erinnerung. Können Sie auf meinen langen Weg mir eine freundliche Hoffnung mitgeben, so thun Sie es. Sehr viele Grüsse
an Herrn von Schober; wollen Sie irgend einen Aufschluss
in Betreff der Oper, so wird Frl. Alwina Fromann, die

Freundin meines Sohnes und die meinige, gewiss ihn geben können. Ihre Ergebene

Ottilie von Goethe.

30. Friedrich Wilhelm, Erbgrossherzog von Mecklenburg-Strelitz,

gegenwärtig (seit 1860) regierender Grossherzog, geb. 1819.

Strélitz, ce 11 de Février 1842.

Monsieur,

Un courrier vient d'annoncer au Grand-Duc et à moi la perte, aussi *douloureuse* qu'*imprévue*, que nous venons de faire par la mort subite d'une sœur chérie. Vous comprenez, Monsieur, que cette nouvelle, qui nous vient de Rome, nous a causé la plus vive douleur, et que nous ne sommes pas en état de nous occuper d'aucune jouissance: vous concevrez de même, que ce n'est qu'avec peine que je me vois forcé à vous prier de ne pas venir à Strélitz, où vous trouveriez tout le monde dans le deuil le plus profond. Le Grand-Duc et moi n'en sommes pas moins reconnaissants de votre aimable intention de vouloir faire plaisir à mon pauvre papa, dans laquelle je ne faisais que reconnaitre l'amabilité d'un F. Liszt. Quel *plaisir inouï* cela n'aurait-il pas fait au Grand-Duc de faire votre connaissance et de pouvoir admirer votre talent: il s'en faisait une fête — et au lieu de voir accompli demain ce qu'il désirait si ardemment, le voilà plongé dans la douleur la plus profonde!!

Il ne me reste, Monsieur, qu'à vous remercier encore une fois particulièrement *de ma part*, de la manière obligeante dont vous vous êtes prêté de suite à mes désirs, et de vous répéter comme je suis affligé de ne plus pouvoir vous remercier personnellement, de ne plus vous voir avant votre départ de Berlin. J'aurai soin qu'on soigne votre piano et qu'on le remette entre vos mains, sans que vous en ayez aucun inconvénient.

Je vous fais parvenir cette lettre par une estafette, pour que vous puissiez faire vos arrangements aussitôt que possible, car peut-être que vous voudrez donner encore quelque concert — votre temps est donc plus que mesuré!
J'ai l'honneur, Monsieur, d'être
Votre tout dévoué

Frédéric Guillaume G. H. de Mecklenburg

31. Bettina von Arnim, geb. Brentano,

die geist- und phantasiereiche Autorin von »Goethe's Briefwechsel mit einem Kinde«, geb. 4. April 1785 zu Frankfurt a. M., gest. 20. Jan. 1859 zu Berlin, seit 1811 mit dem Dichter Achim von Arnim († 1831) verheiratet, mit dem sie abwechselnd in Berlin und auf seinem · Gute Wiepersdorf lebte.

[Ohne Datum u. Unterschrift. Wol Berlin, Februar 1842.]

Ist es schwer mir zu schreiben, so ist auch schwer von Dir gelesen zu werden. Die Ähnlichkeit haben meine Blätter mit denen der kumäischen Sibylle bei Dir, dass sie ein Spiel der Winde werden. Ich hätte ohne Ende mit Dir zu reden, aber Dein leiser Verrath in dem Namen, den Du mir beilegst, hält mich in Schranken.

Es ist das Tiefste und Innigste, was auch das Einfachste ist. Dies allein kann dem Freund etwas gelten. Ich möchte Dir mit keinem prahlerischen unnützen Wort entgegentreten. Was es auch sei, was mich in Dir berührt, es weckt einen Trieb, etwas Besseres aus mir zu machen, eine Begierde der Anstrengung wie im ersten Lebensreiz, und doch: wie das Kind vom Schlaf befallen wird, während es Nahrung saugt, so geht mir's, ich muss gleich träumen, wenn ich an Dich denken will. Du bist ein Organ der Zeit; ich weiss auch Wie und Warum, aber ich bin mit im Werden in Dir begriffen und muss mich leidend verhalten. —

Alle Regung ist ein Beginn; wer kann ihr universales Wirken voraus abmessen? — Wer kann abwägen, was die Begeisterung fortbewegt? — Künstler sein! was ist's? — wenn nicht, dass er die Zeit in sich reife? — Welche Zeichen blühen auf Deinem Weg? — Die Jugend! möchte sie als einzige Vermittelung Dir gelten, Deiner Unsterblichkeit! Wie ist ihr strebsamer Geist umgarnt, es ist keine Rede, dem Licht und Wärme zu gönnen; alles ist darauf angelegt, die Geistesfreiheit zu ersticken, die der einzige Keim des Werdens ist. Und wir alle müssen diese Fesseln des Unverstandes und hochmüthiger Tirannei schleppen. Du kannst es nicht vertragen, im Gefühl Deiner Selbstheit angetastet zu werden. Wir wollen es uns nicht zu schulden kommen lassen, dass wir es antheillos dulden und ansehen, wie diese Selbstheit der Jugend von den Philistern mit Füssen getreten werde. Begeisterung ist nichts, wenn sie nicht das Palladium der Menschheit vertheidigt, wenn sie nicht zur kristallhellen Gesundheitsquelle wird für Alle, denen sie strömt. Du hast nicht für Dich zu sorgen. Du hast kein Glück in Anspruch zu nehmen, keine Hoffnung der Zukunft: — Was wolltest Du noch für Dich? — Sieh, Andre seufzen, haben Forderungen, Bedürfnisse, verwirken die Zeit in vergeblichem Mühen um die Güter der Zeit. Sind es Güter? — Nein, es sind nur Leerheit und Wahn: aber Du, der das Haupt untertaucht in den Quellen der Harmonie, wie könntest Du nach anderm Dich sehnen als nach Ihr, die eines Vaters Tochter ist, der des Himmels Schöpfer ist und der Erde nach der Natur. Du musst ihn fühlen, den Geist der Welt, er muss aus Dir hervorquellen, sie müssen ihn durch Dich verstehen lernen, die jungen Adler, Du musst sie herauslocken aus dem Nest und den Weg zur Sonne weisen. Du weisst es wohl, von allen, die Dich feierten, waren wenige, die Dich verstanden haben. Die Jugend aber hat den heiligen Willen von Deinem Genius wohl geahnt. Die Lust Dich zu krönen, hast Du dem Wohlgetöne Deiner musikalischen Geisteskraft zu danken, sie strömt nicht durch die Finger, sie bildet Dein ganzes Sein. Der hat es in der

Gewalt, neuen Lebensreiz in jenen zu wecken. Es war das erste Selbstgefühl, was Dir im lauten Hurrah der Studenten entgegenströmte, sie widerhallten die Melodien Deines Wesens in ihrer Brust, und das war göttlich. Ach, ich gönne Dir die Allmacht ungetheilter Begeisterung; sie weilt nicht auf der Oberfläche, sie geht durch Tiefen und Höhen. — O reinige Dich von allem jenen, was Menschen Dir zutheilen könnten als Ehrenzeichen, in Deinem Busen allein die Seeligkeit der Schönheit, die Dich hinaufhebt, wo Deine Seele den Thau trinkt.

Ich bin Dir gut, ich liebe Dich. Die Tage haben mich wie mit fruchtbarem Regen übergossen, es quillt und berstet jeder verborgene Keim eines höheren Willens in mir. Das habe ich dem Lauschen zu danken Deiner Musik. Du hast sie hundertmal gespielt vielleicht, Du warst müde, aber die Gewalt des Göttlichen ist ihr eingeboren. Ach, die ausgestorbenen Schalen, sie begrünen sich wieder mit Jugendbegeisterung! — Freue Dich doch! — Fordere nichts *mehr* vom Schicksal, als dass Du die Heroenwelt, dieses Zauberland, vor der Jugend wieder aufschliessest!

Und verstehe mich doch willig, verschliesse Dich nicht vor mir, die Dir gern die fruchtbare Erde anhäuft um die jungen Sprossen des Lorbeers.

32. Alexis von Lwoff,

der Componist der russischen Nationalhymne, ausgezeichneter Violinist, geb. 25. Mai 1799 zu Reval, gest. 28. Dec. 1870 auf seinem Gut im Gouvernement Kowno, war Generalmajor, Adjutant des Kaisers Nicolaus und Kapellmeister der russ. Hofsängerkapelle.

Monsieur,

Permettez-moi de Vous remercier bien sincèrement pour l'extrème plaisir que j'ai éprouvé en entendant l'admirable exécution du morceau de Weber; ayant fait et entendu beaucoup de musique, je suis blasé sur bien des choses, mais cette haute perfection, cette chaleur, ce génie qui respirait dans chacune de vos notes, tout m'a transporté et mon admiration a été au comble[1]). Vous êtes bien heureux, Monsieur, de pouvoir faire passer des moments comme ceux que j'ai passés en vous écoutant!

Je profite de cette occasion pour Vous prévenir que d'après le désir que vous m'avez témoigné d'entendre des Quatuors de Beethoven, j'ai fait les arrangements nécessaires à ce sujet pour Mardi prochain. J'espère que Vous ne nous refuserez pas le plaisir de Vous posséder.

Agréez, je Vous prie, l'assurance des sentiments les plus distingués   de Votre très dévoué

21 Avril [1842, St. Pétersbourg].
Nous commencerons à 9 heures.

33. Bettina von Arnim.

A Mr Franz Liszt, Cologne.

Lieber Freundlicher! dem ich nicht auf die liebsten Zeilen geantwortet, die Bezauberung enthalten, wie dies Dir, liebster Dutzbruder, empfindlich bewiesen wird auf allen Lebenswegen. Dass Menschen mit tiefer Aufregung Deine Musik in sich trinken, wie neugeborne Kinder die Muttermilch, beweist, dass auch ausserdem noch, dass wir namentlich im Lande der Franzosen, rufen: Freiheit und Gleichheit! die Ungleichheit der Preiss und die Köstlichkeit ist des Lebens. Fänden wir an jeder Strassenecke unsresgleichen, so würden wir selbst nach unserm eigensten Sein nicht mehr fragen. So aber im Empfinden, dass von Deinem Überfluss die süsseste naturgerechte Nahrung ihr zufliesse, strömt die Menschheit Dir zu, und

---

[1]) Am 20. April 1842 hatte Liszt mit beispiellosem Erfolg sein erstes Concert in Petersburg gegeben.

Freiheit und Gleichheit, die der eigentliche Sperrbaum ist aller geistigen Verhältnisse, gilt ihr nichts mehr; sie will nicht Dir gleichen und im Bewusstsein, dass sie auf gleicher Stufe mit Dir stehe, ihre Wege gehen, nein, sie will Dir huldigen und sanft sich an Dich heran drängen, und genährt und gepflegt will sie sein von der ihrer höheren Entwickelung so angemessenen Nahrung, die aus gegenseitiger Begeisterung sich auch in Dir immer gewaltiger und kräftiger erzeugt. Und wer wollte Dir streitig machen, dass dies alles, was Dir widerfährt, die anmuthigste Allegorie ist auf das, worauf Deine Seele Anspruch macht: nämlich die Menschheit zu begeistern. Und wer weiss, unter welcher Form und Bedingung noch manche Forderung des Lebens gemacht wird werden an Dich. Denn Musik strömt nicht allein aus den Fingerspitzen eines solchen Geistes, und nicht allein in Tönen dem Ohr erklingt sie.

Deinen Brief, auf den ich nicht geantwortet, so lang Du in Petersburg warst, weil ich durch das Gewühl der Huldigungen und illuminirten Begeisterung nicht wollte mit meinem kleinen Laternchen herumfackeln, wo Du mich trotz des besten Willens kaum bemerken konntest; — nun, Deinen Brief musste ich dem Kammerherrn von Witzleben leihen, er bat darum. — Wenn Du Dir also einen Scrupel daraus machst, den meinen dem Oberpostmeister *Nernst* zu erlauben, so hat der Deine wahrscheinlich durch die Hände des Herrn von Witzleben eine glänzende Spirallinie gezogen um die ewig grünenden Momente begeisternder Erinnerung.

An Spontini hab ich mein Wort gehalten, indem ich sieben Lieder, mit samt ihren ganz eigensinnigen Accompagnements ihm zugeeignet, habe stechen lassen. Es that ihm wohl, wie Balsam auf die Wunde. Wer wollte nicht, hielt er ein solches Elexir in Händen, mit Sanction dem, dem Unrecht geschehen, diesen Balsam auflegen! Und welche grössere Ehre könnte mir widerfahren, als dass Einer, dem alle in wilder Ausgelassenheit weh gethan, zu mir sage: *Du thust mir wohl!* — Was nun die, musikalischer Wendungen, Klippen vollen Fehltrittswege dieses Produktes betrifft, so konnte ich mich nicht entschliessen, auch nur, um der närrischen Perücken willen, die Gesetze machen über eine Kunst, welche viel zu gewaltig ist für pedantische Ohren, eine einzige falsche Quinte aufzuheben. Wie hab ich als Kind mit klopfendem Herzen auf dem Instrument herumgesucht, um dem tief in mich geprägten Rhythmus zu genügen. Wie viel tausendmal wiederholte ich mit Entzücken diese mir allein wohlgefälligen Töne, an deren Stelle ich nie andere gerecht fand, als nur diese allein, wenn man mir auch noch so schöne Harmoniengänge vorspiegelte! Drum musste alles so bleiben, wie die wirklich originalen, erste Liebe stotternden Unterhaltungen meiner Seele mit der Musik gewesen sind; und ich hab nicht gelitten, dass man meinen Bass, der wie ein Reh oft die Melodie mit raschen Sätzen und Sprüngen umtanzt, oft hineinklingt und deutlicher in seiner Empfindung widerhallt, was die Melodie nicht vermag: dass man sein eigensinniges Wenden und Drehen meistere.

Damit will ich nicht sagen, dass es so sehr der Mühe werth sei, nein! aber ich habe ein Project dabei; nämlich diese ersten Lieder sind die zahmen, noch war ich theilweise dem zugethan, was ich, die auch in jedem Sinne das Unfreie nicht begreifen kann, also von den Generalbassregeln zwar nichts verstand, aber doch abergläubig für wahr hielt. Was ich aber später herausgeben werde, das hat den Zaum zerbissen und ist seinem Begeisterungslauffeuer nicht mit Löscheimern von Generalbassregeln nachgelaufen, um die Lebensflamme im erstickenden Rauch ihrer zündenden Kraft zu berauben. Ich musste also einen Übergang machen, und dazu sind dergleichen *Fehler bezeihte* Sätze ganz angemessen, dass man sich allmählich dran gewöhne. — Nun könntest Du glauben, Wunder was für überraschende Erscheinungen kommen werden! — Ja, sag ich heimlich zu Dir! — Und wärst Du nicht hier gewesen, ich hätte vielleicht nie daran gedacht sie ans Licht zu ziehen; aber Dein Spiel machte mir gewiss, dass ich Dir verständlich sein würde. Und nach dem Rhein werde ich kommen im August, da werd ich Dir ein Heft Melodien mitbringen, die ich dem König widmen will, weil sie ihm einen Begriff geben sollen, dass jene Musik der Antigone mit der griechischen nicht kann auch nur eine Spur anklingen; und diese hauen freilich über die Schnur und befinden sich auf dem Spielplatz des noch nie Dagewesenen. Für solche Dinge kann ich keine fremde Meinung, keine Hand, die mich meistere, brauchen. Ob sie den Menschen heutzutage zusagen werden, das weiss ich nicht; aber sie werden Wege zeigen, damit die Musik nicht, wie jener Sumpf der christlichen Religion, den die Prediger um und um wühlen, um nur noch ein Thema drin zu finden, das dem Zuhörer nicht wie der gewohnte Trapp des Mülleresels lautet: damit sie nicht auch zum stehenden Sumpfe werde. Und Du sei kein Narr, erst den Finger an die Nase zu legen. Ich weiss, welche Begeisterungsgluth des tiefsten Einverständnisses mit dem Text darin verborgen liegt. — Und Du hast hundertmal in Deinen unwillkürlichen musikalischen Bewegungen das Räthsel, was in meinen sogenannten Compositionen keimt, in voller Blüthe um Dich her ausgestreut.

Adieu! am Rhein sehen wir uns, wenn Du willst; die Kinder freuen sich unendlich darauf. Armgart singt: Kennst du das Land? Nesselrode, der erst vor 8 Tagen hier ankam, hat mir nicht die versprochne Musik von Dir geschickt.

Meyerbeer, der sehr freundlich zu mir war, indem er mich oft besuchte, aber nie fand, nimmt diesen Brief mit. Der Kronprinz von Würtemberg, der Deine Musik, wie er sagte, nicht liebt (vielleicht aus Eifersucht), hat keine einzige Aufführung der Hugenotten versäumt; ich hab keine einzige Vorstellung gehört, denn ich war diese ganze Zeit über so beschäftigt, dass ich nie wusste, ob es Tag oder Nacht sei. Ja, ich glaube nicht, dass irgend ein Geschäftsmann in Kriegs- oder Friedenszeiten je ein solch Leben geführt wie ich jetzt. Vor drei Uhr nie zu Bett; Morgens um 6 Uhr am Schreibtisch, wo ich die heterogensten, kopfanstrengendsten Dinge betreibe. Adieu, Adieu. Dem Meyerbeer hab ich zwar weiss gemacht — aus blosser Beschämung seine Oper nicht gesehen zu haben — dass ich sie gesehen hätte; aber ich bitte Dich ihm die Wahrheit zu sagen, denn es ist weniger auf-

fallend bei meiner Lebensweise, als sie gesehen zu haben
und nichts drüber sagen zu können.

[Bad Ems] am 20sten Juni 1842.

34. Julius Benedict,

geb. 27. Nov. 1804 zu Stuttgart, Schüler Hummel's und Weber's,
als Componist ohne originelle Begabung, um so angesehener und
verdienter als Concertdirigent, als der er in London von 1835 bis
zu seinem Tode, den 5. Juni 1885, (zuletzt geadelt) lebte.

Monsieur Liszt. 19, rue Pigalle, Paris.

Mon cher Liszt,

Permettez-moi d'abord de vous remercier encore de votre
accueil si bon et si amical à Paris et du plaisir que vous
m'avez fait chez Schlesinger, avec votre Fantaisie et avec
vos compositions vocales, qui portent l'empreinte du génie et
qui sont remplies de chant et de mélodie sans jamais devenir plates et vulgaires. Vous avez un avenir magnifique devant vous, qui sera même *peut-être plus beau* que votre passé.
En tout cas je vois que vous ne voulez, que vous ne pouvez
pas vous arrêter et que, lorsque nous autres pygmées pianistes croyons de vous tenir — vous avez pris votre vol dans
quelque région élevée et distante, où vous planez et semblez
défier vos pauvres rivaux — *Glück zu!* —

J'ai parlé à Addison et Beale. Ils sont, comme vous
pouviez bien vous l'imaginer, très contents de publier votre
musique aux conditions proposées, et je suis sûr qu'ils feront
tout ce qui dépendra d'eux, afin de s'acquitter en quelque
sorte de leur dette envers vous. Mais il faut revenir à Londres — il faut que vous les traîniez ici à votre char de
triomphe, comme partout — et j'espère que vous ne m'épar-
gnerez pas quand vous croirez que je pourrai vous être utile
ici. Adieu, mon cher Liszt; ma femme me prie de la rap-

peler à votre bon souvenir, mes hommages respectueux à Mme Liszt. A vous de cœur et à jamais.

22 Queen Street, Mayfair, 12 Août 1842.

35. Bettina von Arnim.

A Mr Franz Liszt.   Cologne.

[Laut Poststempel, Bad Ems, 17. Sept. 1842.]

Erstens hatte ich einen, zwei Briefe nach Petersburg abgesendet, keine Antwort erhalten. Zweitens hat Meyerbeer von mir einen Brief an Liszt mit nach Paris genommen, da er unmittelbar dahin abgehen wollte, ist aber, wie ich eben höre, noch bis zum September hier in den Bädern herumgeschwärmt, und wird daher den Brief nicht abgegeben haben. Solche Zwischenträger sind mir die Rechten! — In den Zeitungen liest man von Dir, dass auf Deinem Herzen zwei Orden prangen, aber in Deinem Herzen liest man nicht, und die Ahnungen mögen auch nicht hell aufleuchten in der Brust eines vom Gaudium der Adelsherrlichkeiten genährten Meteors, sonst hätten diese schon mit Brillantfeuer erleuchtet, dass ein Nest voll Freunde in Ems weilt; bis zu Ende September werden wir hierbleiben. Dann gehen wir nach Kreuznach.

Deine Musik hat mir Nesselrode nicht abgegeben.

Am 17ten. Bis zum 30ten sind wir hier.

Mitten in der Lahn stehend, den König in Stolzenfels ankommen zu sehen, hab ich dem *Liszt* erstens einen Gruss durch den Rhein geschickt; doch fliesst der leider nicht bergauf: den zweiten nahm der Mond mit, ein schläfriger Bote ohne Verlass. Den dritten lud ich gestern Abend dem kühnen Abendwind auf die Flügel, als er so eilig an mir vorbei durch die zerbrochenen Fensternischen der Burg Nassau strich, als hätte er viel Geschäfte. Sollte der nun auch nicht angelangt sein, den vierten mit Tinte und Papier ganz in Prosa auf der Post.

Bougeard von Arnim [1]

36. Heinrich Wilhelm Ernst.

La Haye, 4 Oct. 1842.

Ce n'est qu'ici, mon cher et illustre ami, que j'ai reçu votre bonne et amicale lettre: je vous en remercie mille fois ainsi que des cartes qu'elle renfermait. Je les garderai précieusement pour l'époque où ma bonne ou mauvaise étoile me conduira dans les villes où elles sont adressées, car dans ce moment j'ai entièrement renoncé à l'itinéraire que je m'étais proposé de suivre en quittant Paris. Quoique j'aie eu un grandissime succès (ne veuillez pas me taxer d'arrogance, je vous prie) à Bruxelles au Concert de Berlioz, je n'ai pas jugé le moment opportun pour m'y faire entendre d'autres fois encore, et les difficultés qu'on y éprouve d'organiser des concerts à cause des deux sociétés musicales, m'ont fait ne pas hésiter un instant d'y renoncer entièrement. Une lettre assez engageante que j'ai reçue de La Haye m'a décidé à y aller passer quelques jours et peut-être en profiterai-je pour faire en même temps une petite excursion à Amsterdam et à Rotterdam. On avait espéré de vous avoir ici; on est désespéré maintenant qu'on sait que vous ne viendriez pas.

Vous me demandez des nouvelles sur l'effet qu'a produit la musique de B[erlioz]. Voici ce que je puis *vous* dire là-dessus en peu de mots. Dans la répétition elle a saisi à plusieurs reprises les musiciens, et quelques passages ont provoqué des élans d'enthousiasme. Il n'a pas été aussi heureux au concert même; ce qui tenait sans doute aussi à l'exécution qui n'était rien moins qu'irréprochable.

---

1) Tochter Bettina's, nachmalige Gräfin Flemming.

Je ne saurais vous exprimer combien je désire aller à Weimar et vous y voir; comme cependant personne ne voudra croire que j'en fais mon but, et que les circonstances même autoriseraient ce doute, je ne crois pas pouvoir réaliser ce projet qui est un des plus tentants que j'aie conçus de ma vie. Il est cependant possible que le Duc héréditaire de Weimar laisse tomber un mot sur ce sujet quand j'aurai l'occasion de le voir, et cela me suffirait pour que je me décide à aller vous rejoindre et vivre quelques jours avec vous.

En quittant ce pays, je compte m'embarquer à Rotterdam pour jusqu'à Dusseldorf et d'aller sans m'arrêter nulle part jusqu'à Francfort, où j'ai l'intention de faire une halte de quinze jours au moins.

Si je ne devais pas être assez heureux de vous rencontrer soit à Francfort, soit à Weimar, je vous dis Adieu pour jusqu'en Russie, où il est plus que probable que nous nous rencontrerons. Adieu, adieu, embrassez pour moi vos anges et faites mes amitiés, je vous prie, à votre mère. Si je peux vous être bon à quelque chose dans ce pays, donnez-moi l'occasion, je vous prie, de pouvoir vous être agréable.

Votre tout dévoué ami

H. W. Ernst.

37. Carl Czerny.

Herrn Fr. v. Liszt.

Wien, 6. Dec. 1842.

Mein werthester Freund!

Ihrem freundlichen Wunsche gemäss habe ich das Vergnügen Ihnen durch Herrn und Freund Carl Haslinger mehreres von meinen Scriblereyen zu übersenden, und herzlich wird es mich freuen, wenn Sie einiges davon nicht ganz unwerth finden, dass es durch Ihre schützende Meisterhand dem Publikum vorgeführt werde. Das *Grand Nocturne* wird Ihnen durch den Verleger Fr. Kistner in Leipzig bis Mitte December nach Berlin übersendet werden, und zwar in der correcten Gestalt, da leider in der ersten Auflage durch ein

Versehen in den Begleitstimmen mehrere Takte übersprungen wurden.

Eben so ersuchte ich Hrn. Breitkopf et Härtel, Ihnen ein neues Opusculum (24 Etudes de Salon etc.) zu selber Zeit mitzutheilen.

Mit Vergnügen erfuhr ich durch die Zeitungen Ihre Anstellung in Weimar, wo so viele edle Erinnerungen unvergänglich fortleben werden, und wo Ihre Stellung gewiss eben so angenehm als ehrenvoll seyn wird.

Indem ich Sie bitte, mein sehr werther Freund, mich in Ihrem freundschaftlichen Andenken zu bewahren, verbleibe ich, in der Hoffnung eines nicht fernen Wiedersehens, für immer

Ihr freundschaftlichst ergebenster Carl Czerny.

Hier ist ein wahrer Concerten-Jammer, und Niemand jammert mehr, als die Concertgeber selber. Nur Freund Liszt könnte wieder eine Menge volle Häuser machen. — —

38. Robert Schumann.

Leipzig, den 3ten Januar 1843.

Mein theurer Freund,

Einen freundlichen Gruss und Glückwunsch zu 1843 wollte ich Ihnen heute nur schicken durch unsre anmuthige Freundin Elisa, die Ihnen mehr von uns erzählen wird[1].

Vielleicht sehen wir uns auch bald in Berlin. Schreiben Sie mir doch so *bald als möglich* ein paar Zeilen, wie lange Sie in Berlin bleiben. Wir hätten grosse Lust hinzukommen; es geht aber nicht vor dem 12ten. Meine Frau hätte wohl auch Lust, eine Soirée in B. zu geben. Würden Sie da vielleicht so freundlich sein, mit ihr ein Duo zu spielen? Dass sie dann auch in Ihren eigenen Concerten mitwirken würde,

---

[1] Vermuthlich Frl. Elisa Meerti, die zu dieser Zeit wiederholt im Gewandhaus sang.

versteht sich. Ich habe ein Quintett geschrieben; dies sollte meine Frau vielleicht auch in B. spielen; ich würde mich freuen, wenn Sie es hörten — es macht eine recht frische Wirknng. Auch ein Quartett für Pianoforte pp. und ein Trio hab' ich fertig — aber noch nicht gehört. Bis zu unserer Ankunft in Berlin würde ich aber alles in Ordnung bringen, damit Sie's kennen lernten — ich weiss ja, Sie lieben manches an meiner Musik — drum nennen Sie mich nicht unbescheiden.

Frl. Elisen werden Sie wohl in ihren Unternehmungen freundlich beistehen; es ist ein nobles Mädchen. Hätte sie nur Gelegenheit, *öfter* öffentlich zu singen. Es fehlt ihr noch an Muth und Keckheit und Gewandheit, was alles zum Virtuosen gehört. Das durchschauen Sie aber alles selbst.

Adieu, mein theurer Liszt! Nehmen Sie freundliche Grüsse von meiner Frau und schreiben uns gleich ein paar Worte.

Wie immer Ihr   R. Schumann.

39. Giacomo Meyerbeer,

eigentlich Jacob Beer, der vieljährige Beherrscher der deutschen und französischen Opernbühne, geb. 5. Sept. 1791 in Berlin, gest. 2. Mai 1864 zu Paris, studirte bei Clementi, Zelter, Vogler u. a., lebte 1815—1826 in Italien, dann bis 1842 in Paris und darnach als Generalmusikdirector in Berlin.

Sr. Hochwohlg. Herrn Kapellmeister **Franz Liszt**, Ritter
hoher Orden.

Breslau.

Cher illustre confrère!

En voulant porter votre lettre à Monsieur de Witzleben, je me suis précipité par mégarde au bas d'un escalier et la chute a été si lourde que je me suis évanoui. Par miracle je n'ai aucune fracture et il ne faudra d'après ce que dit le médecin, que deux jours de repos absolu pour me remettre. Malgré cet accident votre commission a été faite, seulement Mr de Witzleben a dû se rendre chez moi pour en prendre connaissance. Il a cru que le mieux serait de lire textuellement votre spirituelle lettre à la Princesse. Son Altesse royale m'a chargé par l'intermédiaire de Mr de Witzleben de vous exprimer tous ses regrets de ne pas pouvoir retarder le concert, qui aura lieu dimanche le 12 Février, puisque le Roi et toute la cour étaient déjà invités, mais qu'elle agréait complètement vos excuses et qu'elle comprenait que vous feriez un tort considérable à vos intérêts pécuniaires en quittant la Silésie dans ce moment, que par conséquent votre absence de son concert était parfaitement justifiée à ses yeux. Voilà ce que je suis chargé de vous communiquer.

Maintenant voulez-vous mon opinion personnelle et celle de Monsieur le Comte de Redern, dans ce moment ici présent dans ma chambre? Eh bien, moi à votre place je viendrais pour le jour du concert, tenir ma promesse, dussé-je repartir 24 heures après pour la Silésie. Cela serait grand et tout à fait digne de Liszt, et charmerait certainement la Princesse royale qui maintenant se trouve privée du lustre que votre admirable talent aurait jeté sur ce concert[1].

Du reste je vous répète, ce n'est que mon opinion et celle de M^r le Comte de Redern que je vous exprime; la Princesse, d'après ce qu'elle m'a fait dire de vous 'écrire, doit croire que vous ne viendrez pas.

Adieu, cher et illustre confrère: honorez-moi d'un mot de réponse.

> Votre tout dévoué
>
> ce 6 Février 1843.

Meyerbeer

---

1) Liszt unterbrach in der That seine schlesische Reise, um im Palais des Prinzen von Preussen in einem Hofconcert mitzuwirken, zu dem auch die Schröder-Devrient berufen worden war.

40. Marie Pleyel, geb. Moke,

Gattin des Componisten und Clavierfabrikanten Camille Pleyel in
Paris, vorzügliche Clavierspielerin, geb. 4. Sept. 1811 zu Paris,
gest. 30. März 1875 in St. Josse ten Noode bei Brüssel. 1848—1872
lehrte sie am Brüsseler Conservatorium.

Bruxelles, 11 Février [1843].

Mon cher Maestro,

Pardonnez-moi si les remerciements que je viens vous
offrir vous paraissent peu dignes de vous et de l'honneur que
vous venez de me faire. D'abord votre adorable lettre *dédi-
catoire* ne peut pas espérer rencontrer sa pareille, ensuite elle
me rend si fière que quelles que soient mes paroles, elles
ne rendraient jamais bien tous les sentiments de haute reconnaissance qu'elle m'a fait éprouver[1]. Le peu d'esprit
que vous vouliez bien m'accorder lorsque j'avais le bonheur
de vous voir souvent, s'est horriblement provincialisé pendant mon long séjour ici; vous voyez bien que toute réflexion
faite il ne me reste d'autre parti à prendre que de vous
crier du fond du cœur, merci, merci, et encore mille fois
merci! Je ne vous dirai pas tous mes regrets d'avoir été à
Liège pendant votre passage à Bruxelles, et afin que par ma
faute du moins je ne sois pas privée de la joie de vous serrer les mains, veuillez me dire si vous le voulez, le pouvez,
ou le savez quelle serait à peu près l'époque de votre arrivée dans notre ennuyeuse ville.

On la fait espérer pour le mois de Mars, est-ce vrai?
S'il y avait moyen d'en savoir le jour, j'irais vous attendre
au chemin de fer, afin de vous voir le plus longtemps possible.

Comme je sais que vous avez horreur d'écrire des lettres
en réponse, chargez Belloni de me le faire savoir, ma demande vous paraîtra moins indiscrète quand vous saurez que
je suis malade, que je souffre et ne crois pas guérir. Donc
traitez-moi comme toujours avec votre intelligente indulgence

---

1) Liszt widmete ihr seine Norma-Phantasie.

et pardonnez-moi l'ennui que je vous cause en faveur de
mon inaltérable amitié. Je n'ose vous embrasser, mon cher
Maître, mais je me dis la plus dévouée de vos dévouées.

M. Pleyel.

N° 5, rue de l'Observatoire hors la porte Shaerbeeke.

41. Friedrich Wilhelm IV., König von Preussen,

geb. 15. Oct. 1795, gelangte 1840 zur Regierung und starb 2. Jan.
1861 zu Sanssouci bei Potsdam.

Je ne saurais mieux répondre à la lettre que vous avez
bien voulu M'écrire en date du 14 de ce mois qu'en vous
donnant l'assurance que tout ce qui Me viendra de votre
part Me sera cher et agréable. J'estime en vous, Monsieur,
non seulement le compositeur plein d'esprit, l'artiste ingé-
nieux doué des talents les plus éminents, mais aussi l'homme,
attendu les buts bienfaisants que vous poursuivez sans re-
lâche et dont vous avez donné des preuves incontestables du-
rant vos voyages dans Mes états. Tout en désirant que vous
vous souveniez avec plaisir du séjour que vous avez fait à
Berlin, Je vous prie d'être persuadé que Je Me rappellerai
toujours avec beaucoup de satisfaction les jouissances que
vos grands talents M'ont procurées tant de fois.

Votre affectionné
Berlin, le 27 Février 1843.

Frédéric Guillaume

A Monsieur le Docteur Liszt, Maître de chapelle.

42. Giovanni Battista Rubini,

einer der berühmtesten Tenoristen, geb. 7. April 1795 zu Romano bei Bergamo, gest. 2. März 1854 auf seinem bei Romano gelegenen Schloss. Er reiste 1842 mit Liszt eine kurze Zeit.

Al Celeberrimo dei celebrissimi pianista Cavaliere L i s z t.

Pietroburgo.

Caro e amato Liszt,

Benchè non sii certo che veniate a Pietroburgo, vi scrivo queste due righe per darvi mie nuove, sicuro che non vi saranno discare; domani mattina parto per Mosco, dove mi fermerò tre o quattro settimane; sarò di ritorno in Pietroburgo per le feste di pasqua, e darò una quindicina di rappresentazioni, giacchè vedo benissimo, che in un concerto voi solo potete fare quello che faressimo tutti due insieme (e Belloni per questo avra ben ragione); qui siete aspettato a braccia apperte, e non si parla che del vostro arrivo, ed io spero avere il piacere d'abbracciarvi al mio ritorno da Mosco.

Sempre pronto ad ogni vostro comando e ad ogni vostro desiderio, ho il piacere di dirmi

vostro aff^{mo} amico

Giò: Batta Rubini

P. S. Mia moglie vi saluta e vi preghiamo di [dire] tante cose all'amico Belloni.

Pietroburgo ⅓¹ Marzo 1843.

43. Moritz Gottlieb Saphir,

bekannter Wiener Humorist und Satyriker, geb. 8. Febr. 1795 in Lovas-Bereny in Ungarn, gest. 5. Sept. 1858 zu Baden bei Wien.

A Monsieur F r a n z L i s z t, artiste célèbre, à Nonnenwerth.

Verehrter Herr und Freund!

Ich hatte Sie zu sehen schon vor drei Wochen beschlossen, allein es konnte mir kein Mensch mit Bestimmtheit sagen, ob

Sie für den Augenblick in Nonnenwerth sind; und ohne Sie
haben die *Nonnen* keinen *Werth* für mich. Hier haben Sie
einen schlechten Witz, woraus Sie ersehen, dass ich noch
der Alte bin.

Als ich Sie auf dem Schiffe so flott sah, wuchsen meinem
Wunsche Sie zu sehen die Klauen so lang, wie meinen han-
növerschen Zollbeamten! Wenn Sie also *nächsten Sonntag* in
Nonnenwerth sind, will ich mit dem *ersten* Cölner Dämpfer,
welcher von hier nach Mainz geht, kommen und bei Ihnen
ein paar Stunden zubringen. Die Tage von Aranjuez und
Hietzing [1]) stehen vor mir, und nachdem ich, seit ich Sie
nicht hörte, so viel Streichers, Bösendorfers und Erards skal-
piren hörte, lechzt mein bedeutendes Ohr wieder einmal nach
Ihnen und Ihrem Piano.

Sind Sie also Sonntag in Nonnenwerth und haben Sie
nichts vor, worin ich Sie störe, so bitte ich Sie mir es mit
ein paar Worten hierher zu schreiben.

Ich freue mich unendlich Sie und die ›grüne Wiege von
Griseldens Fritz‹ wieder zu sehen.

Mit aller Hochachtung Ihr ergebenster Diener und Freund

M. G. Saphir

Cöln, am 16. oder 17. Aug. 1843.   im Cölnerhof in Cöln.

44. Robert Schumann.

Leipzig, den 1sten Januar 1844.

Theurer Freund,

Wir hören soeben, Sie würden auf einige Tage nach Leipzig kommen; schreiben Sie mir ein Wort, ob das wahr ist

1) Bei Wien.

und wann Sie hier eintreffen. Wir wollen nämlich in 14—16 Tagen fort — nach Petersburg; so gern möchte ich da über Manches mit Ihnen sprechen und mir Rathes bei Ihnen erholen, Sie vielleicht auch um ein paar Briefe dorthin bitten. Hegen Sie noch die alte Gesinnung, so erfüllen Sie mir meine Bitte und senden bald ein freundliches Wort   Ihrem

R. Schumann.

45. Ludwig Rellstab.

Berlin, 2. Jan. 1844.

Verehrtester, theurer Freund!

Wenn das neue Jahr uns nur *gute* Vorsätze einflössen sollte, so flösst es mir, als einem unverbesserlichen Verdorbenen, doch gleich einen *schlechten* ein, den, Ihnen zu schreiben. — Schlecht nenne ich ihn, weil ich weiss, dass mein Brief an Sie nur *mir* eine Freude sein kann, dass ich kalligraphisch und stilographisch *Sie* nur damit quäle, dass ich es *doch* thäte, wenn ich auch in beiden Eigenschaften eine eben solche Höhe erreicht hätte, als ich jetzt in tiefster Tiefe derselben schmachte, — dass ich Sie nämlich doch nur mit einem Briefe *quälte*, weil man auch des Guten zu viel, viel zu viel haben kann, und namentlich *Sie*, den ich, wenn ich Sie der Nachwelt durch eine Zeile charakterisiren sollte, etwa so bezeichnete: ›Er war der überreiche Lucull in Besitz und Verschwendung alles Vortrefflichen‹. — (Doch weder ich, noch meine Zeile kommen auf die Nachwelt! —)

Unter das viele Zuviel des Guten, was Ihnen wird, gehören aber *Freunde* und deren *Briefe*. Können Sie es mir also anders als *vergeben*, wenn ich diese Überlast noch vermehre? vielleicht aber mich *loben*, dass ich mit dieser Zudringlichkeit, die unter allen anderen Umständen eine *Pflicht* gewesen wäre, so lange zurückhielt! Verzeihen Sie mir denn diesen Tropfen im Meer, den ich Ihnen am ersten Jahresmorgen spende; er sei meine Libation, mein Trank- und Dankopfer für das viele Gute und Freundliche, was ich Ihnen seit Ihrer Sendung aus *Posen* für mich nach Paris schuldig bin.

Der ungeschickte, in französischer Zunge so blöde L. R. ist denn auch an der Seine umhergewandelt, und hat dort seine schweren Fusstapfen und seine doch so leicht verlöschliche Spur zu hinterlassen versucht. Aber er hat viel Schönes und Erfreuendes genossen, Vieles *nur durch Sie!* Er ist von der geistvollen Gräfin d'Agoult mit ungemeiner Liebenswürdigkeit aufgenommen worden, so wenig er von dieser Gabe zurückzugeben vermag; er hat in der rue Pigalle eine wahrhaft herzlich heitere Stunde mit *einer so lieben Frau und Pflegerin allerliebster Kinder!!* — grüssen Sie mir besonders Ihre kleine graziöse Taglioni mit dem Schwing- und Springseil — zugebracht; mit so vielen Ihrer geist- und talentreichen Freunde, Massart, Kreuzer, Lehmann (der ohne dass ich's wusste, mein Dechiffreur gewesen, und den Sie sich nun für dieses Autographon verschreiben mögen) heitere und belehrende Stunden verlebt, — dass endlich die Dankesschuld ihn undankbar machen *muss* und ihn zwingt, Sie zum Lohn noch mit diesem Briefe zu quälen!! — Also: Vergebung — drei-, zehn-, hundertmal Vergebung!! —

Ich wollte Einiges dadurch gut machen, dass ich Ihrem Auge hier einen recht langen, weissen, leeren Raum zum Ausruhen liesse: doch wer versagt sich's und bricht ab, wenn er einmal zu oder gar mit Ihnen spricht? — Verzeihen Sie Alles *sich selbst*, mein geistreichster, liebster Freund; man darf sich nicht beklagen, wenn man ein Magnet ist, dass Einem die *Eisen angelegt* werden — sie hängen sich an, weil man sie *anzieht.* — An mir ist freilich nichts Eisernes, als die Beharrlichkeit, mit der ich das Thema meiner Neujahrszudringlichkeit hier vor Ihnen monoton variire! — Aber kann ich anders in der Erinnerung der letzten Jahresnacht von 1842, wo ich noch spät um 11 zu Ihnen kam, und Sie mir die Figaro- und Don Juan-Phantasie vorspielten? — Sie sind uns so nahe! Kommen Sie denn nicht auf eine Stunde zu *uns*, wenn auch nicht zu   Ihrem

L. Rellstab.

Tausend beste Wünsche für Sie und alles, was Ihnen zugehört! —

46. Clara Schumann,

geb. Wieck, die grösste Clavierspielerin classsicher Richtung, geb.
13. Sept. 1819 zu Leipzig, 1840 mit Robert Schumann vermählt,
lebt und lehrt jetzt in Frankfurt a. M.

Leipzig, den 7. Jan. 1844.

Verehrtester Herr Doctor,

Im Auftrage meines Mannes, der eben sehr beschäftigt ist,
sage ich Ihnen unseren freundlichsten Dank für Ihre Zeilen, die
beinah meinen Mann veranlasst hätten Sie in Weimar zu besuchen. Er hatte die Stunde der Abreise bestimmt, doch da
kamen so wichtige Geschäfte, Correcturen, Prüfung in der
Musikschule etc., dass er bleiben musste. Kämen Sie doch
hierher, und wäre es auf einen Tag! wie gern sprächen wir
Sie, und sähen Sie wieder einmal! Der Zeitpunkt unserer
Abreise nähert sich nun allmählig, und da wird es Robert
immer mehr unmöglich Sie zu besuchen. Er bespräche gar
gern auch Einiges über die russische Reise mit Ihnen, über
Petersburg selbst etc.; — es graut ihm vor dieser Reise, vielleicht verstünden Sie es, ihm die Sache von einer etwas freund-
licheren Seite vorzustellen. Können und wollen Sie nicht die
Freundschaft haben uns einige Briefe für Petersburg zu senden? vielleicht auch Moskau? bitte, bitte, thuen Sie es, das
würde uns von grossem Nutzen sein! — Schlimm ist es, dass
ich an die Kaiserin keine Empfehlung bekommen kann. Sie
wissen, ich habe bei der Grossherzogin von Weimar gespielt,
ich habe 3 mal bei ihr die gnädigste Aufnahme gefunden,
und nun schreibe ich an den Oberhofmarschall v. Spiegel,
bitte um eine Empfehlung von Ihr an die Kaiserin, da schreibt
er (lässt er durch seinen Secretär an mich schreiben), die
Grossherzogin ertheile keine Empfehlungen mehr — ich bin
überzeugt, er hat Ihr kein Wort davon gesagt. Könnten Sie,
lieber Herr Liszt, denn nicht mit der Grossherzogin davon
sprechen, sie um einen Brief für mich ersuchen? Ich bin
zudringlich, doch denke ich, ein Wort von Ihnen könnte dies
wohl bewirken! Es liegt uns sehr viel daran, soll auch
durchaus nöthig sein, um an den Hof zu kommen. Wir

denken zwischen dem 16. und 20. d. M. abzureisen; bis dahin wäre es doch vielleicht möglich, dass Sie die Grossherzogin einmal sprächen? — *Wie*, auf *welche Weise* haben Sie Ihre Briefe (Sie haben freilich keine gebraucht, aber doch vielleicht einige mitgenommen) über die Gränze gebracht? Haben Sie die Reise auch einmal zu Lande gemacht? Wir wollen über Königsberg, Riga und Dorpat [1]).

Sie haben diesen Sommer eine grosse Oper componirt? Denken Sie sie vielleicht selbst noch diesen Winter in Paris aufzuführen? Auch mein Mann war fleissig. Sie haben vielleicht von seinem neuen Werke »Das Paradies und die Peri«, Dichtung aus Lalla Rookh von Thomas Moore, gelesen? Er hat es hier zweimal und im Dresdner Theater mit dem grössten Beifall aufgeführt. Die Dichtung schon ist wunderbar schön, poetisch, nicht weniger ist es die Composition. Sonderbar, nicht wahr, dass ich das sage; doch soll ich, die ich ganz erfüllt davon bin, nicht reden? Soll ich nicht wenigstens in das einstimmen, was ein ganzes Publikum einstimmig ausgesprochen? —

Haben Sie neuerdings nicht Etwas für das Pianoforte geschrieben? — Ich bemerke aber eben, dass ich Ihnen mit vielen Fragen lästig gefallen bin, durch deren Beantwortung Sie uns aber zu grossem Dank verpflichten. Mein Mann grüsst Sie herzlichst mit mir,

Ihrer Ihnen aufrichtig ergebnen

Clara Schumann.

---

1) Die geplante Reise kam zur genannten Zeit zur Ausführung; erst im Juni kehrte das Künstlerpaar, reich an Triumphen, zurück.

47. Julius Benedict,

A Monsieur le Chevalier François Liszt,
Maître de Chapelle de S. A. R. le Grand-Duc de la Saxe-Weimar.
Weimar.   Allemagne.

4 Hobert Place, Eaton Square, 12 Février 1844.

Mon cher Liszt,

Je ne veux pas même essayer de m'excuser de mon long silence. *Dites* que je suis un malotru, un ingrat, mais ne le *pensez* pas. Viendrez-vous à Londres? Il me tarde de vous voir, il me tarde de vous exprimer de vive voix ma reconnaissance sans bornes pour toutes vos bonnes intentions à mon égard, pour toutes les démarches que vous avez bien voulu faire en ma faveur — pour toutes les preuves d'intérêt et d'amitié que vous me portez et dont je suis fier. — Vos morceaux sur Don Juan et sur Norma sont publiés chez Cramer — et j'espère que vous réglerez vos comptes avec ces Messieurs à votre satisfaction lorsque vous *viendrez ici.* — La saison ne promet pas d'être très brillante. Le Prince Albert vient de perdre son père — la Reine doit accoucher au mois de Juin — le programme de l'Opéra Italien ne contient rien de saillant — les affaires politiques du pays sont compliquées, l'impôt sur le revenu (Income tax) est une excellente excuse pour les richards, d'économiser leur argent et pèse terriblement sur la classe moyenne — tout enfin est dans un état de souffrance et de transition — ce qui n'empêchera pas Thalberg (qui part définitivement pour l'Amérique), Doehler[1]), Prudent[2]) et bien d'autres de diriger leur vol vers ces parages!! — Ernst doit arriver au mois de Mars — et on attend au mois de Mai le Trio des Violonistes des Etats-Unis qui, je suppose, s'entre-mangeront pour l'amour de l'art. — Je suis un peu fâché contre vous — vous avez été enlever les cœurs des Stuttgartois et vous n'avez pas même vu ma famille. Il est vrai que mon frère et ma sœur

---

1) Pianist und Componist (1814—1856), Benedict's Schüller.

2) Clavierspieler und -Componist (1817—1863), auch geschätzter Lehrer in Paris.

auraient dû être les premiers, mais ils m'ont écrit qu'ils *n'osaient* pas se présenter chez vous, de crainte d'être tancés de »Zudringlichkeit«. — Schott m'écrit que vous avez bien voulu prendre sous votre protection ma *Gipsy* — mais je suppose que même votre influence ne les pourra pas déterminer en Allemagne d'avaler mes drogues. Je leur prépare cependant une nouvelle dose avec mes *Fiancées de Venise*[1]), qui seront excécutées pour la première fois à Drury Lane — wind and weather permitting — Mardi le *9 Avril*. Ah, que je serais heureux si vous pouviez arranger vos projets de voyage de façon à accélérer votre retour à Londres et d'assister à cette représentation!

J'ai lu et entendu parler beaucoup de· vos compositions vocales. Les échantillons que vous m'en avez donné à Paris il y aura bientôt deux ans, dans une délicieuse soirée (que votre magnifique œuvre sur Don Juan a si dignement terminée): une espèce de Chœur national d'un rythme très marqué et un ou deux Lieder d'une originalité ravissante, me font anticiper une création musicale d'une très haute portée et tout à fait au-dessus du genre qui prévaut maintenant. Est-il vrai que vous vous occupez activement d'un opéra? — Voici bien des questions. Mais je suis tellement *ansioso* de renouer les fils de notre correspondance et d'entendre par vous-même que vous ne m'en voulez pas, que j'espère que vous voudrez bien excuser mon baragouinage inintelligible et que vous me tiendrez au courant de vos projets pour cette année.

Mon affaire à Paris avec Scribe et Gonbaux est tombée à l'eau. — J'avais cependant consenti de payer à Scribe 6000 francs pour un libretto. Je veux maintenant attendre le résultat de mon opéra à Londres avant de renouveler mon attaque. — Mme Benedict et mes enfants sont depuis le commencement de Septembre à Naples et ne retourneront pas à Londres avant le commencement du mois d'Avril. Je demeure en attendant et ad interim chez mon ami *Kling*-

---

1) Gleich »Gipsy«, eine Oper Benedict's.

mann dont vous vous rappellerez peut-être encore. Si par hasard vous entendez parler en Allemagne d'une place de *Kapellmeister* vacante — n'oubliez pas votre sincèrement dé-voué ami et admirateur   Jules Benedict.

48. Alexandre Dumas.

[Paris, März od. April 1844?]

Mon cher Listz,

Vous savez que nous sommes tous les Mercredis soir chez nous et que nous aurons Mad° Dumas et moi un plai-sir extrême à vous voir.

Ainsi donc pour peu que vous éprouviez moitié de ce plaisir, je vous attends Mercredi prochain.

A vous   Al. Dumas.

45, rue du Mont blanc.

49. Heinrich Heine,

der grosse Dichter, geb. 12. Dec. 1799 zu Düsseldorf, lebte in Ham-burg, Berlin und München, bis er 1830 Paris zum bleibenden Aufent-halt wählte, woselbst er nach langen Jahren schweren Siechthums am 17. Febr. 1856 starb.

Monsieur Mr F. Liszt. Hotel Byron.

[Kurz vor dem 16. April 1844 geschrieben [1]).]

Liebster Liszt,

Vergessen Sie nicht mir für mich und meine Frau Billete zu Ihrem Conzert zu schicken.

Freundlich und heiter grüsst Sie heut Ihr alter Freund

[Unterschrift]

Montag.   46. faub. Poissonière

1) Am 16. und 26. April 1844 gab Liszt in Paris seine letzten Concerte als Virtuos. Da Heine vom Oct. 1841 bis Sept. 1846 im Faubourg Poissonnière wohnte, können vorstehende Zeilen nur in diese Zeit fallen.

50. Derselbe.

[Zwischen 17. und 25. April 1844.]

Ich will Sie, Liebster, morgen zwischen 2 und 3 Uhr bey mir erwarten.

Ich habe bereits einen 1ten Artikel geschrieben, den ich *vor* Ihrem 2ten Conzerte fortschicken möchte, und es steht vielleicht etwas drin, was Ihnen nicht gefiele; desshalb ist es mir ganz recht, dass ich Sie erst spräche [1]).

Ihr Freund   H. Heine.

51. George Sand.

Monsieur L i s z t.   Hôtel Byron, rue Lafitte.

[Wol April 1844.]

Mon cher ami, est-ce que vous auriez donc, à mon insu, quelque tort envers moi, que vous me faites tous ces logogryphes et cérémonies? Je n'y comprends goutte et je compte bien que vous viendrez m'expliquer tout cela le plus tôt possible.

Souvenez-vous seulement de mes habitudes de veille prolongée, de sommeil prolongé par conséquent, et ne venez pas me voir avant quatre heures. Le soir tant que vous voudrez.

A bientôt, j'espère.

Lundi.   George.

---

1) Der Artikel, den Heine Liszt vorlesen wollte, bevor dieser sein 2. Concert veranstaltete, ist vom 25. April 1844 datirt und in Elster's Heine-Ausgabe Bd. VI, S. 441 enthalten. Las Heine ihn dem Künstler wirklich in der vorliegenden Form vor, so wird *er* Ursache des Bruchs beider Männer gewesen sein. Doch *kann* Heine diese Bosheiten dem »Freunde« nicht wohl mitgetheilt haben. Prof. Elster vermuthet daher, dass Liszt (wenn der erwähnte Besuch überhaupt erfolgte) durch eine mildere Fassung bereits verletzt war, dass es zu unfreundlichen Worten gekommen ist, und dass Heine nun nachträglich noch die geringschätzigen Schlussworte (S. 448—449) und anderes hinzugefügt habe. — Nach einer anderen Lesart soll Heine gegen Liszt aufgebracht gewesen sein, weil dieser ihm Concertbillets, die er verlangt, nicht zugeschickt habe.

52. Marie Pleyel, geb. Moke.

Vendredi, 26 Avril [1844].

»Ecrivez-moi«, m'avez-vous dit en me quittant, »je ne vous répondrai peut-être pas, mais votre lettre m'amusera«. Quoique parfaitement persuadée que je n'ai ni le talent ni les mille qualités nécessaires pour vous amuser, je viens tout brutalement, mon cher maître, me rappeler à votre souvenir. Il me semble si pénible et si humiliant d'être jetée par vous dans le fleuve de l'oubli que je préfère vous entendre jeter un cri d'impatience en ouvrant ma lettre plutôt que ne pas vous faire crier du tout.

Ici rien de nouveau, rien qui pourrait vous intéresser, tous les journaux sont remplis de votre nom, et l'on entend chanter vos triomphes dans les salons et sur les places publiques. Quoique vous ayez bien voulu m'engager à venir faire un tour à Paris, je vous avoue n'avoir pris cette gracieuse invitation que comme une nouvelle preuve d'indulgence et de bienveillance de votre part, il me semble que je suis devenue bien provincialement liégeoise pour oser me montrer dans mon adorable et détestable patrie, et vous n'aurez pas manqué de vous en apercevoir, malgré toute votre bonne et vieille amitié pour moi.

Comme il est convenu que vous ne me répondrez pas, très cher maestro, ne pourriez-vous charger le Belloni des Belloni de me faire savoir si vous comptez rester encore quelques semaines à Paris? Vous comprenez que cela m'intéresse pour mille raisons et j'espère que ma demande ne vous paraîtra pas trop importune. Je ne voudrais pas finir ma lettre comme tout le monde, il me semble que les assurances de dévouement et de considération sont trop usées pour qu'on ose vous les offrir. Votre géniale intelligence voudra donc bien suppléer aux mots que je ne trouve pas pour vous exprimer comme je le voudrais, tous les sentiments que vous m'inspirez et que je dépose très humblement à vos pieds.

5, rue de l'Observatoire. M. Pleyel.

53. Abbé Félicité de Lamennais,

berühmter französischer Philosoph, dessen »Paroles d'un croyant«
insbesondere beispielloses Aufsehen erregten, ihm aber das Ana-
thema der katholischen Kirche zuzogen; geb. 19. Juni 1782 zu
Saint-Malo (Bretagne), gest. 27. Febr. 1854 in Paris. Er stand seit
1834 mit Liszt in intimem Verkehr und gewann auf ihn grossen
Einfluss.

Monsieur Monsieur L i s z t.

Pressée.   Hôtel de Paris, rue Richelieu.

J'irais vous chercher, mon cher Listz, si je savais à
quelle heure on vous trouve. Choisissez demain celle qui
vous conviendra le mieux, je serai chez moi pour vous. J'ai
les plus mauvais et les plus désagréables portiers du monde.
Ils sont prévenus que vous viendrez demain; mais, en tout
cas, quoi qu'ils vous disent, montez.

Je vous embrasse de cœur.

Dimanche, 3 Mai [1844].

J. Lamennais

54. Joseph d'Ortigue.

ce 18 avril 1845.

Mon cher Liszt,

Je ne veux pas laisser partir le paquet de Massart sans
y joindre un simple souvenir. Je suis bien sûr que, quelque séparés que nous soyons, nous nous trouvons à certains
moments réunis par le cœur. Il est des choses que l'on de-
vine sur un simple mot, pour peu que l'on ait la connaissance
de certains caractères et l'intelligence de l'âme. C'est donc
sur un simple mot (et ce mot n'était pas une indiscrétion)
que j'ai deviné ta position actuelle. Sois bien sûr que personne ne sympathise plus que moi avec de semblables préoccupations. Je voudrais être du nombre de ceux parmi tes

amis, dont l'affection peut t'offrir un dédommagement à toutes tes peines. Mais ce dédommagement, tu dois le trouver déjà dans la tendresse de tes charmants enfants. Moi aussi, mon bon Franz, j'ai eu dernièrement bien des chagrins. Et ces chagrins, tu ne peux pas en pressentir la nature, car ils appartiennent à une nouvelle phase de mon existence qu'il était impossible de prévoir. Si je ne t'écrivais pas cette lettre en courant, je t'en dirais peut-être un mot, persuadé que de pareilles douleurs trouveraient un écho dans ton âme si noble et si élevée. Si tu me réponds, ne fais aucune allusion à ceci. J'ai eu aussi bien des contrariétés, d'un ordre bien inférieur sans doute. J'ai été trompé d'une manière indigne par ces canailles d'E . . . qui, après avoir annoncé mon livre, ouvert une souscription, ont fini par l'abandonner, de sorte que j'ai été mis en avant et que j'ai l'air de reculer. Vous savez, ce livre pourrait me faire quelque honneur. — Du reste, tout cela n'est qu'une simple contrariété en comparaison du reste. Mais je pouvais y trouver une *distraction* utile. Quand je pense à tout ce que j'ai vu, senti, éprouvé, je me trouve 'déjà bien vieux. Et cependant, je voudrais être plus vieux encore. Tout passe, et fort heureusement.

Notre bon et excellent ami de Lamennais a été bien souffrant tout l'hiver. Cependant, il a travaillé; il a terminé son 4e vol. de la philosophie et fait à présent un travail sur l'Evangile. Il t'aime toujours beaucoup et se montre très sensible aux souvenirs que tu sais lui donner de temps en temps.

Adieu, bon Liszt, l'année dernière à pareille époque, tu étais ici, et j'étais calme et tranquille. Je voudrais bien t'avoir auprès de moi, car tu me ferais du bien. Encore une fois, pas une allusion à ceci dans ta réponse.

Adieu, je t'embrasse bien affectueusement et suis ton inaltérable ami   J. d'Ortigue.

55. Pierre Erard,

Chef der berühmten Pariser Clavier- und Harfenfabrik, geb. 1796,
gest. 16. Aug. 1855.

1er Mai 1845.

Cher Liszt,

Je suis bien heureux d'être le premier à te féliciter sur ta nomination de la légion d'honneur. Pour toi c'est toute justice! Entre nous c'est un nouveau lien de fraternité! Mais en est-il besoin? Certainement non! car rien ne saurait augmenter l'amitié sincère que je te porte depuis ton enfance.

Je me réjouirai toujours de ce qui peut contribuer à ton bonheur!

Ma chère petite femme partage mes sentiments à ton égard et me charge de te le dire.

Quand aurons-nous le plaisir de te voir? Je t'embrasse de cœur.

Pierre Erard

56. Alphonse de Lamartine,

bedeutender französischer Dichter und Staatsmann, geb. 21. Oct.
1790 zu Mâcon, gest. 28. Febr. 1869 in Paris.

Cher et illustre voyageur,

J'apprends en arrivant à Monceau que vous arrivez à Mâcon. Je viendrai vous entendre *samedi*. Donnez-moi *dimanche* à Monceau avec M. de Kirchmayer s'il est avec vous. Nous dînerons à l'heure que vous voudrez. On y vient en une demi-heure. Vous savez combien vous y êtes aimé et désiré autant qu'admiré. Il n'y a pas de *piano*. Mais c'est vous qu'on veut et non pas vos mains[1]).

Mille attachements.

Mâcon, 21 Mai 1845.

Lamartine

---

1) Liszt blieb damals einige Tage Lamartine's Gast.

57. Abbé Félicité de Lamennais.

Vous vous trompez beaucoup, mon cher Liszt, si vous pensez que qui que ce soit pût réussir à me donner des préventions qui vous seraient défavorables, et personne certainement ne l'a essayé. Mais il est possible que j'aie été indiscret en vous parlant le premier de choses délicates, et vous ne pouvez pas être en moi pour y juger mes intentions. Ne craignez pas, au reste, une seconde indiscrétion de même sorte, et soyez persuadé de la conviction où je suis que tout ce que vous ferez sera bien fait. Tout ce qu'on peut souhaiter de bon à quelqu'un qu'on aime, je vous le souhaite de cœur[1]).

Paris, 23 Mai 1845.   F. Lamennais.

58. Marie Anne Elisa de Lamartine,
geb. Birch, die Gattin des Dichters, geb. 1795, gest. 21. Mai 1863 in Paris.

[Wol Monceau, Ende Mai 1845.]

Monsieur,

Vous rendez magnifiquement à Dieu les dons que vous avez reçus — et vous faites participer tous les genres d'infortune aux deux grandes consolations que certains hommes sont chargés de distribuer aux autres, le génie et la charité.

Permettez-moi de vous remercier au courant de cette belle munificence dont le cœur de mes pauvres protégées exprimera mieux encore la reconnaissance.

Vendredi.

---

1) Liszt's Erwiderung siehe: La Mara, F. Liszt's Briefe, I. Nr. 45.

59. Alphonse de Lamartine.

Mon cher Orphée, J'ai écrit enfin cinq ou six *lotus* depuis sous l'inspiration de vos échos si retentissant dans l'âme. Mais, réflexion faite, je n'ose les envoyer. Il ne faut pas prêter à la calomnie. Le Sage veut que les hommes politiques soient prosaïques, médiocres et ennuyeux; ces trois qualités ne concordent pas avec des vers qu'embellirait votre musique et qui popularisent votre nom. Restons donc dans la sphère de la politique et taisons-nous.

On parle toujours avec enthousiasme de vous à Mâcon et ici avec amitié.

7 Juillet [1845]. Lamartine.

60. Giacomo Meyerbeer.

S' Hochwohlgeboren dem Grossherzogl. Weimar'schen Hofkapellmeister, Ritter pp. Herrn Liszt.

Illustre confrère, theurer Freund!

Die Königin von England wird auf Ihrer Reise durch Deutschland einige Tage an den Rheinufern zubringen. Unser König wünscht die Naturgenüsse, die die schöne Gegend dort bietet, mit Kunstleistungen abwechseln zu lassen, die des Wirthes und des Gastes würdig sind. Ich bin beauftragt, einige Hofconcerte dort zu diesem Zwecke zu organisiren und die ausgezeichnetsten Künstler zur Mitwirkung einzuladen. So wende ich mich natürlich zuerst mit an Sie und frage Sie, theurer Freund, ob Sie uns bei diesen Unterhaltungen die Stütze Ihres herrlichen Talentes gewähren wollen. Noch ist es nicht gewiss, ob diese Feste den 5., 6. und 7. August oder 8—14 Tage später stattfinden werden. Ich hoffe, Sie nehmen meine Aufforderung an. Das Beethoven-Fest bringt Sie ohnedies in diese Gegend. Ihr Name, Ihre Leistungen würden eine sichere Beisteuer sein, meine Aufgabe glänzend durchzuführen, aber diese Zeit wird auch gewiss für Alle, die daran Theil nehmen, eine interessante und angenehme sein. Geben

Sie mir, theurer Freund, eine womöglich bejahende und rasche Antwort [1]).   Mit stets gleicher Bewunderung Ihr
treu ergebener
Berlin, den 7. Juli 1845.   Meyerbeer.

Wegen einer kleinen Augenschwäche bin ich genöthiget diese Zeilen zu dictiren [2]).

61. O. L. B. Wolff,

Improvisator und Schriftsteller, geb. 26. Juli 1799 zu Altona. erregte Goethe's Interesse und erhielt 1826 eine Gymnasialprofessur in Weimar.   1630 an die Universität Jena berufen, starb er daselbst am 16. Sept. 1851.

Cher et bienveillant ami!

Votre lettre porte un tel parfum d'amitié en soi que, le jour où elle arriva, tout mon ermitage en fut imprégné. Il y a quelque chose de si gracieux dans votre bonté qui fait tant de bien au cœur que je ne saurais vous l'exprimer. Mon âme a bien souvent voyagé avec vous, et mon *Phantasus* vous a suivi à l'Alhambra aussi bien qu'aux rives du Manzanares et à la *duce Lisboa*. Tandis que vous avez moissonné des lauriers et fait une récolte comme si ce n'était que du foin, j'ai un peu glané à Vienne, où j'ai trouvé beaucoup de bons souvenirs de vous, Fischhof, Lévi qui m'a donné le cachet avec votre portrait, comme gage du plaisir réciproque que nous avons trouvé à causer de vous, etc. etc. Enfin vous voilà de retour en Allemagne, et je compte les jours. Si ce n'est totalement impossible, je viendrai sinon à Cologne, du moins pour le 11 à Bonn, d'où j'ai reçu une invitation bien aimable et presque obligatoire du Comité [3]).

Je n'avais aucune idée que ma Cantate vous plût, et encore moins que vous l'eussiez mise en musique [4]). Quant à

---

1) Liszt, der das Beethoven-Fest in Bonn vom 11.—13. Aug. mit Spohr abwechselnd dirigirte, folgte der Einladung.
2) Nur die Nachschrift ist im Original eigenhändig.
3) Für das Musikfest bei Enthüllung der Beethoven-Statue.
4) Text zu Liszt's Beethoven-Cantate.

moi, elle me parait *matt*, et j'ai eu même comme de l'épouvante, en apprenant qu'elle paraîtrait en public sous vos aus-
pices. Du temps du »Freischütz«, il parut une caricature
fort spirituelle: la vierge Marie montant au ciel, et y portant
un enfant fort rabougri et laid: *Maria* von Weber et son
poète *Kind;* cela sera la même chose avec nous. — Ce qui
ne me plaît pas surtout, c'est le commencement de la Cantate; j'espère, je sais presque, que vous qui avez tant de
bonnes idées — Mr Liszt etc. tient Magasin d'idées en gros
et en détail pour tout le monde — avez eu la bonne idée
de le changer. — Mon ami, vous qui êtes poète au delà du
bout des ongles, vous aurez certainement changé ce qui ne
vaut rien et cela me console. —

Le Directeur de l'*Illustrirte Zeitung* (qui paraît à Leipsic
et se répand en 16,000 exemplaires) prépare un long article
illustré sur la *Beethovenfête* (probablement ce sera moi qui
en rédigerai le texte) et vous fait demander si vous voulez
lui céder pour ce but la musique de votre Cantate (Clavier-
Auszug) pour l'y joindre. — Naturellement c'est tout à vous
— das heisst, er stellt es ganz und gar Dir anheim — de
lui imposer les conditions, et la seule chose qu'il demande,
c'est d'avoir la musique, au plus tard: quinze jours après la
fête. — Plusieurs gravures en bois sont déjà achevées pour
cet article. — Veuillez lui écrire *immédiatement* un »sì che
lo consoli, o un no che lo disinganni« — ou bien venillez
me charger d'être votre secrétaire auprès de lui — j'espère
der Herr wird seinen Diener loben. Mais ayez la bonté de
hâter votre réponse.

Je vous envoie ci-joint une lettre qu'un maître d'école
aux environs de Nürnberg m'a prié de garder jusqu'à votre
retour. J'y joins un exemplaire de la *Dämmerstunde;* le
vrai exemplaire de dédication que je n'ai pas voulu exposer
par vanité d'auteur, aux avanies de la poste, se trouve doré
sur tranche dans votre Bibliothèque Weimarienne, que j'ai
religieusement soignée, et même, sauf votre permission, un
peu augmentée. —

Je me suis jeté dans la satire (Humor) et j'ai écrit un

long poème malicieux: »Phébus malade ou Bacchus en Allemagne« qui fustige les torts et les travers, à droite et à gauche, et qui j'espère, vous fera rire pendant cet hiver — qui sera pour moi la saison par excellence.

Vous avez jeté un charme sur le jeune Grand-Duc; toujours quand il m'a vu, il n'a parlé que de vous, et il a brûlé d'impatience d'avoir des nouvelles de vous pendant que vous étiez en Espagne. — Lui avez-vous écrit une fois? Je crois qu'une lettre de vous serait comme un royaume conquis pour lui. — Il tient villeggiatura à Ettersburg.

Adieu, mon ami tant aimé; vous êtes pour moi comme une femme adorée qui me rend ma jeunesse. C'est sentimental, mais c'est vrai — et parce que c'est *vrai* dans la profondeur de mon âme, que Diable m'importe que cela soit sentimental! —   Tout et toujours à vous

Jena, 11 Juillet 1845.

Si cette lettre vous paraît trop longue, ne lisez que ce qui est aligné[1]).

62. François Joseph Fétis,

der hochangesehene und verdiente französische Musikgelehrte und Autor der »Biographie universelle des Musiciens«, geb. 25. März 1784 zu Mons, war erst in Paris, sodann seit 1833 als Director des Conservatoriums und Hofkapellmeister in Brüssel thätig, wo er am 26. März 1871 starb.

Bruxelles, le 17 Juillet 1845.

Cher Liszt, depuis que je vous ai vu, vous vous êtes rassasié de gloire, et avez ajouté de nouveaux fleurons à votre couronne de triomphateur. Je vous ai suivi avec tout l'intérêt de l'amitié dans vos courses lointaines.

Maintenant vous allez vous montrer sous un autre aspect; c'est, je suppose, de la grande musique que vous allez nous

---

1) D. i. der die »Illustrirte Zeitung« betreffende Passus.

donner dans votre Cantate pour l'inauguration de la statue de Beethoven. Je me réjouis d'être appelé à entendre cet ouvrage, et de vous retrouver à Bonn.

Une invitation du Comité m'est parvenue au moment où je faisais le projet de visiter la Suisse avec Mme Fétis pendant les vacances de mon Conservatoire: ce sera pour nous tout plaisir de commencer notre voyage par rendre hommage à la mémoire d'un grand homme et entendre de belle musique.

Edouard[1]) aurait bien voulu rendre compte dans *l'Indépendance* de cette fête solennelle; mais il craint de ne pas trouver à se loger dans la petite ville de Bonn, qui sera encombrée d'étrangers: ne pourriez-vous pas lui procurer une invitation qui lui donnerait le droit d'assister aux répétitions et d'être placé de manière à tout voir et tout entendre? Vous lui feriez grand plaisir.

Adieu, cher Liszt, ou plutôt, au revoir prochain. Je suis tout à vous de cœur

63. Franz Dingelstedt,

geistvoller Dichter und Dramaturg, geb. 30. Juni 1814 zu Halsdorf in Hessen, anfänglich Lehrer, wurde 1843 Bibliothekar in Stuttgart, 1850 Intendant des Hoftheaters in München, und 1857 zum Weimarer Generalintendanten ernannt. Als Generaldirector der Hoftheater in Wien baronisirt, starb er daselbst 15. Mai 1881.

Hab' Dank, Bruderherz, für Deinen Brief vom 13. d. und Dein Lied, das ihm folgte. Meine Frau[2]) freut sich noch

---

1) Fétis' Sohn, Musikschriftsteller und Bibliothekar in Brüssel.
2) Er hatte die Sängerin Jenny Lutzer geheiratet.

mehr beinahe wie ich selbst drauf, es nächstens öffentlich vorzuführen in einer Wohlthätigkeits-Akademie. Einstweilen ist ihr Gesang wie der meine verstummt, am Krankenlager des armen Kindes, das uns kaum erhalten bleiben wird. Du verstehst solchen häuslichen Schmerz eben so gut wie den Weltschmerz, um so besser, wenn Dich meine betrübte Meldung noch in Paris findet.

Hier alte Stille. Wir spinnen uns ganz ein, meine Frau in Wünsche, die nicht immer die allerloyalsten für Schwaben sind, ich in Arbeiten und Plane, unter welchen unsere Oper nicht der letzte. Vielleicht überrasch' ich Dich bei nächstem Wiedersehen schon mit allerlei Linien.

Mit Schilling[1]) hab' ich doch bei schicklicher Gelegenheit angeknüpft, et je ne m'en porte pas plus mal. Merci de l'avis. Er wird hoffentlich unseren Besuch in Hechingen einmal zur Ausführung bringen. Bis jetzt kam keine Ordre. Desto besser, so warteten wir erst das Kind ab. Tausend Dank für Deinen Brief an den Fürsten, den ich jedes Falls selbst übergebe, nicht ohne Furcht, dass Dein geistiges Signalement von mir so schmeichelhaft sei, dass mich S. D. nicht erkennen werde.

Eine Kunstreitertruppe beschäftigte in den letzten drei Wochen die »Gesellschaft« so, dass es überall nach Pferdedialogen roch. Nur der Pferdefuss fehlte, leider, in den Salons. Der »süsse Pöbel« that indessen für Ronge[2]) schwärmen. Chacun a son goût. Seulement le mien, personne ne l'a, et ça commence à me gêner quelques fois horriblement.

O. L. B. Wolff trumpft in Curanda's »Grenzboten« Deinen Schindler (lies: écorcheur) famos ab[3]). Sonst ist die deutsche Presse — die deutsche Presse.

1) Musikschriftsteller (1803—1881), der auch eine Biographie Liszt's (1844) veröffentlichte.

2) Hauptstifter der Deutschkatholiken.

3) Beim Beethoven-Fest in Bonn, d. i. bei Enthüllung der Beethoven-Statue, die Liszt's Grossmuth zum grössten Theil gestiftet hatte, war Schindler, der Beethoven-Biograph, der im ausschliesslichen Besitz der Beethoven-Tradition zu sein vermeinte, gegen Liszt aufgetreten.

Ich fange auch wieder an zu schreiben. Mit der Kölnischen, wo sich Schücking engagirt hat, bind' ich nun Kritiken und Correspondenzen an. Ich muss und werde ein Organ darin haben, ein mächtiges.

Souvenez-vous que ce que j'ai vous l'avez aussi. Et si je ne possède point d'ailes pour vous porter aussi haut que vous le méritez, j'ai du moins une plume dont vous pourrez disposer. Halte mich au courant mit Deinen Wünschen und Wegen.

Die Medaille schick' ich Dir, sobald ich Dich im Hafen, in Weimar, weiss. Nach Paris macht es wegen Zoll, Declaration pp. zu viel Umstände, dort wie hier.

Bist Du noch in Paris, so lasse hie und da als guter Säemann meinen Namen fallen, bei Janin, Dumas et autres. J'aurai la récolte, tôt ou tard. Ich fühle doch, dass ich hier nicht sterben kann. Ach, und leben gar nicht.

Die Idee des Fürsten, seine Erbschaft durch die Presse zu jagen, ist mindestens viel edler, als durch die Gurgel. Sie geht mir nicht aus dem Kopfe. Combinez avec ses ressources et les vôtres et les nôtres un journal à Berlin: La Revue Allemande. J'en suis, touchez-là! Die Prinzess und der Prinz von Preussen, vielleicht der König selbst, würden sich durch Dich interessiren lassen: mehr ist nicht nöthig, mehr nicht einmal gut. Nous serions dans le beau centre du mouvement de l'Allemagne politique, littéraire, sociale, placés entre Paris et Vienne.... Es wäre famos. Du hast Recht: wir zwei gehören an Einen Karren, und Gottlob, es stecken deren genug im Dreck, um noch auf einen rechnen zu dürfen.

Lebe wohl, sei heiter und fleissig, und bleibe unter Vielen hold und gut Deinem treuesten Freunde

27. Oct. 1845.

Stuttgart, afin que vous n'oubliiez pas le nom! Alles Schöne und Herzliche von Jenny an Dich, von uns beiden durch Dich an Madame K — i.

64. K. F. Dräxler-Manfred,

geb. 17. Juni 1806 zu Lemberg, gest. 31. Dec. 1879, Schriftsteller
und Redacteur, wurde 1853 Dramaturg des Darmstädter Hoftheaters.

A Monsieur François Liszt, remettre à Monsieur Belloni,
5, rue neuve St Georges à Paris.

Mein hochverehrter Herr und Freund!

Ihre Güte und Liebenswürdigkeit trägt in sich die Schuld,
dass man Ihnen so leicht mit Bitten beschwerlich wird; in
ihr suche auch ich Entschuldigung. Ihre Briefe etc. werden
Ihnen über Strassburg wohl richtig zugekommen sein? ich
zweifle nicht daran. — Nun zu meiner Angelegenheit. Ich
bin Redacteur des in Frankfurt erscheinenden »Rheinischen
Taschenbuchs«, das unter allen deutschen Keepsake's das
verbreitetste und gelesenste ist. In diesem besteht eine
Rubrik »Dichtersalon«, von den notabelsten deutschen Poeten
dotirt, und zu dieser wünsche ich im nächsten Jahrgang
sechs Liedercompositionen ausgezeichneter deutscher Tondichter zu geben: Liszt, Wagner in Dresden, Spohr*,
Fr. Lachner*, Speyer* in Frankfurt und Lindpaintner*
bitte ich diesmal darum; die besternten haben zugesagt;
möge mein edler genialer Freund es nicht unter seiner
Würde halten, beizutreten! — Zu diesem Zwecke sende beiliegendes Gedicht, dessen Inhalt Sie vielleicht sympathisch
berührt und dessen vier, in diverse Anrufe auslaufende Stro-
phen mit gleichem Schlussrefrain für das Genie eines Liszt
eine grosse carta bianca sind. Mögen Sie sich freundlichst
veranlasst fühlen, meine Bitte zu berücksichtigen und aus
dem reichen Schatze Ihrer Melodieen einige Perlen für mich
aufs Papier zu streuen; — das Unternehmen, dem Ihr gefeierter Name somit ein Relief verleiht, ist ein würdiges und
von wackern Kräften bestelltes. Ich bitte Sie inständigst,
Sie machen mich dadurch glücklich. Vielleicht wenn Sie
nach Weimar wandern und in die Nähe des vielbewegten(!)
Darmstadt kommen, senden Sie mir die sehnlich erwartete
Composition!

Ich bin ferner so frei, einen Brief für den Ihnen gewiss bekannten Dichter Georg Herwegh in Paris einzulegen und Sie um gütige Besorgung zu bitten. Ich weiss seine Adresse nicht; wäre dies auch bei Ihnen der Fall, so ist sie leicht bei Brockhaus & Avenarius oder bei H. Heine zu erfahren. — H. Heine! Da liegt mir schon wieder Etwas auf dem Herzen! Ich möchte ihn so gerne für mein »Rheinisches Taschenbuch« interessiren; ich bin ihm fremd, habe sogar einmal gegen ihn geschrieben: was thut das! meine Sache ist eine redliche. Sie sind sein Freund: wie leicht wär' es Ihrer Vermittlung, ein Gedicht für mich zu erbitten! — Nennen Sie mich nur nicht unbescheiden, verehrter Herr und Freund. Sie selbst haben mich so dreist gemacht. Vielleicht wird mir einmal Gelegenheit, solche Liebesdienste erwiedern zu können. Mit der wärmsten Hochachtung

Ihr ergebenster

Darmstadt, 21. Nov. 1845.

65. Franz Dingelstedt.

Cher excellent,

Den 19. d. M. ist Riemer zu Weimar gestorben. Gott hab' ihn selig: er war ein langweiliger alter —.

Ich weiss nicht, an wen man zum Ersatze denken wird, insonderheit nicht, was Du mit Franz v. Schober vor hast. Unbeschadet seiner Hoffnungen und Deiner Ansichten, meine ich also, nur ganz unmassgeblich: Weise für die Stelle des Oberbibliothekars in Weimar auf *mich* hin. Durch den Erbprinzen, Müller, Ziegesar[1]), durch wen Du willst. Wenn man mich ruft, so gehe ich. Melden kann ich mich natürlich nicht. Das *Geschäft* verstehe ich durchaus, und die *Person* kriegen sie drein, auch noch das Talent meiner Frau, die für die Gesellschaft dort eine Acquisition wäre. Hier bleib

____

1) Weimarer Intendant.

ich nicht. Es ist mir zu »gemüthlich«. Ich muss wieder in den deutschen Norden, wo die Menschen Nerven haben und Blut. Auch stellen sich unsere allgemeinen, politischen wie geselligen Perspectiven so ungünstig, dass ein gescheiter Mensch wohl thut, auf zeitigen Rückzug zu denken. Mein Plan ist:

1. entweder über Weimar nach Berlin, wenn dies möglich, oder

2. mit Dir in Weimar, um dort
   a) mit Weimarischer Tradition und Hohenzoller Geld die Zeit der »Horen«, des »Merkur« in einer guten deutschen Revue heraufzubeschwören;
   b) mit Hilfe meiner Frau Deine musikalischen Intentionen dort zu fördern;
   c) einst einmal das Theater dort mit Dir zu übernehmen; es ist just klein genug, um etwas Grosses daraus zu machen.

Dies meine Ansicht. Sag' mir die Deine. Ich brauche Dich nicht erst um Discretion zu bitten; es bleibt unter uns.

Meine Oper für Lindpaintner ist fertig; er ist eben daran sie zu verinstrumentiren. Das neue Theater soll im Mai eröffnet werden; wird aber wohl statt Lenz im Herbst draus werden. Keine Prima Donna und keine tragische Liebhaberin, da mein Vis-à-vis abtritt von den Brettern. Auch sonst nichts. Der Kronprinz ist in Venedig, vous ne saurez que trop tôt pourquoi. Prinz Hugo kommt morgen wieder. Die Glocke tönt nicht mehr, sie schwebt nur noch — über dem Abgrund von Sein und Nichtsein.

Meinen ersten Brief hast Du erhalten? Neipperg sagt, Du gehest über Mailand nach Wien, oder umgekehrt. Drücke doch los mit der Oper; in den Zeitungen hilft man schon nach. Und dann gleich auf unsere Nibelungen los!

Wollte Gott, wir fänden uns auf länger als 14 Tage zusammen ·und dürften einmal con amore an einem Strange ziehen. Ich bin des Wanderns eigentlich satt; wärest Du es auch, so thäten wir am Besten, uns in Weimar zu setzen und dort Kunst und Gesellschaft zu reformiren, warum nicht

auch gelegentlich ein bischen den »Staat« — voilà le grand
mot lâché!

Mit Herz und Mund der Deinige

Stgt. 30/12 45.   Fr. Dingelstedt.

Alles Schöne und Freundliche von Jenny!

66. Hector Berlioz,

der Repräsentant der französischen Romantik in der Musik, Vorkämpfer der Programmmusik, dabei seltnes Instrumentationsgenie
und geistreicher Schriftsteller, geb. 11. Dec. 1803 zu Côte-St-André
(Dep. Isère), Schüler Lesueur's, bereiste, mit dem »prix de Rome«
gekrönt, Italien, wie nachmals wiederholt Deutschland, Österreich,
England, Russland, und hatte seinen Wohnsitz in Paris, wo er als
Bibliothekar am Conservatorium am 8. März 1869 starb. Liszt
stand er seit 1832 freundschaftlich nahe.

Monsieur Liszt, Hôtel de Londres, Vienne.

Mon cher Liszt,

Mr Hanslick qui te remettra ces quelques lignes est un
charmant jeune homme plein d'enthousiasme pour les grandes choses musicales et qui écrit sur l'art comme on écrit
quand on a de l'âme, du cœur et de l'intelligence [1]). Je
suis sûr que tu seras charmé de faire sa connaissance. On
dit ici que tu viendras à Prague dans peu, mais comme
il se pourrait que malgré notre attente tu manques encore
ton entrée, comme les acteurs trop occupés dans les coulisses, si tu veux profiter de ton retour pour me faire connaître enfin ce mystérieux message dont tu es chargé pour
moi, l'occasion est excellente. J'ai appris seulement à mon
retour ici que tu nageais dans les concerts et par suite dans
les Ducats et les ovations. —

Quant à moi je reconcerte au théâtre Mardi prochain 31,
puis nous monterons le *Romeo* dans la salle de Sophien-Insel
et je partirai pour Brunswick [2]).

---

1) Der berühmte Wiener Musikkritiker war in Prag (1825) geboren und studirte zu jener Zeit Jura in Wien.

2) Berlioz hatte zuvor in Wien, Prag, Pest, Breslau Concerte
gegeben und bereitete in Prag nun die Aufführung seiner drama-

Adieu, puisque le proverbe a raison et que les montagnes ne se rencontrent pas, je te serre la main par-dessus la plaine en t'assurant de nouveau de ma vive et sincère affection.

Prague, 26 Mars [1846][1]).

P.S. J'ai écrit deux fois à Ernst[2]), demande-lui donc s'il est mort!

H. Berlioz

67. Cristina Fürstin von Belgiojoso.

Milan, 12 Mai 1846.

Mon cher Liszt,

Vous avez beau être le plus célèbre des mortels, impossible aujourd'hui, tant les têtes sont à l'envers, de découvrir où vous êtes. Cela me désole, vu que j'ai dans mon tiroir le plus beau *Sardanapale* du monde, fruit des labeurs et de l'esclavage de ce même poète auquel je m'étais d'abord adressée, et qui vous avait envoyé par mon entremise un *scenario*. Je vous avais dit un jour que la prison avait coupé les ailes à mon rossignol, lequel ne pouvait ni prendre ni remplir aucun engagement littéraire dans la situation où il se trouvait. La personne qui m'avait transmis cette déclaration avait mal compris et s'était encore plus mal expliquée. Mon poète faisait de la modestie et rien de plus. »Je crains de ne pas réussir«, disait-il; »comment se livrer à un travail d'imagination sous ces verrous etc. etc.«; et l'interprète traduisit: »dites à la Princesse que je ne puis travailler«. Bref, il sortit, son manuscrit achevé dans sa poche, et beaucoup de satisfation dans le cœur, car je lui avais annoncé que son manuscrit lui vaudrait 2 mille francs, et cette somme dan-

tischen Symphonie »Romeo und Julie« vor, die am 17. April stattfand, nachdem Liszt am 15. die Generalprobe geleitet hatte.

1) Den meisten der vorliegenden Briefe Berlioz' fehlte die Angabe des Jahres und Monats, in denen sie geschrieben wurden. Sie waren oft mühsam genug herauszufinden.

2) Der gefeierte Violinvirtuos.

sait devant ses yeux. Je voulus vous l'écrire tout de suite, mais où vous trouver? Voilà un mois que nous interrogeons non pas les échos, mais les marchands de musique d'alentour, et personne ne nous éclaire. Enfin et en désespoir de cause, j'adresse cette lettre à l'ancienne adresse de Mme Belloni, dans l'espoir qu'elle vous la fasse parvenir. Si cela arrive, cher Liszt, faites-moi savoir sur-le-champ à qui je dois remettre Sardanapale et qui doit nous compter l'argent. Si cela est possible, faites que les deux livraisons se suivent de près, car le lieu où mon pauvre ami vient de passer une année, n'est pas le Pérou, et il en est sorti beaucoup plus pauvre qu'il n'y était entré, ce qui n'était pourtant pas très facile.

Je ne vous parle pas de nos affaires parce que je me souviens que vos sympathies ne sont pas avec nous, et d'ailleurs, parce que le temps presse. Ecrivez, payez et n'oubliez pas votre

amie Christine Trivulce de Belgiojoso[1].

68. Fürst Felix Lichnowsky.

Sagan, ce 24 Sept. 1847.

Mon cher ami, il n'y a rien d'aussi bête que les affaires; il ne faudrait jamais en avoir. Après avoir passé 3 mois à m'occuper des affaires d'autrui à Berlin[2]), je suis revenu à mes foyers m'occuper des affaires qui me concernaient plus particulièrement. — C'est très peu poétique, cela ressemble fort peu à la vie que je menais en 1840—1841, mais enfin c'est fort utile. — Toutefois ces affaires m'ont joué le mauvais tour de me faire remettre ad calendas graecas ma réponse à votre lettre de Constantinople du 3 Juillet. Vous dites »si vous me répondez dans le courant de ce mois, adressez à Odessa«. Le mois de Juillet, d'Août et celui de Septembre

---

1) Die Antwort auf diesen Brief siehe »Franz Liszt's Briefe« II. Nr. 391. Liszt beschäftigte sich in der That längere Zeit mit dem Plan, die in Rede stehende Oper »Sardanapal« zu componiren.

2) Beim preussischen Landtag.

sont passés, et je ne vous ai pas répondu. Où donc adresser aujourd'hui ma lettre que je voudrais bien savoir entre vos mains? Je l'enverrai tout uniment à Odessa, et si vous n'y êtes plus »celebritate sua sat notus« elle saura bien vous trouver quelque part. — Je voulais vous dire avant toute chose que je reste cet hiver *chez moi*; que je suis enchanté de vous savoir à Weimar au mois de Janvier; vous savez qu'aujourd'hui on va directement en chemin de fer de Krźiźanowitz [1]) à Weimar, nous y sommes donc voisins. — Je viendrai vous voir à Weimar, — nous irons ensemble passer une semaine *ici*, dans ce beau château; la châtelaine me charge de vous inviter aussi gracieusement que possible à venir la voir; et de là nous viendrons chez moi. Ecrivez-moi bien exactement le jour de votre arrivée à Weimar et le temps que vous y passerez, afin que je puisse faire mes arrangements. Nous causerons de toutes choses entre deux bouteilles et plusieurs cigares. — Quant à la Placa pensionada de Carlos 3⁰, de laquelle je vous ai parlé, ce n'est pas à *l'innocente* Isabelle que vous la devriez, mais bien à son chevaleresque rival. — Les turcs sont des cuistres; ils ont promis tout ce qu'on a voulu et n'ont rien tenu. Depuis que Cheoket Bey est parti de Berlin, je n'ai plus entendu parler de lui. Je désire que cette lettre vous parvienne et vous conjure de ne pas vous venger par votre silence, mais de me dire tout d'abord si vous songez encore à faire votre service à Weimar, ce qui me ravirait. — Adieu, mon cher ami, tout à vous, de cœur.

---

1) Lichnowsky'sches Gut. Dort steht noch eine »Liszt-Allee«, die der grosse Künstler einst mit pflanzen half.

Weimarer Jahre
1848—1854.

69. Ludwig Schwanthaler,

berühmter Bildhauer, geb. 26. Aug. 1802 in München, seit 1835 Professor der dortigen Academie, gest. 15. Nov. 1848. Er hat Liszt modellirt.

Lieber Freund,

Dein Briefchen kam mir durch Dorsnay richtig zu, und ich freue mich vor Allem über die Hoffnung Dich wieder einmal hier zu sehen. Dorsnay selbst betreffend, wäre meine Ansicht, als sey in Anbetracht der schlechten Aussichten, des schweren Fortkommens bei der Skulptur, ihm, der nach seiner Aussage in der Malerei auf eben der Stufe stehe, durchaus zu rathen, sich dahin zu wenden, wo er bessere Aussichten hat, und eher zum Verdienste gelangt.

Nehme Dich des Vielgeprüften freundlich an. Du fragst mich über den Stand des Joseph-Denkmals; ich kenne ihn selbst nicht, ich weiss nur, dass noch bedeutende Summen fehlen; übrigens scheint mir Deine Subscription per 100 fl. bis zur Vollendung i. e. 4—5 Jahren sehr honorisch. Und somit, verehrtester Freund! lebe recht wohl. Stets der Deinige

München, 7/2 1848.   L. Schwanthaler

NB. Was ich hier über Dorsnay sagte, habe ich ihm auch mündlich gerathen und auf sein Verlangen schriftlich schon früher gegeben.

70. Jules Janin,

geist- und einflussreicher französischer Kritiker und Schriftsteller, geb. 24. Dec. 1804 zu Coudrieu im Rhône-Departement, gest. 20. Juni 1874 in Paris.

Mon cher ami, je veux vous donner une preuve d'amitié qui vous sera très sensible, je l'espère; je vous écris au milieu d'une émeute qui est peut-être une révolution, je vous écris à l'heure où plus d'un honnête homme met la dernière main à ses affaires. Mes affaires à moi, ce sont mes amis, c'est la femme que j'aime et qui tremble, ce sont mes livres commencés, choses faciles et que je ne regrette pas le moins du monde. Mais ce que je plains du fond de l'âme, c'est le calme, la paix, le repos, l'étude, le loisir de tous les jours. Ce qui m'épouvante c'est le bruit de la rue, la clameur de la place publique et tant de braves gens qui meurent en ce moment, sans trop savoir pourquoi ils meurent. Voici deux journées, deux cruelles journées! Paris s'est soulevé soudain et il a crié comme un seul homme. La colère immense s'est emparée de ces âmes si calmes, il y a huit jours, et l'incendie de ses haines cachées a couru comme fait la flamme. Nous avons vu des terreurs s'emparer de ces maisons qui ressemblent à des forteresses, et les hommes les plus hardis pâlir, de voir quoi? Quel ennemi est à nos portes? Quelle bataille de Waterloo avons-nous perdue? Quelle peste? Quelle famine? On ne sait pas! On se regarde éperdu! Chacun interroge son voisin, c'est la plaie publique qui répond.

Cette nuit..... figurez-vous qu'à peine nous dormions, et certes ce n'était pas trop, une heure de repos pour tant de fatigues, nous avons été réveillés par le tocsin, par cette cloche funeste de St-Germain-l'Auxerrois qui a sonné la St Barthélemy — horrible son qui est resté dans l'oreille de l'histoire! En même temps les tambours se sont fait entendre dans le silence épouvanté. La bataille de la journée a recommencé de plus belle, le désordre de minuit, ce désordre sombre, dans lequel il est impossible de distinguer son ami de son ennemi, a ajouté beaucoup à l'horreur universelle. On se cherchait, on s'appelait, on voyait passer des torches; on prêtait l'oreille à des voix qui venaient du dehors, à des malédictions qui s'élevaient de toutes parts. — Comme toutes les maisons de la rue, les Tuileries veillaient et tenaient conseil dans cette formidable circonstance où il s'agit bien plus que d'un trône, où il s'agit des destinées d'une nation, de la nation française, et pour beaucoup de la paix et de la liberté du monde. Ce moment-là a dû être solennel, et le Roi Louis-Philippe, ce noble vieillard si cruellement et si souvent éprouvé dans sa vie, n'en a pas passé de plus grave et de plus décisif. De ce conseil est sorti un ministère Thiers et Barrot, c'est-à-dire un ministère possible, car dans les circonstances présentes, Mr Molé ou M^r le Duc de Broglie n'auraient pas duré vingt-quatre heures. Voilà où nous en sommes à huit heures du matin, et cependant le rappel bat toujours, on ne sort plus qu'en uniforme, les uns rentrent chez eux le jour pour passer la nuit au corps de garde, les autres veillent au corps de garde pour passer la nuit chez eux.... La garde nationale est divisée en deux opinions qui semblent vouloir ne plus en faire qu'une seule dans le danger commun, la troupe de ligne irrésolue et déjà fatiguée ne sait plus que se rendre à l'ombre de la garde nationale.

Hélas! comme cela se brise vite, une grande société, à quoi cela tient! Nos pères nous l'avaient cependant raconté, et nous avaient dit leurs terreurs, leurs misères, leurs souffrances, leurs désespoirs! Et nous voilà luttant comme eux, tremblant comme eux, et comme eux sur le penchant d'un abîme sans fond!

Pauvres rêveurs que nous idiots! humbles poètes! innocents qui perdions notre vie à chercher des images, à écrire des livres, à gloser sur l'inconnu d'un mélodrame, faiseurs de romans ou de petits contes, comme nous devons nous trouver glorieux à cette heure, comme nous devons être fiers de nos illustres travaux! La belle renommée que nous avons gagnée là, et quelle honte que tant de style ramassé avec tant de peine, soit tout simplement bon à rien!

Et moi qui me faisais une si grande fête de vous voir, de vous remercier pour votre bon souvenir, de vous faire les honneurs de mon humble maison, de vous montrer mes beaux livres dont le nombre s'est presque doublé, chers trésors en ma pauvreté rangés dans un si bel ordre! Déjà je préparais mon vin le plus vieux, et mes meilleurs cigares, et ma plus amicale causerie! Je disais à qui voulait l'entendre — Franz Liszt va venir! — Ne venez pas, mon ami, ne venez pas

dans ce bruit, dans ce tumulte, dans cette tempête, dans ce -
volcan. C'est bien, certes, que ceux-là qui y sont y demeurent, car il me semble que c'est une lâcheté de s'enfuir, et
de quitter une patrie en danger, même quand on ne peut
pas la servir utilement. On ne lui est bon à rien, c'est vrai,
mais on est bon pour pleurer sur elle, on est bon pour lui
prouver qu'on peut mourir pour elle. — A chaque instant
les nouvelles augmentent de gravité. La caserne de la rue
de Tournon a été enlevée cette nuit et parmi la garde muni-
cipale, c'est un sauve-qui-peut général. On proclame donc
bas la déchéance de la maison régnante, et tout haut on crie:
Vive la réforme! C'est le mot du peuple de Paris, de la
garde nationale, de l'armée! Eh! que la France s'y range
tout entière. Réformons les lois, ne les brisons pas! Je
vous écris ce matin, je me laisse à moi-même un peu de
place pour vous dire le reste de la journée. Bonjour, mon
ami, plaignez-nous, aimez-moi, et restez bien à l'ombre bienveillante, hospitalière et calme de cette maison de Saxe si
remplie de poétiques, d'aimables, de charmants souvenirs.

Votre ami

Jeudi, 24 Février
    1848.

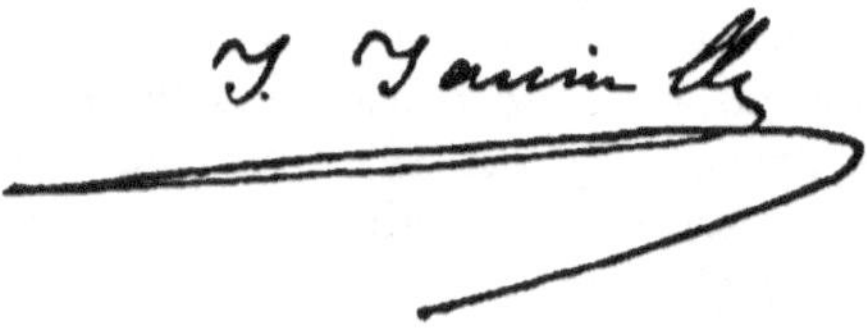

Ministère Thiers et Barrot!

Les Tuileries allaient être prises, on est venu annoncer au
peuple que le Roi avait donné sa démission; M^r le Comte
de Paris est proclamé Roi, Madame la Duchesse d'Orléans,
Régente. La Régence de M^r le Duc de Nemours est abolie.

Tout Paris appartient au peuple, espérons que ce sera
encore une fois, le peuple de Juillet.

Les ministres sont en fuite, une grande responsabilité
pèse sur eux.

3 heures.

Samedi. Nous sommes en pleine République — la ville est calme — la France répond à l'appel de ce grand mot: République. On élève des barricades, tout recommence — et nous n'avons pas de nouvelles de Madame la Duchesse d'Orléans. Tout ce qu'on sait, c'est qu'elle a passé la nuit d'avant-hier à l'hôtel Royal des Invalides, elle est partie déguisée en lingère. La noble Princesse qui a inauguré l'arc de Triomphe! On la plaint, on la regrette, et l'on crie: liberté!

71. Friedrich Smetana,

national-czechischer Componist, begeisterter Anhänger der Liszt-Wagner'schen Richtung, auch Pianist, geb. am 2. März 1824 zu Leitomischl in Böhmen, Schüler von Proksch in Prag, führte daselbst eine eigene Musikschule, war 1856—1861 Concertdirigent in Gothenburg und, nach Prag zurückgekehrt, 1866—1874 Capellmeister am Nationaltheater. Wegen Taubheit musste er seine Stelle niederlegen, und geistesgestört starb er 12. Mai 1884 in der Irrenanstalt. Seine eigenartige Bedeutung ward erst nach seinem Tode allmälig allgemeiner anerkannt.

Euer Wohlgeboren!

Im vollen Vertrauen auf Ihre weltbekannte Grossmuth und Güte wage ich es, dieses kleine Geistesproduct Ihnen zu widmen[1]). Zwar sollte ich zuvor um die Erlaubniss dazu ansuchen; doch ungekannt, selbst im Kreise meiner Nächsten, konnte ich nur insofern diesen Schritt wagen, als die Composition selbst zeigen muss, ob sie Ihrer Annahme würdig ist oder nicht. Doch erlaube mir zuvor, sagen zu dürfen, was mich bestimmt hat, Ihre Güte in Anspruch zu nehmen.

Von Kindheit an war ich den literarischen Studien gewidmet und musste, trotz meinem Drange zur Tonkunst, dieselbe als blosse Erholung und Vergnügen betreiben; doch welch' einen Unterricht genoss ich darin! In meinem 17ten Lebensjahre wusste ich weder was *cisis*, noch *deses* ist, die Har-

---

1) Sein op. 1: »Six Morceaux caractéristiques pour Piano«.

monielehre war mir ein völlig unbekanntes Feld, obwohl ich
dessen ungeachtet dennoch componirte!? —

Im 19ten Jahre brach ich die Fesseln, die mich an die Studien
banden, und widmete mich mit allem Fleisse der Musik unter der
Anleitung eines gründlichen Lehrers, des Jos. Proksch in Prag.
— Jetzt bin ich 24 Jahre alt, und habe in allen Fächern der
Musik die Studien soweit durchgemacht und eine ziemliche
Anzahl von Aufgaben geliefert, dass ich eine gewisse Fertigkeit erlangte. Doch meine Unterrichtsstunden musste ich
theuer bezahlen, und arm, hilflos, ohne Freunde, konnte ich
erst heuer, nachdem ich mir durch öffentliches Auftreten und
durch einige Anerkennung meiner geringen Anlagen einige
Conditionen verschafft habe, nach langem Sparen einen Theil
meiner rückständigen Schuld bezahlen. Doch wann werde
ich die andere Hälfte bezahlen können? —

Meine Conditionen bringen mir monatlich 12 fl cm., so
dass ich gerade so viel habe, um — nicht zu verhungern.
Meine Compositionen kann ich nicht drucken lassen, weil
ich darauf zahlen müsste, und leider so viel mir nicht er-
sparen kann. Auch, glaube ich, könnte ich schwerlich vom
Componiren leben. Die Protektionen, die ich gesucht, ver-
sprachen Alles, doch bis jetzt — that Niemand Etwas für
mich. Ja, ich muss sagen, dass ich der Verzweiflung nahe
war, als mir die Nachricht kam, dass meine Eltern so her-
abgesunken sind, dass sie beinahe — Bettler würden! —
O mein Herr! was hätte ich nicht Alles gethan, um ihnen
zu helfen! — In meiner Noth, ohne Aussicht auf Hilfe, ohne
Freund, fuhr es wie ein Blitz durch meine Gedanken — der
Name Liszt auf einem Musikstücke, das auf meinem Tische
lag, bewog mich, Ihnen, dem Künstler ohne Gleichen, von
dessen Grossmuth alle Welt redet, Alles zu vertrauen. Um
meine schwachen Anlagen Ihnen vorzuführen, componirte ich
diese Charaktere als 1tes Opus, welches *vielleicht* —? in die
Öffentlichkeit mich einführen soll!

Nun stehe ich vor Ihnen bittend, dieses Werk *gütigst anzunehmen und es drucken zu lassen!* Ihr Name wird diesem
Werke Eingang in's Publikum verschaffen, Ihr Name wird

der Grund meines künftigen Glückes, meines ewigen Dankes
sein! Darf ich dieses hoffen? Meine Ungeduld, meine Angst
bis zu Ihrer Entscheidung kann ich nicht beschreiben, und
ich bitte sehr, dieselbe nicht zu verschieben und mich nicht
den peinigenden Zweifeln zu überlassen!

Doch noch *eine Bitte* wage ich: Meine jetzige Lage ist
schrecklich, Gott möge jeden Künstler vor solcher bewahren! — Doch sehr leicht könnte ich mir eine Existenz
verschaffen, die mich zum Glücklichsten auf Erden machen
würde, da ich im Stande wäre, den einzigen Wunsch zu erfüllen, den ich habe, nämlich: meine armen Eltern bis an
ihr Ende pflegen zu können, wenn ich zu meinem Vorhaben
eine Aushilfe hätte! Es besteht darin, eine *Musikbildungs-
Anstalt* errichten zu können. Die hier in Prag schon be-
stehende zählt gegen 100 Schüler, diejenige, die voriges Jahr
ein — übrigens sehr gewöhnlicher Musiker eröffnete, binnen
einem Jahre bereits auch schon über 80 Schüler, was den
Unternehmern monatlich gegen 400 fl cm. einträgt. Wenn
ich nun so viel Geld hätte, um eine Wohnung miethen zu
können, und wenigstens *zwei* Instrumente anschaffen zu können,
so — wäre meine Existenz gedeckt, meine Eltern bei mir und
ich der Glücklichste auf Erden! Ich bin sowohl ein produ-
zirender als reproduzirender Künstler und besitze — *kein*
Instrument. Ein Freund erlaubt mir, bei ihm mich zu üben;
wahrlich mein Loos ist nicht beneidenswerth! — Ich bin daher so kühn, mit Gefahr in Ihren Augen als anmassend zu
erscheinen, *Sie* um eine Anleihe von 400 fl cm. zu bitten, die
ich wieder zu erstatten mich feierlichst, selbst mit meinem
Leben verpflichte. Ich habe keinen Caventen, als mich selbst
und — mein Wort, welches mir aber heilig, und eben deshalb vielleicht sicherer ist als 100 Caventen. Legen Sie, ich
bitte, diese Kühnheit nicht falsch aus; keinem Menschen, nur
Ihnen allein, vertraue ich meine Noth, mein Elend! Wem
soll der Künstler sich vertrauen, wenn er es nicht wieder
dem Künstler thut? Die Geldmenschen, diese Aristokraten
blicken ohne Mitleid den armen Teufel an, und lassen ihn —
verhungern! —

In der grössten Unruhe bitte ich noch einmal, und ich hoffe nicht umsonst, Ihre Antwort, möge sie enthalten, was sie wolle, mein Glück oder Unglück, *nicht zu verschieben*, sondern *bald* meinen Zweifeln dadurch mich zu entreissen; denn in einigen Wochen könnte vielleicht — kein Smetana existiren. — Ich wohne am Altstädter Ring N° $\frac{548}{1}$ 2ter Stock rückwärts.

Ich hoffe, dass Euer Wohlgeboren mich entschuldigen, Ihre Zeit in Anspruch genommen zu haben; doch Sie mussten *den* kennen, dem Sie helfen sollen [1])!

In grösster Verehrung verharre ich

Euer Wohlgeboren ganz gehorsamster

Friedrich Smetana

Prag, den 23ten März 1848.

72. Hector Berlioz.

Dimanche 23 Juillet 1848.

Mon cher Liszt,

Belloni est venu ce matin pour me donner de tes nouvelles et me demander des miennes de ta part. Je te remercie; j'arrive de Londres et me voilà aux prises ici avec tout, absolument tout ce qui touche de près ou de loin à notre·art: le Conservatoire, les théâtres, le ministère. la chambre de l'innombrable armée des crétins grouillant sur le pavé de Paris. Les gens qui font semblant de nous gouverner ont décrété l'abaissement et la ruine de la musique, à laquelle, disent-ils, le dernier gouvernement *accordait une faveur* qu'elle ne mérite pas.

C'est Taylor qui m'informait de ce beau projet ce matin même·et qui cherchait avec moi les moyens de le contre-

---

1) Liszt half wie immer. — Smetana's Briefe an ihn sind abgedruckt: Wotlek, F. Smetana. Prag, Dominicus.

carrer. Ah misérables! je vous défie bien de la ruiner et
de l'abaisser; elle est à terre et exténuée depuis trop
longtemps, et là où il n'y a rien, la république perd ses
droits.   ...

Au moins est-elle morte, notre pauvre muse, en belle
compagnie, car la poésie et tous les arts et toutes les nobles manifestations de l'intelligence l'ont suivie. La France à
l'heure qu'il est représente une forêt peuplée d'hommes in-
quiets et de loups enragés; les uns et les autres ne cherchent que les moyens de s'entre-détruire.

Pour en venir aux choses, qui me sont personnelles et
dont Belloni s'est enquis de ta part, voici mon histoire en
quatre mots:

J'ai passé neuf mois à Londres; le directeur de Drury-
lane, Jullien, un Français, un Idiot, a fait banqueroute et
m'a fait perdre à peu près tout. Il ne m'a pas même donné
la recette de mon premier concert. La banqueroute décla-
rée, j'ai reconquis ma liberté, et j'ai donné un autre concert
moi-même à Hanovre-Square-Room et cela dernièrement, le
22 Juin, pendant qu'on se mitraillait à Paris. Je n'y ai
presque rien gagné, la panique avait depuis longtemps res-
serré les cordons des bourses anglaises, et les Français ré-
fugiés à Londres avaient trop d'esprit national pour ne pas
rester chez eux résolument. Néanmoins ces deux auditions
m'ont très bien posé en Angleterre, j'ai été pour ainsi dire
porté sur le pavois par la presse entière, à la seule exception d'un vieux nigaud du Morning Herald, je crois, qui pré-
tend que je ne sais pas le contrepoint. J'ai laissé à Londres de nombreux partisans, quelques amis, et beaucoup de
ces gens à la bouche ouverte, qui demeurent stupides devant les choses nouvelles et regardent passer les hommes du
mouvement de l'œil des postillons considérant sur le bord
d'un rail-way le trajet d'une locomotive.

En somme je regrette beaucoup Londres, surtout depuis
que je suis ici. J'ai trouvé en arrivant dix drôles réunis en
commission au Conservatoire et élaborant un projet contenant
entre autres galanteries à mon adresse, la suppression de ma

place de Bibliothécaire. Si le ministre approuve, comme il est presque certain, je n'aurai plus rien que de rares feuilletons que les éditeurs de journaux payent maintenant à demi-prix... quand ils les payent.

Le directeur unique de l'Opéra est ce qu'il a toujours été, un farceur ridicule, outrecuidant dans sa fausse bonhomie, méprisant la musique presque autant qu'elle le méprise et qui ne fait que sottises et impertinences. J'ai pris à l'égard de toute cette engeance un parti radical, la guerre à outrance par le ridicule. En toute occasion je les vilipenderai avec le plus mortel sang-froid, ou tout au moins avec un demi-quart de colère. J'ai commencé hier en paroles et en écrits; j'ai entrepris Roqueplan sur le boulevard, et j'ai envoyé aux *Débats* un article sur l'ouverture (autopsie) de l'Opéra qui chatouillera agréablement la plante des pieds de Duponchel.

Ces gens-là sont mille fois plus nos ennemis que les malheureux qui tuent sur les barricades; nous leur devons une haine carrée, lourde et brûlante; l'occasion viendra, je l'espère, de leur en faire bien sentir la solidité, le poids et l'ardeur. Il ne s'agit que de ne pas mourir et de bien prendre son temps.

On te disait à Vienne; l'orage autrichien ne t'a-t-il point arraché de plumes? j'en ai peur, en songeant à la multitude des banquiers qui ont manqué. On m'a souvent demandé à Londres de tes nouvelles, mais j'ignorais absolument sur quelle barricade de l'Europe tu te trouvais.

. Adieu, j'espère voir Belloni demain et le faire causer à ton sujet. J'étais absent ce matin quand il est venu et je ne sais presque rien de ce qui te concerne.

Ton dévoué for ever   H. Berlioz.

P. S. Il paraît que tu m'avais écrit à Londres; je n'ai pas reçu la lettre. A propos, je te fais mille compliments, je te serre la main que tu as donnée espérant qu'elle en contient une autre dont j'ai pu à Pétersbourg admirer la beauté.

73. Franz Grillparzer,

Österreichs grösster Dichter, geb. 15. Jan. 1791 zu Wien, gest. daselbst 21. Jan. 1872, nachdem er 1833 Archivdirector bei der Hofkammer geworden war.

Da Sie mir ausdrücklich verbieten zu antworten, will ich wenigstens den Empfang Ihrer Zeilen bestätigen und werde, *wenn meine Gesundheit sich bis Sonntag bessert*, zuverlässig erscheinen. 13. August 1848.

74. Robert Franz,

der grosse Liedermeister und musterhafte Bearbeiter Händel'scher und Bach'scher Tonwerke, geb. 28. Juni 1815 zu Halle a. S., gest. 24. Oct. 1892 daselbt, wo er seit seiner Studienzeit fast ausschliesslich lebte und neben andern künstlerischen Ämtern das eines Universitäts-Musikdirectors bekleidete, auch den Ehrendoctorhut der philosophischen Facultät trug.

Dem Herrn Kapellmeister Dr. Franz Liszt in Weimar.
Abzugeben im Erbprinzen.

Geehrter Herr Doctor!

Auf die Gefahr hin, in Ihren Augen als unbescheiden zu gelten, richte ich an Sie mein Anliegen. Von vielen Seiten aufgefordert, beabsichtige ich eine grössere Concertaufführung am 14. Oct. (dem Tage vor Königs Geburtstag und als Vorfeier zu demselben,) zu veranstalten. Die thatsächlichen Beweise, die Sie von Ihrer edlen und uneigennützigen Art der Welt schon häufig gegeben haben, macht es mir mit meiner Bitte leicht und wieder recht schwer. Lässt es sich mit Ihren Wünschen in Einklang bringen, wenn Sie durch Ihre Mitwirkung meinem Unternehmen einen unzweideutigen Erfolg sichern? Ich bin kaum so kühn, daran zu denken —

es sei denn, Sie hätten diese Kühnheit durch Ihre Güte
schon lange verschuldet! Abgesehen vom Danke der ganzen
Stadt, haben Sie, im Fall Sie zusagen, über meine Zukunft
hier entschieden, denn es unterliegt keinem Zweifel, dass die
moralischen Rückwirkungen seiner Zeit nicht ausbleiben
können. Nicht wahr, Sie sind mir nicht böse? Dann wird
wohl Kroll[1]) so freundlich sein, mir Ihre Entscheidung recht
bald mitzutheilen, denn ich muss, im Fall Sie absagen, an
weitere Auskunftsmittel denken. — Ich halte mich nicht dabei auf, Specialia über das Concert mitzutheilen: im Allgemeinen bin ich für die F-Dur Sinfonie von Beethoven und
die Jubelouvertüre von Weber entschieden; die Dr. Frege[2])
wird wahrscheinlich einige Lieder singen — Ihr Entschluss
bleibt eine offene Frage.

Übrigens bin ich der festen Überzeugung, dass vorliegendes Anmuthen in keiner Weise die herzlichen Gesinnungen
schwächen wird, welche Sie hegen gegen Ihren

Ihnen stets ergebenen

Halle, den 3. Oct.
1848.

Robert Franz

75. Ary Scheffer,

ausgezeichneter Historien- und Genremaler französischer Schule,
der seine Stoffe mit Vorliebe aus Goethe, Schiller, Dante, Byron
schöpfte, geb. in Dordrecht 10. Febr. 1795, gest. 15. Juni 1858 in
Argenteuil.

A. F. Litz. [1848.]

Mon cher ami,

M_r Vogel, auteur du Siège de Leyde[3]), m'annonce qu'il

---

1) Schüler und Freund Liszt's, Claviervirtuos und -Lehrer (1820—
1877), seit 1849 in Berlin.

2) Vorzügliche Leipziger Sängerin (1819—1892), die als Livia
Gerhardt der Bühne angehört hatte, seit ihrer Verheiratung aber
nur bei besonderen Veranlassungen noch vor die Öffentlichkeit trat.

3) Die Oper des belgischen Componisten wurde 1847 im Haag
mit vielem Erfolg aufgeführt.

avait quelque chance de voir son œuvre représentée en Allemagne soit à Weimar, soit à Berlin, et que cet espoir se fondait sur ce que vous voudriez bien accorder votre protection à sa partition. Je sais qu'en fait d'art vous n'accordez votre approbation qu'au mérite réel, et que vous ne voudriez pas patronner une oeuvre médiocre; de ce côté votre opinion doit être arrêtée, et moi moins que personne ne pourrais vous influencer. Mais ce point essentiel admis, j'ai assez de confiance dans l'affection dont vous m'avez donné tant de preuves pour vous dire que tout ce que vous pourriez faire dans l'intérêt de Mr Vogel, je le regarderais comme chose faite dans mon propre intérêt et que j'en aurais une égale reconnaissance.

Mme Cⁱ dont vous m'avez tant parlé, m'a fait l'honneur de visiter mon atelier sur votre recommandation, je pense. Elle a paru fort satisfaite de votre portrait, c'est du reste la seule chose qu'elle a pu remarquer[1]). Quand nous reviendriez-vous, on a besoin de vous entendre, entre le marteau et la sourdine, on finirait par oublier le vrai son musical.

Vos éditeurs finiront-ils par publier? Voilà des années que vous me promettez de me faire parvenir ce qui a paru. J'attends toujours[2]).

Adieu, Meyerbeer nous donnera dans l'année prochaine son Prophète. Mais j'avais espéré que vous auriez réalisé on de ces beaux rêves auxquels j'aimais tant m'associer.

Adieu à vous de cœur.

---

1) Liszt's im Jahre 1837 von Ary Scheffer gemaltes schönes Bildniss ist jetzt eine Zierde des Weimarer Liszt-Museums.

2) Im Jahre 1848 noch erschienen drei Goethe'sche und drei Schiller'sche Lieder Liszt'scher Composition, Ary Scheffer gewidmet.

76. Cristina Fürstin von Belgiojoso.

Paris, 4 (bis) Rue du Mt Parnasse, 15 Janvier 1849.

Enfin, mon cher Liszt, vous vous souvenez que j'existe, et j'en rends grâce à la Revue des Deux-Mondes. Vous m'avez trouvée sévère et il est possible que je le paraisse, puisque je suis sincère. Mais si je vous ai semblé sévère à l'endroit du peuple soit Lombard, soit Italien en général, c'est que ma parole a trahi ma pensée. Je n'ai pas dit jusqu'à quel point la royauté et la noblesse se sont indignement conduites dans nos dernières affaires; je n'ai pas dit jusqu'à quel point je les méprise et les condamne, car en vérité la vue d'un homme titré me soulève le cœur. Mais quant au peuple Italien, je ne saurais en dire assez de bien. Il a été dévoué, honnête, courageux, tel qu'il eût été déraisonnable de l'attendre après un si long esclavage. Nous avons succombé, il est vrai, mais nous prendrons notre revanche, et cette leçon ne sera pas perdue pour nous, elle nous apprendra à ne mettre notre confiance que dans ceux dont la bonne foi nous est connue. Hélas oui! Votre pays à cette heure a succombé comme le mien, et comme le mien il a été trahi, car le peuple Hongrois sait se battre, et cette fois il a cédé sans coup férir. Il doit y avoir là-dessous quelque affreux mystère que l'histoire n'éclaircira peut-être jamais. Mais comment, mon cher Liszt, n'avez-vous pas pris part à la lutte? La Hongrie n'est-elle pas votre patrie de fait et de choix? Ne vous êtes-vous pas déclaré Hongrois? Je vous croyais au delà du Danube, et je m'inquiétais de ne pas entendre votre nom, d'autant plus que Belloni est devenu depuis quelque temps invisible et que je pouvais le croire parti pour vous aller rejoindre. Je sais que vous ne prenez pas la politique fort à cœur; et pourtant qu'y a-t-il ici qui mérite qu'on s'y arrête, si ce n'est l'établissement des droits de tous, peuples et individus? Nous sommes, il est vrai, une race passagère qui ne vit qu'un jour et il est fou de s'attacher aux biens que nous laissons derrière nous; mais si ces biens nous les laissons à d'autres pour lesquels nous les avons conquis, il n'est pas fou de courir après eux. Ce sont les plaisirs personnels qui ne méritent pas la peine que nous prenons pour les acheter.

Je vais écrire à votre poète pour qu'il vous prépare une scène comme vous la désirez. — Vous-même, avez-vous inventé quelque chose de nouveau? Dans ce cas veuillez en révéler le secret à votre poète, car je doute fort qu'un pauvre diable qui est passé de la prison à la guerre et de la guerre à l'exil, ait l'esprit tourné à deviner de pareils mystères. Quant à moi, je vous proposerais bien une orgie attrape, c'est-à-dire des grands préparatifs de festins qui se termineraient par une promenade au clair de la lune et par une conversation philosophique. Sardanapale n'eût peut-être pas dédaigné cela.

Vous parlerais-je de moi? Les malheurs maternels m'ont aidé à supporter les autres. Le travail est devenu pour moi une nécessité depuis que Radetzky est établi chez moi. La Revue des Deux-Mondes m'a donné comme vous l'avez vu l'hospitalité; d'autres recueils périodiques aussi. Plusieurs journaux allemands m'ont acceptée en qualité de correspondant, et tout cela constitue aujourd'hui mon revenu. La seule pensée donce qui me visite maintenant, me vient de la conscience de me suffire à moi-même. Ma fille grandit et se développe d'une façon que l'on trouve extraordinaire, et c'est là pour moi une source de bonheur constant. Hors le travail et elle, le monde est tout ténèbres pour moi. Le spectacle que l'on a ici sous les yeux est dégoûtant. La lâcheté et l'égoïsme sont mis au concours.

Je vous croyais marié, archi-marié. J'espère que l'attente ne se prolongera pas trop. Je sais que votre fiancée, puisqu'elle n'est pas encore votre femme, est belle, jeune, riche, et fort éprise de vous. Rendez-le-lui, et ne lui retirez jamais ce que vous lui avez donné une fois. —.

Adieu, mon cher Liszt; ne m'oubliez pas dans votre auréole nouvelle et gardez votre amitié à votre très ancienne amie   Christine Trivulce de Belgiojoso.

77. Karl Lipinski,

vielgefeierter Geigenkünstler, geb. 30. Oct. 1790 zu Radzyn in Polen, gest. 16. Dec. 1861 auf seinem Landhaus Urlow bei Lemberg, wirkte nach langen triumphreichen Kunstreisen von 1839—1861 als Concertmeister in Dresden.

Au célèbre F. Liszt à Weimar.

Maestro dei Maestri,

Mit dem besten Gewissen empfehle ich Ihrer hohen Protection den 13jährigen Violinisten Henry *Wieniawski* als ein ganz ausgezeichnetes Talent.

Mit vollkommenster Hochachtung Ihr Verehrer

Dürften wir nicht das Glück haben, *Sie* diesen Winter bei uns zu sehen?

Dresden, 27. Jänner 1849.

78. Hector Berlioz.

[Februar oder März 1849.]

Mon cher Liszt,

J'ai rencontré Belloni avant-hier; il m'a parlé de tracasseries et même de chagrins sérieux que tu éprouves. J'en ai été vivement peiné, tu n'en doutes pas. Heureusement ton énergie et ta décision dans les grandes circonstances me sont connues. Belloni me parle de ton projet de tourner dans l'Amérique du Nord. Ceci me paraît un projet *violent*. Traverser l'Atlantique pour aller faire de la musique aux Yankees, qui ne songent en ce moment qu'aux mines de la Californie!.... Toi seul es juge de l'utilité d'un semblable voyage. Quant à ce qu'on peut faire ici auparavant, je n'en sais absolument rien. Cela varie d'un jour à l'autre, selon que le thermomètre de l'émeute monte ou descend, que le socialisme est à la tempête, au calme plat ou au laid-fixe.

· Le Théâtre Italien ne bat plus d'aucune aile. L'Opéra n'en a jamais eues (d'ailes), malheureusement le *Prophète* va dit-on lui en donner. Les concerts (à l'exception de ceux du Conservatoire) ne produisent rien. Quand la foule des provinciaux attirés par l'Exposition Industrielle aura rempli Paris, quand la nouvelle Chambre sera nommée et assise, quand l'émotion des premières représentations du Prophète sera calmée, il y aura peut-être quelque chose à tenter. Nous t'attendons tous avec impatience.

Je ne t'ai pas encore remercié d'une proposition obligeante que tu me fis faire par Belloni, il y a quelques mois; il a dû te dire que je n'avais pas eu besoin de l'accepter et qu'elle m'avait touché comme une nouvelle preuve de ton amitié.

Tu me demandes si on grave *Faust?* .... Non. Les éditeurs ont déjà besoin de toute leur audace pour graver les opéras comiques à grand succès.... Quant à mes relations avec la direction de l'Opéra elles sont toujours les mêmes, c'est-à-dire aussi hostiles qu'il est convenable qu'elles soient.

Meyer-Beer a voulu me faire assister à une de ses grandes répétitions *privées*, mais comme en ce cas, c'eût été de ma part un pas de fait dans la maison de ces .... Messieurs, je m'y suis refusé. Le Conservatoire se lance, après mille indécisions et dandinements, le comité a fait l'effort de me demander *quelque chose* pour ses concerts dont les programmes inamovibles commencent à avancer en âge. Je leur ai promis deux morceaux de Faust qui seront en conséquence exécutés dans trois semaines, au septième concert. Le sixième aura lieu dimanche prochain. Halévy a fait entendre au dernier un »Prométhée enchainé«.... but.... the rest is silence.

Je persiste dans mon plan de ne plus marcher vers la montagne; peut-être la montagne finira-t-elle par se mettre en marche vers moi. C'est une question de temps et de sang-froid. Pour le temps, je ne sais celui que j'ai en réserve, mais du sang-froid, j'en ai, malgré la sourde colère qui bouillonne en dedans et que je contiens avec peine. Notre plaisant pays de France est bien le plus.... — Je m'arrête; tu vois que je sais contenir la vapeur et fermer la soupape.

Adieu, j'ai bien besoin de causer avec toi. Je te prie de me mettre aux pieds de la princesse.　　　Ton dévoué

H. Berlioz.

P.S. S'il est vrai, comme les journaux le disent, qu'Ernst soit à Weimar, dis-lui mille choses de ma part, je l'aime beaucoup.

79. Otto Nicolai,

der Componist der »Lustigen Weiber von Windsor«, geb. 9. Juni 1810 zu Königsberg, studirte in Berlin und Rom, ging 1841 als Hofcapellmeister nach Wien (daselbst die philharmonischen Concerte begründend) und 1845 in gleicher Stellung nach Berlin, wo er am 11. Mai 1849 starb.

Berlin, 3. März 1849.

Theurer, verehrter Freund und Meister,

Erstaunen Sie nicht, mich plötzlich vor Ihnen auftauchen zu sehen — ich habe Ihr Gedächtniss immer im Herzen getragen! Wollen Sie mir eine Freude bereiten, die unter den wenigen, die mir auf meinem Lebenspfade blühen, eine der grössten sein und mich aufrichtig beglücken würde — so kommen Sie zum Freitag den 9ten d. M. hierher, um an diesem Tage der ersten Aufführung meiner Oper ›Die lustigen Weiber von Windsor‹ beizuwohnen. — Sollten Sie mir diese Freude zu machen Sich entschliessen — so wäre es mir lieb, wenn Sie mich noch durch ein paar Zeilen prevenirten — jedoch — auch eine freudige *Überraschung* hat ihr Angenehmes. Für den Fall bitte ich Sie im Hôtel de Brandenbourg (Gensd'armen-Markt) abzusteigen. — Ich hoffe! — und rufe Ihnen aus ganzem Herzen zu: auf baldiges Wiedersehen!

Mit aufrichtiger Verehrung und Freundschaft
Ihr herzlich ergebener

Nicolai

Königl: Pr: Kapellmeister

Unter den Linden Nr. 57.

P.S. Der König hat mich auch zum Chef des Domchors ernannt — auch dies Institut (für das ich seither noch manches Stück *a capella* geschrieben habe) möchte ich Ihnen vorführen. Kommen Sie — und bleiben Sie ein paar Tage!

Die Generalprobe der Oper ist Donnerstag Vorm. um 10. Der Opernhaus-Portier ist für alle Fälle prevenirt.

80. Charlotte von Oven, geb. von Hagn,

berühmte Schauspielerin, geb. 9. Nov. 1809 zu München, gehörte dem
Berliner Hoftheater von 1833—1846 an. Nach ihrer Vermählung die
Bühne verlassend, lebte sie in München, wo sie am 22. April 1891 starb.

Es ist mir eine grosse Freude, dass ich endlich nach so
langer langer Zeit Gelegenheit habe, Sie an mich, die —
vielleicht — Vergessene, zu erinnern, wohl von Ihnen selbst
zu hören, wie es Ihnen geht. — *Wenn* Sie Sich meiner noch
entsinnen, so haben Sie mich immer noch ein wenig lieb und
thun nur, was ich thue.

Also — zum Zwecke dieser Zeilen. Ich habe gehört,
dass Sie Sich für den Augenblick stark für Singvögel interessiren, um Sich dadurch den stillen Aufenthalt in Weimar
(»Weh mir«, wie unser unvergesslich theurer Freund Fürst Lichnowsky es nannte) so heiter wie möglich zu machen, und das
giebt mir Hoffnung, dass Sie mir meine Bitte nicht abschlagen.

Ein schönes talentvolles Mädchen, 20 Jahre alt, hat keinen
lebhafteren Wunsch, als sich von Ihnen protegiren zu lassen.
— Die Ärmste! sie ahnt nicht, welche Gefahr sie läuft!
Für Sie, mein theurer Freund, dem alles so leicht wird, ist
es eine Kleinigkeit, der jungen Künstlerin Mlle Fastlinger
dort Gastrollen zu verschaffen, NB. wenn es gewünscht wird,
auf Engagement.

Mlle Fastlinger ist erst seit einem Jahre auf der Bühne,
und da sie am hiesigen Hoftheater früher im Chor gesungen,
so ist es der Intendanz, die grundlos wenig versteht und sehr
aristokratisch, das heisst, voller Vorurtheile und Albernheiten
ist, ein Gräuel, dass sie, das Kind des Volkes, welches so
lange in einem Vorstadtviertel gelebt, sich nun zur Prima Donna
erheben soll und will lieber Mlle Haller, die ich nicht kenne,
gegen die ich aber ein wenig eingenommen bin, aus Gründen,
die Sie errathen, theurer bezahlen, weil sie in ihrer Armuth
nicht früher hier gelebt.

. Mlle Fastlinger legt das Repertoir bei; es sind Rollen,
die sie hier mit vielem Beifall gesungen, und ich lege es in
Ihre schützenden Hände und sage: bitte, bitte!

Kommen Sie denn nie hierher in das bornirte München?
Vielleicht bleiben Sie diesen Sommer in Deutschland, und
ich finde Sie irgendwo auf meinem Wege, denn es sind mir
Bäder verordnet — ich weiss noch nicht wo — wie würde
ich mich freuen, Sie zu sehen!

Adieu, mein Freund, lassen Sie bald von Sich hören, dass
es Ihnen gut, recht gut geht   Ihre

Charlotte von Hagn

München, d. 7. April 1849.   No. 10 Ludwigstrasse.

81. Ferdinand David,

ausgezeichneter Geigenvirtuos und -Lehrer, geb. 19. Jan. 1810 in
Hamburg, gest. 18. Juli 1873 bei Klosters in der Schweiz, war
Schüler Spohr's und seit 1836 Concertmeister des Gewandhaus-
orchesters zu Leipzig, sowie Lehrer am Conservatorium.

Hochgeehrter Freund!

Sie haben mir durch Ihr schönes Geschenk eine grosse
Freude gemacht. Wie ich dasselbe verdient habe, weiss ich
zwar nicht, aber es ist ja Ihre Art in dieser Beziehung stets
die Offensive zu ergreifen und statt Dank zu empfangen,
welchen zu ertheilen. Sie haben uns allen und besonders
mir durch Ihre letzte Anwesenheit und durch Ihr herrliches
Spiel wieder eine so grosse nachhaltige Freude bereitet, dass
es an uns gewesen wäre, Ihnen dieselbe auch anders als
durch dankende Worte an den Tag zu legen. Aber wie gesagt: Sie ergreifen, gleich Ihren Landsleuten, die Offensive
und nehmen unsere Herzen mit Sturm ein. Haben Sie den
aufrichtigsten Dank und sein Sie überzeugt, dass es mir eine
grosse Freude sein würde, wenn ich einmal Gelegenheit hätte,
Ihnen meine aufrichtige Anhänglichkeit durch die That zu
beweisen.

Meine Frau hat mir auch eine so unverdiente Freude durch einen kleinen Sprössling, der am 1sten April das Licht der Welt erblickte, gemacht. Vor der Hand ist das noch keine illustrirte Ausgabe, was bei einem Opus, welches erst 3 Wochen alt ist, auch nicht zu erwarten ist. — Heute Abend geben wir zum ersten Male das Thal von Andorra; mir gefällt die Oper in jeder Beziehung, ich glaube aber nicht, dass sie dem deutschen Publikum sehr behagen wird; nous verrons . . . . —

Möge der Himmel alle Ihre Wünsche zu einem glücklichen Ziele führen, mit diesem aufrichtigen Wunsche und den besten Grüssen von meiner Frau bleibe ich stets in wahrer Hochachtung und Ergebenheit   Ihr

Leipzig, d. 22. April
1849.

82. Charlotte von Oven, geb. von Hagn.

So viel Liebenswürdigkeit in der Erfüllung eines Wunsches, so schnelle Ausführung dieses Wunsches kann nur von Franz Liszt kommen. So viel Anerkennung, so viel Anhänglichkeit aber auch — sollte ich meinen — nur von Charlotte. Wenigstens bilde ich mir ein, dass ich es in Letztern namentlich allen Andern zuvorthue. Also — Dank — tausend Dank für Ihre Güte!

Die junge Person, der Sie Sich theilnehmend bewiesen, ist überglücklich. Sie ist im Anfang ihrer Laufbahn und da ist alles rosenroth, hoffnungsgrün; nun habe ich ihr erlaubt, die Rollen, die sie Ihnen in Weimar vorspielen darf, bei mir einzustudiren, und denke mit meiner Recommandation keine Unehre einzulegen. Sie ist so arm, musste bis jetzt jede Annehmlichkeit des Lebens entbehren, hat aber eisernen Fleiss, Liebe und Enthusiasmus für die Kunst. —

Wie beneide ich das junge Mädchen! Wie so gerne wäre ich an ihrer Stelle! Mit welchem Entzücken wollte ich jene holden Stunden wieder durchleben, die mir Herz und Phantasie beglückten! Aber leider — die Poesie ist abgestreift, die prosaische Wirklichkeit des Alltaglebens lastet wie Alpdrücken auf den beschnittenen Flügeln, die aufwärts streben, sich aber immer wieder herabgedrückt fühlen. »Die Mai-Blümchen«-Zeit ist vorbei!

Von dem, was ich am liebsten erführe, weiss ich leider nur wenig. — Sonst gaben doch noch die Zeitungen Nachricht über Sie, jetzt liest man nur Politik. Als ob auch alle Welt interessiren müsste, was alle Welt bewegt! Wenigstens hoffe ich, dass diese Wirren keinen Bezug haben auf jene mystische Stelle Ihres Briefes, worin es heisst »sie sei ernst und entscheidend für Ihr Schicksal«; sie hat mich viel nachdenken gemacht. Ich dachte zuerst an den ungarischen Krieg, und das stimmte mich sehr ernst — dann fiel es mir ganz heiss auf's Herz: »Heirath«! und ich bekam beinahe ein Fieber, denn jetzt erst weiss ich, welches Übel in der Welt das grösste ist, und wollte, ich hätte die tugendhafteste Handlung meines Lebens nicht begangen. — Vorbei! vorbei!

Bitte lassen Sie einmal, wenn Sie eine müssige Viertelstunde haben, wieder von Sich hören. Ich bleibe bis Mitte Juni hier, später bin ich am Rhein. Adieu sagt Ihnen
Ihre Freundin
München, d. 29/4 1849.   Charlotte.

83. Dieselbe.

München, den 24. Mai 1849.

Wenn der Neid ein Bekannter von mir wäre, so stünde er jetzt neben mir und freute sich, dass ich gar so gerne mit der Fastlinger tauschen möchte, um an ihrer Statt nach Weimar zu reisen. So mag sie in Gottesnamen hingehen und ihr Glück suchen, sie ist gesichert, denn Liszt — mein immer theurer Franz Liszt steht ihr zur Seite[1]). Es sind

---

1) Sie wurde engagirt an der Weimarer Bühne.

Jahre verflossen, seit ich Sie gefunden und verloren, aber ich muss gestehen, ich bin durch Sie für alle andern Menschen verdorben; denn *keiner*, auch keiner hält nur den leisesten Vergleich aus. Sie sind und bleiben *einzig*.

Bitte, machen Sie mir die Freude, mir Nachricht von Sich zukommen zu lassen, schreiben Sie mir ob Sie zufrieden sind, ob glücklich. Auch wie Ihnen meine Empfohlene zusagt — sie ist von mir beauftragt, ohne Bedenken sich Ihrer Leitung zu überlassen. Sie müssen ja schon als Capellmeister ungemein viel Takt haben!

Adieu! Adieu! Ihre Freundin für's Leben Charlotte.

Lola Montez ist nach Amerika. Ich habe einen Brief von einem Missionär gelesen, der auf demselben Schiffe mit ihr ging und sich über einen furchtbaren Sturm beklagt, den sie ausgestanden und den die Reisenden dieser gefährlichen Hexe zuschrieben.

84. Robert Schumann.

Bad Kreischa bei Dresden, d. 31sten Mai 1849.

Verehrter Freund,

Hrn. Reinecke's Erscheinen in Dresden war ein so flüchtiges — die Revolution zerstob uns nämlich nach allen Winden, nachdem wir uns nur einmal gesprochen, — dass ich ihm wegen Ihrer Anfrage nach der Scene aus Faust keine bestimmte Antwort geben konnte. — Das Stück ist mir nämlich für den Aufwand, den es verlangt, zu kurz, und ich dachte immer noch einiges andere aus Faust dazu zu componiren — bis jetzt kam es noch nicht dazu, doch hoffe ich noch immer. Wie das Stück jetzt dasteht, möchte ich es *nicht* in die Öffentlichkeit bringen¹).

Aber, lieber Freund, würde Ihnen die Composition nicht vielleicht *zu leipzigerisch* sein? Oder halten Sie L. doch für

---

1) ›Faust's Verklärung.‹ Liszt brachte die Scene bei der Feier zu Goethe's 100jährigem Geburtstag am 28. Aug. 1849 in Weimar zur Aufführung.

ein Miniaturparis, in dem man auch etwas zu Stande bringen
könne? Im Ernst — von Ihnen, der so viele meiner Compositionen kennt, hätte ich etwas Anderes vermuthet, als in
Bausch und Bogen so ein Urtheil über ein ganzes Künstlerleben auszusprechen. Betrachten Sie meine Compositionen
genauer, so müssten Sie gerade eine ziemliche Mannigfaltigkeit der Anschauungen darin finden, wie ich denn immer
danach getrachtet habe, in jeder meiner Compositionen etwas
anderes zu Tag zu bringen und nicht allein der Form nach.
Und wahrlich, sie waren doch nicht so übel, die in Leipzig
beisammen waren — Mendelssohn, Hiller, Bennett u. a. —
mit den Parisern, Wienern und Berlinern konnten wir es
allenfalls auch aufnehmen. Gleicht sich aber mancher musikalische Zug in dem, was wir componirt, so nennen Sie es
Philister oder wie Sie wollen, — alle verschiedenen Kunstepochen haben dasselbe aufzuweisen, und Bach, Händel,
Gluck, später Mozart, Haydn, Beethoven sehen sich an hundert Stellen zum Verwechseln ähnlich (doch nehme ich die
letzten Werke Beethoven's aus, obgleich sie wieder auf Bach
deuten). *Ganz original* ist Keiner. So viel über Ihre Äusserung, die eine ungerechte und beleidigende war. Im Übrigen
vergessen wir des Abends — ein Wort ist kein Pfeil — und
das Vorwärtsstreben die Hauptsache. —

Sie bleiben noch einige Zeit in W., wie mir Reinecke
sagte. Da kommen Sie vielleicht nach Leipzig zur Aufführung meiner Oper (vermuthlich Ende August). Ich will,
wenn Sie es wünschen, Ihnen später den Tag genauer melden. Durch Ihre Vermittelung wäre wohl im Winter auch
eine Aufführung in W. in's Werk zu setzen, was mich freuen
sollte. —

Sonst leben wir — von der Revolution vertrieben —
hier in traulicher Stille — und die Lust zur Arbeit, wenn
auch die grossen Weltbegebenheiten die Gedanken in Anspruch nehmen, — will eher wachsen als abnehmen. Ich
war im ganzen vorigen Jahre und neuerdings unausgesetzt
sehr thätig — es erscheint ziemlich viel in der nächsten
Zeit, Grösseres und Kleineres. Eine bedeutende Arbeit habe

ich so ziemlich vollendet, eine Musik zu *Byron's Manfred*,
den ich mir zu dramatischer Aufführung bearbeitet, mit
Ouvertüre, Zwischenacten und anderen Musikstücken, wie sie
der Text in reicher Fülle darbietet. — Auch ein Gesang-
album für die Jugend — nach Art des Clavieralbums — erscheint bis zum Schluss des Jahres. —

Nun genug. Schreiben Sie mir auch ein Wort von Ihrem
Leben und Thun. Meine Frau empfiehlt sich Ihnen; die
Kinder fangen schon an rechte Musikliebe zu zeigen. Viel-
mals grüssend Ihr ergebener   R. Schumann.

Wo ist *Wagner?*

85. Marie Pleyel, geb. Moke.

Je n'attendrai pas jusqu'au mois de *Juillet*. pour vous remercier de votre amical souvenir, mon cher Liszt. Vous êtes
bien bon de ne pas m'oublier tout à fait, quant à moi c'est
on ne peut plus naturel.

Comme vous l'avez supposé, je n'ai pas reçu la Taren-
telle *à mon intention*[1]) dont vous me parlez, mais sachant sa
naissance, j'ai voulu la connaître, et Schott me l'a enfin
amenée. Merci encore une fois; je ferai de mon mieux pour
la dire, mais je n'en suis pas certaine, ayant depuis environ
six mois le plus profond dégoût de la boîte de bois qu'on
appelle le Piano. Jusqu'à cette époque, je l'avais bêtement
prise au sérieux; aussi je lui en veux d'autant plus, et me
sens tout irritée de lui avoir sacrifié un temps que j'aurais pu et que j'aurais dû beaucoup mieux employer.

Enfin, enfin!!

Nous ne nous verrons donc pas encore cette année? C'est
une mauvaise nouvelle que vous m'annoncez avec bien de
l'indifférence.

Tâchez donc de finir au plus vite les grandes affaires
qui vous retiennent si loin, et venez par votre chère présence ranimer tous ceux qui vous aiment et qui s'ennuient

---

1) Die ihr gewidmete Tarantelle di Bravura.

énergiquement de ne jamais vous voir ni vous entendre. A peine arrivée à Paris, j'ai été voir votre digne mère, et j'ai embrassé beaucoup et de tout cœur votre Daniel qui est beau comme le jour et d'une beauté de grande race. Ses sœurs étant en pension, j'ai dû malheureusement me borner à admirer leurs portraits. S'il vous arrive jamais d'avoir une minute à vous, et que vous ayez la bonne pensée de me griffonner quelques lignes, je vous en serai sincèrement reconnaissante. Toute à vous, mon très fidèle ami,

M. Pleyel.

La *Partenza*, dont vous me demandez des nouvelles, est une des Soirées de Rossini, un vrai rien dont vous avez fait une vraie perle [1]).

Bruxelles, 2 Juin 1849.

86. Heinrich Wilhelm Ernst.

Cher et excellent ami, j'ai reçu hier votre lettre et je ne saurais vous exprimer tout le plaisir qu'elle m'a causé; elle est arrivée d'autant plus à propos qu'elle m'a un peu distrait d'une quantité de désagréments de toute sorte que j'ai eu à essuyer ces jours derniers, et ce qui plus est, d'une douleur réelle et bien vive que m'a fait éprouver la triste nouvelle de la mort d'un de mes frères que j'ai aimé de tout mon cœur. C'est encore tout entier sous l'impression de ce message que je vous écris aujourd'hui, mon cher ami, et mes protestations d'attachement et de gratitude pour vous ne sauraient manquer dans un moment comme celui-ci de vous donner cette satisfaction du cœur dont l'homme le plus abusé (et vous l'avez été malheureusement trop souvent) ne saurait cependant pas se défendre.

Mon pressentiment sur Londres ne m'a pas trompé. Plus que jamais la musique y est exploitée de manière à désespérer les plus courageux et les plus dignes artistes.

J'ai cependant rassemblé toute mon énergie pour donner,

---

1) In seiner Clavierbearbeitung.

après avoir joué à la Philharmonique et dans quelques autres concerts, un concert à moi: Il a eu lieu le 4 Juin à Hanover Square Rooms, et je suis arrivé tout juste aux frais, qui se montaient à 120 livres. On m'y a fait répéter 3 morceaux des cinq que j'avais annoncés. J'étais brisé de fatigue, et le lendemain, j'ai reçu la nouvelle de la mort de mon frère; vous pensez bien combien j'ai dû souffrir physiquement et moralement de toutes ces dernières émotions et fatigues, et là, je ne vous parle pas même de toutes les tracasseries et taquineries tout anglaises qui avaient précédé mon concert. Enfin j'en suis venu au bout et j'annonce un second pour le 2 Juillet, que je donnerai avec Hallé qui est maintenant frais en Angleterre. J'espère qu'il sera aussi bien que le premier en ce que je n'aurai pas à payer sur les frais.

Belloni m'a en effet écrit il y a quelque temps, il m'a demandé quelques renseignements sur l'opéra anglais; or, il y a ici toute espèce d'opéras, hors un opéra anglais, et on n'entend point parler s'il s'en formera peut-être un pour la saison de l'hiver.

Les deux opéras italiens se font toujours la concurrence; mais Her Majesty's Theatre a cependant souffert depuis le départ de Mlle Lind, qui ne cesse pas de se marier — il faut qu'elle y trouve bien du plaisir. L'opéra de Coventgarden se trouvait déjà un moment dans une position bien critique, et on chuchotait qu'il était près de sa dissolution. Il paraît cependant qu'il a trouvé moyen de se soutenir. Il fait maintenant de brillantes recettes avec les *Huguenots* et met beaucoup d'espérance dans le *Prophète* de Meyerbeer, qui doit être représenté à la fin du mois, et pour lequel Mad. Viardot arrivera ici. L'opéra allemand fait de très médiocres affaires et j'en doute fort qu'il puisse se soutenir encore pendant quelque temps.

Epargnez-moi de vous nommer tous les artistes qui sont ici — il y en a un nombre ridicule, et cependant fort peu — et ces fort peu, ne sont quelque chose que parce qu'il y en a tant.

Benedict vous dit mille et mille belles choses, et vous remercie de votre souvenir. Je n'ai pas encore vu Chorley depuis que j'ai votre lettre; mais je le vois très souvent, nous parlons chaque fois de vous et désirons tous deux de vous voir avec nous. C'est un excellent ami et un véritable gentilhomme, c'est à dessein que je ne dis pas gentleman — car je ne suis pas très épris des gentlemen ou de ceux à qui on a l'habitude de donner cette épithête dans ce cher pays.

Je ne sais encore jusqu'à quelle époque mon séjour pourra se prolonger ici; cela dépend des engagements qui pourraient m'être encore offerts. Je suis même décidé à accepter une tournée *à l'anglaise*, si elle m'est offerte à des conditions convenables, car vous savez, c'est là la seule chose que l'artiste peut exiger dans ce pays, sans se rendre ridicule. Ich muss in's Gras beissen. Cher ami, je m'en suis longtemps défendu, mais la prudence, mon avenir le commandent.

Vous voyez que tout cela sont seulement des projets en l'air. Si rien ne s'offre à ma convenance, j'espère aller vous rejoindre pour quelque temps, et me rafraîchir et retremper auprès de vous. Je vous écrirai là-dessus plus longuement dans une prochaine lettre; pour aujourd'hui, je voudrais seulement vous communiquer encore une démarche que j'ai faite, et sur laquelle je ne serai tranquillisé que lorsque vous, homme de tant de tact, le *diplomate par excellence*, m'aurez dit votre avis là-dessus. Vous avez sans doute appris par Monsieur de Ziegesar, que le hasard nous a fait nous rencontrer à Magdebourg, lors mon départ de Weymar, et que S. A. R. Madame la Princesse héréditaire m'a fait l'insigne honneur de me demander chez Elle à la station à Brunswick. Elle a été pleine de grâce et de bienveillance, et en apprenant que j'irais à Londres elle a arraché une feuille à son portefeuille, et y a écrit le nom et l'adresse de Lord Wilton, en me disant qu'elle connaissait beaucoup Lady Wilton. Le temps était trop court pour que j'eusse pu demander l'intention positive à cet égard à Son Altesse, et de cette manière je me suis trouvé dans l'alternative, ou de commettre une maladresse ou une négligence impardonnable. J'ai préféré m'exposer plutôt au danger de la première, et me suis présenté chez Lord Wilton. Ne l'ayant pas trouvé chez lui, j'ai laissé sous enveloppe la petite feuille de papier sur lequel Son Altesse avait écrit le nom du Lord, et ma carte sur laquelle j'ai écrit: Mons. Ernst est venu pour avoir l'honneur de se présenter à Lord Wilton, d'après le désir exprès de S. A. R. Madame la Princesse héréditaire de Weymar. Depuis, je n'en ai eu aucun signe, ce qui me fait justement craindre d'avoir manqué à quelque convenance. Dites-moi, je vous en prie, dans votre prochaine lettre, dites-moi dans quelques lignes seulement ce que vous en pensez, et si vous trouvez que j'ai commis une maladresse, ce qui cependant n'est point évident pour moi, veuillez avoir la bonté de la réparer pour moi.

Ma conscience est déchargée maintenant; mais point tranquille encore; cependant un peu moins agitée, depuis que la cause se trouve dans d'aussi excellentes mains que les vôtres.

Adieu. Je vous serre la main de toute ma sincère affection pour vous, et vous prie de ne pas m'oublier.

Tout à vous et pour toujours.

H. W. Ernst.

London, 38, Great Marlborough-Street, 7 Juin [1849][1].

87. Derselbe.

Londres. [Sommer 1849?]

Vous pensez bien, cher et excellent ami, que je n'aurais pas laissé passer plusieurs jours depuis que j'ai reçu la lettre de Monsieur de Ziegesar, sans vous écrire, si des circonstances particulières ne m'en eussent pas empêché. Intimement convaincu que vous avez été le premier et le princi-

---

1) Die dem Brief fehlende Jahreszahl geht aus einem Schreiben Liszt's an Ernst (siehe Franz Liszt's Briefe, II, Anhang) vom 30. Mai 1849 hervor, auf welches der vorstehende Brief Antwort giebt.

pal moteur de la distinction que S. A. R. le Grand-Duc a eu la grâce de m'accorder, j'aurais voulu aussi que vous fussiez le premier à recevoir mes remerciements. Acceptez-les donc aujourd'hui; ils ne sont ni moins vifs ni moins sincères. Malheureusement je ne me trouverai vis-a-vis de vous jamais dans une situation qui me permît de vous prouver par des faits jusqu'à quel point mon attachement et mon admiration pour vous sont profonds et inaltérables; mais, si la bonne volonté d'un homme qu'on estime et qu'on aime (vous m'en avez donné des preuves) compte pour quelque chose, vous pouvez vous dire que la mienne renferme pour vous la réalisation de tout ce qui peut faire matériellement et moralement le bonheur d'un homme organisé comme vous. Si vous vous connaissez aussi bien que moi je crois vous connaître, vous avouerez que mes prétentions sont bien grandes, et qu'elles ne peuvent prendre leur source que dans le cœur et dans un enthousiasme illimité.

J'ai à peine commencé de vous écrire, et déjà je suis de nouveau dérangé et obligé de cesser; mais comme je ne voudrais plus laisser passer un jour sans que vous receviez l'expression de ma gratitude, de la joie que vous m'avez causée, (et à laquelle toute ma famille participera, je n'en doute pas, aussi vivement que moi,) je vous l'envoie sans la finir autrement qu'avec la promesse de vous écrire plus long de Paris où je vais passer quelques jours, et l'assurance de mon entier et sincère dévouement.

Tout à vous.

Samedi.   H. W. Ernst.

88. Robert Schumann.

Ihre Antwort, verehrter Freund, kam mir ziemlich erwünscht. Es hat sich jetzt nämlich hier auch ein Comité zur grossartigeren Begehung der Feier für Goethe gebildet, und man hat sie mit meiner Musik zu Faust zu beschliessen beschlossen. (Verzeihung für's Doppelwort.) — Zugesagt hatte ich hier noch nicht; doch wär' es mir wohl übel vermerkt worden, hätte ich eine Aufführung in W[eimar] der hiesigen vorgezogen. Kurz, es ist mir lieb, dass es so kömmt. Und dann hätte mir die ganze Sache ohne Ihre Anwesenheit in W. wenig Spass gemacht [1]).

Kehren Sie nur bald wohl und gestärkt aus dem Bad zurück! Dauert Ihre Abwesenheit nicht über sechs Wochen, so hoffe ich Sie wohl zur Aufführung meiner Oper in L[eipzig] noch zu sehen?

Mit bestem Dank für Ihre freundlichen Bemühungen und vielen Grüssen von mir und der Frau   Ihr ergebner

D[resden], den 29. Juli 1849.   R. Schumann.

89. Ernst II., Herzog von Sachsen-Coburg-Gotha,
geb. 21. Juni 1817 zu Coburg, gest. zu Reinhardsbrunn 24. Aug. 1893.

Geehrter Freund!

Welche Freude haben Sie mir bereitet durch Ihre freundlichen Zeilen, welche begleitet waren von dem so reizend gebildeten Musikstück [2]). Es ist der grösste Triumph des Dilettanten, wenn sein schwaches Werk die Fürsprache des Meisters geniesst; der bescheidene »Tony« tritt nun an der Hand von Franz Liszt in die Gesellschaft des grossen Publikums; und während sich Alles vor dem gefeierten Künstler bückt, so fallen auch manche Blicke auf den unbekannten Schutzbefohlnen, und er entgeht der Gefahr, gänzlich vergessen zu sein.

Wie die Schwalbe stets auch an die Stelle ihres zerstörten Nestes zurückkehrt, so ruft mich instinktmässig die Saison wiederum in die Mitte meiner entvölkerten Wälder; in wenig Tagen werde ich Reinhardsbrunn bewohnen, und sollten Sie ein Mal das Bedürfniss fühlen, andere Luft zu athmen, so seien Sie versichert, dass es Ihrem alten Freunde die grösste

---

1) Liszt sollte zu dieser Zeit eine Badecur gebrauchen, dirigirte aber schliesslich dennoch die Aufführung.

2) Liszt hatte »Jagdchor und Steyrer aus Toni«, der Oper des Herzogs, für Clavier bearbeitet. (Leipzig, Kistner.)

Freude sein wird, Sie als Gast in seinem Haus zu beherbergen.

In der Hoffnung, Sie für die nächste Zeit in Reinhardsbrunn erwarten zu dürfen, verbleibe ich Ihr dankarer

Callenberg, den 1ten Sept. 1849.

90. Adolf Stahr,

vielseitiger Schriftsteller auf wissenschaftlichem und schönliterarischem Gebiet, geb. 22. Oct. 1805 zu Prenzlau, 1836—1852 Gymnasialprofessor in Oldenburg, lebte dann, vielfach reisend, vorzugsweise in Berlin, wo er 1855 eine zweite Ehe mit Fanny Lewald schloss, und starb 3. Oct. 1876 in Wiesbaden.

Oldenburg, 14. Octbr. 1849.

Verehrter Freund,

Auf die Nachricht Ihrer Anwesenheit in Bremen würde ich zu Ihnen herüber geeilt sein, wenn nicht ein starkes Unwohlsein mich seit gestern an das Zimmer fesselte. Die glücklichen Tage und Stunden von Helgoland sind mir noch immer Trost und Winterzehrung für meine Einsamkeit im Winter der ultima Thule, Oldenburg genannt, und die freundliche Zusendung der Compositionen, unter denen die wundervolle polnische Volksmelodie, war mir ein herzerquickender Beweis, dass Sie, bester Liszt, meiner auch über den Raum jener kurzen Tage hinaus noch gedacht haben, die ich zu den glücklichsten meines Lebens zähle.

Das Lied von Salvator Rosa werden Sie durch unsere Freundin Fanny Lewald erhalten.

Soviel für heut! Gönnen Sie dem Überbringer, Herrn Baron Beaulieu-Marconnay, einem liebenswürdigen jungen Mann, Sohn unseres Ministers und Bruder des Weimeraners [1], das Glück, Sie bei dieser Gelegenheit persönlich kennen zu lernen. Seine Empfehlung dazu steht auf seinem Gesichte!

---

1) Intendant des Hoftheaters daselbst.

Mit der Bitte, meine gehorsamste Empfehlung Ihrer Durchlaucht der Frau Fürstin zu Füssen zu legen, verbinde ich
die andere um ein ferneres freundliches Gedenken an
Ihren herzlich ergebenen

Wolf Stahr

P.S. Ist es nicht möglich, Sie in Old. zu sehen?

91. François Seghers,

Geiger und trefflicher Dirigent, geb. 17. Jan. 1801 in Brüssel, gest.
2. Febr. 1881 zu Margency bei Paris, Mitbegründer der Pariser
Conservatoriums-Concerte und Gründer der Société Ste Cécile, die
er 1848—1854 leitete.

Mon cher Liszt,

Je vais faire exécuter l'Ouverture de Tannhäuser à mon
premier concert qui est fixé au 24 Novembre. Cette œuvre
a plu aux artistes, ils en espèrent un bon effet. Si vous
jugez qu'un court exposé de la situation dramatique soit nécessaire au succès de l'ouvrage, faites-le au plus vite et en-
voyez-le-moi. Vous me permettrez de vous recommander en
raison du caractère du public français que vous connaissez
du reste parfaitement, et par considération pour nos très
petites ressources pécuniaires de restreindre la note que vous
ferez dans le plus rigoureux laconisme. Quant à ce qui
touche l'exécution de l'œuvre de votre ami, vous pouvez
être assuré que j'y apporterai le soin et le sérieux que j'apporte dans tous les actes de ma vie.

Si vous pouviez me prêter pour cet hiver les partitions
des Concerts de Piano de Beethoven et celle de sa grande
Ouverture op. 124 je crois, vous m'obligeriez infiniment; elles
vous seraient fidèlement remises au printemps.

J'ai encore un autre service à réclamer de votre affectueux intérêt; il me faudrait un morceau très brillant qui pût faire valoir le talent habile de mes instrumentistes à vent. Les Quintetti, Sextuors et Septuors etc. de Beethoven, Mozart et Spohr, ou sont trop connus ou ne remplissent pas le but que je me propose. N'y aurait-il pas en Allemagne des Quintetti etc. (jusqu'au Nonetto) qui renfermeraient les conditions voulues? Si vous pouvez me dénicher cela, mon cher Liszt, et me l'envoyer d'ici à une quinzaine, vous m'aurez rendu un vrai service, car j'attache une certaine importance à mettre en évidence, dès mon premier concert, mes Flûte, Hautbois, Clarinette, Basson etc.

Maintenant j'ai à vous dire pour ce qui touche vos intérêts par rapport à vos deux bonnes petites filles, qui me sont très sympathiques, que si dans les nouvelles conditions où elles vont se trouver, conditions qui permettront un enseignement sérieux et fermement pratique comme je sais le faire, si dis-je, ce que je sais, ce que je puis, peut vous être utile pour ces enfants, disposez de mon amitié qui ne vous fera pas défaut [1]).   A vous de cœur

Paris, ce 14 Octobre [1849?] toujours
     rue Blanche.

____

1) Liszt's Kinder waren eine Zeitlang bei Seghers in Pension.

92. Joachim Raff,

bedeutender und fruchtbarer Componist, der die überkommenen
Formen mit modernem Inhalt (Programmmusik) zu füllen strebte,
geb. 27. Mai 1822 zu Lachen am Züricher See, lebte 1850—1856
in Weimar, sodann bis 1877 in Wiesbaden und endlich bis zu
seinem Tod 25. Juni 1882 als Director der Hoch'schen Hochschule
für Musik in Frankfurt a. M.

Sr. Hochwohlgeboren Herrn Dr. F r a n z   L i s z t,
Grossherzogl. Sächsischem Hofkapellmeister, Ritter hoher
Orden u. s. w.

Hochverehrter Herr und Meister!

Ich danke Ihnen bestens für die zeitige Benachrichtigung
über die Änderung, die in Ihrem Entschlusse eingetreten ist.
— Ist auch Eilsen nicht der Ort, wo irgend Etwas sich
realisiren liesse, was *mir* in Votis liegt, so genügt mir zu
wissen, dass ich *Ihnen* dort nützlich sein kann, um sofort
meinen Entschluss zu bestimmen. Die *Zeit* meines Eintreffens
bei Ihnen ist also dieselbe; lediglich der *Ort* wird ver-
ändert. .—.

Ich trete meinen Weg zu Ihnen an mit dem festen Vor-
satze Ihnen zu dienen, soviel in meinen Kräften steht, und
schmeichle mir, dass die zahlreichen Studien, die ich in den
letzten Jahren gemacht habe, mich in den Stand setzen,
Ihren Erwartungen zu genügen. — Es ist mein heissester
Wunsch, dass Sie aus der Zeit unseres Zusammenseins —
wie lange oder wie kurz dieselbe auch sein möge — keine
unangenehme Erinnerung in diesem Bezuge mitnehmen mögen,
und so erlaube ich mir nur noch wenige Bemerkungen über
meine hiesige Lage.

Wenn ich nicht irre, so ist H. Schuberth aufrichtig für
mein Wohlergehen besorgt, und es scheint auch, dass ich
am richtigen Orte bin, um mäblich eine *selbständige Carrière*
zu machen. — Mit Eifer werde ich die angeknüpften Beziehungen zu befestigen suchen, und ich gebe der Vermuthung
Raum, dass sich hier am Elbestrande für mich sichere Arbeit
und sicheres Brod finden wird, was ich leider weder am

Rhein noch am Neckar habe erlangen können. Es kann
Ihnen auch nur zum Vergnügen gereichen, von diesen Aussichten für eine endliche Verbesserung meiner Lage Kenntniss
zu erhalten. —

Schliesslich die ergebene Anzeige, dass ich so sehr mit
meiner Zukunft beschäftigt bin, dass meine Ansprüche an die
Gegenwart stets fort unbedeutender werden, weshalb ich Sie
bitte, auf meine Beköstigung so wenig als möglich zu verwenden, und Ihnen die Versicherung geben kann, dass selbst
Cigarren und Bier nichts weniger als unentbehrliche Bedürfnisse für mich sind.

Mit unwandelbarer Ergebenheit verharre ich

Ihr dankbarer und bereitwilliger

Hamburg, am 21. Novem-
ber 1849.

Joachim Raff

93. Rudolf Lehmann,

hervorragender Porträt- und Historienmaler, geb. 19. Aug. 1819 zu
Ottensen, wohnte lange in Rom, jetzt lebt er seit Jahren in London. Er hatte Liszt im Sommer 1849 in Helgoland porträtirt.

Monsieur et cher Docteur!

Vous êtes beaucoup trop aimable pour qu'on ne vienne
pas sciemment en abuser, même quand on sait que tout le
monde en fait autant. Aujourd'hui, ce n'est pas une collec-
tion de papillons que je viens vous prier de me faire ven-
dre au roi de Suède, mais quelque chose d'analogue, et je
n'ai ma foi, pour toute excuse, que votre bonté qui m'en inspire le courage.

J'ai décidé d'aller en Angleterre à la fin de ce mois,
j'éprouve le besoin de n'être pas à Hambourg — surtout —
je serai heureux ensuite de pouvoir planter mes tentes à
Londres pendant une saison avec un peu de succès, et je
pense que vous pourrez peut-être y contribuer par quelques

lettres. Rien que cela — vous dites, et vous avez raison — mais je pense que tout bonnement — vous ne m'en donnerez pas, si vous ne le trouvez pas convenable, et que vous ne m'en voudrez pas de mon audace. Peut-être même que dans votre entourage à Weimar il se trouve quelque âme charitable qui voudra, sur votre responsabilité, contribuer à m'aider à nager dans ce Océan qui m'effraie tant soit peu — vous savez la valeur que peut avoir en ces cas un mot, pourvu que ce soit: *le* mot.

Votre lithographie se fera[1]) — vous en aurez des épreuves et si Mlle L. et Stahr n'étaient pas publiés, je vous en promets des calques, ou à Madame la Princesse Wittgenstein, si elle veut bien me permettre de les lui offrir, et à laquelle vous voudrez bien présenter mes respectueux hommages.

Encore une fois mille pardons et remercîments anticipés de votre   bien sincèrement dévoué

Rudolf Lehmann.

Hambourg, le 5 Févr. 1850.
Victoria-Hôtel 33.

---

1) Lehmann's Liszt-Porträt von 1849 (eine Bleistiftzeichnung) gelangte erst 1895 in seinen »Erinnerungen eines Künstlers«, Berlin, E. Hofmann & Comp., an die Öffentlichkeit. Auch von seinem Bruder Henri Lehmann existirt ein vortreffliches Ölbildniss Liszt's (Kniestück), dass 1838 in Lucca gemalt wurde. Nach des Malers Tode 1882 war es in Paris ausgestellt.

94. Charles Augustin Sainte-Beuve,

vornehmer französischer Kritiker und Dichter, geb. 23. Dec. 1804
in Boulogne-sur-mer, gest. 13. Oct. 1869 zu Paris.

Paris, 31 mars 1850.

Mon cher ami,

Vous ne pouvez douter que j'aurais fait avec le plus
grand empressement la petite revision que vous désiriez, si
cela m'avait été matériellement possible. Mais depuis mon
retour de Belgique à Paris, je vis ici dans des conditions
de travail tellement étroites et tellement impérieuses à jour
fixe, qu'il m'est impossible de dérober un seul moment.
D'après un coup d'œil que j'ai jeté sur votre intéressante
et généreuse appréciation, il aurait fallu, ce me semble,
pour y donner la forme française telle que je l'entends, reprendre et recopier toute la suite du travail, et j'étais tout
à fait hors d'état, en ce moment, de m'y appliquer. Croyez,
mon cher ami, à mon regret sincère, au souvenir que je
garde de toutes vos amabilités à mon égard, et aux sentiments avec lesquels je voudrais pouvoir vous prouver que
je suis   tout à vous

95. Franz Dingelstedt.

Stuttgart, 19. April 1850.

Ich weiss nicht, theurer Freund und Meister, ob ich mehr
meines Schweigens oder mehr meines Schreibens wegen bei
Dir mich entschuldigen soll!? — Das weiss ich, dass ich
mit Gewissensbissen und Reue im Monat November vor. J.
an Deiner Residenz per Dampf vorübersauste, ohne anzu-
halten, ohne einzukehren, ohne Deine gütigen Versprechungen
von Helgoland auf die Probe zu setzen. Ich wollte auf der
Rückkehr das alles thun und noch vieles andere; aber Wien,

das alte Wien im neuen Wien fesselte mich so lang, dass
ich auf kürzestem Wege heimeilen musste. Beinah wär' ich
ganz dort geblieben. Es schien mir nur, dass *unsere* Zeit, —
Du weisst, was ich damit meine, — in Wien noch nicht gekommen sei. *Noch* nicht, — ob überhaupt dieselbe kommt?
Das ist gewiss: sobald sie kommt, findet sie mich am Ste-
phansthurm.

Drei Monate sind mir in Wien wie eine Woche in Stuttgart verflogen. Geschäfte, — zum Theil die widerwärtig-
sten aller Art, Geldgeschäfte, — und Vergnügungen haben
sich so sehr in meine Zeit und in meine Kraft getheilt, dass
zum Arbeiten nichts übrig blieb. Jenny, die mit war, trug,
als Susanne in Figaro ihrem schwarz-gelben Patriotismus
»Rechnung«, wie die Modephrase sagt, durch ein sehr hüb-
sches, sehr gelungenes Opfer zum Besten der verwundeten
österreichischen Krieger. Es war ein anregender und loh-
nender Abend, dem ich keine nüchternen Fortsetzungen unter
Holbeins lahmer Führung folgen lassen wollte. Drauf kam
Meyerbeer, den ich bis dahin nicht gekannt, und sein Pro-
phet, — Bauernfeld gab seinen Sickingen, — Laube stürmte
die alte Burg: — lauter interessante Menschen und Zeiten.

Wie oft Du im Geiste unter uns gewesen, brauche ich
Dir nicht zu sagen. Levy wird Dir unsere Grüsse geschickt
haben. Wir wohnten bei Stipperger — quand même! —
und zwar in denselben Räumen, die nach einer heiligen Tradition Dich einen Winter hindurch geherbergt haben! —

Nun sitzen wir, seit sechs Wochen etwa, wieder hier. Ich
beute Geschehenes und Gesehenes in Zeitungs-Artikeln, für
die Allg. Zeitung zumeist, aus, und suche mir, die Feder
des Journalisten in der Hand, den Weg zu poetischen Pro-
ductionen zu bahnen, welchen eigene Trägheit und fremde
Bosheit oder Unverständigkeit nur zu tief mir verschüttet
hatten. Ich werde durchdringen, und sollte es mir Leib und
Leben kosten. Freilich wünscht' ich mir andere Ausgangs-
punkte, andere Umgebungen, als die hiesigen, die statt
eines Piedestals dem Künstler nur einen Graben bieten. Indessen —

Dass ich, ohne Deine Erlaubniss einzuholen, einen Theater-
brief im Feuilleton der »Kölnischen Zeitung« *Dir* gewidmet
und adressirt habe, wird Deine Freundschaft gutheissen oder
verzeihen, wenn sie es nicht gutheissen kann. Die Absicht
war, wie des Briefes Schluss zeigt, eine ehrliche, ernste,
auch Deinen Interessen dienen wollende. Wie die Ausführung ist, wird der Erfolg lehren. Eine Reihe solcher Briefe
an Personen sollen noch kommen, und ich wusste keine bessere Ouvertüre für das Ganze als Deinen Namen. Je m'en
suis paré sans l'afficher, et je l'ai servi en m'en servant.
Au moins était-ce mon intention.

Mit einem anderen Ritterdienst bin ich in Deiner Schuld
geblieben, jedoch ohne meine Schuld. Der Artikel über
Dein Goethefest wurde mir, als »verspätet«, von meinen
Freunden zurückgegeben. Dafür, sowie für die ausgebliebene
kleine Medaille verdiene ich keinen Vorwurf; letztere ist hier
nicht zu haben, es sei denn, man liesse moyennant quelques
centaines de florins, den Stempel extra schneiden. Das
schien mir aber ein zu hohes pretium affectionis für Deine
schwäbischen Sympathien!

Voilà à peu près tout ce que j'avais sur le cœur. Antworte mir gelegentlich wie Du lebst, was Du schreibst, was
Du treibst. Setzest Du das »Parlament« in Erfurt in Musik,
so lass' mich den Text dazu liefern. Gehst Du in die Welt
mit Deiner Oper, so nimm mich mit als Taufzeugen. Brauchst
Du mich in Weimar, so rufe mich und ziehe mich nach. In
allem Falle: behalt mich lieb, wie ich Dich, und sage mir's
von Zeit zu Zeit, wenn wir uns nicht sehen, schriftlich.

Mille hommages respectueux à celle qui en cessant d'être
Princesse est devenue Reine! Mit herzlichem Gruss Dein
Fr. Dingelstedt.

96. Derselbe.

Stuttgart, 4 Mai 1850.

Voilà deux charmants châteaux en Espagne que je viens
de construire après les dessins de votre aimable lettre, mon

illustre ami et maître. L'un de ces châteaux repose sur les colonnes de la *Gazette Universelle*, l'autre sur le *monument de Herder*. Je vous prie de me communiquer les matériaux nécessaires à ma besogne d'architecte, savoir:

1) votre mémoire sur la »Goethestiftung« que je rédigerai en forme d'un 4ème »Litteraturbrief«. Je suis cette fois bien sûr de l'à-propos de cette lettre et de l'empressement avec lequel mes amis la recevront. Veuillez donc, je vous prie, formuler nettement vos idées et vos projets tels que vous les croyez qualifiés pour la publication, et n'oubliez pas de faire — toute fausse modestie à part — tout le cas de votre coopération que vous méritez et que je me ferai un vrai plaisir de faire valoir en public.

2) En cas qu'il y avait encore une petite place dans le programme du *Herder-Fest*, je serais très charmé de remplir cette place, soit par un prologue de théâtre, soit par une poésie d'occasion. Il s'entend du reste que je n'ai pas la sotte prétention d'empiéter sur les droits de M. M. de Schober, Schöll e *tutti quanti* les épigones de l'école Weimaroise. Mais si ces musiciens venaient encore à se tenir à l'écart à l'occasion de la fête de Herder, comme ils l'ont fait à celle de Goethe, je serais trop heureux en m'offrant à M. de Ziegesar ou à vous, comme interprète de vos intentions pendant et avant la fête comme historiographe après. En supposant que cette fête reste fixée au 28 Août, je peux arranger mes travaux et mes voyages d'été de manière à arriver en juste temps et lieu. Je sais qu'introduit par vous je serai le bienvenu partout, et je me plais de même à espérer que la Cour de Charles Auguste saura faire une différence entre l'homme de lettres qui toujours a ressenti et professé les sympathies les plus ardentes pour Weymar et entre l'homme politique qui dernièrement encore a dû protester — un peu vertement, il est vrai — contre la diète d'Erfurt et le congrès de Gotha, vos bons voisins et mauvais alliés.

L'heureuse nouvelle du *Sardanapale* m'intéresse infiniment. C'est un »kühner Griff«, digne de votre talent et sûr de son succès. Quelle sera la scène où vous lancerez le premier votre vaisseau? Quels seront les artistes que vous mettrez sur le pont? De près ou de loin je crierai de toutes mes forces mon Bon voyage et bonne arrivée au port!

En même temps que votre opéra, ma soi-disant tragédie sera prête à mettre les voiles. J'y travaille depuis bien long-temps, et avec assez d'ardeur, mais je n'ai presque pas le courage de finir et de paraître sur la scène. En tout cas je veux faire une surprise à mes amis et davantage à mes ennemis, si bien que je suis décidé à paraître sous le plus strict incognito. Chez vous le pavillon couvrira la marchan-dise qui d'ailleurs n'aura pas le moindre besoin d'être cou-verte. Avec moi c'est autre chose. Il faut réussir par un Quoique au lieu d'un Parceque.

Je ne sais si je vous ai écrit que depuis quelques mois je suis débarrassé de ma fausse position dans le théâtre de Stuttgart? J'ai quitté la dramaturgie, craignant que la dra-maturgie ne vienne à m'abandonner. On ne voulait pas me donner un pouvoir proportionné à la responsabilité qui pesait sur moi. C'est pourquoi je me suis séparé, du reste en par-faite harmonie avec le Roi et avec M. de Gall, de l'inten-dance qui n'en marche que mieux, en marchant sans guide et sans but. Lindpaintner nous donne maintenant avec un sans-gêne très naïf et très absolu la deuxième édition de son *Vampyre*, augmentée et corrigée par Jean Balhorn, et un *matrimonio segreto* entre feu M. Cimarosa et la veuve de sa Muse à lui, — une mésalliance qui fait pleurer les enfants du premier lit et rire les témoins de la nouvelle noce. Le-wald, son fidèle aide-de-camp, vieux routinier de coulisses, sentant son souffleur à dix pas, nous vend des poissons d'avril sur la foire de la *Muette* et sait très bien mettre en scène ce qu'il a mis en scène horriblement mal. Voilà où est ar-rivé notre théâtre: plus d'artistes, rien que des régisseurs — plus de répertoire, mais d'autant plus de velléités et d'ac-cidents imprévus — et de public — pas une ombre!

Je n'ose pas répondre directement à ce billet tout gra-cieux et tout aimable que j'ai trouvé caché dans votre lettre comme une fleur, pleine de noble parfum et de respectueux souvenir. Que la belle main qui a daigné m'en honorer veuille trouver ici l'expression de ma profonde reconnaissance et mes hommages bien dévoués.

Le Prince de Saxe-Weymar, de retour ici depuis quelques semaines, m'a chargé de ses compliments pour vous, après m'avoir fidèlement communiqué les vôtres. Ma femme vous salue en bonne camarade, tant en vous reprochant d'avoir composé une brillante part de prima-donna sans lui en faire une petite part. Adieu, cher excellent, et puissé-je ajouter: à revoir! Bien à vous de cœur Fr. Dingelstedt.

97. Derselbe.

In Deinem Brief vom 13. v. Mts. kündigtest Du, viellieber und vielgütiger Freund, eine binnen 14 Tagen erfolgende Nachricht über die Goethestiftung an. Dieser bis jetzt entgegensehend, habe ich nicht geantwortet, um Dich nicht ungebührlich zu behelligen und zu stören. Da sie nicht kommt, kann ich jedoch Gruss und Dank nicht länger hinausschieben, fürchtend, mein Schweigen missverstanden zu sehen.

Vollkommen einverstanden mit dem, was Baron Ziegesar und Du an provisorischen Anordnungen mir gefälligst mitgetheilt, bin ich wie von Anfang bereit, durch einen Prolog am 28. [August] zu dem Feste [1]. beizusteuern. Ich wiederhole das heute auch Herrn von Ziegesar in Erwiderung seines zweiten, sehr liebenswürdigen Schreibens an mich. Ich denke, bis Ende Juli eine gute Stimmung und Stunde für die Arbeit gefunden und sie zu Anfang August vorgelegt zu haben. Finde ich einen guten Interpreten dort? Oder derangirt es Euch, wenn ich unseren *Grunert* mitbringe? Falls Ihr für hohe Gäste eine oder die andere gute Vorstellung im Schauspiel beabsichtigt, ist er sehr zu empfehlen; ihn würde es glücklich machen, sich einmal dort zu zeigen.

Mit meinem Artikel über die Goethestiftung möchte ich

1) Goethe- und Herder-Fest mit der ersten Aufführung des »Lohengrin«.

mich zuvor in der Allg. Zeitung ankündigen. Falls die Sache also reif ist, bitte ich um geeignete Weisung, wie sie darge-stellt werden soll.

Meines Bedenkens, ob ich, als Festpoet von draussen kommend, den dortigen Ureinwohnern nicht missliebig werde, hast Du nicht erwähnt, und doch plagt mich dasselbe so ge-waltig, dass ich darauf mit einer erneuerten Anfrage zurück-kommen zu müssen glaube. Ich füge abermals hinzu, dass ich in der unbefangenen Rolle eines Zuschauers oder Repor-ters mir wenigstens ebenso wohl gefallen würde, wie in der schwierigen eines Redners von der Bühne herab. Welche von beiden für mich am besten passt und meine Wünsche am sichersten fördert: das zu entscheiden überlasse ich ver-trauensvoll Deiner Kenntniss des Terrains, Deinem Takt und Deinem Wohlwollen für mich. Basta cosi!

Dass meine Hymne an Dich und an Meyerbeer eine lächerlich-unverschämte Coda von † Schindler, l'ami de Beet-hoven, wie Heine ihn taufte, im Frankf. Conversations-Blatt gefunden hat, thut mir nur insofern leid, als ich nun Dich und Meyerbeer unangenehm berührt glauben muss in Folge einer wohlgemeinten Huldigung. Ich will den alten Esel ge-legentlich auf's Maul schlagen, dass er für lange genug haben wird.

Hier nichts Neues. Das Theater schliesst am 23. dieses mit dem »Blitz«, — der nicht einschlagen dürfte. Der Pro-phet soll im Herbste kommen. Lindpaintner componirt Mahlmann's Vaterunser! Unser Hof ist sammt dem Eurigen in Familientrauer, und Graf und Gräfin Neipperg in den Haag gereist, um die Königin zu trösten. Stuttgart wird leer, wenn das möglich ist. Ich muss aushalten, weil der König bleibt, und weil ich meinem August-Urlaub nicht vor-greifen will.

Tiefsten Respect der Fürstin, — freundliche Grüsse Dir!

Treulichst

Stgt. 15. Juni 1850.   Fr. Dingelstedt.

98. Derselbe.

Tausend Dank und zehntausend Glückwünsche für Deinen Brief, theuerer Freund. Ich will nicht mit banaler Phrase in die Weihe, die Gehobenheit Deiner Stimmung greifen: Du weisst, oder wenigstens bilde ich mir ein, Du müsstest wissen, wie ich immer zu denjenigen, den *Wenigen* vielleicht gehört habe, die Dich verstehen, Dich en bloc, statt en détail auffassen, den *ganzen Kerl* in Dir verehren und lieben. So verstehe ich denn auch, wie Dir zu Sinn ist, was Du erreicht hast, und gefalle mir in Visionen und Prophezeiungen aller der Zukünfte, die für Dich, für die Kunst und für die Welt aus der Vollendung Deines inneren und äusseren Lebens, natürlich und doch wunderbar, sich entwickeln werden.

Ich komme denn zu Dir, zu Euch. Deiner Bestimmung gemäss, gedenke ich gegen den 20. August in Weimar einzuziehen. Lass mich, statt in die Altenburg, bescheidentlich in den »Erbprinzen« gehen, oder wo Du sonst eine passende Herberge für mich zu bestellen die Gefälligkeit haben wirst. Du begreifst, dass ich das gastliche Anerbieten eines Zimmers bei Dir nicht aus spiessbürgerlicher Ziererei abzulehnen wage; il serait mauvais ton de refuser ce qui est offert de la meilleure grâce. Aber Du begreifst auch, dass ich, *aus schicklicher Rücksicht auf Dich*, es anzunehmen Bedenken tragen muss. Nous autres gens de lettres, nous traînons en voyageant une trace sur nos pas qui n'est pas toujours la plus — *propre* et qui pourrait finir par incommoder sérieusement et indiscrètement une maison hospitalière, illustre, inviolable qui nous aurait reçus. Du reste je ne sais si je réussirai, soit avec mon *Prologue*, soit dans mes projets: voulez-vous que je compromette dans ma chute (bien possible, je le sens!) un noble ami qui m'aurait avoué, *affiché* avec trop de prévenances et de sacrifices?

Also: im Erbprinzen, nicht wahr? Omen accipio; der Name promet, sans compromettre.

Mit der Goethestiftung warten wir sehr gern bis Ende August. Ça sera la clef de la voûte que nous poserons

Dieser Schlüssel wird ein musikalischer Schlüssel in Deiner Hand werden und bleiben, wie ich hoffe.

Ich bitte Dich, Baron Ziegesar meinen schönsten Empfehl und Dank für die liebenswürdige Zuschrift vom 30. v. Mts. gütigst zu vermelden. Sein Rath und sein Wunsch soll pünktlich befolgt werden. Nichts als eine kleine Theater-Rede: omnia mea mecum. Wenn die Schwierigkeit allein den Reiz macht, so ist die Aufgabe eine sehr reizende. Ich kenne dortige Verhältnisse und Persönlichkeiten gar nicht, die Oper nicht, den Schauspieler nicht, dem ich auf den Leib schreiben muss; so werde ich mich möglichs*t* *allgemein* halten und bewegen. Dass ich an Herder nicht ausdrücklich gebunden bin, schmerzt mich dabei nicht sehr. Meine persönliche Sympathie für den grossen Consistorialpoeten ist niemals die leidenschaftlichste gewesen: er stellt einigermassen die Opposition der Doctrine gegen die Macht des Talents, des Genies im Weimar'schen Kreise dar. Nun, ich will sehen, was ich thue, wie ich mich herausziehen kann. Jedes Falls wird Ende dieses Monats das opus bei dem Herrn Intendanten ankommen[1]). Libre à vous d'en faire ce que bon vous semble. Gefällt es ihm nicht und *Dir* nicht, so bitte ich, *in meinem Interesse*, es zu beseitigen und mich als blossen Reporter für meine Augsburger Freunde erscheinen lassen zu wollen.

Und damit, lieber Freund, Gott befohlen! Auf Wiedersehen! Dein

Cannstatt, 9. Juli 1850. Fr. Dingelstedt.

P.S. Du siehst, ich übersommere in dem abscheulichsten Neste, welches jemals den Namen eines »Bads« gemissbraucht hat!

---

1) Es geschah am 22. Juli, wie er »dem besten der Freunde« in kurzen Zeilen mittheilt.

99. Friedrich Preller,

berühmter historischer Landschaftsmaler, geb. 25. April 1804 zu
Eisenach, gest. 23. April 1878, bildete sich zunächst unter Goethe's
Protection im In- und Ausland und war, mit Unterbrechung durch
Reisen, seit 1831 an der Weimarer Kunstschule thätig und Professor
und Hofmaler daselbst.

Verehrtester Freund!

Ich übersende Ihnen hierbei einige sehr flüchtige Skizzen
zum Prometheus, vielleicht kann Ihnen die eine oder andere
dienen, vielleicht auch noch einen bessern Gedanken veranlassen[1]). Unendlich leid ist mir's, nicht die dazu nöthige
Ruhe zu finden. Ich bin im Begriff weiter zu reisen, da ich
nothwendig schon Freitag in Bremen sein muss. Entschuldigen Sie meine Flüchtigkeit, empfehlen mich der Frau Fürstin
unterthänigst und nehmen von mir die besten Grüsse.

In wahrster Hochachtung Ihr

Cassel, d. 11. Aug. 1850.

100. Manuel Garcia,

geb. 17. März 1805 in Madrid, gest. im Mai 1879 zu London, grosser
Gesanglehrer, Bruder der Malibran und Viardot, wurde 1847 als
Professor an's Pariser Conservatorium, 1850 an die Royal Academy
of music in London berufen. Jenny Lind, Franz Götze, Stock-
hausen zählen zu seinen Schülern. Als Erfinder des Kehlkopf-
spiegels ernannte ihn die Universität Königsberg zum Ehrendoctor
der Medicin.

Mon cher Liszt,

Une jeune artiste, Mademoiselle Mathilde Graumann se

---

1) Liszt beschäftigte sich damals mit der symphonischen Dichtung »Prometheus« und den durch dieselbe einzuleitenden Chören
zu Herder's »Entfesseltem Prometheus«, die für Enthüllung der
Herder-Statue in Weimar binnen 14 Tagen geschrieben und am
24. Aug. 1850 erstmalig aufgeführt wurden.

rend à Weymar dans l'intention d'y donner des concerts.
Je n'hésite pas à croire qu'elle obtienne du public l'accueil
le plus favorable, si en souvenir de notre ancienne et con-
stante amitié vous consentez à lui accorder votre appui.
Aussi distinguée par le talent que par l'éducation, Mademoiselle M. Graumann [1]), j'en ai la persuasion, saura vous plaire
et se montrer digne des bontés et de l'intérêt que je réclame
pour elle.

J'ai vu partir avec regret Monsieur Milde [2]), c'est un homme
aimable et rempli de talent que je vous remercie de m'avoir
adressé. Veuillez, je vous prie, lui offrir mes affectueux
souvenirs.

Tout à vous de franche et cordiale amitié

Londres, 15 albemarle, le 26 Août 1850.

101. Carl Gutzkow,

als Dichter und Schriftsteller einer der hervorragendsten Vertreter
des »jungen Deutschland«, geb. 17. März 1811 zu Berlin, gest.
16. Dec. 1878 in Sachsenhausen bei Frankfurt a. M.

Geehrter Herr Kapellmeister!

Meine junge Frau schreibt mir mit zitternder Hand, dass
sie im Laufe des 28. — also gestern! — niederkommen würde.
Vier Wochen vor der Zeit! Sie sehen, dass mich eine traurige
Realität der Familie zwingt, alles träumerische, glückliche

---

1) Später mit dem Baritonisten Marchesi verheiratet, hat sie
sich als Concertsängerin Ansehen, als Gesanglehrerin den Ruhm
erworben, eine der ersten ihres Gleichen zu sein. Sie lebt (1826
geb.) seit 1881 in Paris.

2, Der langjährige treffliche Baritonist der Weimarer Bühne.

Flanieren aufzugeben und zu meinen Pflichten zurückzukehren.
Ich muss augenblicklich abreisen. Haben Sie die Güte, mich
der Frau Fürstin zu empfehlen, in der ich die seltne, geistig
angeregte und vielseitige Natur bewundern lernte und der
ich nun nicht mehr danken kann, dass sie die in mir lebende
Gallerie weiblicher Organisationen — die ein Autor in sich
anlegen muss — so herrlich bereicherte! Leben Sie selbst
wohl, Sie edler Tannhäuser, der nach dem Traumleben der
Spekulation und des idealen Ringens in dieser reinen thü-
ringischen Natur zu einer Vita nuova erwacht, die uns noch
viel des Schönen und Herrlichen bringen wird.

Ihr aufrichtiger

Weimar, 29. Aug. 1850.

102. Ferdinand David.

Leipzig, 16. Sept. 1850.

Hochgeehrter Freund,

Nehmen Sie meinen aufrichtigsten Dank für die schönen
Stunden, die Sie mir wieder verschafft haben; ich bin recht
erheitert und erfrischt zurückgekehrt. Von hohem Interesse
war die Aufführung des Lohengrin[1], für mich, und ich
wünsche sehnlichst die Oper mit Ruhe wieder zu hören;
über den musikalischen Theil kann man nach einmaligem
Hören kein festes Urtheil haben, nur so viel habe ich denn
doch weggekriegt, dass es ein sehr bedeutendes hochpoetisches
Werk ist und dass man vor dem Manne, der so etwas schuf,
trotz aller Steckbriefe, den Hut tief abziehen muss. Haben

---

1) Die erste der Oper überhaupt, die, dank Liszt, am 28. Aug.
1850 in Weimar stattfand.

Sie ja die Güte, mich von dem Tage der nächsten Aufführung in Kenntniss zu setzen; wenn es mir irgend möglich ist, so komme ich wieder, aber auch einigen hiesigen Freunden habe ich durch meine Erzählungen grosse Lust gemacht sich es anzuhören. —

Kistner[1]) ist sehr enchantirt, dass Sie meine »bunte Reihe« in Ihre reproduzirenden Hände nehmen wollen, und ich bin eben so erfreut darüber, als ich mich dadurch geehrt fühle. Wie sehr wünschte ich, dass Sie fortfahren an meinem Thun und Treiben einiges Interesse zu nehmen. Der freundliche Beifall, den Sie meinen kleinen Sachen gespendet haben, encouragirt mich, Ihnen dann und wann etwas Neues zur Ansicht zu schicken, und ich bitte mir aus, dass Sie mir immer offen und ohne Rückhalt Ihre Meinung sagen. — Meine Frau lässt sich Ihnen und der Frau Fürstin bestens empfehlen: Letzterer bitte ich meinen gehorsamsten Respekt zu vermelden und nochmals meinen ergebensten Dank für die überaus gütige Aufnahme zu sagen.

Wegen der Orgel wird Rietz sich umthun; den Clavier-Auszug von der Hermannsschlacht schickt Ihnen Senff[2]). Möge der Tintenklecks, den ich eben mit Schrecken entdecke, keinen Schatten auf die Freundschaft werfen, die Ihnen stets bewahren wird Ihr ergebenster

Ferdinand David.

Herrn Raff viele Grüsse.

103. Adolf Henselt,

einer der grössten deutschen Pianisten, poesievoller Componist und ausgezeichneter Lehrer, geb. 12. Mai 1814 zu Schwabach bei Nürnberg. Schüler von Hummel und Sechter, concertirte 1836 und 1837 in Deutschland und liess sich 1838 in Petersburg nieder, wo er zum Kammervirtuosen der Kaiserin und Musiklehrer der Prinzen

---

1) Leipziger Musikverleger, bei dem Liszt's Übertragung der »bunten Reihe« erschien.

2) Musikverleger in Leipzig.

ernannt worden war. Später wurde er General-Musikinspector der kaiserl. russ. Erziehungshäuser, erhielt den Adel und die Titel Staatsrath und Excellenz. Er starb am 10. Oct. 1889 zu Warmbrunn in Schlesien.

Dresden, den 23. Sept. 1850.

Theuerster Franz,

Gestern den 22sten Nachmittag 2 Uhr erhielt ich einen lieben lieben Brief von Deiner zukünftigen Frau, welcher, schon den 1sten August abgegangen, mir durch Meser's unbegreifliche Nachlässigkeit aber erst gestern zu Handen kam. Du kannst Dir meine Zerknirschung denken, einer so liebevollen Einladung nicht einmal mit einer dankbaren Antwort begegnet zu sein. Ich bitte Dich daher, einstweilen meine Entschuldigung zu sagen, bis ich es mündlich thun werde. Die einzige Möglichkeit Euch zu sehen ist jetzt, dass ich meine Reise nach Berlin künftigen Mittwoch den 25sten Nachmittag 12½ Uhr antrete und über Weymar gehe, wo mir freilich dann nur wenige Stunden vergönnt sein werden, mit Euch zusammen zu sein. Denn Donnerstag Abends 9 oder 10 muss ich in Berlin sein, indem ich von da meine grosse Reise nach Petersburg antrete. Diese Zeilen haben also weiter eigentlich keinen Zweck, als dass ich meine Ankunft zum 25sten Abends bei Euch annoncire und Euch *gewiss* treffe. Ich schrieb desswegen an Dich, weil ich bei meiner Schwerfälligkeit in der französischen Sprache in Verlegenheit gerathen würde, einen so liebenswürdigen Brief, womit mich Deine zukünftige Frau beglückt, zu beantworten. Also auf baldiges Wiedersehen!

Dein wahrster Freund und Verehrer

Noch eins: Da ich in Weimar viel Bekannte und sogenannte Freunde habe, die, wenn sie wüssten dass ich anwesend, en prétention sein würden, so bitte ich Dich, meine Ankunft sowohl vor- als auch nachher zu verschweigen.

Wie freue ich mich Euch zu sehen!

104. Gérard de Nerval,

eigentlich Gérard Labrunie, geb. 21. Mai 1808 in Paris, geistvoller Kritiker, Dramatiker, Roman- und Reiseschriftsteller, dessen Goethe-Übersetzung ihm das Lob des Dichters eintrug, dass er in Frankreich nur durch ihn gut übersetzt und verstanden worden sei. Nach vielfachem Wanderleben endete er in Paris am 24. Jan. 1855 (nach anderer Lesart 2. Febr.) durch Selbstmord.

[8. Oct. 1850, laut Poststempel, in Weimar angelangt.]

Mon cher Monsieur,

Je crains de manquer l'heure de la poste, je vous écris très vite, je vous écrirai plus à loisir.

J'ai vu Buloz[1]) tout à l'heure; il m'a dit que Mr Scudo[2]) ne faisait pas grand cas de Wagner (ce que je vous dis est entre nous).

Je lui ai répondu qu'un article signé de vous ferait effet de toute manière et donnerait lieu du moins à des discussions.

Après quelques hésitations, il m'a dit de vous écrire de l'envoyer, mais qu'il ne répondait que relativement à l'insertion. Cependant je l'ai laissé bien disposé.

Il ne faudrait pas envoyer plus d'une demi-feuille, 43 lignes à la page, 63 lettres à la ligne[3]).

Si vous viviez dans le milieu absorbant de Paris, vous verriez comme on s'occupe peu des pauvres compositeurs et des pauvres poëtes comme nous. Je ne dis pas vous entière-

---

1) Redacteur der »Revue des Deux-Mondes«

2) Bekannter französischer Musikschriftsteller (1806—1864).

3) Dergleichen ist charakteristisch, um die Schwierigkeiten zu ermessen, die selbst einem Genie wie Liszt bei seiner Wagner-Propaganda allerwärts entgegentraten.

ment, car les artistes célèbres produisent un effet immense. C'est heureux pour eux-mêmes, mais c'est la décadence de l'art.

Henri Blaze[1]) à ce que m'a dit Buloz — part demain pour Weimar.

A bientôt!

J'attends votre correspondant pour vous envoyer quelques livres. Il est venu pendant que j'étais hors Paris, mais il ne m'a pas laissé son adresse.

Votre affectionné

Gérard de Nerval

Avez-vous reçu un No de l'Artiste?

105. Julius Rietz,

vortrefflicher Dirigent, auch Componist, geb. 28. Dec. 1812 zu Berlin, wurde Mendelssohn's Nachfolger als Dirigent in Düsseldorf (1834) und am Gewandhaus zu Leipzig (1848), nachmals aber Hofcapellmeister (1860) und Generalmusikdirector (1874) in Dresden, wo er 12. Sept. 1877 starb.

Verehrter Herr Kapellmeister,

Verzeihen Sie, wenn ich mir erlaube, durch diese Zeilen bei Ihnen einen jungen Clavierspieler, Herrn Bruckner aus München[2]), der den sehnlichen Wunsch hat, bei seiner Durchreise durch Weimar Ihnen vorgestellt zu werden, einzuführen. Ich halte ihn für einen vielversprechenden jungen Mann, und Sie würden mich sehr verbinden, wenn Sie ihn freundlich aufnähmen, und wenn, sollte es Ihre Zeit erlauben ihn einmal zu hören, Sie ihm mit gutem Gewissen einiges Ermuthigende sagen würden.

---

1) Musikschriftsteller, Mitarbeiter der Revue d. D. M.(1813—1888).

2) Damit war wol der 1834 in München geborene Dionys Pruckner gemeint, der nachmals Liszt's Schüler wurde und, als einer der besten Pianisten Deutschlands, als Professor am Stuttgarter Conservatorium lehrt.

Die unbedingt anerkennenden Mittheilungen, die mir über Ihre Aufführung des Lohengrin gemacht worden sind, haben mich sehr bedauern lassen, dass meine vielen Geschäfte unmöglich machten, derselben beizuwohnen. Vielleicht kann ich mir später einmal das Vergnügen verschaffen. Das Buch der Oper hat mich wahrhaft entzückt, und es würde mir eine grosse Freude sein, das Werk auch auf unsre Bühne zu bringen. Es ist nur leider mit einem Privatdirektor nicht viel anzufangen.

Genehmigen Sie die Zeichen vollkommenster Hochachtung von Ihrem ganz ergebensten

Leipzig, den 16. Oktober 1850.

106. Franz Dingelstedt.

Cher et excellent ami,

Vous rendez un petit capital que l'on a eu l'honneur de vous prêter avec des intérêts vraiment usuriers. Je viens de lire votre charmant article dans les *Débats*, et j'en suis ravi. Donnez-moi l'occasion de vous le prouver, en m'envoyant la Goethe-Stiftung dès qu'elle aura paru.

Quant à notre conspiration contre le théâtre d'Athènes (sur Ilm), elle parait tout-à-fait avortée. Trois jours après votre départ de Weymar je reçus une lettre de Ziegesar, qui me mandait qu'il n'a aucun espoir »d'attirer chez lui telles personnes qui pourraient l'aider dans ses projets de réforme«. Le brave homme se croit obligé à me communiquer (»à moi«) ce résultat désolant, après avoir eu quelques entretiens avec vous relatifs à ce sujet.

Vous comprenez que je comprends à demi-mot. Je fais mon deuil de mes rêves, et je vous supplie de ne pas vous compromettre davantage pour moi. Nous ne pouvons ni vou-

lons faire violence à qui que ce soit, et pour rien au monde
je ne voudrais pas que vous vous occupassiez de mes plans
dans votre asile et sanctuaire de travail. Laissez-moi rester
où je suis, ce que je suis: *votre ami*, et ne parlons plus de
la dramaturgie Grand-ducale Weymaroise.

Basta così.

C'est avec un sentiment presque religieux que mes souvenirs vous cherchent à Eilsen. Vous foulez aux pieds un sol
classique pour moi, le berceau de ma jeunesse (ancien style) et
le cénotaphe de mon innocence: j'ai perdu mon premier florin
à la roulette d'Eilsen. A deux lieues de vous (Rinteln sur
Weser) vous pourriez saluer l'humble toit de ma maison
paternelle, où mon vieux père vit encore, et, *à l'hôtel de la
ville de Brême*, une pauvre sœur qui n'était pas née pour
mourir dans une auberge. Si en passant vous jetiez quelques mots d'amitié pour moi dans la triste et obscure exis-
stence de la pauvre femme, vous la rendriez fière et heureuse.
Je ne l'ai pas vue depuis 12 ans; il est même fort probable
que je ne la reverrai plus.

Permettez-moi d'ajouter à cette lettre une autre que j'ai
pris la liberté d'adresser à Madame la Princesse. Je crains
bien qu'après avoir trouvé beaucoup trop bons mes vers allemands, Elle ne trouve exécrable ma prose française.

Adieu, cher Frantz, et puissiez-vous dans le palais brûlant
de Sardanapale et de votre imagination garder quelques cen-
dres pour la mémoire   de Votre affectionné et dévoué

Stuttgart, le 5 9bre 50.   Fr. Dingelstedt.

107. Robert Volkmann,

einer der bedeutendsten neueren Componisten, zumal auf instrumen-
talem Gebiet, geb. 6. April 1815 zu Lommatzsch in Sachsen, lebte
seit 1842, mit Ausnahme der in Wien verbrachten Jahre 1854—
1858, in Pest, wo er als Professor an der Landes-Musikacademie
am 29. Oct. 1883 starb.

Hochverehrter Herr Doctor,

Vor einigen Monaten war Jemand so gütig, Ihnen Kunde
zu geben von einem Menschen, der in einem herrlichen, aber

unglücklichen, Ihnen deshalb indess gewiss nicht minder theuern Lande lebt; der letztere Umstand war wohl eine Hauptursache, weshalb Sie sich edelmüthig erboten, jenem Menschen, d. i. meiner Person, welche u. A. auch das Unglück hat, ein Jünger der edlen Kunst der Töne zu sein, behülflich werden zu wollen, wenn dessen Leistungen es möglich machten. Ist es schon ein böses Verhängniss, wenn ein armer unbekannter Mann verleitet wird, musikalische Arbeiten zu unternehmen, die im günstigsten Falle nur einem kleinen Theile des Publikums zugänglich werden können, so wird das Üble der Situation noch erhöht, wenn der Unglückssohn in einem Lande sich abmüht, in welchem die Kunst mehr noch eine wildwuchernde als die veredelte Pflanze ist, zu welcher die erhöhte Cultur anderer Länder sie gemacht hat. Aufmunterung für solches Streben ist hier daher wohl wenig zu erwarten, am wenigsten materieller Gewinn, eher das Gegentheil. Alles dieses vorausgesetzt, erlaube ich mir nun die Bitte, Herr Doctor, beifolgende Probe meiner Leistungen, ein Clavier-Trio, gütigst durchzusehen [1]. Die zweite Bitte wäre, dass Sie mir Ihre aufrichtige Meinung darüber nicht vorenthielten, denn es ist mein sehnlichster Wunsch, einmal ein Urtheil über mich von einem Manne, der auf der Höhe seiner Zeit steht, zu hören. Sollte dieses Urtheil günstig für mich ausfallen, so möchte ich freilich auch noch bitten, mir gefälligst zu rathen, wie ich mit dieser oder ähnlichen Compositionen am ersten einen Erfolg hoffen könnte. Der Name Liszt ist eine so gewichtige Autorität, dass ich glaube zu reussiren, wenn meine Arbeiten mit diesem Namen verflochten würden. Ich wiederhole daher meine inständige Bitte, mir, wenn es thunlich, zu meinem Zwecke behülflich sein zu wollen; bin ich auch nur ein halber Landsmann von Ihnen, indem ich, ein geborener Sachse, erst seit 11 Jahren mit dem Ungar Freud und Leid (namentlich das Letztere) theile.

Indem ich noch um Entschuldigung bitte, dass ich Ihre

---

[1] Es war das schöne B-moll-Trio op. 5.

Güte so sehr in Anspruch nehme, zeichne ich mit aller Verehrung   Ihr ergebenster

Robert Volkmann.

Pest, den 6. November 1850.
(Wohnhaft in der 3 Kronengasse im Nádosy'schen Hause.)

108. Felice Ronconi,

Sänger und Gesanglehrer, Sohn des berühmten Tenoristen Domenico
und Bruder des gefeierten Baritonisten Georgio Ronconi, lebte
später in Spanien und zuletzt in Petersburg, wo er am 10. Sept.
1869 starb.

Londres, 14 Novembre 1850.

Mon cher Monsieur!

Vous êtes placé dans une position qui vous met à même
de m'être utile.

Après avoir quitté en 1844 la ville de Francfort pour
la place de Professeur de chant au Conservatoire de Milan,
laquelle j'avais occupée pour 5 années; après avoir quitté
cette ville dans les mauvaises affaires pour Paris, où je me
suis arrêté 6 mois au Théâtre Italien près de mon frère;
après être parti de Paris pour Londres au Théâtre de S. M.
en qualité de répétiteur de chant et chanteur de concert pour
bien 17 mois; après avoir perdu dans cette ville, en conséquence de deux banqueroutes, la somme de presque 100 livres
Sterling; je me trouve, ainsi que depuis trois mois sans emploi et sans moyens d'existence, avec une famille de 5 personnes dans une ville comme celle-ci où l'on est obligé à dépenser tout ce qu'on gagne; je pense que vous, mon cher
maître, pourrez facilement me procurer une place: quelque
modeste qu'elle soit, je l'accepterai avec reconnaissance, et je
vous regarderai comme mon sauveur.

Si vous vous souvenez, Monsieur Liszt, vous m'avez honoré
avec votre talent au piano dans les matinées de Herr André

et chez Mad^{lle} Kemble à Francfort; vous savez que je donne des leçons de chant; que j'accompagne au piano, que je chante le tenore et à l'occasion le baritono; que je compose un petit peu pour le chant; que je connais quatre langues, etc. Je crois que vous me connaissez assez pour savoir que je remplirai convenablement les fonctions qu'on voudra bien me confier.

Dans l'espoir que vous, Monsieur, accueillerez favorablement la demande d'un de vos admirateurs et que vous m'honorerez d'une réponse, j'ai l'honneur d'être avec respect, Monsieur Liszt, Votre très humble serviteur

Permettez-moi, Monsieur, de vous dire que je suis pourvu de tous les documents d'homme et d'artiste approuvé ainsi que pour faire honneur à votre estimable recommandation.

No 22, Great Marlborough Street. Regent Street.

109. Eduard Genast,

hervorragender Sänger und Schauspieler, geb. 15. Juli 1797 zu Weimar, gest. 4. Aug. 1866 in Wiesbaden, gehörte von 1829 bis an sein Ende der Weimarer Hofbühne an.

Mein hochverehrter Meister!

Mit Bedauern höre ich von Freund Raff, dass Sie sich leidend befinden, doch scheint die Krankheit keinen Einfluss auf Ihren drastischen Witz zu haben, was Ihr letzter Brief an Raff documentirt. Auch ich kann über strotzende Gesundheit nicht klagen! Die aufdringliche Frau Muhme *Gicht*, in Begleitung ihres Kindes Podagra, hat mich abermals heimgesucht. Die häufigen Besuche dieser unangenehmen Familie geniren mich gewaltig, doch ist diese *physische* Unannehmlichkeit weniger schmerzlich für mich, als die *moralische* beim Theater. Sie wissen, mein hochverehrtester Freund, dass ich für meine Kunst schwärme und mit Freuden ihr meine geringen Kräfte widme, und seit *Sie* mit Lust und Liebe sich unserer Kunstanstalt angenommen und den musikalischen Theil in einen schönen Blüthenkranz zu einem Ganzen gewunden, dessen Duft uns bezaubert und hinreisst, bin ich wieder thatkräftig geworden und bemühe mich, dem Kranz die nöthigen dramatischen Tinten, die ja doch nicht fehlen dürfen, beizufügen. Wir könnten wahrlich stolz auf unser Theater sein, wenn auch das Schauspiel gleichen Schritt mit der Oper ginge; aber da fehlt es und leider allzusehr. Ziegesar, dem ich so herzlich ergeben bin, ist ein edler guter Mensch, der stets das Beste will, aber er ertheilt sein Vertrauen an zu Viele, und ein altes bewährtes Sprichwort sagt: »Viele Köche versalzen den Brei«. Da sagt nun einer das, der andere jenes, und nicht selten mischen sich Sonderinteressen in die Ansichten; diese Meinungsverschiedenheiten verwirren dann seine eigne Meinung und die bösen Folgen der Missgriffe in Besetzungen, Aufführungen von Novitäten und Engagements bleiben nicht aus. Soll unsere Bühne einen achtungsvollen Standpunkt erreichen, so müssen natürlich diese Schattenseiten beseitigt werden. Auf Ihnen, geliebter Freund, beruht auch *darin* meine Hoffnung. Nicht Ehrgeiz ist es, der mich treibt, das Ruder am lecken Schiff des Schauspiels zu ergreifen, sondern das Verlangen es fahrbar zu machen, damit es frisch, mit vollen Segeln, dem Tempel der Kunst zusteuern kann. Wäre ein Mann da, der mehr Erfahrung, praktischen Sinn und mehr Thatkraft besässe, so würde ich gern ferner Matrosendienste thun, um das Gute zu fördern; denn wahrlich, nicht egoistisch ist mein Streben. Lassen Sie uns, verehrtester Freund, auch hierin Hand in Hand gehen zu des Ganzen Gedeihen, denn Stückwerk bleibt es nur, wenn das Schauspiel hinter der Oper zurückbleibt. Wir bedürfen Beide zu unserem scenarischen Wirken einer kritischen Kraft, und ich bin nach reiflicher Überlegung Ihrer Meinung geworden, dass diese in Dingelstedt den besten Repräsentanten finden würde; diesen Plan müssen wir fördern, und in Ihrer Hand liegt es, ihn zur Ausführung zu bringen. Welcher Platz ihm bei unserer Anstalt zu Theil werden müsste, wäre allerdings noch reiflich zu bedenken, um Collisionen zu vermeiden. Nun, das Alles lässt sich mündlich besser erörtern. Kommen Sie nur ja bald zurück. Der Nimbus fehlt uns, nach dem wir freudig hinauf schauen, wenn Sie nicht in unserer Mitte sind.

Die Darstellung von »Robert der Teufel« war schauderhaft! Es fehlt mir der Muth und die Lust, alle die Dummheiten Ihnen aufzuzählen, die der Ignorant Chelard[1]) stets mit lächelndem . Gesicht gemacht hat. Er konnte lachen, während ich in meiner Loge fast verzweifelte. Nur soviel sei gesagt, dass fast nicht eine Nummer ohne Fehler vorüber gegangen ist. Morgen soll die »Vestalin« sein. Zwei Proben haben wir bereits abgehalten, und die zweite ging schlechter als die erste. Der Mann giebt sich rasende Mühe, Orchester und Sänger in Unordnung zu bringen. Heute ist Hauptprobe; Gott gebe seinen Segen!

Die Oper »Don Sebastian« hat mir Herr v. Ziegesar zur Durchsicht geschickt; aber weder die Musik, noch weniger das Sujet hat mir ein günstiges Urtheil abgewinnen können, und ich glaube ganz in Ihrem Sinne gehandelt zu haben, dass ich deren Aufführung nicht für zweckmässig gehalten.

Der Himmel erhalte Sie und Ihre Lieben und führe Sie bald zu uns zurück. Tausend herzliche Grüsse von meiner ganzen Familie. Meine unterthänigste Empfehlung an Ihre Durchlaucht.

Mit treuester Ergebenheit für immer   Ihr

Weimar, den 25sten November 1850.   *Genast.*

110. Joachim Raff.

Liebster Herr Doctor!

Gewiss vermeinten Sie vor meinen Briefen Ruhe zu haben; allein es wird Ihnen nicht so gut werden, bis ich eines

---

1) Hofcapellmeister in Weimar von 1836—1850.

schönen Morgens meine Depesche von der Post wieder retour bekomme, mit einem lakonischen *refusé* Ihrer Handschrift versehen.

In die Umarbeitung des 4ten Actes meiner Oper[1] vertieft, zähle ich jetzt oftmals bereits die Stunden bis zu Ihrer Wiederkehr, und werde wohl in den ersten Tagen Ihrer Anwesenheit gar nicht von Ihnen loszubringen sein. Ich bin erfreut Ihnen sagen zu dürfen, dass ich mit der Umarbeitung des 3ten Actes nicht unzufrieden sein kann. .—. Von der alten Partitur habe ich durchaus nichts stehen lassen können, was mir beweist, dass ich seit 2 Jahren wieder vorwärts gekommen bin.

Über den »Lohengrin« habe ich *Biedenfeld's* Artikel in der »Europa« gelesen, ein ziemlich mittelmässiges Machwerk, voll onomatopöischer Phrasen ohne Sinn und Salz — mit einem Citat früherer Beziehungen des Autors zu Ihnen, welches an diesem Platze ebenso elegisch als lächerlich aussieht. Der Unglücksmensch spricht von »Instrumentalmelodieen«, »Contrapunkt« u. s. w. mit einer entsetzlichen Unvernunft. Im Ganzen ist der Artikel sehr günstig für Wagner.

Ein anderer weitläufigerer Artikel steht im Frankfurter Conversationsblatt von unserem Referendar Müller, der voll guten Willens ist und sich, wie viele andere Personen, öfters nach Ihnen erkundigt. Gleichfalls sehr günstig, der pragmatische Theil recht sauber, die zwei letzten Abschnitte aber, beschlagend die Diction und Musik, sehr leer, fad und unsicher.

In der Theaterchronik schreibt jetzt endlich Vogt wieder mal Weimarer Briefe. Unser Personal ist sehr vortheilhaft darin erwähnt; er beginnt sodann eine Aufzählung der Aufführungen von längerer Zeit her, worin gleich anfangs der »Prometheus« recht freundlich erwähnt ist. Schluss ist noch nicht da. .—.

Unser Theater befindet sich fortwährend miserabel. So haben wir nacheinander 2 Opern-Vorstellungen gehabt (Frei-

---

1) König Alfred.

schütz und Zauberflöte), in denen selbst ganz unschuldige un-
musikalische Leute es nicht mehr aushalten konnten, weil
eben Fehler vorfallen, die selbst den Geduldigsten blessiren
müssen. Joachim ist über dies und Ähnliches fortwährend
ausser sich. Er geht morgen oder übermorgen nach Leipzig, wo er sich besser gefallen wird. Wenn sich Ihre Abwesenheit um ein paar Monate verlängern sollte, so können
Sie darauf rechnen, uns sammt und sonders nicht mehr hier
zu finden, wo wir canaillöse Musik anhören müssen und sonst
lediglich auf uns allein angewiesen sind, weil in diesem ver-
dammten Nest blutwenig Leute sind, mit denen man verkehren
kann. Man verliert Glauben und Lust an der Kunst und die
Freude zu arbeiten, wie es dem armen Joachim jetzt wirklich
geht. .—.

An Zerdahely bemerke ich ziemliche Fantasie und einiges
Gehör, aber nicht den mindesten Begriff von einem wissen-
schaftlichen Lehrgange. Wenn er nicht zeitlebens ein im
Finstern tappender Dilettant bleiben will, so muss sich das
geben. Ich habe einen so gründlichen Eckel an all dem
willkürlichen Kunsthanseliren, was mit der Schönheit, dem
allgemeinen Gefühle der besseren Menschheit und dem einzig
richtigen (weil geraden) Wege zu anständigen Resultaten von
Haus aus brouillirt ist, dass ich mich nicht entschliessen
kann, Jemand zu unterrichten, der nicht mit vollem Vertrauen, energischem Fleisse und aufrichtiger Hingabe an die
Sache verfährt. Entweder wir haben eine Kunst, oder wir
haben sie nicht. Im ersteren Falle muss an ihrer Vervoll-
kommnung gearbeitet und zu diesem Ende der fertige Standpunkt kennen gelernt und zur Anbahnung des Fortschrittes
benutzt werden. Im anderen Falle halte ich mich an nichts
als die Natur-Musik der Thiere und der übrigen Wesen und
die Volkslieder, die von unten herauf (nicht von oben herab)
kommen, und verabscheue jeden Auswuchs einer Cultur, die
ohne Bestand *wirklicher* Kunst für mich bloss illusorisch ist,
will auch für mein Theil gar nichts damit zu schaffen
haben. .—.

Die Prophetenfuge habe ich mit grossem Interesse durchgesehen. Wissen Sie, dass es mir noch ein Räthsel ist, wie Sie ein derartiges Motiv einer so mühseligen Bearbeitung unterstellen konnten? Mit diesem Aufwande von Erfindung konnten Sie bequem eine Originalcomposition von höchster Bedeutung herstellen, und man hätte nicht wieder hören müssen, dass Sie aus Mangel an eigner Erfindung zu Meyerbeer gegriffen. — Ich weiss, was Sie antworten: »Ich will es so«. Wogegen freilich nichts einzuwenden ist, als was Sie sich seiner Zeit wohl selbst vorwerfen werden, dass man nämlich die Stunden und Tage ebenso wenig geschenkt kriegt als die Gedanken, und dass Sie sich nicht an andere grosse Namen mehr anklammern dürfen, wo alle Welt auf Sie sieht, um von Ihnen selbst das *Movens* einer neuen Periode ausgehen zu sehen. — Mit Meyerbeer ist es *alle*. Das will sagen, dass Sie fortfahren werden, ihm ergeben zu sein und das Treffliche zu ehren, was er geleistet, dass aber dieses Sie nicht hindern wird, Meyerbeer als eine *historische Person* zu betrachten und sich darnach einzurichten. Haben Sie je erlebt, dass man eine *neue Fregatte* an eine *alte Brigg* hängt, um sie schneller segeln zu machen?

Was ich hier sage, ist keine persönliche Anmassung von mir, der ich mich Ihnen gegenüber gern enthalte, sondern es ist die Ansicht des *Künstlers*, die Sie gelegentlich von Joachim, David oder wem Sie nur immer wollen, ebenfalls hören werden. Sie datirt auch blos vom Interesse Ihrer artistischen Stellung, nicht von dem Ihrer persönlichen Relationen, in die ich mich zu mischen *mit nichten* mich berechtigt sehe. Bei dieser Gelegenheit bitte ich überhaupt um Nachsicht für Äusserungen wie die obige, die mir lediglich entschlüpfen, weil ich ungeduldig bin, Sie an dem Platz zu sehen, wo Sie hingehören. . —.

Da ich vor Neujahr schwerlich nochmals an Sie schreiben werde, so bring ich Ihnen meine besten Wünsche für Gesundheit, Glück, Frieden, Musik und Ruhm schon heute dar. Niemand kann es besser damit meinen als ich, Niemand so aufrichtig guten Willen haben, Ihnen nach Kräften zu dienen, als meine Wenigkeit. Tausendmal danke ich Ihnen für so viele Beweise hülfreicher und aufopfernder Freundschaft (wenn ich mich ohne Anmassung dieses Wortes bedienen kann). Indem ich dieses niederschreibe, vermag ich Thränen einer vielleicht unmännlichen, aber unwillkürlichen Rührung nicht zu unterdrücken, wenn ich daran denke, wie viel Sie seit 5½ Jahren für mich gethan haben. Ich fühle mich geehrt, Ihnen von Herzen anhängen zu dürfen. Sollte ich auch eines Tages mich in Ihrem Kunstwirken weniger befriedigt sehen, als ich wünsche und hoffe, verlassen Sie sich darauf, dass ich Ihrem Herzen stets mit dem meinigen zunächst stehen werde. Ich bin nicht im Stande in meiner gegenwärtigen Stimmung Betrachtungen über die Zukunft unseres Verhältnisses anzustellen. Welches dasselbige auch sein mag, behalten Sie mich etwas weniges gern — ich brauche es, weil ich sonst wenig oder gar Niemand habe, der mich liebt, und vergessen Sie nie, dass in allen Fällen Sie keinen treueren Diener haben, als bis in den Tod bleiben wird.

Ihr alter

Am 3'letzten December 1850.   Raff.

Empfehlen Sie mich recht sehr den Durchlauchten Frau Fürstin und Prinzessin Marie und sagen Sie Ihnen meine besten Segenswünsche und meine dringende Bitte, mir im nächsten Jahr nicht weniger wohl zu wollen, als in diesem vergangenen.   Der Ihrige.

111. Walther von Goethe,

Enkel des Dichterfürsten, geb. 1817 in Weimar, gest. daselbst 15. April 1885, schrieb drei Singspiele, sowie Lieder und Clavierstücke.

Hochwohlgeborner Herr!
Sehr geehrter Herr Kapellmeister!
Durch Übersendung des beiliegenden Quartetts von Becher[1]) erfüllt Herr Gustav Nottebohm[2]) den letzten Willen des Com-

---

1) Musikschriftsteller und Componist, wurde in Wien wegen Betheiligung am Aufstand im Nov. 1848 standrechtlich erschossen.
2) Ausgezeichneter Beethoven-Forscher (1817—1882) in Wien.

ponisten; ich aber folge, indem ich diese Zeilen hinzufüge, einem wärmeren Gefühl für den unglücklichen Künstler, — einem Gefühl, welches hier um so erklärlicher, als eben Becher es war, der mich Ew. Hochwohlgeb. in Wien zuerst persönlich vorstellte.

Der Bevorwortung bedarf es ja überhaupt Ew. Hochwohlgeb. gegenüber, in künstlerischen Angelegenheiten niemals; und fesselt ohnehin die vorliegende Arbeit, was man auch hier und da tadeln mag, durch unendlich Grosses und Edles das Interesse des Hörers oder Lesers. — Jedenfalls ist Bechers Natur eine solche, die man nicht mit ein paar Worten gleichsam hinwegläugnen kann; selbst der, welcher etwa seiner Richtung abgeneigt ist, muss dennoch sein musikalisches Streben, sein ächt künstlerisches Wollen achtend anerkennen. — Das eigentliche Erreichen, wie Ew. Hochwohlgeb. es kennen gelernt, wird nur wenigen, besonders Erlesenen gegönnt.

Möchten Ew. Hochwohlgeb. dieses schriftliche Zeichen meiner Verehrung mit derselben Güte entgegennehmen, welche Sie mir stets freundlich bewiesen.

In vollendeter Hochachtung, geehrter Herr Kapellmeister!
ergebenst

Walther von Goethe

Wien, Jänner 1851.

112. Antoine de Kontski,

vorzüglicher, auf zahlreichen Concertreisen gefeierter Pianist, geb. 27. Oct. 1817 zu Krakau, lebte lange in London, jetzt in Amerika.

Cher Monsieur Liszt,

Etant à Berlin, il m'est impossible de ne pas aller à Weimar Vous rendre ma visite. Il y a si longtemps que je nourris ce beau projet dans ma tête que probablement Vous m'y verrez un de ces jours. Malgré qu'il y a bientôt six années que nous ne nous sommes vus, j'espère que Vous ne m'avez pas encore oublié, d'autant plus que Votre amitié pour moi m'est toujours très précieuse.

Mon frère que j'ai vu avant son départ pour la Russie, m'a dit qu'il a eu le bonheur de Vous rencontrer à Dresde, maintenant ce sera mon tour de venir Vous voir pour renouer notre vieille connaissance.

Notre ami Kullak se charge de Vous faire parvenir cette lettre dans la sienne; j'aurais bien voulu être moi-même porteur de celle-là, mais un dernier Concert que je dois donner ici, m'y retiendra encore une huitaine de jours. Un mot de Vous me prouvera que Vous Vous rappelez de moi, ce dont je me flatte, et en l'attendant je me dis Votre bien dévoué serviteur   et ami

Berlin, le 22 Février 1851.   British Hôtel.

113. Theodor Kullak,

vortrefflicher Pianist und Lehrer, geb. 12. Sept. zu Krotischin in Posen, gest. 1. März 1882 in Berlin, begründete 1850 mit J. Stern und Marx das Stern'sche Conservatorium und, nach seinem Rücktritt aus demselben, 1855 die »Neue Academie der Tonkunst« in Berlin.

Hochzuverehrender Herr Hofkapellmeister,

Die beiliegenden Zeilen meines lieben Freundes A. v. Kontski bin ich so frei mit einigen eigenen Zeilen zu be-

gleiten, einerseits weil es mir Bedürfniss ist, Sie von Zeit zu
Zeit meiner innigsten Verehrung versichern zu können, andrerseits um Ihrer liebenswürdigen Freundlichkeit auf das Wärmste
einen Künstler zu empfehlen, den ich eben so sehr als Künstler
bewundern als in anderer Beziehung als Mensch achten gelernt habe. Ihnen, dem *einzigen* Virtuosen, der *über* aller
Rivalität steht, glaube ich gestehen zu dürfen, dass wir in
Berlin in den letzten Jahren, namentlich was Technik anbe-
langt, keinen grösseren Spieler gehört haben, und dass jedes
andere als das Berliner Publikum nicht dreier Konzerte be-
durft haben würde, um bis zu dem Grade enthusiastischen
Beifalls sich zu erwärmen, der ihm bei seinem letzten Auftreten zu Theil wurde. Von unserem Hofe mit grosser Auszeichnung beehrt, wird Kontski einige Rekommandationsbriefe
von Seiten unseres Hofes mit nach Weimar bringen. Da sich
aber hier die Nachricht verbreitet hat, dass Sie in nächster
Zeit Weimar zu verlassen gedenken, und Kontski vor allem
das Glück haben möchte, Sie zu sehen, so würden Sie ihn
auf das Äusserste verpflichten, wenn Sie die Güte hätten,
uns, wenn auch nur durch eine Zeile benachrichtigen zu
lassen, ob Sie in der *ersten* Woche des *März* in Weimar anwesend sein werden. In diesem Augenblicke ist Kontski in
Liegnitz, kehrt am 28ten Februar hierher zurück, giebt am
1ten März sein Abschiedskonzert in Berlin und würde, für
den Fall Ihre Antwort bereits eingetroffen wäre, spätestens
am Montage, d. 3ten März nach Weimar reisen. Verzeihen
Sie den unbescheidenen Wunsch: Ihre freundliche Antwort
gütigst in *meine* Hände gelangen zu lassen; er knüpft sich
an die verzeihliche Hoffnung, so des Vergnügens theilhaftig
zu werden, eine Zeile von Ihrer lieben Hand mein nennen zu
können. Meine respektvollsten verehrendsten Empfehlungen
Ihrer Durchlaucht, der Frau Fürstin, Herrn von Ziegesar,
meine freundlichsten Grüsse an Raff! — Ihnen selbst die
Versicherung meiner lebenslänglichen Erkenntlichkeit und
Hochachtung. Ihr ganz ergebenster

Berlin, d. 26ten Febr. 1851.

Dorothenstr. 56.

114. Joachim Raff.

Lieber Freund!

Da Sie allem Anschein nach erst die nächste Woche zurückkehren, so kann ich es wohl riskiren, Ihnen nochmals zu schreiben. Ich habe jetzt auch die 2te Vorstellung des *Alfred* hinter mir. Was soll ich Ihnen sagen? Ich kenne Weimar nicht mehr. Mein Erstaunen ist nicht geringer, als das unseres wackeren Erbgrossherzogs. Die Oper wird noch Ende dieses oder Anfang des nächsten Monats wiederholt und dann vermuthlich (so meint Genast) bis auf einen Feiertag verspart. Die Erfahrungen, die ich an meiner Partitur und am Publikum gemacht habe, sind nicht zu bezahlen. .—.

Im Ganzen bin ich mit dem Dienstag mehr zufrieden als mit dem Sonntag, weil ich den Beweis habe, dass die Zuhörer aufmerksam sind und sich in die Sache hineinarbeiten. Das Publikum hat sich wahrhaft ausgezeichnet. Obgleich am Sonntag viele Personen aus Mitleid mit mir nicht ins Haus gingen (H. v. Ziegesar selbst hatte auf den Erfolg des 3ten Actes ein so geringes Vertrauen, dass er bei Hofe dessen sicheren Durchfall noch am Tage der Vorstellung im Voraus beklagte), so war es doch recht anständig voll. Es ist Thatsache, dass 15 Personen sich engagirt hatten, die Oper auszupfeifen; aber der Jubel, welcher nach der Ouverture losbrach, wird sie belehrt haben, dass die Zeit zum Pfeifen nicht günstig sei. Ich kann Ihnen hier eine Wahrheit sagen, ohne Ihnen zu schmeicheln. Es waren doch manche Personen indignirt über die Anfeindungen, die Sie und ich um Ihretwillen auszustehen gehabt, und als daher die Ouverture wie jedes andere Musikstück klang, d. h. nicht schlechter als von Flotow oder Lortzing, so nahmen sie keinen Anstand sofort zu *demonstriren*. Im Ganzen aber herrschte eine seltene Wärme im Hause. Mit einem trefflichen Exempel ging der Erbgrossherzog voran, der aus seiner Loge aufs fleissigste applaudirte.

Was mich anlangt, so glaube ich nicht, dass ich Ihnen

an diesem Tage Schande gemacht habe. — Obschon nach
dem 2ten Acte bereits nach mir gerufen wurde, liess ich mich
wohlweislich nicht blicken und erschien auch nach dem 3ten
erst in Folge förmlicher Nöthigung. Kurz, ich glaube mich
so ziemlich diplomatisch aus der Sache gezogen zu haben.
Dass von Umwerfen und dergl. bei mir nicht die Rede sein
kann, werden Sie sich wohl denken können, da Sie wissen,
dass ich unter *gewissen Umständen* mir gar nicht anmerken
lasse, dass ich sonst ein dummer Junge bin. .—.

Am Montag ward ich dem jungen Hofe vorgestellt (durch
H. v. Ziegesar), der sich sehr freundlich gegen mich aussprach. Nach der Dienstags-Vorstellung liess mich der Grossherzog rufen. Er versicherte mich, dass ihm die Oper viel
mehr gefallen, als im ersten Male, dass er sie eben öfter
hören müsse, und gab dann auch in meiner Anwesenheit
Zieg. den Auftrag, das Werk recht bald wieder zu geben.
Als Honorar bekam ich 20 Louisd'or, was für eine kleine
Bühne recht honnett ist, besonders wenn ich bedenke, welchem
Risiko man sich mit ersten Aufführungen unbekannter Erst-
lingswerke aussetzt. Ich habe mich daher bestens bei Herrn
v. Ziegesar bedankt. Bei Hofe ist man erfreut (man sagte
es mir unverhohlen in's Gesicht — also sag' ich's Ihnen
wieder), dass nicht Alles, was Sie empfehlen, abfällt, und
Sie haben eben so viel Theil an meinem Success, als ich.

Vor der 3ten Vorstellung habe ich noch manche Änderungen zu machen. Einstweilen denke ich an den auswärtigen
Success. .—.

Unter den Parteigängern. die der Alfred gemacht hat,
befindet sich *Stör*, der einen gewaltigen Respekt vor mir an
den Tag legt. *Joachim* hat angefangen, ein Stück über den
Alfred zu schreiben. Sogar das Schimpfblättchen »Deutschland« brachte eine günstige Rezension. Ich bitte Sie also,
lieber Freund! schimpfen Sie nicht über den »Alfred« wenn
Sie heimkommen, denn das würde Ihnen von allen Seiten
sehr schief ausgelegt werden. v. Schober vermisste freilich
»*Melodie*« in der Oper, aber ein so vereinzeltes Urtheil kann
ich verschmerzen, weil bereits Jedermann irgend etwas aus

der Oper singt oder pfeift. Stör und der Stadtmusicus machen sich eine Quadrille; der Marsch und einige andere Sachen werden für den Gebrauch der »Erholung« zurecht gemacht, und endlich der Vocalsatz im ersten Acte den Militärchören eingebläut.

Lieber Freund! Ich schliesse diese Zeilen, in denen ich sehr viel und mit allzugrosser Selbstgefälligkeit — ich weiss es — von mir spreche. Verzeihen Sie mir dieses Laster für heute — ich will nicht so bald wieder in dasselbe zurückverfallen, und lieben Sie darum nicht minder Ihren

Weimar, am 13. März 1851. tollen alten Raff.

Da ich Sie ganz wohl vermuthe, so hoffe ich täglich und stündlich Nachrichten von Ihrer Rückkunft.

115. Carl Gutzkow.

Vergeben Sie mir, geehrter Herr und Gönner, mein langes Schweigen auf Ihren freundlichen Brief aus Eilsen! Ich empfing ihn in Berlin. Auf der Reise geht alles flüchtig. Hieher zurückgekehrt empfing mich erst ein längeres Unwohlsein und soviel aufgehäufte, rückständige Arbeit, dass ich um so mehr zur Antwort mich nicht sammeln konnte, als gerade diese Antwort Sammlung bedingte, Nachdenken über diese interessante, von Ihnen angeregte Frage. Die Presse ist mannigfach von Ihrer geistreichen Schrift[1] in Bewegung gesetzt worden, aber überall eigentlich nur referirend. Weder ein lebendiges, feuriges Erfassen Ihrer Idee hat sich gefunden, noch ein Ersatz für das, was Sie boten! Und insofern haben Sie einen guten Vorsprung vor uns Tadlern allen voraus. Wir reissen ein und geben nichts Neues, und darum hat der Vf. in 235 und 240 der D[eutschen] A[llgemeinen] Z[eitung] wohl Recht, auf den ursprünglichen Werth und die unbestreitbare Originalität Ihrer Ideen zurückzukommen und uns Allen recht ernstlich den Text zu lesen.

---

1) Die Goethe-Stiftung. (Liszt, Ges. Schriften, V. Leipzig, Breitkopf u. Härtel.)

Das Schlimme für uns ist immer (für Ihre Gegner), dass die Goethestiftung zwei Zwecke mit einem Schlage erreichen will, Ermunterung der Künstler und einen Erwerb für Weimar. Diese zwei Aufgaben zu vereinigen wird immer schwer bleiben. Wenn in Weimar ein Museum auf Goethe's Namen existiren soll, so wird immer die Sorge sein, wie füllt man das? Was bringt man da hinein? Ob nun ein solcher Erwerb mit einer wirklichen Förderung der Kunst im Allgemeinen, Grossen und Ganzen vereinbar ist, wird schwer darzustellen sein. Und sehr wahr sagt der Vf. jenes Aufsatzes: Geld wird Deutschland nur geben, wenn etwas Grosses und Allgemeines erzielt wird.

Schöll's Aufsatz hab' ich nicht gelesen. Wenn seine Idee die ist, direkte Bestellungen zu veranlassen, so mein' ich fast, die Ausdehnung derselben von den bildenden Künsten auch auf Poesie und Musik wäre sehr einfach. Man bestellt ein Drama, eine Oper, eine Symphonie; warum nicht? Das Gepräge des Universalen würde sich dadurch ergeben, dass man z. B. eine solche Institution taufte: Allgemeiner deutscher Kunst-Verein, im Gegensatz zu den vielen Provinzial- und Territorialkunstvereinen, die sich an Akademieen und Malerschulen anschliessen und eigentlich der Patronage, dem Nepotismus ein bekanntlich sehr grosses Feld einräumen. Es wäre eine sehr populäre Idee, endlich einmal einen Kunstverein in Deutschland zu begründen, der sich von Lokaleinflüssen emanzipirt. Mit diesem Kunstverein Weimar'sche und allgemein deutsche Zwecke in Einklang zu bringen, wäre nicht zu schwer. Selbst eine Verloosung könnte sich daran anknüpfen, kurz es könnte ein Nationalinstitut begründet werden, beruhend auf *Erwerb dessen, was der Künstler aus freiem, eigenen Antriebe, oder Ermunterung,* (aber nicht durch Preisaufgaben) *schafft.*

Eine andere Idee wäre z. B. die, den Palmenorden wieder aufzunehmen und zwar in vernünftiger Modification. Weimar schaffe eine Akademie der Künste, eine allgemeine, wie sie nur in Paris existirt, eine *Akademie der Produktion,* der poetisch-artistischen, in welcher nicht Gelehrte und Theoretiker, sondern nur Dichter, Componisten, Künstler sitzen würden. 25 Namen. Jeder bekäme 100—150 Thaler zum Behuf einer jährlichen Reise nach Weimar, um daselbst 8—14 Tage lang Sitzungen zu halten.

Soll das System der Preisaufgaben doch durchdringen, so käm' es nur darauf an, es 1) zu modificiren, 2) den Mechanismus der Beurtheilung und Krönung zu vereinfachen.

Allgemeine, vague, blind ins Leere hinausgeschriebene Preisaufgaben halt' ich für keine Förderung der Kunst. Sehen Sie nur das klägliche Resultat der Laube'schen Concurrenz in Wien! Talent *geweckt* wird nicht durch Preise und im Gegentheil, statt zu encouragiren, decouragirt die Concurrenz. Wie mancher talentvolle junge Mann ist über seinen Durchfall in einer Concurrenz halb verrückt geworden! Leisewitz, der berühmte Verfasser des Julius von Tarent, hat nie mehr etwas für die Bühne geschrieben, als ihm in Hamburg bei einer Preisvertheilung ein Klinger'sches Stück vorgezogen wurde. Lesen Sie Benvenuto Cellini einmal wieder darauf durch, um sich zu überzeugen, wie toll und wild es im Künstlergemüth hin und her siedet und gährt, wenn es sich um Rivalität handelt. Das ist kein Segen für die Kunst! Aber z. B. wäre das ein Vorschlag: Man fordert drei Künstler, ich will sagen Rietschel, Kiss, Steinhäuser auf, ein Basrelief zu liefern über den oder den Gegenstand, (der aber bestimmt namhaft gemacht wird; denn das wahre Talent ist so zu sagen wie ein Schiesshund, hinter einer Beute gleich her, das Stijet reizt sogleich) und die drei Künstler sollen unter sich bestimmen, wer den Preis verdiene. Sind die Arbeiten nicht zu gross und schwer, d. h. rauben sie nicht zu viel Zeit, so gehen die Herren mit Freuden daran. Ditto in der Malerei: Bendemann und einige Andere, in der Poesie, Musik u. s. w. Das Ende vom Liede würde da immer sein, dass Weimar statt *eines* Werkes 3, 4, 5 gleich bekäme; denn die Sachen würden alle schön sein, und den Preis würden die Künstler unter sich theilen. Auch geringere Renomméen kann man wählen; z. B. in der Malerei nicht die ersten Namen, wohl aber vielleicht solche, die gern auf diese Art unterstützt sind und es verdienen. Uns Dichtern geben Sie z. B. das Thema: Ein Trauerspiel Herzog Bernhard von Weimar, ausgeführt von einigen jüngeren versprechenden Talenten, die Ihnen schon würden namhaft gemacht werden können. Oder bestellen Sie bei der *Düsseldorfer* Akademie ein Concurrenzbild oder geben Sie dem Leipziger Conservatorium 300 Thaler als Belohnung für das beste von jener Anstalt selbst unter ihren Schülern ausgeschriebene Musikstück. Kurz, die Preisausschreibung *in's Blaue* ist nichts. Eine modificirte, angebahnte, soignirte Preisausschreibung kann nützen und *Weimar selbst darf nicht urtheilen*; sondern die *Produktion unter sich.*

Zweitens würde sich dadurch schon die Vereinfachung des Mechanismus ergeben. Ich hatte geschrieben: Die Elle wird grösser als der Kram, und ich glaube doch, mit Recht. Nun fallen nach meinem Plane schon die Preisrichter weg. Die Reisekosten, die Entschädigungen! Aber lassen Sie noch mehr wegfallen! Die Krönungsceremonie, die ganze Richard Wagner'sche Kunst - Zukunfts - Volks - Universal - Acclamation. Das ist — Bombast! Das Wesen der Kunst im 19. Jahrhundert ist — die Individualität. Die Werkstatt des Schaffens ist die kleine Zelle des Dichters, Denkers, Künstlers. Im Chaos wird nichts geboren. Das Musikfest, so vortrefflich und genial Maestro Liszt dirigirt, muss wegfallen, wenigstens nicht zu den Kosten der Stiftung kommen. Ja, wenn die *Welt* zuhörte, die *Welt* zusähe — aber die Sängervereine von Sulza und Apolda! Ja, wenn Thüringen das der Stiftung *schenken* will, *gut*! Aber Geld für die *Ausführung* der von Wien oder Berlin übersandten Cantate? Die Cantate ist dann Gemeingut und die Vereine können sich freuen, sie ausführen zu dürfen. Ich will damit nur sagen, in der äusseren Mise-en-scène der jährlichen Stiftungsfeier soll nicht zuviel verbraucht werden. Die Hauptsache ist: Ein Direktorium der Stiftung, bestehend aus drei bis fünf klugen, kundigen, kunsterfahrenen Männern, die da wissen, wo man mit dem Finger hinzeigen muss, um Leben zu wecken, und ein Sekretariat für die Correspondenz.

Also Resumé: Das Princip der Concurrenz. (Liszts Idee.) Aber auf der Basis: Des freien Schaffens.

Das stille Geheimniss der Produktion innerhalb ihres eignen Bereiches. Kein Urtheilsspruch durch Kritik oder Publikum, sondern innerhalb der *eignen Gilde*. Dem Direktorium bleibt überlassen, seinen Zauberstab da und dorthin zu legen, wo es glaubt, Leben wecken zu können. Aber Weimar *wünscht* nur und *empfängt*. Es richtet nicht. Die Richter sind die Produzirenden. Eine Stiftung, der zufolge z. B. der kleinen Kunstschule in Stuttgart 300 Thaler zur Verfügung gestellt werden, um das von ihr selbst als das beste plastische Medaillon über (folgt das Süjet) bezeichnete Werk zu belohnen, das dann nach Weimar kommt, würde mit Jubel begrüsst werden. Wie segensreich könnte man wirken, wenn man an Breitkopf u. Härtel oder in einem Rundschreiben an alle Musikverleger Deutschlands schriebe: Nennen Sie uns die Namen junger Musiker, die Ihnen Compositionen zum Verlag anboten, die Ihnen Genialität zu verrathen schienen und die Sie würden gedruckt haben, wenn die Verhältnisse ein Experiment mit einem Unbekannten gestatteten!

Die Hauptsache wäre bei dieser Idee: 1) Ein jährlicher Fond von mindestens 4000 disponiblen Thalern und 2) ein Direktorium von hohem, universalem Blick und edelster Unpartheilichkeit.

Dies, mein verehrter Herr und Freund, sind die Gedanken, die mir in dem Drange, Ihnen endlich zu schreiben, durch den Kopf fahren. Halten Sie es für angemessen, so komm' ich in der Presse noch einmal darauf zurück und knüpfe an Ihre edle, grossgedachte Idee an. Der Brief ist so lang gerathen, dass ich nur noch in unerlaubter Flüchtigkeit für Ihre freundliche Erwähnung meines Romanes danke und mich Ihrem gütigen Andenken von Herzen empfehle.

Hochachtungsvoll Ihr

Dresden, 18. März 1851.   C. Gutzkow.

116. Joachim Raff.

Lieber Freund!

Erlauben Sie, dass ich Ihnen eine Anrede zum erstenmal zurückgebe, der Sie mich zum öftern werth gehalten haben, und glauben Sie nicht, dass sich irgend eine unbescheidene Anmassung an diesen Schritt knüpft, sondern dass er sich lediglich auf das unverdrängbare Gefühl stützt, Ihnen, der Sie keine Gelegenheit verabsäumen, mich näher an Sie zu fesseln, auch äusserlich näher stehen zu wollen oder zu dürfen, sowie auf die Zuversicht, Sie würden auf das Attachement einer Person nie so viel thatsächlichen Werth gelegt haben, als geschehen ist, wenn Sie dasselbe eventuell refüsiren wollten, und endlich auf das Vertrauen, welches ich in mich selbst setze, mich mit den Jahren einer Beziehung nicht unwerth zu erweisen, welche vor der Hand keineswegs das Resultat irgend eines Verdienstes meinerseits, sondern lediglich Ihrer persönlichen vielbethätigten Neigung sein kann. Um dieser Gründe willen erlauben Sie, dass ich mich der Anrede »lieber Freund« wenigstens hie und da bediene und seien Sie gewiss, dass ich davon nie einen Ihnen missliebigen Gebrauch machen werde.

Ihr Brief erfüllt mich mit tiefem Bedauern, nicht um meinetwillen, das dürfen Sie mir glauben; denn nach dem letzten Aufschub des »König Alfred« machen mir 8—14 Tage nichts mehr aus, sondern um Ihretwillen, der Sie durch das Leid der lieben Ihrigen so schwer gehemmt sind, und der letzteren selbst wegen, denen ich von ganzem Herzen ein endliches besseres Ergehen und den Genuss, den laugentbehrten — freie Bewegung wünsche. .—.

Die Oper ist auf den 9. März gesetzt. Wegen der *2 Proben* unter Ihrer Leitung kann ich Sie unmöglich dispensiren und wiederhole meine dringende Bitte, dieselben übernehmen zu wollen.

Das Andante ist jetzt neu gebaut. Es sollte mich freuen, wenn dieses kleine Stück Arbeit, welches mir wegen meiner Ungeschicklichkeit in aller sinfonischen Satzweise ziemlich Mühe gekostet hat, besser convenirte als das alte. .—.

Wie vorauszusehen, habe ich mich etwas ausdehnen müssen, das Stück hat jetzt 76 Takte, und da ich mich in einem completen »Mangel an Erfindungsgabe« attrapirte, zog ich vor, nach dem Modèle des Lohengrinpräludiums zu arbeiten. Ich hoffe, man merkt's hier in Weimar nicht allzusehr, und auswärts kennt man Wagner zu wenig. Ein andersmal will ich allein fertig werden. —

An die Umarbeitung des Marsches werde ich mich gern machen, obschon ich mich vor dem Effekte fürchte. — 7 Trompeten, 10 Hörner, 6 Trombonen, 2 Tuben, 5 Fagotte u. s. w. werden wir das vor den guten Weimaranern »preschtiren« dürfen? . —.

Für heute leben Sie wohl. Empfehlen Sie mich I.I. Durchlauchten bestens und seien Sie tausendmal gegrüsst und geküsst von   Ihrem alten

Weimar, am 25. März 1851.   Raff.

117. Eduard Bauernfeld,

beliebter Lustspieldichter, geb. 13. Jan. 1802 zu Wien, stand 1826—1848 in österr. Staatsdienst, widmete sich dann ausschliesslich der Literatur und lebte, später geadelt, bis an seinen Tod, 9. Aug. 1890, in seiner Vaterstadt.

Werther Freund!

Für die Übersendung der Goethe-Broschüre freundlichst dankend, wünsche ich Ihren *an und für sich trefflichen* Vorschlägen einen besseren Erfolg als sich in deutschen Landen davon erwarten lässt. Wir haben leider erfahren müssen, dass die deutsche Politik weder in Frankfurt, noch in Gotha und Erfurt, noch auch in Berlin oder Wien (via Dresden) zu einem gemeinsamen Mittelpunkte gelangen kann. Die deutsche Literatur und Kunst hatte nun zwar ·allerdings, durch die Gunst der Umstände, vorzugsweise aber durch hervorragende Persönlichkeiten, in Weimar eine Art Concentration gefunden. Ob sich aber ein solcher Process im Wege des Vereins wiederholen lasse, erscheint mir sehr zweifelhaft — besonders da

es sich darum handelt, dass die Deutschen, ohne eigentlichen
Führer, ein Gemeinschaftliches anstreben und obendrein dafür — Geld hergeben sollen. Jedenfalls ist's gut, wenn man
die Leute von Zeit zu Zeit mahnt und aufstachelt, und es
soll mich freuen, wenn irgend etwas — auch im Anfang noch
so Geringes — erreicht wird. —

Dass der »Kategorische Imperativ«[1]) hier missglückt ist,
werden Sie aus den Zeitungen erfahren haben. Hat Weimar
noch den Muth, nach der Wiener — *chute* damit aufzutreten,
so bin ich bereit, ein zweites Exemplar mit den nöthigen
»Strichen« zu senden. — Die Kunst blüht hier auf eine
eigenthümliche Weise. Wir haben zwei Musik- und zwei
Kunst-Vereine, die sich gegenseitig einander in den Haaren
liegen, und denen die Polizei bereits aufgetragen, sich mit
einander zu vereinigen. Napoleon von Paul Delaroche macht
Furore. Der Antheil der Wiener ist aber, wie sich Goethe
auszudrücken pflegte, »stoff-artig«. In Musik nichts Beson-
deres als eine Menge Concerte — von »geheimen« Musikern.
Ich sprach gestern Spina[2]), welcher höchlich wünscht (wie
wir Alle), Sie kämen hierher. Er bürgt für Ruhm und Geld.

Der Frau Fürstin, die so freundlich war, sich meiner zu
erinnern und deren Leiden ich bedauere, bitte ich meinen
besten Dank zu sagen. Ich habe unser Souper in Baden
zur ultrademokratischen Zeit niemals vergessen.

Herzlichst grüssend　　　　　　　　Ihr

Wien, 25/3 1851.

---

1) Bauernfeld'sches Stück.
2) Bekannter Wiener Musikverleger.

118. Adolf Stahr.

Oldenburg, 27/3 1851.

Hochverehrter Freund,

Seit dem 24. d. M., wo ich Ihren lieben Brief und das begleitende Werk empfing, habe ich die einzigen Momente, während deren mir eine unleidliche Grippe einen Schatten von geistiger Thätigkeit erlaubte, in der Lectüre und im Genusse Ihrer vortrefflichen Schrift zugebracht. Soeben habe ich eine Besprechung derselben für die in Berlin erscheinende National-Zeitung — nächst der Kölnischen die verbreitetste Norddeutsche Zeitung — in einem längeren referirenden Artikel niedergeschrieben und den Redacteur en chef des Blattes, Herrn Dr. Zabel, ersucht, Ihnen, nach baldigem Abdrucke des Artikels, ein Exemplar desselben zuzusenden. Wenn Sie in demselben Schwung und Feuer vermissen sollten, so schreiben Sie es auf Rechnung der deprimirten Stimmung, welche die gewöhnliche Folge eines Krankheitszustandes wie der meinige ist, und von der ich mich doch nicht abhalten lassen wollte, durch baldige Besprechung Ihrer Schrift einen, wenn auch noch so schwachen Beitrag zur Förderung des Unternehmens zu liefern, dem Ihr Buch gewidmet ist. Ganz abgesehen von meiner persönlichen Verehrung für den Autor, der hier auf einem, nur gelegentlich von ihm betretenen Felde sich als Meister klarer, ruhig- eindringlicher Darstellung, Umsicht und Gedankentiefe bewährt, liegt mir auch der wahrhaft grossartige und würdige Plan selbst, dem Sie Ihre Kraft weihen, innig am Herzen, während ich zugleich die Energie und den gläubigen Muth bewundere, der inmitten dieser Welt voll Hass und Zwietracht unmittelbar den Blick fest gerichtet hält auf die Ideen des Guten und Schönen, 'diese ewigen Sterne des wechselvollen Lebens. Ihre Einleitung, die so überschaulich das verdienstvolle Wirken eines edlen Fürstengeschlechts für jene Ideen und ihre Verwirklichung zusammenfasst, der Plan selbst, dessen detaillirte Ausführung bis auf wenige, unerhebliche Punkte durchaus meinen Beifall hat, der Abschnitt endlich, in welchem Sie so wahr als tief die

Möglichkeit einer bewussten Einwirkung und Förderung des Schönen in der Kunst durch Institutionen wie diese nachweisen — das Alles hat auf mich einen so harmonischen, so wohlthuenden Eindruck gemacht, wie ich ihn lange nicht bei der Lectüre einer neueren Schrift empfunden habe. Ist es mir irgend möglich, so werde ich meine geringe Mitwirkung nicht auf diese einmalige Besprechung einschränken. Vielleicht habe ich indessen die Freude, in gar nicht ferner Zeit über diese Dinge mit Ihnen persönlich zu reden. Ich denke nämlich Ende April oder Anfang Mai einen Freund, den Prof. Hettner (Ästhetiker [1]), in Jena zu besuchen. Es hängt nur davon ab, ob die von mir, wie Sie wissen, hochverehrte Fanny Lewald es möglich macht, einen Vorsatz, Weimar zu besuchen, auszuführen. Ich selber habe Weimar nur einmal als Student vor 24 Jahren auf einen Tag gesehen, und hätte nicht übel Lust, nach schwerer Winterarbeit eine Villeggiatur in Thüringen zu machen, zumal wenn ich hoffen könnte Sie Selbst in Weimar zu treffen.

Lassen Sie mich hoffen, dass Eilsen für die Herstellung der Ihrem Herzen so theuren Frau Fürstin, der ich meinen Respect zu Füssen zu legen bitte, von so guter Wirkung gewesen ist, als ich es wünsche, und empfehlen Sie gelegentlich mein Andenken der Huld Sr. K. H. des Erbgrossherzogs.

Von ganzem Herzen der Ihrige   Adolf Stahr.

119. Augusta, Prinzessin von Preussen,

die nachmalige Kaiserin von Deutschland und Königin von Preussen, geb. 30. Sept. 1811 als Tochter des Grossherzogs Carl Friedrich von Sachsen-Weimar, gest. 7. Jan. 1890 in Berlin.

Coblence, 20 Avril 1851.

Je vous prie, Monsieur, d'accepter tous mes remerciements pour l'envoi de l'intéressant compte-rendu que vous venez

---

1) Wurde 1855 als Director der königl. Antikensammlung und des Museums der Gipsabgüsse, sowie als Professor der Kunstgeschichte an die Kunstacademie nach Dresden berufen, wo er vor einigen Jahren verstorben ist.

de tracer à l'égard de la fondation-Goethe à Weimar. Vous
savez que fière de ma patrie, je mets un prix extrême aux
souvenirs qui s'y rattachent. Le culte du passé serait un
devoir s'il n'était pas une consolation. En lui consacrant
votre plume vous avez prouvé derechef que l'asile offert
aux hommes de génie est à la fois pour eux un motif d'in-
spirations nouvelles et un hommage dû à l'art, dont les nobles
représentants tiennent autant au passé qu'à l'avenir; aussi
n'ai-je pu que me féliciter de voir partager par vous l'œuvre
de ma famille.

Veuillez donc accepter l'expression réitérée de ma reconnaissance et celle de mon souvenir.

120. Friedrich Wilhelm Constantin,
Fürst von Hohenzollern - Hechingen,

geb. am 16. Febr. 1801, gest. 3. Sept. 1869, kam 1838 zur Regierung,
entsagte aber 1850 seiner Souveränetät, sein Fürstenthum an die
Krone Preussen abtretend. Seitdem residirte er zu Hohlstein und
Löwenberg in Schlesien, wo er, ein eifriger Musikfreund, sich eine
Hofcapelle hielt. Seit 1843 war er Liszt's Gönner.

Mon cher Liszt,

Permettez-moi de Vous adresser mes excuses de n'avoir
point répondu plus tôt à Votre aimable lettre que j'ai reçue
dans le temps: mais Vous conviendrez que c'est pardonnable
à un *jeune mari*[1]), qui n'entend rien, qui ne voit rien, et
qui ne vit que pour celle qui fait son bonheur! — Puis je
ne puis Vous nier, avec cette franchise que Vous me con-

---

1) Er hatte sich in zweiter Ehe mit einer Gräfin Rothenburg
vermählt.

naissez, que Votre demande m'a occasionné de l'embarras et donné des scrupules! — A l'occasion de mon nouvel établissement en ce pays, par suite de mon mariage, j'ai fait en ces dernières années des dépenses immenses. — La mémoire que je porte à Bach[1]) est si vraie, si grande et si large que je ne puis me résoudre de contribuer à la mémoire de cet immortel génie, si ce que le moment actuel me permet de donner, n'est pas analogue avec ma position, avec mon nom, et surtout avec mon amour pour l'art! — Veuillez, mon cher, me dire ce que d'autres de ma sorte y ont contribué? Si ensuite mon nom ne se trouvait pas dans la liste, il n'y aurait pas grand mal; denn ich fröhne dem Guten und Schönen, nicht des Namens, sondern der Sache wegen, und auch hier als *Ungenannter* nach Kräften bin und werde ich Theilnehmer dieses schönen und erhabenen Werkes bleiben! —

Permettez, mon cher Liszt, que je Vous fasse maintenant encore quelques demandes fondées sur l'amitié que je porte à Votre caractère, à Votre personne et à l'admiration que je vouerai éternellement à Votre génie! Comment va Votre santé? Fühlen Sie sich nun *einheimisch* in Weimar? On me dit que nous aurons sous peu un opéra de Votre composition, que je m'en réjouis! est-ce du tragique? Quels plans avez-Vous pour cette année? — J'ai aussi un plan qui ferait mon bonheur, et je le soumets amicalement à Votre approbation, c'est la prière de venir me voir en cette délicieuse Silésie, en mon château de Hohlstein, site charmant, tout à fait campagne et vie de château. De plus Vous y trouverez en ce moment, un compatriote, un ami à Vous et à moi, le Comte *Casimir Esterhazy*. Maintenant je finis avec ces mots: *Hohlstein propose et Liszt dispose.* — Si mon plan tant désiré peut se réaliser, en ce que l'aimable ami Liszt ne dispose pas autrement, et qu'il veuille venir, si ce n'est que quelques jours, nous voir, en ce cas j'ose lui tracer la

---

1) Liszt hatte ihn offenbar aufgefordert, der 1850 gegründeten Bach-Gesellschaft beizutreten.

route. En partant par chemin de fer le matin de Leipzig, par Dresde, Görlitz et Bunzlau, Vous serez à Hohlstein à six heures du soir. Si Vous me fixez le jour de Votre arrivée, Vous trouverez mes chevaux à Bunzlau. En attendant adieu! A jamais Votre sincère

Château de Hohlstein, ce 27 Avril [1851]
près de Löwenberg, Silésie prussienne.

121. Robert Franz.

Geehrter Herr Doctor!

Dass es nur immer in leidigen Geschäftsangelegenheiten sein muss, wenn ich mit Ihnen in Berührung trete! Diesmal komme ich, zu meiner eignen Beruhigung sei es gesagt, wenigstens nicht in egoistischen Motiven, sondern im fremden Auftrag. —

Sie werden wohl von den in neuester Zeit Epoche machenden Werken »Nach der Natur«, »Aus der Junkerwelt« u. A. einige Notiz genommen haben. Der Verfasser derselben, das wird Ihnen sicherlich auch bekannt sein, ist ein junger oberschlesischer Gutsherr Dr. Spiller v. Hauenschild [1]). Der Zufall hat es gefügt, dass ich mit ihm in nähere Bekanntschaft gekommen bin, der ich manche schöne Anregung danke. Vor Kurzem habe ich von Hauenschild einen Brief erhalten, in dem eines Gegenstandes Erwähnung geschieht, der Sie näher angeht. Mit Ihrer Erlaubniss setze ich den ganzen Passus lieber gleich hierher, lasse den Mann sein eigen Wort führen, dann brauche ich ihn nicht zu interpretiren. Die

---

1) Er schrieb unter dem Dichternamen Max Waldau (1822—1855).

Sache ist folgende: — — —, »lassen Sie uns von etwas Anderem reden. Sie stehen mit Liszt in Verkehr; meiner wird er sich nicht erinnern können, wir sprachen einander nur im Wirrwar eines grossen Studententrödels in Breslau. Ich lege eben sein Heft »de la Fondation-Goethe« aus der Hand. Um das Publikum mit der Nase darauf zu stossen, zu gleicher Zeit ein Stockkapital zu sammeln und überhaupt das Unternehmen in den weitesten Kreisen anklingen zu machen, möcht' ich vorschlagen, mit der Herausgabe eines *grossartigen* Album's zu beginnen. Ich betone das »grossartig«, denn es dürfte nicht die geringste Ähnlichkeit mit den hergebrachten deutschen Alben haben. Prosa, Gedichte, Musik, Kupferstich, Stahlstich, Steindruck, Holzschnitt, höchster typischer Luxus, gross Quart-Format oder gar Folio. Keine Beschränkung in der Wahl des Stoffes, es ist durchaus nicht nöthig, dass Alles auf Goethe Bezug hat; die Herausgabe des Werkes soll nur Geld machen für den Zweck, und es ist jetzt gerade wieder eine Zeit, in der selbst ein sehr theures Werk auf tüchtigen Absatz rechnen kann. Zudem liesse sich eine Subscription eröffnen. Endlich würden sich die Kosten dieses deutschen Nationalunternehmens verhältnissmässig gering herausstellen. Es versteht sich von selbst, dass Schriftsteller, Musiker, Maler und Dichter, und zwar unzweifelhaft die besten. die Deutschland unter den Zeitgenossen aufzuweisen hat, ihre Zeichnungen, Compositionen und Manuscripte für diesen Zweck gratis hergeben werden, so dass sich die Kosten gänzlich auf die *technische* Ausführung beschränkten. Auch hier wird der Nationalsinn und die Theilnahme des gesammten Volkes möglich sein, da irgend eine Papierfabrik das Material sicher zu möglichst geringem Preise liefert und selbst jeder Setzer einen Tag gratis zu arbeiten bereit sein wird. Cotta wäre allerdings der naturgemässe Verleger, da es aber ein Unternehmen ist, von dem der Verleger selbstverständlich keinen Kreuzer Gewinn hat und haben darf, so würde ich auch da Raum lassen für jüngere Firmen, die es sich zur Ehre rechnen ein solches Werk zu fördern. Schlodtmann in Bremen ist sehr reich und ehrgeizig. Dies ist nur eine vage

Skizze des Planes, ich möchte wissen, was Liszt davon hält:
dann wäre eine Association von 3 Musikern, 3 Malern (Kaul-
bach, Lessing, Sohn) und 3 Dichter-Schriftstellern (unter denen
zu figuriren ich durchaus nicht die Anmassung habe) zu bilden,
die zugleich die Redaktion übernähmen, vorerst aber einen
Aufruf an die Nation erliessen und die Kräfte zusammen-
trommelten. Das Ganze ist keine Bettelei, sondern eine der
edelsten Kollekten, die jemals dagewesen sind; das Resultat
aber wäre, wie sich voraussehen lässt, eine beträchtliche
Summe, da ein so reiches Werk über die Grenzen Deutschlands hinauswirken müsste. Sie werden sagen, bei solchem
Luxus ist es aber von vornherein nur für aristokratische
Zirkel zugänglich! Treffen meine Prämissen ein, so kann
der Preis trotz alledem nicht zu gespannt werden, und endlich bekommen wir die *Louisd'ors* nur auf *diese* Weise, während die Groschengeber ohne etwas dafür zu verlangen spen-
den. Das Herz des Volkes ist viel eher uneigennützig für
etwas Grosses einzunehmen und hinzureissen als die »Grossen«.
— Schreiben Sie doch Liszt darüber, mich dünkt, der Gedanke, in diesem Umfange aufgefasst, ist wirklich gut. Ehe
indess Witterung von diesem Plane in die Journale und in
den Haufen dringen darf, müsste das Comité zusammengesetzt und der Aufruf erlassen sein, sonst wird im Voraus
zu viel gepfuscht.« —

Ich habe, wie schon oben erwähnt, Ihnen wörtliche Mittheilung aus dem Briefe Hauenschild's gemacht. Die Sache
spricht zu sehr für sich, als dass sie noch einer besonderen
Empfehlung meinerseits bedürfte. Haben Sie Wunsch und
Neigung auf das Projekt näher einzugehen, so steht Ihnen
jede nähere Auskunft über den Planfinder zu Gebote: es
würde mir eine grosse Freude sein, mich indirekt bei Ent-
stehung eines Unternehmens betheiligt zu wissen, das, nur
einigermassen energisch angegriffen, segensreichen Erfolg haben
muss.

Indem ich Ihnen meine unausgesetzte und tiefe Ergebenheit zusichere, bin ich   Ihr

Halle, d. 1. Mai 1851.   Robert Franz.

122. Derselbe.

Geehrter Herr Doctor!

Da Sie an Hauenschild lebhaften Antheil nehmen, so interessirt Sie vielleicht auch meine Musik, die ich zu seinen Liedern gesetzt habe: ich erlaube mir, sie Ihnen zu übersenden [1]). Wenn ich Sie auf einen Charakterzug aufmerksam mache, der dem Musiker wohl der Beachtung werth sein dürfte, so geschieht dies nur, weil ich einer sehr zufälligen Beobachtung die Bedeutsamkeit desselben verdanke, die mir damit einen eigenthümlichen Blick in den Entwicklungsgang unserer Kunst thun liess. Jener Zug betrifft das Problem einer Verbindung der sogenannten alten Kirchentöne mit dem neueren Dur- und Moll-Tongeschlechte. Dass eine jede Kunst in ihren End- und Ausgangspunkten wieder zusammentrifft, bedarf meiner Rede nicht — nach meiner Meinung ist die Musik in dieses Stadium seit Beethoven's Hinscheiden getreten. Schon in Schubert und dann in der aus ihm gewachsenen romantischen Schule deuten eine Menge sonderbarer Züge auf dies instinctive, organische Streben hin — ich erwähne nur die mystische Stellung, welche die Dominante im modernen Ausdruck einnimmt: sie ist, wie dies auch in den alten Kirchentonarten der Fall war, der Angelpunkt geworden, um den sich ein ganz neues Tongeschlecht in geheimnissvollen Kreisen sehr ungenirt zu bewegen weiss. Es liesse sich hier noch Mancherlei erörtern, wenn ich nicht fürchtete, Ihre Geduld auf eine zu harte Probe zu stellen: vorläufig sehen Sie das zweite Lied »es klingt in der Luft« etwas näher an; Sie werden, indem Sie sich auf den erwähnten Standpunkt stellen, ganz eigene Resultate wahrnehmen: — es liegt ihm die äolische Tonart zu Grunde, aber nicht in ihrer Reinheit, sondern von Dur und Moll durchzogen. Diesem Lied verdanke ich eigentlich meinen Fund: ich sollte einem Philister die Tonart angeben und — konnte es nicht; — darüber ärgerte ich mich und kam

---

1) Op. 13.

endlich der Sache durch Nachgrübeln auf die Spur. Meine Anschauungsweise setzt Vieles in ganz neue Beleuchtung, namentlich beseitigt sie einen grossen Theil der Vorwürfe, die der modernen Schule von den Kritikastern häufig gemacht werden. Interessirt Sie der Gegenstand genug, so bietet sich in Ihrer freundlichen Einladung eine erwünschte Gelegenheit, ihn gesprächsweise weiter zu führen: ich werde, wenn nicht unvorhergesehene Abhaltung eintritt, nächsten Sonntag jedenfalls zum Lohengrin nach Weimar herüberkommen.   In steter Ergebenheit

Halle, d. 7. Mai 1851.   Rob. Franz.

123. Siegfried Dehn,

geb. 25. Febr. 1799 in Altona, gest. 12. April 1858 zu Berlin, ging von der diplomatischen Laufbahn zur Musik über und wurde als Theoretiker und Lehrer hoch geschätzt. Seit 1842 war er Custos der musikal. Abtheilung der Berliner königl. Bibliothek; 1849 wurde er königl. Professor. Bargiel, Cornelius, Damrosch, Glinka, Kiel, Kullak, Rubinstein waren u. a. seine Schüler.

Berlin, den 18. Mai 1851.

Liebster Freund,

Nimm meinen herzlichsten Dank für Deinen Brief vom 11. ds. Mts. und sei überzeugt, dass ich diesen neuen Beweis Deiner Freundschaft gründlich zu schätzen weiss. Kiel[1]) ist ganz glücklich über Dein Anerkenntniss seiner Arbeiten und nicht weniger dankbar für das, was Du für dieselben gethan hast; diese Dankbarkeit theile ich mit ihm, und überdies fühle ich mich geehrt, einen meiner Schüler in dieser Weise von Dir anerkannt und poussirt zu sehen. Mit wahrhafter Rührung hat Kiel Dein »compliment« in Bezug auf die Dedication seiner Canons angehört. Der von Dir bestimmte Titel *XV Canons im Kammerstyl* für das Pianoforte ist probat; um aber den Titel vollständig zu haben,

---

1) Hervorragender Componist und Contrapunktiker (1821—1885), nachmals Professor und Compositionslehrer an der Hochschule für Musik in Berlin.

muss ich Dich noch einmal belästigen, um Dich zu bitten, mir anzuzeigen, wie Du auf dem Titel genannt sein willst, ob einfach Dr. Franz Liszt, oder mit Vorsetzung Deines Titels als Hofkapellmeister u. s. w. Da Kiel die 3 letzten Canons mit den andern 12 zugleich herauszugeben wünscht, so bitte ich ferner, sie entweder an Härtel oder an mich zurück zu schicken. Hierbei habe ich zu bemerken, dass ich dem letzten der 3 Canons kein lascia passar geben kann, weil er zu stark klengelt, will sagen, weil er dem F-moll-Canon von Klengel (in den Avant-coureurs, No. 12) zu sehr ähnelt. Dies aber hat seinen guten Grund, denn es ist der erste Canon, den Kiel bei mir geschrieben hat, und zu dem ich ihm in Hinsicht auf die modulatorische Form den Canon von Klengel als Mustersatz vorlegte; auf diese Weise hat Kiel eigentlich mehr nachgeahmt als selbständig geschaffen. Da nun unter seinen späteren Canons, von denen ich circa noch einige Dutzend besitze, sich noch mancher befindet, der besser ist als der erwähnte, so würde ich, falls Du die 3 letzten Canons an Härtel schickst, diesem schreiben, dass er das Manuscript mir zustellen soll, damit Kiel statt des Findelkindes einen leiblichen und gesunden Jungen geben kann. Da ich ohnedies in den nächsten Tagen an Härtel wegen der Herausgabe der J. S. Bach'schen Cantaten schreiben muss, so werde ich ihm gleich das Nöthige mittheilen und auch Kiel's Adresse geben, damit er sich wegen der bevorstehenden Correktur mit ihm in direkte Verbindung setzen kann.

Was Du mir über Montag's [1] künftige Stellung schreibst, hat mich auf's Angenehmste überrascht. Montag selbst hatte mir nur entfernte Andeutungen gegeben, aus denen ich wohl entnehmen konnte, dass er Seminarien und Schulen als Direktor vorstehen würde; jetzt aber sehe ich, dass etwas ganz anderes im Werke ist und dass Du selbst die Sache in die Hand genommen hast. Um so mehr freut es mich, dem braven Montag behülflich sein zu können, indem ich ihn mit

---

[1] Musikdirector in Weimar.

dem für seine Zwecke unentbehrlichen Material versorgen
kann. Gott Lob und Dank! ich kenne die Werke der meiner
Leitung anvertrauten Sammlung nicht blos dem Titel nach,
sondern ich weiss auch, was sie enthalten. Wenn daher
Montag mir die verschiedenen Wege angiebt, die er einzu-
schlagen gedenkt, so kann ich ihm bei der unermesslichen
Sammlung und bei deren Reichthum an guten Werken manchen Dienst erweisen und auf diese Weise mein Scherflein
zum Gedeihen des Instituts beitragen.

Dein Urtheil über Raff's Oper macht mich neugierig auf
dies Werk und mit Vergnügen höre ich, dass wir sie hier-
orts auf der Bühne haben werden. Raff soll gut aufgenommen werden, und für Beseitigung gewisser maestrini,
die ihm entgegentreten könnten, lässt sich im Voraus sorgen.

Mein Werk über Bach's temperirtes Clavier ist mir fast
über den Kopf gewachsen, denn Deine Aufgabe, die ver-
wickelte H-moll-Fuge unter den Analysen mit aufzunehmen,
hat mich genöthigt, meine Einleitung des Werkes *»kurze
Abhandlungen über die Fuge«* weit auszudehnen. Die H-moll-
Fuge nämlich gehört einer Fugengattung an, die fast gar
nicht nach Deutschland verpflanzt ist, wo nur die *fuga tonale*
im Gegensatz der *fuga reale* auftritt, wie sie im Anfange des
XVIII. Jahrhunderts durch Leo, Lotti, Bach, Händel und
andere, später durch P. Martini, Sarti, Cherubini, Haydn,
Mozart u. a. sich in der Form feststellte. Ausser diesen
beiden Gattungen bildete sich aber in der Lombardisch-Ve-
nezianischen Schule eine dritte aus, die auch von dortigen
Theoretikern, z. B. Paolucci und P. Martini, als eine
·ganz wesentliche Gattung unter dem Namen: *fuga d'imitazione* aufgestellt wurde. Hierher gehört nun die Fuge von
Bach, die mich also veranlasst, meine einleitende Abhandlung
über die Fuge sehr zu erweitern. Anfangs war es mein
Wille, über die Fuga d'imitazione eine besondere Abhandlung zu schreiben; jetzt aber, da ich ein Beispiel mit unter
den Analysen aufnehme, habe ich mich anders entschlossen
und glaube auch besser zu thun, das Ganze auf Einmal zu
geben, statt immer wieder von Neuem mit Sachen aufzutreten,

die ursprünglich ein wesentlich integrirender Theil des Ganzen sind. Seit mehreren Monaten schon habe ich nicht an dem Werke arbeiten können, weil eine Sendung sehr seltener und ihres Inhalts wegen eben so merkwürdiger *spanischer* theoretischer und praktischer Musikwerke mich unausgesetzt beschäftigt hat. Gewohnt, nicht aus sogenannten Geschichtswerken, sondern aus praktischen Musikwerken meine geschichtlichen Kenntnisse herzuleiten, scheue ich weder Mühe noch Anstrengung. Ein bisher nur dem Titel nach bekanntes Werk eines Spaniers »Cabeçon« hat mich veranlasst, erst das Spanische selbst und dann die mir früher ganz unbekannte (jetzt aber ganz verständliche) Notenschrift zu studiren, um nun mit apodiktischer Gewissheit nachzuweisen, dass bereits die Instrumentalcomposition für *fünf* Streichinstrumente in der Mitte des XVI. Jahrhunderts florirt hat, dass als melismatische Figuren bereits *Quintolen* neben Triolen zur Anwendung gekommen sind etc. etc. Freilich sind meine Augen dabei auf den Hund gekommen; dafür kann ich mich nun aber auf's hohe Ross schwingen und den faiseurs de livres als Antesignan dienen. Bei der eingetretenen milden Frühlingsluft, in welcher ich im Freien gefaullenzt habe, haben die Augen sich vollständig erholt, so dass ich nun auch an das von Dir gewünschte Miserere von Palestrina gehen kann, was Dir sehr bald vorliegen soll.

Einige Deiner neuesten Werke zu erhalten, wird mich sehr erfreuen, und für Deine anderen Zusagen dank ich Dir im Voraus auf's Beste. Wie Du weisst, betrachte ich die musikalische Abtheilung der K. Bibliothek nicht als eine blosse Musik-Sammlung, sondern als ein musikhistorisches Archiv. Wer von alten und neuen Meistern eine *eigene* Richtung eingeschlagen, verfolgt und zur Geltung gebracht hat, der muss in meiner Königl. Sammlung so vollständig wie nur irgend möglich durch seine Werke vertreten sein. Durch Dich auf Pollini's Verdienste zuerst aufmerksam gemacht, habe ich nach und nach das Wichtigste dieses Künstlers angeschafft. Auch von Dir selbst sind viele Werke in der Sammlung vorhanden, aber nicht alle, die ich eigentlich haben müsste; da nun der

Fonds, über den ich disponiren kann, fast ganz erschöpft ist und ich noch nicht die Aussicht habe, unter den gegenwärtigen Calamitäten einen neuen zu erhalten, so lege ich mich zum Besten des ¡meiner Leitung anvertrauten Instituts bei »correkten« Künstlern — deren, ahi lasso! leider nur wenige sind — auf's Bitten, mir ihre Werke für die Sammlung zu schenken. Und da ich mich nun einmal so weit blosgestellt habe, so gehe ich auch noch einen Schritt weiter, um Dich zu bitten, uns mit Deinen Sachen ein Geschenk zu machen — jedes Deiner Werke ist mir ein erwünschtes und willkommenes Geschenk für die Sammlung — und womöglich auch gelegentlich an eine Original-Partitur von Deiner Hand zu denken. Montag, der mich *in der Sammlung* gesehen hat, mag Dir mündlich sagen, wie gewissenhaft und zärtlich ich mit diesem Kinde meiner Pflege umgehe und wie ich weder Mühe noch Kosten aus meiner eigenen Tasche sparc, um das Kind heranzuziehen.

Über Kiel theile ich Dir nächstens ausführlich alles mit, was ich nur kann; ich warte nur den Zeitpunkt ab, wo er mit der Revision einiger Fugen fertig ist, die er Dir mit einem eigenen Briefe zusenden zu dürfen um Erlaubniss bittet. Mit Freuden erwartet er den Zeitpunkt, an die von Dir angeregte Arbeit zu gehen und, wenn es ihm möglich ist, in Fugen die alte Schule mit der neueren Technik zu vereinigen. Heute über ihn nur so viel: gegenwärtig ernährt er sich durch Piano-Unterricht, der ihn nur Nachmittags beschäftigt, so dass er alle Vormittage seinen Studien obliegen kann; ich habe mich nicht speciell um seine Einkünfte bekümmert, die jedoch ganz hinreichend sein müssen, was ich daraus schliesse, dass er mir neulich ganz unaufgefordert von einer alten vieljährigen Schuld 15 Thlr. zahlte, und sich durch und durch gekränkt fühlte, als ich ihm den Vorschlag machte, das Geld noch so lange zu behalten, bis ich es mir ausbitten würde. Er hat also in Geldangelegenheiten einen noblen Sinn — verdammt selten bei der heutigen Künstlerzunft!

Unsere Briefe zu Anfang der vorigen Woche haben sich

gekreuzt, denn kaum hatte ich mein Packet mit der Partitur
von Pugni's Ouvertüre, den Canons von Kiel und einer Messe
von Caldara für Montag auf die Post gegeben, da erhielt ich
Deinen lieben Brief, der Abends, als wir nach unserem Quartett bei einer kleinen Bowle Maitrank uns von Beethoven's
Cis-moll-Quartett erholten, stellenweise vorgelesen wurde und
Dir ein lebhaftes dreimaliges Vivat! hervorrief. *Meine* Musi-
kanten sind gemüthliche Leute, die es tief fühlten, wie Du
Dich eines aufstrebenden Talentes annimmst.

Nun, liebster Freund! ein herzliches Lebewohl und der
freundlichste Gruss von mir und den Meinigen, mit der Bitte,
mir die Länge und Breite dieser Epistel nicht übel zu nehmen,
die Feder war einmal im Zuge, ergo —.

Indem ich mich noch ganz besonders der gnädigen Frau
Fürstin empfehle, zeichne ich mich mit wirklicher Hochachtung
treuergebenst

S. W. Dehn.

124. Adolf Stahr.

Weimar, 20/5 1851.

Soeben sendet S. K. H. der Erbgrossherzog die Hauenschild'schen Briefe an Frl. F. L. zurück, und ich eile, der
gestrigen Anweisung gemäss, Dir den Deinen nachdampfen
zu lassen. Als ich heut' morgen erwachte, schien mir Deine
Entfernung eine solche Unmöglichkeit, dass ich allen Ernstes
mich auf die gewöhnliche Stunde der conversazione dopo il
pranzo freute, und erst als ich meine fünf Geistesfinger
wieder gesammelt hatte, sehr traurig über die Wirklichkeit
mich nach No. 29 zum Frühstück verfügte. Jetzt erst schien
mir Weimar das wahre Geistes-Pompeji zu sein, und ich eilte,
wenigstens in brieflicher Verhandlung mit Hauenschild Deiner
gedenken zu können, bis die theure Freundin nach Vollendung ihres Arbeitspensums mir die Möglichkeit gewährt.

von Mund zu Mund mich und uns Deines Gedenkens zu erfreuen.

Soviel mein armer »zerstückter Kopf« es mir gestattet, werde ich versuchen in dem Chaos des durcheinander brodelnden Werdens unserer Pläne einen Punkt, jenen Archimedischen Punkt des: »Gieb mir, wo ich stehen kann!« zu suchen. Aber freilich so lange die Bande nicht gelöst sind, welche meine Hände zusammengeschnürt halten, gleiche ich einem Maler, dem eine erwünschte Aufgabe, Leinwand, Farben, Pinsel und Staffelei, Studium und alle äusseren Bedingungen des Schaffens umsonst dargeboten werden, weil er durch unzerbrechliche Bande mit dem Rücken an die Wand gefesselt, alle diese Dinge umsonst vor sich sieht.

Doch hier kann wesentlich nur allein ich selber Erlösung schaffen, und wenn ich dieser Situation gedenke, so ist es nur, um entschuldigend zu erklären, was es ist, wodurch auch in mir den

Unternehmungen voll Mark und Nachdruck

Wird des *Gedankens* Blässe angekränkelt!

Ich habe aber in diesem Augenblicke, — da ich immer im Momente voll zu leben strebe, nur *einen* Wunsch, und dieser ist, dass nach dem alten Kirchenliede »Eingang und Ausgang« Deiner Reise »gesegnet sein« und bleiben möge! Amen!

Der Frau Fürstin meine aufrichtigste Verehrung und Empfehlung; dem Freunde den Händedruck einer Freundschaft, die mich stolz und glücklich macht. »Freundschaft« (d. h. Freundschaftsfähigkeit), sagt Aristoteles, »ist eine *Tugend*«. Von dieser Tugend kann ich sagen, dass ich sie besitze, und dass ich Dir den Beweis davon zu liefern hoffe überall und jederzeit, wie ich bin der Deine

Adolf Stahr.

125. Fanny Lewald,

vielgeschätzte und -gelesene Schriftstellerin, nachmals Stahr's Gattin, geb. 24. März 1811 zu Königsberg i. Pr., lebte seit 1846 meist in Berlin und starb 5. Aug. 1889 in Dresden.

[Weimar, 20. Mai 1851.]

Der geliebte »Toggenburger« bringt mir den Brief, und ich will doch einen Gruss dazulegen, ehe ich die Siegelung besorge. Mit allem herzlichen Egoismus, der der *Freundschaft* eben so wenig als der *Liebe* fehlt, hat Stahr heute morgen auf Ihre Abreise, auf die Frau Fürstin, auf Alles gescholten, was ihm den Freund entführte — und endlich auch auf das »schändliche« Wetter, in dem Sie fahren mussten. Ich schlage ihm alle möglichen Zerstreunngen als Palliative vor — es will nicht fruchten, und wir werden wahrscheinlich nach der Altenburg gehen, ich werde wieder Schildwache stehen und warten, bis er sich überzeugt hat, ob Sie da sind. Morgen will er nach Jena, und dann wird mir Weimar einsam genug, die nöthige Arbeit ein Trost sein. Indess ich lasse ihn so gern gehen, als ich Sie reisen sah. Stahr wird es gut sein, mit dem treuen, gescheuten Hettner die Sachen praktisch zu durchdenken, wie es Ihnen gut sein wird, Ihre Freundin wieder zu haben. Sie sahen in den letzten Tagen so sorgenvoll bedrückt aus, dass ich Sie oft gern gefragt hätte, was Ihnen fehlt — wenn ich überhaupt *fragen* nicht für unnütz hielte. Möchten Sie Alles gut finden in Eilsen und uns die Fürstin zurückbringen, die sicher auflebt, wenn Sie bei ihr sind. Ich kenne die sonnenlose Existenz des Getrenntseins, bei der man sich sterben lässt, weil man innerlich erstarrt vor Kälte und fehlendem Lebenslicht. Sei Sonne mit Ihnen Beiden und Licht und alles Gute!

Ich bin Ihnen die letzten Tage gewiss recht stumpf und dumm vorgekommen — aber es war mir zu voll in der Seele. Mich blendete die Aussicht auf »Licht«! ich habe so hoffnungslos immer im Dunkel gesessen. Und doch wage ich das Licht noch nicht in's Auge zu fassen, die sich bietenden Aussichten nicht zu halten. Einmal muss, ehe ich hoffen kann,

in mir die Gewissheit leben, dass die neuen Verpflichtungen
Stahr nicht um eines Haares Breite. in seiner Wirksamkeit
für die Verbreitung der Ideen hindern, für die wir gelebt
haben. Es giebt kein mögliches Menagiren, kein juste milieu
für ihn, und ehe ich ihn beengt sähe in seinem Innern,
wollte ich tausendmal jedes Glück entbehren, ja mehr noch,
es *ihn* entbehren sehen[1]).

126. Adolf Henselt.

Mon très cher excellent ami, il y a longtemps que j'ai reçu
votre chère lettre — mes occupations sont telles ici que je ne
trouve guère une minute de libre avant l'été. Aussi je m'en
vais le passer à l'intérieur bien loin chez un ami. Je suis
heureux que mon Trio vous ait plu et que vous ayez bien
voulu le présenter dans le grand monde. J'attends avec impatience votre Concerto-Solo auquel vous voulez inscrire mon
nom — je l'attends avec d'autant plus d'impatience qu'il
faudra, je pense, longtemps le travailler, et je vous promets
de le faire. Si vous avez des Wolfsschluchten en Allemagne,
vous avez aussi des paradis, sur le Rhin du moins. Que
ferez-vous l'été? je ne puis cette fois passer les mers et
m'éloigner pour trop longtemps. Je n'écris plus rien — ce
que je fais ne me contente pas — le temps n'est pas pour
l'art. Cela viendra encore, j'espère. Vous êtes plus heureux
que moi, vous avez fait de grandes choses dans le dernier
temps, que, hélas! je ne connais pas. Que ne pensez-vous
à transcrire les nombreux Lieder de Weber? vous qui en
avez le secret — on aurait surtout pu les traiter populaire-

1) Schluss und Unterschrift des dem voranstehenden Briefe
Stahr's angefügten Schreibens fehlen.

ment pour les rendre accessibles au grand nombre. Je donne des leçons, c'est vous dire que je ne suis disposé à aucun travail, de quelque nature qu'il soit. J'aime mieux pêcher à la ligne et chasser en pensant au *Freischütz* en pleine forêt. Vous ne faites aucune allusion à vos affaires auxquelles je prendrais toujours le plus vif intérêt; j'aime à croire que vous êtes heureux.

J'espère bien trouver le Concerto-Solo à mon retour — ce qu'on appelle chez nous la belle saison n'est pas de longue durée — nous rentrons en Septembre et sommes alors contents de retrouver nos poêles. En plein Mai nous avons eu de la neige — puis 26° de chaud à l'ombre, transitions par trop peu préparées par exemple. Ma femme me charge de vous dire mille choses aimables et elle vous prie beaucoup de lui envoyer par occasion une feuille avec quelques lignes de votre main pour son album, et en même temps c'est le mien. Je vous embrasse tendrement et suis à jamais avec les sentiments que vous me connaissez pour vous votre dévoué de cœur et d'âme

St. Pétersbourg. Juin 1851.　　　　　　　Ad. Henselt.

127. Derselbe.

[Wol Ende Juni oder Juli 1851.]

Mein theurer herrlicher Freund,

Schon längst war es meine Schuldigkeit, Dir für das geniale Meisterwerk zu danken, womit Du meinen Namen ehrest [1]), und wenn es nach meinem Gefühle ginge, wär' es schon früher geschehen. Du weisst ja aber, unter welchen Verhältnissen ich hier existire. Dazu kommt noch der Zustand meiner Gesundheit, der sich immer mehr verschlechtert. so dass es eines Freundes- und Liebes-Beweises von den Deinigen bedarf um mich noch aufzurichten und zu erfreuen,

---

1) Die Widmung des »Grossen Concert-Solo für Clavier« (als »Concert pathétique« später für 2 Pfte., sowie für Pfte. u. Orch erschienen). Breitkopf u. Härtel, 1851.

um noch mein Interesse zu erwecken. Gott erhalte Dir Deine Jugendfrische und Jugendmuth (noch recht lange; von mir ist nichts mehr zu erwarten. Fehlt mir nun gleich die Kraft, Deine herrliche grandiose Composition selbst zu spielen, so würdest Du Dich doch wundern, wie sie mehrere meiner Schüler und Schülerinnen spielen. Michel Wielhorsky[1]) grüsst Dich 1000mal, das ist auch einer, dem von Dir nichts verloren gegangen; an dem hast Du auch einen warmen Freund und Verehrer. Weisst Du auch, lieber Franz, dass ich Hoffnung habe Dich wieder zu sehen? ach wie gern möchte ich etwas von Deiner Häuslichkeit wissen, nicht aus Neugierde, sondern weil Du für mich nicht blos der grosse Künstler bist, sondern der mir eben so liebe Mensch! Wenn ich Dir so viel werth bin, die Feder für mich in die Hand zu nehmen, so schreib mir doch mal paar Worte, denn vor Ende September werde ich Dich doch nicht besuchen. NB. Ich komme wieder für *Dich allein auf 1 Nacht* nach Weimar, ich will da sonst mit Niemandem was zu thun haben. Ich küsse und umarme Dich von ganzer Seele.

Dein treuster wärmster Freund

Henselt.

128. Hector Berlioz.

Mon cher Liszt,

J'arrive de Londres. Belloni m'apprend que tu as le projet de monter *Benvenuto* à Weimar. Je te remercie mille fois d'y avoir songé. Ce sera un grand plaisir pour moi de voir ce pauvre ouvrage renaître ou plutôt naître sous ta direction[2]). Je viens de mettre la partition entre les mains de mon copiste qui la répare et y fait quelques changements que je crois nécessaires. Tout sera prêt dans quelques jours

---

1) Graf Wielhorsky, ein vortrefflicher, selbst ausübender Musikkenner und -Freund.

2) Die 1835—1837 entstandene Oper »Benvenuto Cellini« war bei ihrer ersten Aufführung in Paris im Sept. 1838 ausgepfiffen worden. .

et Belloni t'enverra le paquet. N'oublie pas de m'informer
de son arrivée, car je n'ai pas d'autre copie de cet ouvrage.
Puis quand le copiste de Weymar n'en aura plus besoin, re-
tire-le de la circulation du théâtre. Je sais ce que les manuscrits deviennent dans ces bagarres.

Je t'enverrai en même temps un livret imprimé conforme
à la partition et indispensable au traducteur.

Adieu, je n'ai que le temps de te serrer la main. Le
tourbillon anglo-français qui agite Paris en ce moment me
prend tout mon temps. Il s'agit de faire entendre à Notre-
Dame, le mois prochain, mon *Te Deum* et d'employer les
grands moyens. Mille amitiés.

19, Rue de Boursault, Paris, 6 Août 1851. H. Berlioz.

129. Derselbe.

Paris, 29 Août 1851.

Mon cher Liszt,

Je n'ai pas perdu de temps et pourtant je viens de terminer aujourd'hui seulement les *réparations* de »Benvenuto«.
Je t'assure que maintenant la tâche du copiste n'est plus
compliquée. En conséquence je pense que tu devrais commencer par faire copier une *partition de chant* pour le traducteur qui ne peut écrire sur mon manuscrit sans achever de
l'abîmer. D'ailleurs la place lui manquerait presque partout
pour les paroles allemandes. On aura le temps de copier et
les parties d'orchestre et la grande partition pendant les études
des rôles et des chœurs. Mais, je t'en prie, exige que les
copistes ne me dissipent pas ma partition que j'ai eu tant
de peine à remettre en bon état.

Elle est d'ailleurs reliée en quatre volumes et peut en
conséquence occuper quatre ouvriers à la fois. Tu recevras
en même temps les sept ou huit morceaux qui ont été publiés avec accompagnement de piano, et le livret corrigé d'a-
près l'état présent de la partition. Je crains qu'il ne te
manque à Weymar que quelques instruments à vent. Il fau-

drait donc que tu eusses la complaisance d'arranger certains passages.

Ainsi j'ai employé souvent 4 Bassons, quand ils forment des accords à découvert, remplace *le premier* et *le second* par deux Clarinettes si elles n'ont rien d'important à faire au même instant. J'ai mis aussi une Clarinette Basse dans le septuor et dans l'ouverture. Si l'on ne peut en avoir une, il vaut mieux presque partout faire jouer sa partie par une Clarinette ordinaire in *B*.

Avez-vous deux Harpes? — Deux Cornets à Pistons? Ceux-ci peuvent être remplacés par deux Ventil-Trompettes en *La bas* et en *Si b bas*. Quant aux trois Timbales on en supprimera une et il est aisé de trouver un deuxième Timbalier tel quel pour les endroits où il y a deux roulements simultanés sur les deux Caisses.

Je ne te dis rien des chanteurs; je ne connais pas le personnel de Weymar ni la manière dont le chœur est maintenant composé. Seulement il est plus que probable que tu auras à faire des actes de *volonté* pour obtenir l'exécution *réelle* de beaucoup de morceaux dont les difficultés rythmiques doivent être enlevées avec verve et non abordées avec hésitation et en tâtonnant. C'est presque une éducation à faire. Quant à l'ouverture ou *aux ouvertures* (en y comprenant celle du Carnaval Romain), elles sont gravées en partition et parties séparées chez Brandus[1]).

Maintenant quelque enfantine que ma joie puisse te paraître, je ne la dissimulerai pas avec toi. Oui, je suis très joyeux de voir cet ouvrage présenté à un public sans préventions et présenté par toi. Je viens de l'examiner sérieusement après treize ans d'oubli et je jure que je ne retrouverai plus jamais cette verve et cette impétuosité Cellinienne, ni une telle variété d'idées. Mais l'exécution n'en est que plus difficile, les gens de théâtre, les chanteurs surtout, sont si déshérités de l'*humour!* Au reste je compte sur toi et sur ta flamme pour Pygmavioniser toutes ces statues.

---

1) Pariser Musikverleger.

Adieu, écris-moi au reçu du paquet que je crains de voir s'égarer et donne-moi quelques détails sur tout ton monde lyrique.

Mille amitiés bien dévouées et reconnaissantes.

19, rue de Boursault.   H. Berlioz.

P.S. Belloni vient d'expédier aujourd'hui pour Weymar le paquet de partitions manuscrites et gravées.

130. Fanny Lewald,

Jena, d. 13ten September 1851.

Das ist aber im Grunde doch zu arg, dass man nicht einmal erfahren kann, wo Sie sind? Ob Sie leben auf der Erde, wie andere Menschen auch, oder ob Sie, wie die Heroen des Alterthums, bei lebendigem Leibe unter die Gestirne aufgenommen sind? — Der Eine sagt: Liszt ist in Weimar! Der Andere: Er ist nicht da, aber er kommt bald! Der Dritte: Er geht gar nicht mehr zurück und bleibt als, ich weiss nicht was, in München! Der Vierte: Er ist in Ischl! — und Raff behauptete vor 14 Tagen, er wisse nicht, wo Sie sind. Wo sind Sie denn, lieber Liszt! und wo werden Sie sein, wenn die Frage nicht indiskret ist?

Stahr ist vor vierzehn Tagen nach Oldenburg gegangen und hätte Sie gern vorher noch gesehen, Ihnen die Hand zu drücken. Da aber Ihr Aufenthalt und Ihre Rückkehr gar nicht zu erforschen waren, musste er sich den Gedanken vergehen lassen, Sie irgendwo aufzusuchen. Die Weimarischen Pläne sind nach Oldenburg gedrungen, und tragen nicht dazu bei, seine dortigen Verhältnisse angenehmer zu machen, wie Sie denken können [1]; indess, das sind Dinge, die man nun nehmen muss, wie man kann, und es ist vielleicht gut, wie die Sachen stehen, dass wenigstens die Revue in diesen Zeilen nicht in Angriff genommen ist.

---

[1] Es war damals eine Übersiedelung Stahr's nach Weimar geplant.

Wir haben übrigens in den letzten Monaten alle Briefschaften und Memoiren über die Glanzperiode Weimar's durchgesehen, aus denen Stahr ein kulturhistorisch interessantes Ganze zusammenstellt. Es spricht *fast* durchweg für Karl August und gegen die Weimaraner, die zu Goethe's Zeiten schon reichlich den *»Esels*prozess« veranlassen konnten, und Goethe ebenso das Leben erschwert, ihn ebenso um seiner Superiorität willen gefürchtet und gegen ihn intriguirt haben, als man es mit Eifer gegen Sie gethan. Sie, lieber Liszt! gehören auch zu den grossmüthigen Seelen, die von den Menschen immer noch besser denken, als sie es verdienen; und Mancher, den Sie uns als bon garçon und honnête homme bezeichnet, hat das Prädikat um Sie wirklich nicht verdient. Es giebt so wenig Menschen, die eine Superiorität neidlos ertragen oder sich ihr gar liebevoll unterordnen können. Man darf ihnen das im Grunde nicht übel nehmen, es ist Nothwehr ihrer Schwäche und die mangelnde Einsicht, dass der freie geförderte Flug eines starken Menschen viele Dutzendmenschen auf seinen Schwingen mit sich fortträgt, die allein nicht aufsteigen können, wie sehr sie auch zappeln und sich mühen. Ich habe Ihnen, ganz abgesehen von den Interessen, die Sie damit für uns verknüpften, so herzlich das Gelingen Ihrer Pläne gewünscht, weil sie gross und schön waren und auch dem Erbgrossherzoge für eine ferne Zukunft wesentlich nützlich gewesen wären.

Ich habe nun meinen Winter hier zu bleiben und zu arbeiten, d. h. eigentlich mehr zu lernen, als zu schaffen beschlossen. Bis Neujahr bleibe ich sicher hier — und *das* wollte ich Ihnen eigentlich sagen, damit Sie nicht etwa einmal nach Jena kommen, ohne dass ich es erfahre und Sie sehe.

Es ist so traurig, dass wir jetzt gar Nichts von Ihnen wissen! Ich habe an die Geheimräthin Schwendler geschrieben, aber noch keine Antwort, um zu erfahren, wie es Ihnen und der Fürstin geht, falls sie etwas von Ihnen weiss. Geben Sie mir selbst Nachricht und empfehlen Sie mich ihr angelegentlich.

Vor einiger Zeit schrieb mir Johanna Kinkel, ob ich glaubte, dass man einem Frl. Julius, einer Schülerin von Garcia, von der Rossi auf das Wärmste empfohlen, das Auftreten und Gastrollen in Weimar erschweren würde, weil ihr Bruder ein Exilirter war, der in London gestorben ist. Sie bat mich, Sie zu fragen? Frl. Julius soll eine vortreffliche Stimme und gründliche musikalische Bildung haben. Vielleicht passt Ihnen das, wenn Sie nach Weimar zurückkehren.

Was Sie aber auch thun mögen, sei der beste Stern mit Ihnen und Ihren Wünschen. Lassen Sie mich bald von sich hören. Freundlichst

Fanny Lewald.

131. Ferdinand Hiller,

geb. 24. Oct. 1811 zu Frankfurt a. M., gest. 11. Mai 1885 zu Cöln, Pianist, Componist und Musikschriftsteller, seit 1850 städt. Capellmeister und Director des Conservatoriums in Cöln (in späteren Jahren geadelt), hatte während seines Pariser Aufenthaltes 1828—1835 viel mit Liszt verkehrt.

Lieber Liszt,

Ich habe mir die Freiheit genommen, Dir ein Heft Klavierstücke zuzueignen, die in diesem Augenblicke bei Hofmeister unter dem Titel »Rhythmische Studien« erscheinen. Es ist ein Versuch, in der Vermischung der geraden und ungeraden Taktarten weiter zu gehen, als man, so viel ich weiss, bis jetzt gegangen ist. Diese Zeilen sollten von Rechtswegen ein Exemplar des kleinen Werkes begleiten, aber Hofmeister hat den Druck beginnen lassen ehe er meine zweite Correktur hatte, und da ich Dir natürlich ein möglichst fehlerfreies Exemplar geben möchte, so wäre es möglich, das Werk käme Dir unter die Augen, ehe ich zu einem solchen gelange. Wie dem nun auch sei, ich hoffe, Du nimmst es freundlich auf und an und erkennst darin den alten Freund und den strebenden Musiker.

Dass ich Dich in Köln verfehlen musste, war mir herzlich leid — hoffentlich findet sich bald eine Gelegenheit mich dafür zu entschädigen. Interessire Dich ein wenig für die Kölner Musikangelegenheiten — sie sind mir sehr an's Herz gewachsen.

Gestern Abend habe ich Lucrezia Borgia dirigirt — dass dies nicht mein höchster Zweck bei Annahme der hiesigen Stellung war, davon bist Du wohl überzeugt — ich denke Dir in nicht ferner Zeit Besseres mittheilen zu können.

Adieu, liebster Freund, verzeihe diese eiligen flüchtigen Zeilen. Empfiehl mich den Weimarer Freunden: erhalte mir eine freundliche Gesinnung.

Stets Dein herzlich ergebner

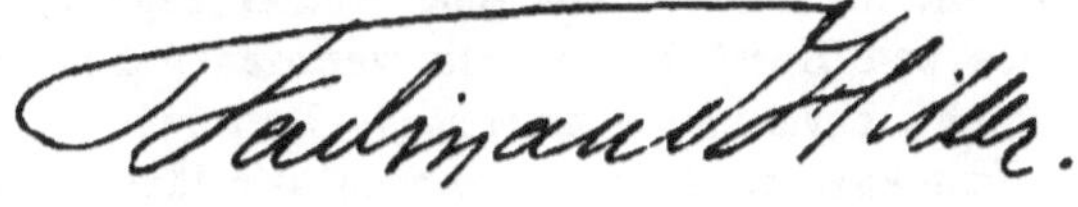

Paris, 15/10 1851.

132. Peter Cornelius,

geb. 24. Dec. 1824 zu Mainz, gest. daselbst 26. Oct. 1874, der feinsinnige Dichtercomponist der Opern: »Der Barbier von Bagdad«, »Cid« und »Gunlöd«, sowie zahlreicher Vocalwerke, war erst Dehn's, dann Liszt's Schüler, ein eifriger Vorkämpfer der neudeutschen Schule. Durch Wagner wurde er 1864 nach München gezogen.

Lieber, hochverehrter Freund!

Ich schreibe nur flüchtig, weil ich den morgenden Tag[1], der uns *Allen* so viel bedeutet, nicht ohne einen herzlichen Gruss vorübergehen lassen kann; ausführlich aber werde ich so bald als möglich an Hans v. Bülow schreiben, der Ihnen dann mittheilen mag, was Sie interessiren kann.

Ich habe die letzten 5 Tage mit meinem Bruder verlebt und dadurch einen Trost dafür, dass ich sie nicht in Weimar verdämmern durfte. Mein Bruder reist heute um 3 Uhr über Berlin nach Breslau ab, und mit derselben Stunde fange ich, Gott sei Dank, einmal wieder zu arbeiten an. Denn ich

---

1) Liszt's Geburtstag.

habe heut Morgen von Mainz aus die Londoner Ausschreibung erhalten. (In einzelnen Punkten etwas stark philiströs, thut aber nichts!) Zugleich habe ich hier Gelegenheit, Orgel zu üben, soviel und so oft ich will, was besonders behufs der Orgelbegleitung zu den Messen sehr erspriesslich ist.

So werde ich also von jetzt bis Ende Dezember vollauf mit Componiren beschäftigt sein, und nur hie und da in einem langen Brief an Hans pp. einmal aufathmen. Mit vollem Herzen gehe ich an die Arbeit. Wie viel reicher an Begeisterung und Muth bin ich wieder durch Weimar geworden; es müsste mit dem Teufel zugehn, wenn so viel Gutes und Herrliches an mir verloren gehen sollte. Das soll es nicht, carissimo e amatissimo Dottore!

Pruckner wird Ihnen morgen sein längst vorbereitetes Geschenk bringen. Bitte grüssen Sie ihn dann von mir. Ich möchte auch einige Noten davon geschrieben haben, um das stolze Bewusstsein zu haben, der Freude theilhaftig zu sein, die es Ihnen machen wird. Doch, so Gott will, leben wir ja noch ein gut Stück neben einander, und ich werde noch oft Gelegenheit haben, Versäumtes nachzuholen. Welche väterliche Freude wird es Ihnen nicht machen, wenn Sie zwei *leicht singbare Messen* von mir sehen?

So rufe ich denn fröhlich mein Evviva Francesco nach allen vier Weltgegenden hin! Halten Sie sich gesund und frisch auf! Wir *alle*, die wir Ihnen nahe stehen, und von dem Hauch Ihres Geistes unser Theil empfangen haben, wir wollen der Welt zeigen, dass dem Guten und Edlen, welches wir schaffen, der Siegel Ihres Namens aufgedrückt ist! —

Wenn Ihnen Hans und Joachim die Hand drücken, so denken Sie auch einen Augenblick an mich, und dass ich unaufhörlich der Ihrige bin. —

Arnims sind wohl nicht bis zum Geburtstag geblieben? Im bejahenden Fall, bitte ich Sie um einen Gruss an die Damen B — A — G[1].

---

[1] Bettina und ihre Töchter Armgart und Gisela.

Sobald ich mit meinen Arbeiten etwas im Gang bin, lasse ich mich ausführlicher an Hans vernehmen. Bis dahin behalten Sie im Andenken Ihren

Soest, 21/10 1851.
Räthin Dreckmann, Lütken Grandweg.

133. Robert Schumann.

Düsseldorf, den 5ten Nov. 1851.

Verehrter Freund,

Wir haben gestern die Ouvertüre zu Manfred probirt; meine alte Liebe zur Dichtung ist dadurch wieder wach geworden. Wie schön, wenn wir das gewaltige Zeugniss höchster Dichterkraft den Menschen vorführen könnten! Sie gaben mir Hoffnung dazu; haben Sie einmal wieder darüber nachgedacht?

Die Ausführbarkeit gilt mir für ausgemacht; einiges Bedenkliche wäre freilich mit dem Regisseur zu besprechen, so z. B. ob die Geister in der 1ten Abtheilung nicht auch dem Auge sichtbar sein müssten (wie ich glaube). Das Ganze müsste man dem Publikum nicht als Oper oder Singspiel oder Melodram, sondern als »dramatisches Gedicht mit Musik« ankündigen. — Es wäre etwas ganz Neues und Unerhörtes. Die Besetzung des Manfred selbst durch einen bedeutenden Künstler bliebe freilich die Hauptsache. Dass die Aufführung des musikalischen Theils keine grossen Anstrengungen erfordert, sahen Sie vielleicht selbst in der Partitur.

Ich wollte Sie nun bitten, theurer Freund, mir Ihre Gedanken mitzutheilen, und, wenn Sie mir schreiben, dass der Manfred noch in diesem Winter in Angriff genommen werden könnte, die letzte Hand an's Werk legen. Einstweilen sende ich Ihnen die Bearbeitung des Textes, auch das Suckow'sche Buch, das beides Sie Sich vielleicht noch einmal ansehen und dem Hrn. Regisseur mittheilen.

Noch oft gedenken wir Ihres letzten Hierseins, der Frau Fürstin, ihrer liebenswürdigen Fräulein Tochter, denen Sie unsre verebrungsvollen Empfehlungen zukommen lassen wollen, — und Ihrer, der Sie wie immer so reiches Leben um sich verbreiteten.

Vergessen Sie auch unsrer nicht und erfreuen uns bald durch ein freundliches Wort.

Ihr ergebener

R. Schumann.

134. Derselbe.

Düsseldorf, den 6ten December 1851.

Verehrter Freund,

Haben Sie vielen Dank für Ihren Brief, der mich sehr erfreut hat. Mit der Möglichkeit der Ausführung, die Sie in Aussicht zu stellen so freundlich sind, wandelte mich doch auch ein *leises Grauen* an vor der Grösse des Unternehmens — ich kann es nicht läugnen; aber ich weiss auch, dass, wo Sie die Hand mit anlegen, die Überwindung der grossen Schwierigkeiten bei einem etwa nicht glückenden ersten Anlaufe nicht gleich aufgegeben wird. Und so freue ich mich denn, dass Sie es sind, der diese gewaltige Dichtung Lord Byron's in's Leben zu rufen seinen Beistand zugesagt.

Vor Allem möchte ich Sie noch einmal um Zusendung meines Textes auf einige Tage bitten; es sind noch einige Unklarheiten darin. Ich schicke Ihnen dann den Text mit der Partitur *sogleich* zurück.

Und nun die Frage noch: wäre es Ihnen möglich, die Aufführung bis Anfang *Februar* zu verschieben? Meine Frau hat mir am 1ten December ein Töchterchen geschenkt. So wohl sie sich befindet, so vergehen doch über eine vollständige Kräftigung gewöhnlich einige Monate — und dass sie zur Aufführung des Manfred mit nach Weimar kommen möchte, darauf freut sie sich schon jetzt. Also deshalb womöglich möchte ich, dass die Aufführung vielleicht etwas später stattfinden möchte.

Mit Freude habe ich gehört, dass Sie die Ouverture zur Braut von Messina in Weimar aufgeführt. Schreiben Sie mir ein Wort darüber, wie Ihnen das Stück gefallen. Man hört so selten von Künstlern über sich urtheilen — und was die sogenannten Kritiker von Fach sagen, ist in Lob wie Tadel meist so albern, dass man es nur belächeln kann. Es ist freilich nie anders gewesen.

Den 1sten Band von R. Wagner's neuem Buch[1] habe ich gelesen; es ist sehr bedeutend. Aber sonderbar, dass er den Fidelio nicht erwähnt.

Für heute nur noch die freundlichsten Grüsse und verehrungsvollsten Empfehlungen der Frau Fürstin. R. Sch.

135. Robert Volkmann.

Verehrtester Herr Doctor,

Noch einmal erlaube ich mir, Sie mit einer schriftlichen Visite zu belästigen. Sie werden sich noch meines Trio's erinnern, über welches ich mir vor einem Jahre Ihr Urtheil erbat, und dem Sie so viel Theilnahme schenkten, dass Sie es mit zwei der ausgezeichnetsten Künstler probirten, was mich unendlich freut: ich wünschte nur, ich hätte der Ausführung beiwohnen können, wahrscheinlich hätte ich da viel schönere Sachen gehört, als ich in meinem Trio componirt habe. Auch hatten Sie die Freundlichkeit, mir über meine Arbeit so viel Günstiges zu schreiben, dass ich mich darüber sehr geschmeichelt fühle. Nicht minder wohlthuend war es mir, dass Sie mir auf dem dornenvollen Pfade der Trioverfertigung Muth zusprachen. Was ich aber ferner in Ihrem mir so werthen Schreiben über Mobilmachung meiner Compositionen las, habe ich nach reiflicher Überlegung leider nur zu wahr gefunden. — — — — — — — —

Da ich indessen vorderhand nicht nach Deutschland reisen kann, um das Bekanntwerden meiner Compositionsversuche persönlich zu betreiben, auch meine musikalischen Kinder

---

1) Oper und Drama. 1851.

nicht wieder vergeblich zu hartherzigen Verlegern betteln schicken will, so nehme ich den Antrag eines Kunsthändlers, mein Trio auf Subscription herauszugeben, mit Vergnügen an. Die zur Deckung der Kosten nöthige Subscribentenzahl war wider Erwarten ganz allein in Pesth sehr bald gefunden, und noch in diesem Monat soll das Kindlein auf Eroberungen ausgeschickt werden, deren es zwar aus inneren und äusseren Gründen wenige machen wird, doch dürfte es auch nicht ganz unbeachtet bleiben; in *Wien* wenigstens, hoffe ich, wird man es versuchen, spielt ja doch Herr *Hellmesberger* in der künftigen Fastenzeit öffentlich ein Streichquartett von mir, das meines Erachtens nicht schlechter ist, als mein Trio. Dem letzteren Opus möchte ich aber nun auf seine Reise gar zu gern einen Talisman mitgeben, der die Kraft hätte, die Aufmerksamkeit des Publikums auf dasselbe zu lenken, und diesen glaube ich auch gefunden zu haben, obwohl ich ihn noch nicht besitze. Ihr Name nämlich ist es, Herr Doctor, der dem Titelblatte eben so sehr zur Zierde, als meiner Composition zur mächtigen Empfehlung dienen würde. Da ich nun einigen Grund habe, zu vermuthen, dass Sie sich meines Produktes nicht gerade schämen werden, so hoffe ich auf keinen ungünstigen Bescheid auf die Frage: ob ich die Ehre haben kann, Ihnen mein Trio zu widmen? Sollte ich mich in meiner Hoffnung nicht getäuscht haben, so bitte ich nur höflichst, mir die Gewissheit darüber recht bald zukommen zu lassen, da der Notenstich vom Trio bereits so weit vorgerückt ist, dass nun das Titelblatt in Arbeit genommen werden soll. Ich würde mich sehr glücklich schätzen, wenn ich auf die eben genannte Art, wobei freilich nur *ich* im Vortheil wäre, meine Verehrung für Ihre hohe Künstlerschaft an den Tag legen dürfte.

Indem ich in voller Erwartung auf das Resultat dieses Schreibens dasselbe beschliesse, erlaube ich mir noch zu fragen, ob nicht ein junger vortrefflicher Violinspieler, Herr *Edmund Singer*[1]), der uns kürzlich verlassen, um in Deutschland seine

---

1) Er wurde 1854 Concertmeister in Weimar und ist seit 1861 Hofconcertmeister und Professor am Conservatorium in Stuttgart.

Kunst zu produciren, auch Weimar berührt hat auf seiner Wanderung? Ich hege von diesem jungen Künstler, der wie der geniale *Joachim* in Pesth geboren ist, die besten Erwartungen, was mein Interesse für ihn entschuldigen mag.

Jetzt habe ich endlich nichts mehr zu schreiben, als die wiederholte Versicherung meiner vollkommensten Hochachtung Ihrer seltenen Eigenschaften, der ich die Ehre habe mich zu nennen   Ihren ganz ergebenen   Robert Volkmann.

Pest, den 6. December 1851.

(Wohnhaft: 3 Kronengasse, Nádosy'sches Haus.)

136. Siegfried Dehn.

Berlin, den 22. Decbr. 1851.

Sehr geehrter und lieber Freund!

Aus Deinem mir durch das Bureau de musique zugekommenen Briefe habe ich Deine ehrenvolle Aufforderung ersehen, eine Vorrede zu den von Dir auf's Piano übertragenen 6 grossen Orgelfugen J. S. Bach's zu schreiben. Weil *Du* es willst, habe ich mich an die Arbeit gemacht, glaube aber kaum, dass sie Dir genügen wird. Du hast eine geistreiche Aufgabe zu lösen unternommen und auch, wie ich von meinem Standpunkt aus bekennen muss, Erstaunenswerthes geleistet. Dazu soll *ich* nun eine Vorrede schreiben, ich, der ich in meinem Leben weiter nichts gethan, als gesammelt, weiter nichts versucht habe, als das Gesammelte zu ordnen und wieder mitzutheilen.

Du darfst also von mir in der Vorrede nur Reelles erwarten, und in dieser Voraussetzung habe ich denn auch versucht, Deinem Auftrage nachzukommen. Bist Du mit dem Inhalt und der Form einverstanden, bist Du dies nicht — willst Du das Ganze oder nur einige Stellen geändert haben, — hierüber möchte ich gerne ein Wort von Dir vernehmen, indem ich mich gleich im Voraus zu Allem bereit erkläre, was Du von mir verlangst. Obgleich ich also nach bestem Wissen und nach bester Überzeugung geschrieben zu haben meine, so gebe ich doch gern zu, hier oder dort einen Irrthum begangen zu haben. Ich erwarte demnach von Dir einige Zeilen und bitte aufrichtig, nicht etwa aus irgendwelcher Rücksicht mit Deinem Urtheil zurück zu halten. .—.

Gerne wäre ich nach Beendigung meiner diesjährigen schlesischen Reise auf einige Tage wieder nach Weimar gekommen, allein ich konnte es nicht möglich machen. Die mir aus Weimar zugekommenen Nachrichten über Deine dortige Thätigkeit, wie auch über das neu errichtete Streichquartett haben mich sehr angenehm berührt. .—.

Hast Du denn von dem Miserere Romanum des Palestrina Gebrauch machen können? — Hast Du sonst irgend einen Auftrag für mich, so wird er mir jederzeit willkommen sein.

Mit dem Wunsche, bald einige flüchtige Zeilen von Dir zu erhalten, und mit der Bitte, mich der gnädigen Frau Fürstin auf's Ehrerbietigste zu empfehlen, grüsse ich Dich freundlich und von ganzem Herzen.

Treuergebenst Dein   S. W. Dehn.

137. Robert Schumann.

Düsseldorf, den 25sten Dec. 1851.

Verehrter Freund,

Manfred folgt hier wieder zurück. Ich habe Text wie Musik nochmals einer Prüfung unterworfen, auch im Verein mit Hildebrandt und Wolfgang Müller, und denke, er könne sich nun auf der Bühne versuchen.

Die Geistererscheinungen müssen, — zu der Überzeugung bin ich gekommen, — natürlich alle verkörpert erscheinen. Über Einzelnes der Inscenirung denke ich Hrn. Genast später noch besondere Mittheilung zu machen.

Von den Musikstücken lege ich Ihnen, theurer Freund, vor Allem die Ouverture an's Herz; ich halte sie, wenn ich es Ihnen sagen darf, für eines meiner kräftigsten Kinder, und wünschte, dass Sie dasselbe finden möchten.

In den melodramatischen Stellen, wo die Musik die Rede

begleitet, braucht wohl nur das halbe Saitenquartett zu begleiten? Dies alles wird sich bei den Proben herausstellen.

Die Hauptsache bleibt natürlich immer die Darstellung
der Rolle des Manfred; die Musik ist nur Folie, und wenn
Sie dem darstellenden Künstler in Weimar die Bedeutung der
hohen Aufgabe klar zu machen etwas beitragen, so würde
ich Ihnen sehr dankbar sein.

In unserem Hause sieht es sonst ganz gut aus. Meine
Frau ist wieder wohlauf, wie die Kinder alle. Der Frau
Fürstin sagen wir unsern besten Dank für ihre gütigen theil-
nehmenden Zeilen. Meine Frau wird noch selbst einen Brief
beilegen.

Und nun meine freundlichen Grüsse noch am Schluss des
Jahres, und dass Sie mir fort und fort gewogen bleiben mögen
Ihrem ergebenen   R. Schumann.

138. Hector Berlioz.

Mon cher Liszt,

Belloni vient de m'apprendre que tout marchait bien et
que tu m'engageais à aller entendre notre opéra le 16 Février.
Ce sera pour moi une fête charmante à moins que *Benvenuto*
ne tombe une seconde fois.· Mais je courrai la chance.

Maintenant Belloni m'apprend que pour me dédommager
de mes frais de voyage tu me mettras à même de donner
un concert-représentation au théâtre sous le patronage du
Grand-duc. Comment conçois-tu les arrangements de cette
soirée? Si on la commence par un concert, de courte durée
même, il ne sera pas possible de la terminer par Benvenuto
qui dure trois heures. Le public allemand *doit* être couché
à 10 heures, et il ne fera pas une débauche musicale en ma
faveur. En tout cas dans le concert je ne voudrais faire
entendre que les 4 premières parties de *Romeo:* Introduction
et prologue choral — La Fête — L'adagio — La fée Mab.

J'ai les parties de chant avec paroles allemandes pour le
chœur.

Il me faudra un Tenor solo, un Contralto solo et 5 Contralti:
1 Tenor et 4 Basses pour le *prologue*. Pour la chanson des
Capulets qui précède l'adagio, *ringt-quatre* hommes suffiront.
Ce sont des études de peu d'importance à faire pour les
choristes. Mais l'orchestre aura fort à travailler. Est-il vrai,
comme Belloni le croit, que tu aies déjà fait faire quelques
études des morceaux d'orchestre de cette symphonie? . . . .

Je te demande ces détails à cause de la nécessité où
je serai de ne rester que très peu de jours à Weimar. Je
suis en train de terminer une grande affaire pour Londres
avec Beale; on me propose en outre un engagement de concerts pour Bordeaux. Je devrais, si mes conditions sont acceptées, me trouver à Bordeaux le *25 Février* et à Londres le
4 Mars au plus tard.

Ecris-moi dix lignes de réponse. Je ne te dis rien des
soins que tu prends pour la bonne exécution de mon opéra;
l'initiative prise par toi à cette occasion, cette sorte de protestation faite en Allemagne par un *homme* tel que toi contre
les vilenies des *animaux* de Paris, sont appréciées à leur valeur
même par les indifférents; juge si j'en dois être touché et
reconnaissant.

Adieu, je te serre la main. Ton dévoué   H. Berlioz.

P. S. Sais-tu si les critiques de Leipzig et Brunswick
(Lobe[1]), Schumann et Robert Griepenkerl[2]) viendront à Weimar? . . . .

Je serai à Weimar le 13, tâche de me faire assister à
une répétition.

Es-tu content des choristes ciseleurs? . . . il leur faut
bien de la verve et un furieux aplomb. Et Ascanio, est-il
joli femme? . . . . Il est important que le costume du Cardinal
soit *fort simple*, et non Papal comme celui dont l'avait affublé
Duponchel.

Paris, Dimanche 24 [Jan. 1852]. 19, Rue de Boursault.

---

1) Leipziger Musikschriftsteller (1797—1881), früher Weimarer
Hofcapellist.
2) Schriftsteller und Lehrer in Braunschweig (1810—1868); trat
mit der Schrift »Ritter Berlioz in Braunschweig« (1843) für diesen ein.

139. Derselbe.

Cher Liszt,

Je te remercie encore de toutes les peines que tu prends pour cet enfant si *malvenu* à Paris et que Dieu veuille faire bien venir à Weimar. Je n'ajoute rien faute de pouvoir trouver.... On dit quelquefois ce qu'on ne sent pas, on ressent aussi bien souvent ce qu'on ne dit pas.... Au 15 donc! c'est d'un intérêt pour moi d'autant plus grand que je n'ai pas été cette fois brûlé, glacé, tordu, fourbu par les répétitions; et que je n'aurai pas besoin comme le Phaéton de la fable, de m'épuiser à rompre des cailloux et à ôter

> D'autour de chaque roue
> Ce malheureux mortier, cette maudite boue
> Qui jusqu'à l'essieu les enduit.

Je n'aurai pas même à invoquer Hercule, puisque Hercule m'a prévenu et que mon char marche à souhait.

Je ne puis profiter de ton hospitalité, ni de la chambre, ni du chambellan. Tu penses bien que Marie[1]) qui n'a jamais entendu »Benvenuto«, veut faire avec moi le voyage. En conséquence n'insiste pas, je t'en prie, et sois assez bon pour aller, au reçu de ma lettre, me retenir un petit appartement (un salon et une chambre à coucher) à l'hôtel de Russie ou ailleurs. J'arriverai le 13 au matin, devant partir d'ici le 11 au soir. Ernst viendra avec nous; et bien qu'il ne m'ait rien dit, je suppose que la chambre que tu m'offres lui ira, si cela te va. Je n'ai rien dit de cela à Ernst, bien entendu. J'approuve fort ton idée de ne donner qu'un concert sans opéra, mais tu voudrais y mettre trop de musique. »Romeo et Juliette« *en entier* exigerait des études énormes que je ne serai pas assez indiscret pour demander à tes artistes après les fatigues de l'opéra. Il vaut mieux s'en tenir aux quatre premiers morceaux et à »Harold« puisque tu le proposes et qu'on l'a déjà exécuté à Weimar. Quant aux autres morceaux je n'ose te prier de t'en charger, tu

---

1) Marie Recio, nachmals Berlioz' zweite Gattin.

feras à cet égard ce qui te conviendra, tu seras, je le conçois, tant soit peu exténué après les premières représentations
de ce *Bellini* comme l'appelle un journal allemand.

J'apporterai les parties de chant allemandes pour le petit
chœur, et l'orchestre et les petites cymbales et tout le bataclan. Je serai comme je te l'ai déjà dit, fort pressé par le
temps. J'ai terminé avec Beale et je devrai être de retour
à Paris au plus tard le 24 ayant plusieurs affaires à y arranger avant de partir pour Londres. [1])

Adieu   H. Berlioz.

P.S. Si tu en as le temps, fais-moi le plaisir de m'écrire
où tu m'as retenu un gîte, afin que je puisse m'y rendre en
arrivant.

19, Rue de Boursault. 4 Février [1852].

140. Giacomo Meyerbeer.

Cher et illustre confrère!

Monsieur Schlesinger m'a communiqué une lettre de Vous
où Vous lui faites part que Vous avez composé un grand
morceau de Piano sur le cantique des Anabaptistes du
Prophète, et que Vous avez l'intention de me dédier cet ouvrage
quand il sera publié, mais qu'auparavant Vous voulez m'en
écrire encore directement. Je n'attendrai pas l'arrivée de
cette lettre pour Vous exprimer combien je suis heureux de
ce qu'un de mes chants Vous parait digne de servir de motif
à une de vos compositions de Piano, destinées à parcourir
l'Europe et à enivrer ceux qui ont le bonheur de les entendre
exécuter par des doigts merveilleux et poétiques. Cependant
je me sens encore plus honoré de la marque de sympathie

---

1) Die Aufführung des »Cellini« musste wegen Erkrankung des
Tenoristen Beck, des Vertreters der Titelrolle, verschoben werden,
und Berlioz, der sich in London engagirt hatte, konnte derselben
nun nicht, wie beabsichtigt, beiwohnen. Erst bei einer Wiederholung im November 1852 war er gegenwärtig.

que Vous me donnez en me dédiant Votre ouvrage: car s'il est honorable pour moi de voir mon nom accollé au vôtre, il m'est plus doux encore que l'on apprenne par là que nous sommes amis. Soit dit en passant, quelques personnes croient et quelques critiques même ont écrit que, comme dans les *Huguenots* pour le Choral de Luther, j'avais fait aussi pour le cantique des Anabaptistes usage d'un Choral de l'époque. Comme je n'ai pas l'habitude de réfuter ce qui se dit d'erroné sur mon compte dans les journaux, j'ai laissé courir cette erreur comme tant d'autres; mais je tiens à ce que *Vous*, cher et illustre confrère, sachiez qu'il n'en est rien. Le chant des Anabaptistes, bon ou mauvais qu'il est, a crû sur mon propre terrain: j'ai cherché à lui donner le coloris d'un cantique du temps, voilà tout.

Monsieur le Marquis de la Ferrière qui a eu l'avantage d'entendre Vos dernières compositions, ainsi que le Concerto de Piano, des Ouvertures, et la musique pour le Prométhée, m'en a parlé dernièrement avec le plus grand enthousiasme, ce qui m'a fait doublement regretter de n'avoir pu l'été dernier assister à leur exécution. J'ai eu bien souvent depuis la tentation de venir à Weimar me procurer cette jouissance, mais la grande maladie que j'ai faite cet été, et qui a failli m'emporter, me force encore à trop de ménagements pour que je puisse faire un pareil voyage en hiver, voyage une fois plus long que celui de Dresde, le seul que j'ai osé risquer depuis ma maladie. Sans cette peur-là, je serais venu aussi à Weimar assister à la première représentation de *Benvenuto Cellini* de Votre illustre ami Berlioz, d'autant plus que je vois dans les journaux qu'il dirigera lui-même son œuvre magistrale. Veuillez allors lui serrer la main de ma part.

Je n'ai pas l'avantage de connaître personnellement Madame la Princesse de Wittgenstein, mais tout ce que j'ai entendu dire par ceux qui l'approchent, de la supériorité de son esprit, de sa haute intelligence, de son caractère noble et élevé, et de son imagination poétique, me fait vivement regretter d'être privé de cet honneur. D'ici à ce que j'aie l'honneur de lui être présenté personnellement par Vous, veuillez lui offrir mes hommages aussi empressés que respectueux.

Daignez agréer, cher et illustre confrère, l'expression de l'entier dévouement de   Votre admirateur

Berlin, ce 8 Février 1852.   G. Meyerbeer.

141. Robert Schumann.

Verehrter Freund,

Wollen Sie mir mit einem paar Zeilen mittheilen, wie es mit Manfred steht, und ob Sie mir ohngefähr die Woche oder den Tag angeben können, bis wo Sie glauben, dass die Aufführung zu Stande käme. Mir passte es am besten, wenn es in der Zeit vom 23sten bis 27sten März wäre. Später, durch meine hiesigen Verbindlichkeiten verhindert, könnte ich kaum abkommen, was mir sehr leid thun würde.

Bitte, geben Sie eine Nachricht

Ihrem ergebnen

Düsseldorf, d. 10ten Februar 1852.   R. Schumann.

142. Robert Volkmann.

Hochverehrtester Herr Doctor,

Endlich kann ich mein Wort halten, zwar nur halb, da es um 6 Wochen zu spät geschieht; aber die Schuld lag nicht an mir, dass mein Trio nicht eher fertig wurde, die Noten wurden nämlich in Wien gestochen, und ich war ganz in den Händen des Herrn *Glöggl*, der den Stich nicht eher beginnen liess, trotz aller Versicherungen des Gegentheils, als bis sein Stecher mit der fürstlichen Oper (»Casilda«) fertig war. Der Titel aber ist hier gemacht worden, und für Pesth ist diese lithographische Leistung gewiss recht gut; die grösste Zierde desselben ist aber jedenfalls *Ihr Name*, und sage ich Ihnen hiermit meinen wärmsten Dank dafür, dass sie dessen Gebrauch gütigst gestatteten. Ein überflüssiges e und ein Punkt stören und beunruhigen nur auf dem Titelblatte mein

Auge, indessen dürfte dieser Fehler vielen weniger aufmerksamen Betrachtern entgehen. Für Ihr freundliches Versprechen, zur Verbreitung meiner Arbeit etwas beitragen zu wollen, was ein eben so grosses Geschenk wäre als die Erlaubniss der Dedication, fühle ich mich noch ganz besonders Ihnen verpflichtet; denn ich bin gewiss, dass Ihre Empfehlung Kraft hat, Ihr Vortrag aber zur *Theilnahme* (um wenig zu sagen) zwingt, weil dieser auch das Geringste adelt, so dass ich begreife, warum sich so ein begeisterter Kreis von Anhängern Ihnen anschliesst, wie auch Herr Edmund Singer in einem Briefe an mich ein paar Seiten lang nur von Ihnen in den begeistertsten Worten spricht, und Alle beneidet, denen das Glück Ihres Umganges zu Theil wird. Es ist mir daher sehr angenehm, dass es auch mir vergönnt war, durch die Widmung beifolgenden Trios Ihrem Genius meine Huldigung darzubringen, der ich die Ehre habe, mit vollkommenster Hochachtung mich zu nennen

Ew. Hochwohlgeb. ganz ergebenen

Pest, den 15. Februar 1852.   Robert Volkmann.

(Wohnhaft Waiznergasse im Hofrath Bene'schen Hause, 3. Stock.)

143. Hector Berlioz.

Mon cher Liszt,

Ecris-moi dix lignes, je t'en prie. Je pars dans huit jours pour Londres et je n'ai point de nouvelles de notre opéra. Après avoir annoncé, bien malgré moi, mon voyage à Weimar, les journaux maintenant sont tout au point d'interrogation.

Cette représentation qui n'a pas lieu, les nouvelles de Weimar qui ont trait à tout autre chose, mon séjour à Paris, tout cela produit un désastreux effet; on me fait force questions ....j'y réponds toujours en donnant pour prétexte la maladie des chanteurs.

Dis-moi où nous en sommes, et si Benvenuto doit être joué tôt ou tard.

Mon affaire à Bordeaux n'a pas pu s'arranger, je reste donc ici jusqu'au 2 Mars. J'aurai à rester ensuite à Londres pendant 4 mois pour diriger la nouvelle Société philharmonique d'Exeter-Hall, qui paraît être assise sur des bases assez larges. Mon adresse à Londres est: N° 10, old Cavendish Street. Mais écris-moi *ici*, au reçu de ce billet, tu me feras grand plaisir. Mille amitiés.

H. Berlioz.

19, Rue de Boursault. Dimanche, 22 Février [1852].

144. Carl Czerny.

Verehrtester Herr und Freund,

Freudig gerührt von Ihrer Güte, sehe ich in Ihrer Ermunterung, meinen *Gradus ad Parnassum* Ihrer kön. Hoh. der Frau Grossfürstin von Weimar zu widmen, einen neuen Beweis Ihrer ehrenden Freundschaft, und wenn Sie dieses Werk einer solchen Auszeichnung nicht unwerth finden, so ist es mein befriedigendster Lohn. Ich nehme mir die Freyheit, Ihnen hierbey den Brief an die erhabene Frau beyzulegen, jedoch mit der doppelten Bitte, die Adresse (die ich nicht genau weiss) selber beyfügen zu wollen, oder, wenn Ihnen der Brief nicht angemessen scheinen sollte, mir gütigst die gehörige Fassung desselben anzugeben; denn ich 61jähriger Mensch bin in dergleichen Dingen noch recht ignorant.

Ich beginne jetzt, mich von einem mehrjährigen Unwohlseyn wieder recht zu erholen, und bin fleissig, indem ich das bischen Kräfte, das der Himmel mir noch schenkt, an ernstere Werke zu verwenden suche. Ich vollendete im Laufe dieser letzten Jahre 35 Violinquartette, 8 Violintrios, 3 Violinquintette, mehrere Sinfonien, eine grössere Cantate, viele Kirchensachen etc. etc., und möchte damit gerne noch das nachholen, was ich in frühern Jahren durch so viele Kleinigkeiten versäumte.

Nach Ihrem Wunsche spielte mein Schüler Julius Egghard Ihre meisterhaft bearbeitete Schubert-Fantasie[1]), und, wie ich glaube, mit aller Genauigkeit. Nur waren für den *grossen Redoutensaal* die *physischen* Kräfte des etwas .schwäch-lichen Jünglings nicht hinreichend. Aber Ihre herrliche und höchst geistreiche Instrumentirung wusste man zu würdigen.

Wollten Sie wohl die Güte haben, mir anzudeuten, wie (im Fall der Acceptirung) der Dedicationstitel des *Gradus* beschaffen seyn soll?

Indem ich wiederholt meinen herzlichsten Dank für Ihre freundschaftliche Güte ausspreche, zeichne ich mich mit der grössten Hochachtung, geehrtester Herr und Freund,

Ihr unwandelbar ergebener   Carl Czerny.

Wien, 23. Febr. 1852. Strobelgasse 864. 4. Stock.

145. Clara Schumann.

Düsseldorf, den 28. Febr. 1852.

Verehrtester Herr,

Sie verzeihen gewiss freundlich, wenn ich im meines Mannes Namen einige Zeilen an Sie richte, da derselbe von einer so starken Erkältung heimgesucht ist, dass er nichts zu thun im Stande ist. —

Sie werden leicht errathen, was die Veranlassung dieser Zeilen ist, und will ich denn auch gleich herausrücken mit der Frage, wie es mit dem Manfred steht? Mein Mann hätte so gern eine Antwort, bevor wir hier abreisen! — Wir be-kamen nämlich, als man in Leipzig hörte, dass wir nach Weimar wollten, von dort eine Einladung, die wir für die Zeit vom 8.-18. März annahmen, weil wir glaubten, in dieser Zeit würde auch der Manfred zur Aufführung kommen; nun aber schweigen Sie auf meines Mannes letzte Anfrage, und dies lässt ihn vermuthen, dass vielleicht der Aufführung jetzt noch Hindernisse im Wege stehen. Da wir nun aber später hier nicht fortkönnnen, so lässt Ihnen, lieber Herr Liszt, mein Mann vorschlagen, ob Sie mit dieser Aufführung nicht bis

---

1) Die Wanderer-Phantasie.

Anfang nächsten Winters warten wollen? Dann könnte er
es einrichten dabei zu sein. Nach Leipzig müssen wir nun
aber jedenfalls, und wollten am 5ten März hier abreisen. Recht
sehr lieb wäre es dem Robert, wenn Sie ihm bis dahin nur
eine Zeile schrieben, ob, wie, wann, was! — Später, vom
8ten an träfe uns eine Nachricht von Ihnen in Leipzig, doch
lieber, wenn's Ihnen möglich ist, noch hier[1])! —

Viel hören wir von Ihrem regen musikalischen Treiben
in Weimar, und, wäre es nur näher, gar manchmal würden
Sie uns dann sehen! Wie so gern hörten wir einmal den
Lohengrin! Wird er nicht vielleicht einmal in der Zeit, wo wir
in Leipzig sind, gegeben? Dann kämen wir nach Weimar. —

Auch wir sind hier nicht faul! Robert hat neulich »Die
Pilgerfahrt der Rose« mit dem enthusiastischsten Beifalle aufgeführt, und soll sie, wenn wir von Leipzig zurückkehren,
wiederholen. —

Auch ich bin wieder ziemlich fleissig und spiele nächste
Woche zum ersten Male nach einjähriger Ruhe wieder öffentlich, und zwar Chopin's F-moll Concert; wie so gern spielte
ich auch Ihr Symphonie-Concert[2]), aber es ist doch wirklich
gar zu fürchterlich schwer! Wo sollen dazu die Kräfte her-
kommen bei einer Frau! Das kann ja überhaupt Niemand
spielen, wie Sie.

Wie geht es der gnädigen Frau Fürstin? bitte, sagen
Sie Ihr meine angelegentlichsten Empfehlungen, wie die meines
Mannes. Vielleicht, dass wir Sie Beide doch noch bald sehen?
Ich vergass noch Ihnen zu schreiben, dass wir uns so ein-
gerichtet haben, dass wir auch vom 20.-28ten März zur Aufführung des Manfred nach Weimar kommen können; vielleicht
können Sie es ermöglichen, dass er in dieser Zeit gegeben wird?
Wir würden im entgegengesetzten Falle die ganze Reise eigentlich umsonst machen, denn der Hauptzweck war Weimar —
hätten wir in Leipzig nicht zugesagt, so reisten wir gar nicht,

---

1) Die erste Bühnenaufführung des »Manfred« fand am 13. Juni
1852 in Weimar statt. Bezüglich derselben siehe Liszt's Briefe
an R. Schumann v. 8. u. 26. Juni: »F. Liszt's Briefe« I, Nr. 83 u. 84.

2) Das Concert pathétique (»Grosses Concert-Solo«, 1851).

bevor wir von Ihnen sichere Nachricht hätten; so aber müssen wir unserem Versprechen in Leipzig nachkommen. —

Schliesslich bitte ich Sie, lieber Herr Liszt, nochmals recht freundlich um nur ein Wort so bald als möglich. Mein Robert grüsst Sie recht freundlich, mit ihm ich

Ihre wahrhaft ergebene   Clara Schumann.

146. Hector Berlioz.

Mon cher Liszt,

Je n'ai que le temps de te remercier des détails que tu me donnes sur la crise Cellinienne. Je m'étonnais fort que rien de semblable ne fût encore survenu.

Ce qu'il y a de plus redoutable pour moi dans l'affaire du Ténor, c'est que cet homme joigne à sa mauvaise volonté une incapacité réelle, et que ses partisans ou du moins nos antagonistes ne fassent une cabale à la première représentation. Quoi qu'il en soit, je ne dirai rien pour te décourager et je supporterai tout pour ne point rester au-dessous de ta digne persistance. Fais donc absolument comme si je n'étais pas de la partie, et pousse l'audace jusqu'où tu voudras.

Si le ténor éreinte son rôle, peut-être les auditeurs reconnaîtront-ils son insuffisance; d'ailleurs si le reste de la partition surnageait, je serais plus que content.

Adieu, tu n'as pas besoin de me recommander Joachim, je le connais et l'apprécie depuis longtemps. Je pars dans quelques heures. Les journaux de Paris doivent t'avoir déjà donné des détails sur la New Philharmonic Society. Elle fait une rumeur de tous les diables à Londres, et je vais avoir sur les bras en arrivant toute la *vieille Angleterre* dont la fureur est à son comble. Les Anderson, Costa et autres sont les plus irrités. Si Beale me met en mesure de pouvoir faire les *répétitions nécessaires* je me moque de leur opposition.

Adieu, cher Liszt, vers la seconde semaine de Mars, trouve dix minutes pour m'écrire à Londres, la *vérité toujours*, je n'ai foi qu'en toi. Redoutes-tu une hostilité de parti pris des journaux ou du Journal de Weimar?

Je crois t'avoir déjà donné mon adresse à Londres. En tout cas la revoici:

10, old Cavendish Street. Cavendish Square.

Mille amitiés dévouées.

Paris, Mardi 2 Mars [1852]. H. Berlioz.

P. S. Notre premier concert aura lieu à Exeter-Hall le 24 de ce mois et le second 15 jours après. Si j'avais de bonnes nouvelles de Weimar, Beale les demande pour en tirer parti à Londres.

147. Robert Schumann.

Theurer Freund,

Wir sind hier, nahe bei Weimar und hoffen Sie bald zu sehen. Schreiben Sie mir ein Wort, ob Sie in den Tagen vom 20sten-22sten März sicher in Weimar sind. Ueber alles Andere dann mündlich.

Meine Frau empfiehlt sich Ihnen, möchte Ihnen gern ein neues Trio von mir vorspielen, das ja bei Ihnen so schön herzustellen wäre. Wir hoffen darauf und auch von Ihnen zu hören.

Mit freundlichem Gruss Ihr

Leipzig, d. 11ten März 1852. R. Schumann.

148. Wilhelmine Clauss,

vorzügliche Pianistin classischer Richtung, geb. 13. Dec. 1834 in Prag. Schülerin Proksch's, lebt seit 1852 in Paris, wo sie sich 1855 mit dem ungarischen Schriftsteller Szarvady († 1882) verheiratete.

Paris, ce 18 Mars 1852. 44, Rue Richer.

Cher Monsieur,

C'est depuis bien longtemps que j'aurais voulu vous écrire et vous remercier de vos gracieuses lignes que vous avez eu la bonté de m'adresser. Croyez-le bien, je suis on ne peut plus reconnaissante des sentiments affectueux que vous m'avez témoignés, mais vous connaissez trop bien la carrière d'artiste pour apprécier si on est toujours maître de son temps.

Je vous remercie donc maintenant, et j'ai à vous remercier en même temps du peu de succès que j'ai eu ici, parce que c'est votre glorieux exemple et aussi vos brillantes compositions auxquelles je suis redevable du bon accueil que j'ai trouvé ici auprès du public et dans la presse; mais je vous remercie surtout de la flatteuse distinction dont vous m'honorez en m'offrant la dédicace de deux de vos charmantes compositions. Je m'empresse d'accepter, je vous en exprime ma reconnaissance, mais je n'ose pas encore vous menacer d'une revanche.

Je n'avais le temps qu'à jeter un regard sur vos mélodies, et tant que je puis en juger — après un examen si précipité, je les trouve très belles, et je me propose de les jouer le plus souvent possible. Si vous avez un moment perdu, ce serait une bonne action à vous de m'écrire quelques mots; moi, je n'ai guère grand'chose à vous dire, et tout ce que je pourrais vous dire vous ennuierait probablement, mais je m'empresserai pourtant de vous prouver que je pense bien souvent à vous et que mon admiration pour vous n'a jamais fait plus de progrès que depuis je suis à même d'apprécier tout le génie de vos innombrables chefs-d'œuvre.

Mme Sabatier était bien flattée de votre affectueux souvenir, elle vous remercie comme moi de votre sympathie et de vos offres bienveillantes, mais pour le moment, je suis avec une très digne dame et je n'ai rien à désirer à cet égard.

J'espère, Monsieur, que vous voudrez bien me conserver votre bienveillante affection, et je vous prie de croire de mon côté que je ne cesserai jamais d'être votre admiratrice

très dévouée

Wilhelmine Clauss.

Mes compliments très respectueux à Madame la Princesse.

149. Robert Franz.

Hochverehrter Herr Doctor,

Endlich bin ich im Stande, Ihnen mein *Kyrie*[1]) zu senden: ich glaube, dass Sie in demselben, wenn nichts Anderes, doch wenigstens guten Willen finden werden. — Zu gleicher Zeit erlaube ich mir, Ihnen ein vollständiges Exemplar meiner im Druck erschienenen Lieder beizufügen — Sie sprachen früher einen derartigen Wunsch aus. — Ich hatte zuerst die Absicht, auch die mich betreffenden biographischen Skizzen zu schicken: es gefällt mir aber wieder Mancherlei nicht recht, und so schiebe ich diese Angelegenheit noch eine kurze Frist hinaus.

Brendel habe ich den Brief über Wagner mitgetheilt, nachdem ich ihn zuvor etwas überarbeitete: Einiges machte den Eindruck, als wäre es geflissentlich vom Zaune gebrochen, und ich möchte nicht gern demonstrativ verfahren, da ich im Grunde friedliebender Natur bin.

Recht leid ist es mir gewesen, dass ich zum Benvenuto Cellini nicht nach Weimar herüber kommen konnte: ein etwas ungewöhnlicher und complicirter Kirchendienst hielt mich den Sonntag über in Halle fest und ich musste nolens volens aushalten. Nun vielleicht fügt es sich ein anderes Mal bequemer.

Darf ich Sie ersuchen, mich der Frau Fürstin empfehlen und Ihr den hohen Grad der Ehrerbietung und Bewunderung, den ich für Sie hege, versichern zu wollen?

Mit vollkommenster Hochachtung und Ergebenheit
Halle, d. 21. März 1852. Rob. Franz.

150. Derselbe.

Verehrter Herr Doctor,

Ihre telegraphische Depesche erhielt ich leider zu spät,

---

1) A capella für 4 Chor- und Solostimmen, op. 15, Leipzig Whistling.

um noch rechtzeitig nach Weimar kommen zu können. Ich
befand mich in der Umgegend von Halle, mit Unterrichtgeben
beschäftigt. Als mir die Nachricht zukam, war der Eisen-
bahnzug schon fort. Für die freundliche Einladung bin ich
Ihnen sehr verbunden und bedauere nur, dass ich durch die
Umstände verhindert wurde, von ihr Gebrauch zu machen.
Vielleicht schreibt mir Bülow einige Worte, wenn eine noch-
malige Wiederholung des Cellini stattfinden sollte: ich komme
bestimmt, wenn dieselbe nicht auf nächsten Sonntag fällt. —
Hat denn Bülow den wuthschnaubenden Artikel in der Rheinischen Musikzeitung schon gelesen: der wird Wasser auf
die Mühle der Leipziger Freunde sein! Er mag sich nur
nicht herbeilassen, auf so gemeine Invektiven etwas zu erwidern. Unsere Zustände liegen noch sehr im Argen, da
es so schwer hält, einfache Wahrheiten anständig durchzu-
bringen! Die Leute machen eine Sache, die sonst schon längst
vergessen wäre, durch ihr Geschrei ewig!

Darf ich Sie ersuchen, mich der Frau Fürstin empfehlen
zu wollen?

Mit steter Hochachtung und Ergebenheit

Halle, d. 25. März 1852.   Rob. Franz.

151. Henriette Gräfin Rossi, geb. Sontag,

die grosse Sängerin, geb. 3. Jan. 1804 zu Coblenz, seit 1820 auf der
Bühne, die sie 1830 nach ihrer Verheiratung mit dem italienischen
Gesandten Graf Rossi verliess. Nach Verlust ihres Vermögens nahm
sie ihre Künstlerlaufbahn wieder auf; sie ging 1852 nach Amerika
und starb am 17. Juni 1854 in Mexiko an der Cholera.

Hambourg, le 26 Mars 1852.

Monsieur le Docteur,

En réponse à la lettre que vous avez bien voulu m'adresser au sujet de l'article qui a paru sur mon compte dans
un Journal de Weimar [1]), je dois me permettre d'observer

---

1) Bülow hatte die Sontag, bei Gelegenheit ihres Auftretens
in Weimar, in einem scharfen Artikel — seinem ersten schriftstellerischen Debut — angegriffen.

d'abord, que pour autant que je puis me rappeler ce que j'ai écrit à cet égard au Bon de Beaulieu, il ne me souvient pas d'avoir accusé qui que ce soit d'en être l'auteur, me bornant simplement à constater »que le public désignait un personnage notoire de cette ville, d'être le père, ou du moins, le parrain, de cette diffamation«, ce qui n'est pas de ma faute, bien au contraire, mon sentiment artistique vous avait absous d'avance d'une pareille imputation, car il s'est révolté à la seule idée qu'un talent de votre portée pût être soupçonné d'une malveillance de cette nature, lancée dans le monde sans provocation aucune. Mais le public qui se constitue juge en pareille matière, et qui n'a pas connaissance du démenti donné dans votre lettre, reste toujours sous l'impression de cette opinion erronée, et par conséquent ma position vis-à-vis de lui n'a pas changé par suite des explications que vous avez eu la complaisance de me fournir, ce qui est fâcheux mais irréparable. —

Quant au juste mépris que vous voudriez m'inspirer pour de semblables diatribes, je suis parfaitement de l'avis qu'une pareille boue retombe toujours sur son auteur: aussi l'article en question aurait passé parfaitement inaperçu, s'il s'était simplement borné à critiquer mon talent artistique, à l'égard duquel je reconnais pleinement au public comme à chacun en particulier, le droit d'exprimer son opinion de la manière qu'il l'entend, n'ayant nullement la prétention de vouloir satisfaire à tous les goûts; mais lorsqu'on s'acharne avec une méchanceté des plus mordantes à attaquer mon caractère personnel, et qu'on établit des comparaisons qui doivent révolter le sentiment de toute femme honnête, alors vous conviendrez sûrement à votre tour, que l'exemple d'un Grand Monarque et d'un illustre Guerrier, ne saurait s'appliquer au système nerveux plus délicat de mon sexe à l'égard duquel Mme de Staël dit »que si l'homme peut braver le préjugé, la femme doit s'y soumettre«.

Il me reste donc à déplorer de tout mon cœur ce malencontreux incident et à exprimer l'espoir que le temps en effacera le souvenir, comme je désire de même qu'il ne laisse

pas la moindre trace dans les relations que j'ai eu le plaisir
de renouveler avec vous pendant mon séjour à Weimar.

Recevez, Monsieur, les assurances de ma parfaite considération.

Henriette Rossi

152. Hector Berlioz.

[London, Ende März 1852 [1]).]

Mon bon, cher, admirable ami,

Je suis bien moins joyeux, crois-moi, de ce que tu m'annonces et de l'heureux résultat de tes efforts, que de tes
efforts mêmes et de la nouvelle preuve qu'ils me donnent
de ton amitié pour moi. Je t'embrasse donc de tout mon
cœur, en te disant: Merci! sans phrases. Par un hasard
inexplicable, ta lettre ne m'est parvenue que trois jours après
le paquet contenant les deux programmes et le livret de
Benvenuto. J'ai donc été fort inquiet jusqu'au moment où
un autre hasard m'a fait rencontrer Mr Joachim qui m'a lu
une lettre de son jeune frère. J'ai envoyé au Times un
extrait laconique de ta lettre, me bornant à la citation de
quelques passages qui peuvent se publier. Bien que la Presse
anglaise soit extrêmement bienveillante pour moi, et même
à cause de cela, c'est tout ce que j'ose faire. Mais je crois
que Beale saura varier le thème que tu m'as fourni. Je
viens d'avoir un grandissime succès à Exeter-Hall, et cela
à l'heure même où tu dirigeais à Weimar la seconde représentation de Benvenuto. La New Philharmonic Society a
un orchestre immense et magnifique: 20 1^{rs} violons, 18 se-
conds, etc. .... et tout cela marche comme un bon quatuor.

On me demande ici certains détails que je ne puis donner sur la résurrection de notre Lazare à Weimar. Par
exemple: quelle ouverture as-tu fait exécuter? celle de l'opéra,

---

1) Datum fehlt. Die erste Weimarer Aufführung des »Cellini«
fand am 20. März statt.

ou celle du Carnaval de Rome? Le ténor a-t-il supprimé l'air: *Sur les monts les plus sauvages*, dont les paroles manquent dans le livret allemand? Combien as-tu fait de répétitions générales, jugées nécessaires par toi en dehors de celles que la coupable innocence du demi-dieu a nécessitées? . . . . Dis-moi cela, si tu as quelques minutes pour m'en informer.

Je vais tout à l'heure écrire à Bertin pour obtenir quelques lignes dans le Journal des Débats.

Adieu, je te quitte pour répondre à l'aimable lettre qui accompagnait la tienne, et pour adresser à S. A. M^e la Grande-Duchesse mes remercîments bien sentis.

Le camarade de Prague est fort reconnaissant de ton bon souvenir et te serre la main.

Adieu encore! Ton dévoué

10, old Cavendish Street, London. Hector Berlioz.

P. S. Ne manque pas d'adresser de ma part aux artistes du théâtre de Weimar des paroles de reconnaissance pour le zèle et le talent qu'ils ont mis à te seconder, en y ajoutant des excuses sur les difficultés que présente ma partition et qui ont dû si souvent mettre leur patience à l'épreuve. Dis-leur qu'en exécutant comme ils l'ont fait cette musique capricieuse et emportée, ils ont donné la plus grande preuve de *valeur musicale* qu'il soit possible de demander à des artistes d'aujourd'hui, et que je les crois *capables de tout*. Je te prie aussi de ne pas manquer de remercier l'Intendant, qui n'est pas le même, je crois, que j'ai connu autrefois à Weimar. Il me semble qu'il nous a été assez constamment favorable.

153. Derselbe.

Cher et excellent ami,

Je suis allé ce matin à 9 heures à Exeter-Hall, j'en suis sorti à 5 h. mouillé comme un rat d'eau, j'ai dormi deux heures et maintenant pour me délasser tout à fait, je te réponds.

Ta lettre que j'ai trouvée sur ma table en rentrant m'a

fait un plaisir rafraichissant. Les détails que tu me donnes m'ont beaucoup intéressé, je dirai même étonné. Comment as-tu fait pour avoir tout le bataclan instrumental contenu dans ma partition? .... Tu as donc le pouvoir de Moïse, et ton bâton, en frappant les murailles du théâtre, peut donc faire sortir des flots d'instrumentistes, comme sa baguette tirait de l'eau des rochers. D'un autre côté, qu'est-ce qui a pu effrayer le Ténor dans l'air de Cellini? S'il ne peut pas chanter cela, que peut-il chanter? Est-ce l'*ut* aigu du milieu? .... Mais c'est une mesure qu'il était facile de modifier. Je crois qu'à tout prendre, ceci est la preuve que Mr Beck appartient à la grande école des chanteurs qui ne chantent pas. Heureusement tu as Beck et ongles.

Ton aimable projet de me voir vers la fin de cette année, aller passer une quinzaine de jours à Weimar sera, je l'espère, réalisable. Je ferai tous mes efforts pour trouver ce demi-mois de liberté; après toutefois que tu m'auras indiqué l'époque (à ton sens) la plus convenable pour ce voyage.

Les journaux de Londres répètent successivement le fragment de ta lettre que j'avais envoyé au Times, il y a deux semaines. Le J^{al} des Débats et la Gazette musicale de Paris en ont fait autant. Je suppose que cinq ou six autres fenilles parisiennes auront copié l'un ou l'autre de ces journaux.

Tu me parles du Catalogue de mes ouvrages publié par mes éditeurs de Paris. Tu le trouveras reproduit dans l'Union Record que je t'envoie et qui a annoncé aussi en trois mots (no more) la mise en scène de Benvenuto à Weimar.

Il y a dans *cette liste exorbitante*, comme dit notre cabaretier romain, bien des choses que je n'ai jamais entendues, entre autres *La Tristia*, le *Te Deum* et l'*ouverture du Corsaire*; on grave en ce moment la première et la dernière de ces partitions. Quant au *Te Deum*, je ne sais qu'en faire; c'est le canot de Robinson, il me faudra creuser un canal pour le faire arriver à la mer.

Les fragments de *La fuite en Égypte, mystère* attribué à Pierre Ducré, maître de chapelle imaginaire, sont le résultat d'une petite farce que j'ai faite à nos bons gendarmes de la

critique française. Je leur ai fait entendre deux fois l'*Adieu
des Bergers* de *cet ancien maître* et quand ils ont eu bien di-
vagué sur la vieille école et le style *pur et simple*, je me
suis nommé, et j'ai vendu la partition à Richault avec *Tristia*
et le *Corsaire*. Je regrette fort que Joachim ne soit pas encore
ici, nous comptions sur lui pour le second concert au moins.
Maintenant les rangs se serrent tellement que je ne sais
comment je pourrai le placer.

Quand tu répéteras *Roméo*, je te préviens qu'il faut recopier *avec des répliques* la partie de contrebasse du Scherzo;
telle qu'elle est gravée, cette partie n'est pas jouable.

Il faut aussi corriger la partie du cor en *La* ♭ pour qu'il
ne tourne pas au milieu de son solo.

Adieu, n'oublie pas de faire en mon nom un speech à
ton orchestre pour le remercier.

Mille et une amitiés dévouées. Je te serre la main.

Londres, 12 Avril [1852].   H. Berlioz.

10, old Cavendish Street, Cavendish Square.

154. Marie Pleyel, geb. Moke.

Londres, 5 Mai [1852].

Cher Maître,

Je ne veux pas attendre plus longtemps pour vous remercier de votre envoi musical auquel j'ai été très sensible.
Vous avez toujours été adorable pour moi, aussi quand je
vous joue c'est un sentiment de bonheur et de reconnaissance
qui me donne le pouvoir de faire entendre vos œuvres. Voici
un programme où vous verrez deux fois votre illustre nom
à côté du mien, et vous me le pardonnerez j'espère. C'est
la Religieuse de Schubert arrangée par vous que j'ai jouée
et à laquelle on a donné, je ne sais pourquoi, le titre de
Plaintes d'une jeune fille.

Vos *Patineurs* ont un succès *fou fou* déjà à Bruxelles, où
je les ai fait entendre trois fois. J'étais toujours obligée de
les redire, mais ici c'est plus amusant, car par exemple hier

dans le Concert de la Musical Union, où il n'est permis
de faire entendre que des *exhumations*, ils ont électrisé ce
public d'une manière incroyable. Joachim qui vous adore
m'a dit qu'il vous écrirait prochainement et vous parlerait
du grand succès de votre musique. .

Pas adieu, plutôt un à revoir, si vous avez un instant
envoyez-moi deux mots.　　　　Votre toujours dévouée

Regent Street 175 à Londres.　　　　M. Pleyel.

155. Adolf Stahr.

Jena, Dienstag, 18. Mai 1852.

Die Liebenswürdigkeit Deiner, mir soeben durch Herrn
Hofcapellmusikus Dann zugekommenen mündlichen Grussbot-
schaft, die mich obenein die Freude hoffen lässt, Dich »binnen
Kurzem« in Jena zu sehn, rührt und beschämt mich zu
gleicher Zeit. An *mir* wäre es gewesen, zu Dir nach Weimar
hinüber zu eilen, um Dir einmal wieder die Hand zu drücken,
und mich einmal wieder in dieser Misère der Zeit und Welt
an dem Anschau'n einer grossen und edlen Menschennatur
zu laben. Auch habe ich ein paarmal dazu angesetzt —
aber ohne Erfolg. Die Todesmüdigkeit und Erschöpfung,
welche ich von dem Aufwinden des Ankers meiner sechzehn-
jährigen Oldenburger Existenz an Leib und Seele empfand,
Sorgen, Mühen, Arbeiten aller Art, die Verdüsterung des
Geistes, herbeigeführt durch jahrelange Leiden, die Du kennst,
jetzt verstärkt durch die Aussicht auf neue Kämpfe, das Alles
und dazu die am 14. d. M. erfolgte Trennung von meinem
ältesten und geliebtesten Knaben, den ich nach Berlin entlassen habe — hat mich unfähig gemacht, zu Dir zu kommen. Überdies finde ich, dass Jena weiter von Weimar ist
für die Phantasie, als Berlin von Paris.

Die wirbelnden Schneegestöber, unter denen ich hier vor
4 Wochen meinen tristen Einzug hielt, haben jetzt dem
schönsten Frühlingswetter Platz gemacht, und die anmuthige
Natur dieses lieblichen Thals übt allgemach ihren heilenden

Zauber auf mein krankes Leibliche, wie auf den nach Frieden sehnenden Geist. Ein paar Menschen — der gescheute Dr. Widmann und der liebenswürdige Stade, beide Deine treuen Verehrer, zumal der letztere — gewähren bescheidenen Verkehr auch mit Menschen (Hettner ist noch in Griechenland), und so wäre alles Erwünschte beisammen: schöne Natur, Ruhe von Aussen und *Freiheit* — ich dürfte mich glücklich nennen, fehlte mir nicht Eins, wodurch dies Alles erst seinen Werth erhält. —

Indessen besinne ich mich rechtzeitig auf Dein Wort: »Je n'aime pas les confidences!« Und so füge ich denn nur noch die Bitte hinzu: mich bald durch zwei Worte wissen zu lassen, *wann* ich Dich hier erhoffen darf? Und ob ich für den Fall, dass ich auf ein paar Tage hinüber käme, bei Dir, *ohne Dich zu geniren*, logiren kann? Ich habe sehr triftige Gründe diese unbescheidene Anfrage zu thun.

Der Frau Fürstin mich auf das Angelegentlichste empfehlend, Dein treugesinnter Adolf Stahr.

156. Josef Joachim,

der grösste Geiger der Gegenwart, geb. 28. Juni 1831 zu Kittsee bei Pressburg, Schüler Böhm's in Wien, war 1849—1853 Concertmeister in Weimar unter Liszt, dann bis 1866 in gleicher Stellung in Hannover; 1868 übernahm er die Direction der neubegründeten »Hochschule für Musik« in Berlin. Er ist Ehrendoctor der Universitäten Cambridge, Glasgow und Oxford.

6, Down-St. Piccadilly, am 22sten Mai 1852.

Innigverehrter Herr Doctor,

Gewiss halten Sie mich für den undankbarsten Menschen der Welt, der die Erlaubniss, Ihnen schreiben zu dürfen, gar nicht zu würdigen versteht! Und Sie hätten wirklich Ursache so von mir zu denken, wenn etwa das Londoner geschäftige Treiben, Proben, Concerte oder sonst äussere Umstände vermocht hätten, mich davon abzuhalten, Ihnen Nachrichten zu geben. Nichts von alledem aber hielt mich vom Schreiben zurück, wohl aber eine gewisse Scheu, gerade Ihnen, der für mich recht Gutes hoffte, zu sagen, dass ich bis jetzt hier kaum irgend etwas erreicht habe. Wäre es nicht peinigend für mich, Sie über mich in Zweifel zu glauben, ich würde mich auch heute kaum dazu entschlossen haben, mein Stillschweigen zu brechen. Ich habe in der That trotz der grössten Geschäftigkeit und Zeitzersplitterung hier noch nichts erreicht, weder habe ich Gelegenheit gefunden, mich mit Orchester vor einem grösseren Auditorium zu versuchen, noch Wünsche besserer Art, wie z. B. den, Berlioz näher kennen und verstehen zu lernen, erfüllt gesehen. Nehmen Sie noch dazu, dass man hier wirklich so häufig recht Mittelmässiges über alle Gebühr geehrt sieht, und dass man selten durch bedeutende Aufführungen aus dem jämmerlichen musikalischen Alltagstreiben herausgerissen wird, und Sie werden verzeiblich finden, dass ich nicht schrieb, weil ich fürchten musste, dass meine Zeilen ein Gepräge tragen würden, welches Sie zu sehr an den Componisten des »kranken Pudels, der im Weimar'schen Park spazieren geht«, erinnern könnte, und ich weiss, Sie mögen den nicht ausstehen.

Durch Ihren Gruss haben Sie einen rechten Lichtstreif in meinen Londoner Nebel geworfen, für den ich Ihnen von Herzen danke. Er wurde mir in einem Briefe an Mme Pleyel gezeigt. Diese Künstlerin habe ich nur in einer Probe und in einem Concert gesehen, weil ich gleichzeitig in beiden beschäftigt war. Sie hat mir viel Freude gemacht, als sie mich für ihren gleichgültigen Vortrag des Mendelssohn'schen D moll-Trios durch den weit gelungeneren einiger Ihrer Compositionen entschädigte. Es ist erstaunlich, wie sicher, klar und keck sie die schwierigsten Stellen in den »Patineurs« überwindet. Besässe sie bei ihrem brillanten Ton auch mehr Weichheit und Modulationsfähigkeit im Ausdruck, sie hätte mich lebhaft an den Componisten erinnern können. Sie machte mit Ihrem Arrangement des Schubert'schen Liedes und der Propheten-Fantasie einen aussergewöhnlichen Eindruck auf das Auditorium der 2ten Ella'schen Matinée. In dieser spielte auch ich zum erstenmal hier, und zwar das Schubert'sche Quartett, welches hier noch nicht gekannt war. Es machte keine Wirkung; man glaubte Schubert als Neuling in der

Iustrumental-Composition mit einem vornehmen Zweifel über
seine Befähigung für dieses Fach abfertigen zu dürfen. Es
ist merkwürdig, wie wenig sich die Leute hier unbefangen
einem Eindruck hingeben; sie sind so verdorben durch die
Marktschreierei der Speculanten (und in deren Händen ruht
hier gänzlich die Musik), dass sie die Namen der Tondichter
nicht anders betrachten, als etwa die Firmen von Handels-
häusern, gegen welche sie protestiren, oder von denen sie
Wechsel acceptiren, je nachdem sie den Namen selten oder
oft gehört haben. Beethoven ist hier schon lange etablirt,
also machen auch Op. 1 und die 9te Sinfonie gleich grosse
Wirkung! Wie ohnmächtig fühle ich mich hier mit dem
Wunsche, aber ohne die genügenden Mittel, gegen solche ver-
kehrte Verhältnisse anzukämpfen! Am liebsten wäre ich oft
unmittelbar von hier fortgelaufen, auf die Altenburg, zu Ihnen!
Sie haben gewiss schon wieder recht viel Förderndes in der
Zeit gewirkt, und ich entbehre viel, fern von Ihnen zu sein!
Raff war so freundlich mir über meine Weimaraner Freunde
Nachrichten zu geben, über die ich mich herzlich freute. Ich
behalte mir vor, ihm von *Dublin* aus zu danken. In einer
Stunde gehe ich nach dieser Stadt ab, wo ich für die nächste
Woche bleiben werde, weil ich dort für 2 Concerte engagirt
bin. Nach meiner Rückkunft werde ich hier im alten Philharmonic spielen, und wenn ich Ihnen dann für mich Freudiges
berichten kann, werde ich Ihnen schreiben. Über die musikalischen Aufführungen erfahren Sie gewiss aus den Zeitungen,
und von Berlioz viel mehr, als ich Ihnen jetzt in der Eile
sagen könnte. Ich hatte in den letzten Tagen recht viel zu
thun, da ich für den 25ten Juni ein Concert angekündigt habe,
und alle nöthigen Engagements dazu schon jetzt vor meiner
Dubliner Reise besorgen musste. Seien Sie mir nicht über
die Flüchtigkeit dieser Zeilen böse; ich konnte aber nicht
mit Ruhe abreisen, ohne Ihnen geschrieben zu haben! Ich
erlaube mir nur noch, Sie, verehrter Herr Doctor, zu bitten,
Ihrer nächsten Umgebung meine Hochachtung und Verehrung
auszudrücken.

Ganz Ihr

Joseph Joachim.

157. Robert Franz.

Geehrter Herr Doctor,

In beikommendem Packet finden Sie das für die Frau Erbgrossherzogin bestimmte Dedicationsexemplar. Nach meinem Dafürhalten hat der Buchbinder seine Sache vortrefflich ausgeführt — wenn ich meinerseits den musikalischen Verbindlichkeiten in ähnlicher Weise nachgekommen bin, als er den seinigen, dann bin ich ganz zufrieden. — Das ausserdem beiliegende Exemplar ist für Sie bestimmt — wollen Sie es freundlich annehmen? Sollten der Frau Erbgrossherzogin gegenüber irgendwelche Formalitäten durch mich noch zu vollziehen sein, so sehe ich Ihrem gütigen Rath entgegen, da ich mich zum ersten Mal in meinem Leben in einer solchen Lage befinde. — Vielleicht nimmt Bülow späterhin Veranlassung, vorliegendes Heft in der Neuen Zeitschrift für Musik zu besprechen — die gespreizten Phrasen des Herrn Emanuel Klitsch wollen doch nicht mehr recht ausreichen. — Ob ich, wenn ich nach Ballenstedt zum Musikfeste komme, dort wohl ein Unterkommen finde? — ich kenne die dortigen Localverhältnisse nicht, und möchte nicht gerne auf das Gerathewohl denkbaren Calamitäten in die Arme laufen: vielleicht kann mir Bülow einige Worte darüber mittheilen[1]). — Mit dem Wunsche, mich der Frau Fürstin bestens empfehlen zu wollen, verbinde ich den aufrichtigsten Dank für Ihre bisherigen und nachfolgenden Vermittlungen in obiger Dedicationsangelegenheit.   Ihr dankbarer

Halle, den 23. Mai 1852.   ·   Rob. Franz.

158. Marie Pleyel, geb. Moke.

Londres, Dimanche 23 Mai [1852].

Mille remerciements de votre aimable et charmante lettre, mon très cher maitre, et beaucoup de *merci* pour l'autori-

---

1) Liszt dirigirte das Musikfest (22. und 23. Juli) und Bülow spielte.

sation que vous me donnez de tailler, retrancher et couper dans vos œuvres. J'avais déjà pris quelques libertés de ce genre, dans vos *Patineurs*, et maintenant que j'ai votre absolution pour ce fait, j'agirai sans les moindres remords.

Je suis fort impatiente de recevoir les morceaux que vous m'annoncez, non seulement je mettrai tous mes soins à les jouer, mais j'y ferai mettre tous les soins de mes élèves de premier rang, à mon retour à Bruxelles, où je compte arriver vers la fin de Juin ou le commencement de Juillet. Vous seriez très charmant de charger votre éditeur d'envoyer à la maison Schott, une *provision* de vos œuvres abordables pour des jeunes personnes qui, sans être ce que j'appelle des artistes, sont sur le chemin de le devenir, et jouent déjà très bien.

Lorsqu'elles arrivent tout empressées et toutes joyeuses, demander votre musique, et qu'un monsieur leur répond tranquillement: »Nous n'avons pas cet ouvrage, mais nous pouvons le faire venir«, cela leur jette un seau d'eau froide au visage. En attendant, (ce qui est toujours très long,) le morceau désiré, on étudie autre chose qui est plus facile, et quand enfin arrive un de vos beaux et rigides enfants, le courage manque quelquefois pour faire sa connaissance intime. Voilà un bien long bavardage, n'est-ce pas, pour vous dire bien peu de chose? Excusez le *Professeur*, en faveur du motif qui le fait agir.

Depuis le Trio de Mendelssohn joué dans cette vieille *Musical-exhumation*, je n'ai plus jamais revu Joachim; j'en suis tout étonnée, car il m'avait demandé la permission de venir souvent me voir, pour parler souvent de vous, j'avais dit un *oui* très empressé, et voilà que je ne le vois, ni n'en entends rien dire. Après cela, cette vie de Londres est véritablement bêtifiante: on est assommé, quoique l'on ne s'amuse jamais, et le pauvre garçon doit avoir quelquefois des rages d'ennui.

Davison[1]), Beale, me chargent de vous offrir leurs meilleurs souvenirs. Tous les *gâte-métier*, comme vous les nommez si

---

1) Musikkritiker der »Times«.

bien, se donnent rendez-vous ici, et comme j'y ai beaucoup
de succès, il paraît que j'excite la fureur et l'indignation
des avaleurs de notes de tous les sexes. Dans l'avant-dernier
article du Times sur moi, on s'est servi de votre illustre
nom pour me donner des louanges très au-dessus de mon
mérite, je le sais; mais comme on se sentait très fort de
votre bonne opinion à mon égard, on ne craignait pas de
me placer très, très haut. Dieu! quelle émeute parmi les
pianistiqueurs! (style Davison). Par quelles intrigues en suis-je
arrivée à de pareils éloges? Quelle indignité, quelle infamie!
Oh! Ah! Eh!

Les cliques et les contrecliques m'ont condamnée, mais
pas encore exécutée. — Je serais heureuse, mille et mille fois
heureuse d'aller vous remercier en personne de votre gracieuse invitation, et puis de vous demander quelques conseils,
de vous dire et vous raconter une masse de riens que vous
auriez la patience d'écouter, mais d'abord vous m'avez mis
un grand *Madame*, au commencement de votre dernière lettre,
qui m'a fait un effet assez lugubre; car enfin, si je suis
Madame, je ne serai pas reçue comme je veux l'être, en *vieux
camarade*, bien heureux de vous revoir, et alors j'aime mieux
ne pas venir. Ensuite Mr Fétis me tient par sa chaîne de
Directeur, et il serait très possible, à cause de mon voyage
en Angleterre que mes vacances ne soient pas des vacances.
Du reste je ne doute pas qu'un mot de vous, à ce digne et
intelligent ami n'arrangeât cette dernière difficulté. — Quoi
qu'il en soit, qu'il arrive, mon cher Liszt, toujours, toujours,
votre dévotement dévouée

Regent street 175.   M. Pleyel.

150. Adolf Stahr.

Jena, 3/6 1852.

Ich habe nun Deinen »Chopin« zu Ende gelesen, und
die beglückende Empfindung, welche uns immer zu Theil
wird, wo wir das Schöne und Gute in *harmonischer Voll-*

endung gestaltet vor uns sehen, ist mir bei dieser Lectüre in so reichem Masse zu Theil geworden, dass es mich drängt, dem geliebten und verehrten Freunde dafür meinen Dank auszusprechen.

Von der Entwicklung des Chopin'schen Genre's an, von jener so fruchtbaren als tiefen und gerechten Bemerkung, dass nicht das Quantitative vorzugsweise die Grösse einer Kunstschöpfung auch in der Musik bedingt, bis zu dem herzerschütternden Gemälde des Verlöschens dieser schönen und heiligen Lebensflamme, geht nur *ein* Geist durch dies Buch: *der Geist liebevoller Anerkennung des Genius durch den Genius.*

Besseres weiss ich von einem Werke nicht zu sagen.

Der junge Bülow wird Dir meine Entschuldigung gebracht haben, wegen des versäumten Tannhäuser. Ich allein aber kann es aussprechen, *wie viel* ich dadurch verloren. Ich habe die Festtage sehr trüb und düster vorübergehen sehen. Denn zu meinem häuslich eigensten Leiden gesellte sich noch der Anblick fremden, mich tief ergreifenden Unglücks. Es ist das Geschick des vortrefflichen S., der, wenn ihm nicht bald geholfen wird, als ein Opfer menschlicher — deutscher, vielleicht specifisch *provinzieller* Undankbarkeit und kleinherziger Fühllosigkeit zu Grunde gehen wird. Ich habe ihn ermuthigt sich an Dich, als den Einzigen zu wenden, der hier helfend einzugreifen das Herz, den Einfluss und den inneren sittlich künstlerischen Beruf besitzt. So lange dies Weimar das — der Himmel weiss wie wenig! verdiente — Glück besitzt, einen Franz Liszt zu den Seinen zu zählen und in ihm den einzigen zu besitzen, dessen Sonne diesem ausgebrannten Monde noch ein Weltlicht verleiht — so lange *darf* es nicht, »*zu Franz Liszt's Zeit*« darf es nicht geschehen, dass ein Kunstbegabter in 13jähriger öffentlicher Wirksamkeit um die einzige grössere Bildungsanstalt des Landes wahrhaft verdienter, für die Förderung musikalischer Bildung rastlos bestrebter Mann, ein liebenswürdiger Mensch, ein Künstler, der *auch* des göttlichen Geistes Hauch in sich trägt, in buchstäblichem Elend zu Grunde gehe. Es darf nicht geschehen, sage ich, dass dieser Mann, der seiner Kunst und ihrer

Förderung in seinem Kreise Gesundheit, Kraft und Mittel geopfert, der Jahre lang wörtlich oft auf seinem Tische nicht Brot genug gehabt, während er den Erwerb seiner Privatarbeit dazu verwendete, für die Universität, als deren Musikdirektor man ihn hungern lässt, die bildenden Genüsse grosser klassischer Musikkunstwerke möglich zu machen, — dass solch' ein Mann nach dreizehn Jahren erschöpft, zerrüttet zu Grunde gehe, während Franz Liszt noch den Boden Weimars zu betreten und durch sein Wirken auf diesem Boden der deutschen Nekropole Licht und Leben zu verleihen würdigt.

Ich habe nie verstanden für *mich* zu bitten, aber nie mich geschämt es für andere, Würdige, zu thun. Ich thue es auch heute zu Dir, und wesentlich in Rücksicht auf Dich, Deine *Stellung*, Deinen Namen.

Lass mich mit zwei Worten wissen, wann Du zu dem Musikfeste, von dem ich reden hören, fortgehst, und wann Du wiederkehrst, damit ich meinen Besuch auf der Altenburg, nach dem ich mich sehne, darnach einrichten kann. Von Frl. F. Lewald, an der Du die *treuste* Freundin hast, habe ich den Auftrag, Dir das Herzlichste zu sagen, und zugleich der Frau Fürstin, der ich meine gehorsamste Empfehlung zu Füssen zu legen bitte, die verehrendsten Empfehlungen zu vermelden.

In verehrender Freundschaft der Deine

Adolf Stahr.

160. Hector Berlioz.

Londres, 7 Juin 1852.

Mon cher ami,

J'apprends par Joachim et par la Gazette musicale que tu vas faire exécuter *Harold*[1]) au Festival de Ballenstedt, et je t'en remercie. Veux-tu prendre note d'une petite correction à faire dans les parties d'orchestre du Final? Voici en quoi elle consiste:

1) »Harold en Italie«, Symphonie von Berlioz.

Page 107 de la partition, à l'entrée du petit orchestre placé *dans la coulisse*, ou du moins dans un *coin éloigné* du grand orchestre, la partie du 2ᵈ violon doit être corrigée ainsi :

eu outre pour ces 28 mesures empruntées à la *Marche des pèlerins*, ajoute *un hautbois* au 1ᵉʳ violon, *un autre hautbois* au second violon, et *un basson* au violoncelle, en arrangeant les quelques notes de second violon qui sont trop graves pour le second hautbois. Les hautbois *ne devront pas jouer* dans les mesures de Psalmodie telles que :

Comme dans ce festival vous aurez des hautbois à profusion, cette addition au petit orchestre lointain ne causera aucun embarras.

Pardonne-moi de t'occuper de cette niaiserie.

Je n'ai plus à diriger ici qu'un concert. Il a lieu après-demain 9, et le 12 je retourne à Paris. Si tu as le temps de m'écrire ce sera donc 19 rue de Boursault que je te prie de m'adresser ta lettre.

Je figure dans ce dernier programme pour quelques fragments de *Faust*, et ils ont eu ce matin les plus *violents suffrages* de l'orchestre. J'espère donc que le public de Mercredi se comportera bien à leur égard.

Je suis vraiment triste que tu ne connaisses pas cette partition. Je ne trouve pas d'éditeur pour la publier; ils la trouvent trop *riche de planches*. Il faudra que je m'adresse à Ricordi à Milan; ce brave homme ne recule pas devant une seconde édition du *Requiem*, peut-être se risquera-t-il pour Faust. En tout cas si tu trouvais un audacieux éditeur en Allemagne capable de faire ce coup de tête, tu peux lui apprendre que Faust est *bien traduit* en allemand. A l'inverse de Roméo dont la traduction est absurde et ridicule.

Je n'ai que le temps de te serrer la main, je vais faire répéter nos choristes.

Mille amitiés.　Ton dévoué　　　　H. Berlioz.

P. S. Je ne sais rien de ce qui se passe à Paris et ne puis t'en parler. Melle Clauss, à laquelle tu t'intéresses a été très bien et très vite appréciée ici; je crois que la voilà adoptée et qu'elle devra venir à Londres, tous les ans. Il y a une autre *Diva* pianiste de notre connaissance que ce succès incommode étrangement .... Elle (the queen of the pianists) joue un de tes grands morceaux à notre dernier concert après-demain. Melle Clauss en a joué un autre (celui sur Don Juan) avec un grand succès à l'une des matinées de la Musical Union.　　　　Adieu encore.

161. Heinrich Schlesinger,

Musikverleger und Begründer der Musikzeitung »Echo« in Berlin, daselbst 14. Dec. 1879 gest.

Peter von Lindpaintner,

geb. 9. Dec. 1791 zu Coblenz, gest. 21. Aug. 1856 in Nonnenhorn am Bodensee; langjähriger Hofcapellmeister in Stuttgart; als Componist weniger eigenartig als fruchtbar.

Michael Glinka,

origineller Componist, Begründer der national-russischen Musikrichtung. geb. 1. Juni 1803 zu Nowospask (Smolensk), Schüler von Field, Böhm, Dehn, reiste viel und starb 2. Febr. 1857 in Berlin.

Berlin, den 19. Juni 1852.

Cher Monsieur Liszt,

Vous compendrez mon désespoir en entendant que la fête de mariage de ma nièce Mlle Marianne Friedenthal (unique fille de ma sœur) est fixée au 22 Juin; or je suis obligé d'être à Breslau ce jour-là; s'il y a moyen je serai à Ballenstedt le 24 Juin. La fête musicale sera finie, mais je serai amplement dédommagé par l'entrevue avec le grand maëstro-vir dans toute la force du terme.

Si M. de Bülow voudrait écrire l'article sur la fête de Ballenstedt pour mon *Echo*, j'en serai bien charmé — auriez-Vous la complaisance de l'engager? mille remerciments d'avance.

Le bruit et les articles de journaux que la fête n'aura pas lieu, privera beaucoup de personnes des délices d'une fête à laquelle le grand Liszt préside et qui sera grandiose.

Ci-joint les deux compositions »L'Élégie« et »L'Irato«; veuillez m'envoyer la lettre pour S. A. R. Princesse de Prusse qui doit accompagner l'exemplaire de dédicace, que je lui enverrai par l'entremise de son secrétaire intime, M. le Conseiller Borch.

C'est dommage que l'Ouverture de Struensee n'est pas placée dans le programme, elle l'aurait bien orné.

Mille choses aimables à M. M. de Bülow et Raff.

Tout à Vous

Heinrich Schlesinger.

L'annonce, *quoique bien retardée*, sera insérée dans nos journaux demain et Mardi (il n'y a pas de journal le Lundi).

Seinen genialen Collegen Dr. Franz Liszt grüsst mit demselben Bedauern seines Freundes, bei dem er schreibt, bey den Triumphen Ihres Musikfestes nicht Zeuge seyn zu können — von Herzen!

Ihr ergebenster

P. Lindpaintner

Liebster Freund! Eben führe ich Glinka zu Schlesinger, und letzterer verlangt von mir, dass ich einige Zeilen hier beifüge. Ich kann für den Augenblick nur die herzlichsten Grüsse sagen, und muss mir vorbehalten, ausführlich und *viel Gutes* über Deinen Schützling Kiel zu schreiben, wenn ich Dir die Melodieen einiger *alten* Lieder schicke, was nun bald geschehen wird.

Dein ergebener

S. W. Dehn.

Mille saluts à l'excellentissime ami.

162. Hector Berlioz.

Paris, 2 Juillet 1852. 19, rue de Boursault.

Cher et excellent ami,

Je te remercie de ce que tu m'apprends et du bon conseil que tu me donnes. Je sais ce que c'est que ces tohu-bohu musicaux qu'on nomme Festival, et ne m'étonne point que le temps t'ait manqué pour organiser une bonne exécution des 4 morceaux d'*Harold*. En ce cas tu as sagement fait de donner seulement ceux que tu as choisis. Je me suis informé hier chez Brandus du prix des parties séparées de mes symphonies. Le voici:

La Fantastique *prix réduit* 40 fr.

Harold . . . . 30 fr.

Roméo et Juliette . . . 50 fr.

Les parties de chant de cette dernière ne contiennent que le texte français et je n'ai avec texte allemand que celles du prologue et du No 3. Au reste si ce n'est pour Weimar, je crois que l'état des chœurs dont tu pourras disposer,

ne permet guère l'exécution de *Roméo et Juliette* en entier.
Chaque partie supplémentaire du quatuor coûte 3 fr.; n'est-
ce pas encore meilleur marché que de les faire copier?

Dans ta prochaine lettre dis-moi si je dois te faire envoyer cela; en ce cas, j'aurais à corriger une foule de fautes
graves dans Roméo et Juliette surtout et à t'indiquer celles
que contiennent les partitions. Si Härtel se décidait à graver Faust (en grande partition), je me réserverais la propriété
en France et en Angleterre. Quant aux honoraires, tu ar-
rangerais cela comme tu pourrais, je sais que les éditeurs
ne donnent jamais grand' chose des compositions de cette
espèce.

A propos d'honoraires, je t'assure que je n'ai point *été
surpris* de n'en pas recevoir pour Benvenuto. Je n'y ai pas
même songé. Je n'ignore pas les dépenses que la mise en
scène de cet ouvrage a dû occasionner, et je suis au contraire fort redevable à M⁰ la Grande-Duchesse et l'Intendant
de les avoir faites. D'ailleurs je te connais trop pour avoir
un instant supposé qu'une chose faisable eût été oubliée.
Ainsi ne te préoccupe pas davantage de cela.

Je tâcherai d'aller te faire une courte visite vers la fin
de Novembre, si tu juges le moment convenable. Je serais
bien heureux d'entendre alors une représentation de notre
opéra.

Je te dirai au sujet de tes observations sur Benvenuto
qu'elles sont parfaitement justes, et que toute la partie que
tu proposes de supprimer m'a toujours paru glaciale et insupportable. Mais personne ne m'avait encore mis sur la
voie du moyen tout simple qui en permet la suppression;
c'est toi qui l'as trouvé. Il ne s'agit en effet que de ne pas
faire sortir le Cardinal après la scène de la statue et de
courir au dénouement. Seulement j'ai trouvé le moyen de
conserver et le chœur des ouvriers (»Bien heureux les Matelots«) qui commencerait le dernier acte en donnant les soli à
Francesco et Bernardino, l'air d'Ascanio (avec un change-
ment de paroles) et l'air de Cellini »Sur les monts«. Ces
trois morceaux, malgré le peu d'élévation de style du second,

doivent, je crois, être conservés. Si l'air de Cellini était inchantable pour ton ténor (chose pour moi inexplicable), il serait toujours loisible de le supprimer d'après le scenario que je vais t'envoyer.

Il y aura un petit travail à faire pour le traducteur, pour reproduire en allemand les drôles de vers que j'ai dû bâcler. Il résulte de ton idée et de la mienne que l'opéra sera maintenant en 3 actes, que la décoration du 3me acte étant celle du dernier *tableau*, celle du 3me tableau sera supprimée.

La coda à $\frac{6}{8}$ Allegro qui terminait le sextuor après le mot *pendu* disparaîtra, puis nous enlèverons les scènes 10- 11- 12- 13- 14- 15- 16- 17- 18- 19- et 20 du dernier acte où se mourait si péniblement l'intérêt, au milieu des entrées, sorties, provocations, etc. de Fieramosca, des inquiétudes de Teresa et de l'embauchage des ouvriers.

Je crois qu'ainsi dégagé, l'ouvrage pourra marcher. Je vais m'occuper ce soir de faire le récitatif du Cardinal nécessité par la scène qui suivra maintenant le sextuor. Puis je t'enverrai le livret français corrigé, l'air d'Ascanio avec les petites modifications qu'il contient et les soudures bien indiquées. Tu pourras les faire reporter sur la grande partition; mais empêche le copiste de détruire rien dans mon manuscrit. Ne pourrait-on faire copier en entier la partition de ce dernier acte? Il faudra bien tôt ou tard qu'on le copie; car j'aurai besoin sans doute de mon manuscrit l'hiver prochain et je voudrais bien pouvoir l'emporter quand je reviendrai à Weimar.

Il y a encore une petite coupure qu'on pourrait faire sans rien déranger, si elle est jugée utile; elle consisterait à ne chanter qu'une strophe de la prière à deux voix de Teresa et de Ascanio »Sainte Vierge Marie«. Les Litanies de la vierge qui l'accompagnent du dehors ne sont plus maintenant censées dites par des pénitents passant dans la rue, mais par une confrérie qui vient suivre le *chemin de la croix* auprès des petites chapelles établies, comme on le sait, dans le Colysée.

Si les deux couplets ne paraissent pas trop longs, j'aimerais mieux toutefois conserver aussi le second.

Je n'avais point oublié la recommandation que m'avait faite de ta part Joachim au sujet de Vesque[1]). Mais je n'ai pas encore pu me décider à écrire une ligne de feuilleton; l'idée seule de m'y remettre me rend malade. J'ai obtenu de Mr Bertin quelques jours de répit. Au reste j'ai déjà parlé des Lieder de de Vesque, il ne l'a peut-être pas su, mais j'en fis mention dans un article des Débats peu de temps après qu'il me les eut envoyés.

Hier il m'est venu une proposition américaine. Il s'agissait d'aller donner une série de concerts à New-York. Je n'ai pas accepté; mais si j'accepte jamais, séduit par des offres plus avantageuses, ce sera uniquement dans l'espoir de pouvoir au retour résigner mes fonctions de critique musical qui font ma honte et mon désespoir. Si tu savais ce que j'ai entendu ici à mon retour de Londres, ... et ce qu'on voudrait que je loue .... et ce que je ne louerai pas ....

Adieu à bientôt ton dévoué   H. Berlioz.

P. S. Je vais chercher tes manuscrits d'*Harold* et du *Roi Lear* que je suis presque sûr de n'avoir plus et d'avoir remis il y a longtemps à Belloni pour te les envoyer, ainsi que ta partition de piano des *Francs juges*[2]).

163. Derselbe.

Voilà, mon cher ami, l'arrangement et la coupure que tu m'as indiqués. Tu seras obligé de prendre la peine de transporter sur la partition les changements que les nouvelles paroles[3]) nécessitent dans l'air d'Ascanio et le trémolo d'Altos et Basses qui accompagne le récitatif du Cardinal. Arrange aussi pour les 2 voix de Francesco *Ténor* et Bernardino *Ba-*

---

1) Joh. Vesque v. Püttlingen, Hofrath in Wien (1803—1883), componirte u. a. Opern, deren eine: »Abenteuer Carl's II.« Liszt in Weimar zur Aufführung gebracht hatte.

2) Liszt hatte die genannten Berlioz'schen Compositionen, gleich der »Sinfonie fantastique«, für Clavier bearbeitet.

3) Eine textliche Abänderung ist dem Original beigefügt.

ryton, le duettino intercalé dans le chœur: *Bien heureux les matelots* et qui était chanté auparavant par Collini et Ascanio. L'opéra ainsi réduit, surtout si on ne conserve pas la Stretta à $\frac{6}{8}$ du sextuor, ne doit pas dépasser la durée d'un spectacle ordinaire d'Allemagne. D'autant plus sûrement qu'il n'y a plus maintenant que deux changements de décors à faire.

Tu verras dans l'air d'Ascanio des accords qui étaient indiqués *forte* et *col arco* dans la 1re version et qui doivent être maintenant *pizzicato* et attaqués légèrement. Ils convenaient quand Ascanio contrefaisant Cellini disait avec arrogance: *Alors primo, je veux ma grâce.* Maintenant qu'il reproduit au contraire la scène de l'enlèvement et qu'il imite sotto voce d'autres personnages et d'autres dialogues, c'est la nuance opposée qu'il faut. Ne perds pas ces petites feuilles de musique, je n'en ai pas d'autres.

J'ai retrouvé ta partition de piano d'*Harold*, mais point de *Roi Lear*, ce qui me confirme dans l'idée où je suis d'avoir remis cette ouverture à Belloni avec celle des *Francs-juges*. Tu auras beaucoup à changer dans ton manuscrit à cause des changements que j'ai faits dans la partition après que ton travail a été terminé. Le 3me morceau surtout contient une foule de modifications qui, je le crains, sont intraduisibles sur le piano, il faudra sacrifier beaucoup de tenues. Je te prie aussi de ne pas conserver la forme de *trémolo arpégé* que tu emploies dans l'introduction *à la main gauche*, cela produit au piano l'effet contraire de l'orchestre et empêche de bien distinguer le dessin lourd mais calme des basses. C'est encore un effet de trémolo à sacrifier, je le crains, et qui en tout cas transporté ainsi au grave fait trop de bruit et distrait l'attention. D'un autre côté, ne penses-tu pas que la part que tu donnes à l'alto plus grande que celle qu'il a dans la partition altère la physionomie de l'ouvrage? .... L'alto ne doit intervenir dans la partition de piano que de la façon dont il est employé dans l'autre. Ici le piano représente l'orchestre, l'alto doit demeurer à part et se renfermer dans son radotage sentimental, tout le reste lui est étranger, il *assiste* à l'action et ne s'y mêle point.

Adieu, tu recevras ton manuscrit, peu après cette lettre, je vais m'informer du moyen le meilleur de te le faire parvenir.

Mille et mille amitiés. Ton dévoué
3 ou 4 Juillet [1852].   Hector Berlioz.

164. Robert Franz.

Geehrter Herr Doctor!

Im Auftrage meiner Frau zeige ich Ihnen an, dass künftigen Mittwoch Nachmittag unser kleiner Sohn [1]) getauft werden wird. Erlauben Sie mir, Ihnen in 2 Worten Ihre persönliche Stellung zu dieser Angelegenheit mitzutheilen. Uns ist daran gelegen, Ihren lieben Namen dem Kinde als Geleitsschein auf seinen Lebensweg mitzugeben. Indem Sie uns nun dies zu thun erlaubten, gewährten Sie uns Alles, was wir vernünftiger Weise wünschen konnten. Sollte daher Ihre Zeit mit unserem Vorhaben zufällig nicht harmoniren, sollten Sie überdiess in dem üblichen Verlauf der ganzen Handlung *die* Seite scharf wahrnehmen, welche Männern oft nicht sonderlich convenirt, so würden wir ruhig von Ihrer Zusage Gebrauch machen und Ihre Gegenwart, trotz der persönlichen Abwesenheit, geistig zu vermitteln wissen. Wie Sie sich auch im vorliegenden Fall verhalten mögen — es wird uns eben recht und angenehm sein! —

Der Bericht an die Signale ist auch abgegangen. Ich habe ihn so abgefasst, dass er die rein künstlerische Bedeutung des Unternehmens scharf herauskehrt. Nachdem kurze Charakteristiken der einzelnen Nummern vorangegangen sind, schliesst er ohngefähr so:

»So ist das Musikfest zugleich eine Rechtfertigung neuerer musikalischer Richtungen geworden (keineswegs in der starren Abgeschlossenheit, die ihnen von mancher Seite zu geben gesucht wird, sondern in ihrem Zusammenhange mit älteren, von ähnlichem Geiste beseelten Strömungen), und es wird so

---

1) Jetzt Dr. med. in Leipzig.

nicht fehlen, dass Viele in dem ganzen Unternehmen das einer
Partei erkennen und verdammen werden. Solche Engherzig-
keit, die ihren eigenen Gesichtskreis ängstlich in den alten
Gränzen zu halten sucht, muss warnend auf den Erfolg des
Unternehmens vor dem meist sehr unbefangenen und gerade
darum competenten Publikum Ballenstedt's und seiner Umgegend hingewiesen werden. Die ketzerischen Compositionen
Wagner's haben sich dort Anerkennung erkämpft, seine musikalische Auffassung poetischer Stoffe hat so vielfache Anregung gegeben, so viele Herzen gewonnen, der durch die
angemessene Aufführung erzielte Eindruck war ein so un-
leugbarer, dass alle die, welche gegen diese lebendige Wirkung mit den Waffen abstracter, oder vorgefasster Ansichten
streiten wollen, nothwendig zu Schanden werden müssen.
Man darf sich daher der Hoffnung hingeben, dass ähnliche
Unternehmungen unter derselben Leitung an günstiger gelegenen Orten auch weiteren Kreisen ähnlichen Genuss und
den Stoff zu thatsächlich begründeten Urtheilen über die
Wagner'sche Richtung, und dieser die lange genug vorent-
haltene Gelegenheit geben, für sich selbst zu sprechen«. —
Diese letzte Wendung in meinem Bericht veranlasst mich
zu einer Nebenbemerkung. Wird der Brendel'sche Plan[1]),
eine Besprechung derer, die sich für Wagner und seine Richtung aufrichtig interessiren, zu erzielen und zwar auf neu-
tralem Boden in Halle, aus mancherlei Gründen nicht leicht
im Sande verlaufen können? Wäre es am Ende nicht
zweckmässiger, diesen Plan zu erweitern, eine allgemeine Besprechung, an der sich Freunde wie Feinde betheiligen
könnten, und zwar in *Weimar* auszuschreiben, wo zugleich
durch Ihre Vermittlung im Theater oder sonst wo eine Aufführung in Aussicht gestellt würde, die faktisch mehr wirken
dürfte, als alle Reden und Redensarten? Ich vermag mit dem
besten Willen in dem unseligen Parteiwesen kein Heil zu er-

1) Dr. Brendel, der damalige Redacteur der ehemals R. Schumann'schen »Neuen Zeitschrift für Musik«, eifriger Vertreter der
»neudeutschen Schule« (1811—1868).

blicken! Die Kunst soll ja in letzter Instanz versöhnen! Macht Brendel mit seinem Plan viel Lärm und die Sache läuft nicht nach Wunsch ab, so ist der Schaden vorläufig gross genug, um die unzähligen Beller und Kläffer monatelang zu beschäftigen, ihnen Waffen in die Hand zu geben, die sie sich so leicht nicht wieder entwinden lassen dürften. Diese Anschauung der Dinge ist nach meinem Dafürhalten wohl der ruhigsten Überlegung werth — *ein* Wort von Ihnen kann und wird den Ausschlag geben! Brendel ist ein fürchterlicher Sanguiniker, er sieht immer das, was er eben zu sehen *wünscht!* Solche Leute sind für Entwicklungen, die ihrer Natur nach auf die Zukunft speculiren, immer höchst gefährlich, so bald sie irgend wie freie Hand haben. — Ich brauche wohl kaum hinzuzufügen, dass die zuletzt ausgesprochene Ansicht rein confidentieller Art ist und nur für *Sie* bestimmt.

Doch entschuldigen Sie meine lange Schreiberei, die Sie sicherlich ermüdet hat. Darf ich Sie bitten, meine Frau und mich der Frau Fürstin angelegentlichst empfehlen zu wollen?

Mit vollkommenster Zuneigung und Ergebenheit Ihr

Halle, d. 8. Juli 1852.   Rob. Franz.

165. Bettina von Arnim.

Lieber Liszt,

Endlich bringe ich hier eine Gegengabe für Ihre freundliche Sendung der Goethestiftung; ich dachte es früher zu vollenden; allein der Zeitenfluss hat es wie einen kleinen Kiesel von einem Ereigniss zum andern fortgerollt. Da nun dies Buch, so einfach es ist, dennoch zweideutigen Inhalts scheinen könnte, so lege ich, um nicht missverstanden zu werden, hier eine kleine Anzeige aus Hamburger Blättern bei, die kurz bespricht, wie es verstanden werden soll von meinen Freunden, deren Zahl zwar gering, aber mir um so theurer ist, als ich ihrer bedarf, wie gleich hier sich herausstellt, da ich dem segnenden Einfluss der Goethestiftung ein

Weizenkorn vertrauen möchte, würdig des Vertreters seines milden Andenkens.

Doctor Alexander Jung[1]), angestellt an der Schule in Königsberg, rühmlich bekannt durch seine speculativen Schriften, wie Varnhagen und Rosenkranz anerkennen, wie hier in beiliegenden Auszügen aus gedruckten Blättern sich ergiebt. Doch was bedarfs der Beweise, um eine im Sinne Goethe's werkthätige Gesellschaft edler Männer anzuregen, welcher Sie als grossmüthiges Haupt vorstehen. Es genügt, das Manuscript zu prüfen, welches Ihnen hiermit empfohlen wird. Goethe's Wanderjahre, dies für Gegenwart und Zukunft in seiner Wichtigkeit kaum geahnte Buch, hat drei Jahre hindurch den Verfasser unablässig beschäftigt. Unter grossen Aufopferungen hat er darüber ein Werk ausgearbeitet, dessen ideale Einwirkungen ihm der schönste Lohn seines Strebens sein würden, wenn Sie es würdig fänden, dessen Herausgabe den Grossthaten der Goethestiftung einzureihen. Des Verfassers Wunsch war es, dass es der Prinzessin von Preussen zugeeignet werde, über deren geistige Anlagen Goethe schon in ihrer zarten Jugend das Vermächtniss seines Segens aussprach. Dem Autor würde ein bescheidenes Honorar von Drei bis Vierhundert Thalern genügen, in seiner bedrängten Lage aber eine wahre Wohlthat geschehen. Ich habe in Bezug auf dies Anliegen wieder Ihr Buch der Goethestiftung durchlesen und glaube mit dieser Empfehlung dem trefflichen Sinne derselben ehrenvoll zu entsprechen. Sollte dieser Antrag keinem Widerspruch begegnen, so kann das Manuscript zur Einsicht gefordert werden von Herrn *Doktor Wille in Berlin, Luisenstr. 35.*

Seit vorigem Sommer bis jetzt beschäftigte mich das Monument von Goethe; in einer kleinen Dachkammer ist es nach meinen Zeichnungen von Steinhäuser[2]), der deswegen von Rom hierher kam, skizzirt und nun endlich so weit gediehen,

---

1) Philosophischer Schriftsteller (1799—1844).

2) Bildner, Schüler Rauch's (1813 geb.), wurde 1863 Director der Bildhauer-Academie in Carlsruhe.

dass es auf allgemeinen Beifall rechnen kann. Wenn nicht *ein deutscher Fürst*, der schon früher Ansprüche darauf hatte, oder die Reichsstadt Frankfurt, die sich seiner Geburtsstätte erfreut, die Summe zu seiner Vollendung aufbringt, so wird sie durch allgemeine Subscription zusammen gebracht werden, wozu schon bedeutende Beiträge zugesagt sind. Dann bin ich dafür, dass es in Weimar aufgestellt werde, auch habe ich schon einmal mit dem Erbgrossherzog darüber gesprochen, dessen Lieblingswunsch es war; da er nun jetzt auf einer Reise durch Italien begriffen ist, so thäten Sie wohl, ihm zu empfehlen, Steinhäuser's Atelier zu besuchen, wo Goethe's Statue schon in Marmor kolossal fertig steht und allgemeine Bewunderung erregt [1]).

Ihre Freundin

Berlin, d. 9ten August 1852.   Bettine.

166. Carl Czerny.

Verehrtester Herr und Freund!

Mit grosser Freude empfing ich soeben durch Hrn. Löwy Ihre trefflichen *Etuden*, in denen Sie sich auf eine so edelfreundliche Weise meiner erinnern. Dieses Werk, so wie alle Ihre Clavier-Compositionen werden für die Pianisten der künftigen Generationen eine neue Schule und Epoche gründen. Fast täglich erfreue ich mich jetzt am Durchspielen der, von Ihnen so gelungen gesetzten Bach'schen Pedalfugen und wünsche nur, dass auch die übrigen Werke dieser Gattung von Ihnen gesetzt würden, wodurch gerade die geistreichsten Compositionen S. Bach's uns näher gebracht würden.

Vor ungefähr 3 Monaten war der jüngere Hr. Schott aus Mainz hier und versprach mir, im Laufe dieses Sommers die Correctur meines *Gradus ad Parnassum* zu übersenden; aber is heute warte ich vergebens darauf und kann durchaus

---

[1] Das Monument befindet sich bekanntlich in Weimar.

nicht errathen, wesshalb die Hrn. Schott in der neuern Zeit gegen mich so auffallend ungefällig geworden.

Dürfte ich, geehrtester Herr und Freund, die Bitte wagen, dass Sie gelegentlich selber die Güte hätten, die Hrn. Schott desshalb erinnern zu lasseu? Zwey Zeilen von Ihrer Hand würden mehr als jedes andre Mittel diese Herren zur Beschleunigung auffordern, die bey der so gnädigen hohen Genehmigung der Dedikation zur doppelten Pflicht wird. Verzeihen Sie, wenn ich Sie mit dieser Bitte belästige.

Mit Vergnügen habe ich die Bekanntschaft des Hrn. Dr. Jahn gemacht und alles mögliche will ich beyzutragen suchen, sein Vorhaben zu unterstützen[1]).

Ich kannte Beethoven seit dem Jahr 1800, genoss (bis um 1803) wirklich seinen unmittelbaren Unterricht, und er blieb mir unwandelbar freundlich gewogen bis an seine letzten Augenblicke. Noch besitze ich viele seiner Briefe an mich aus verschiedenen Zeiten, die dieses bezeugen. Manches Umstands weiss ich mich noch zu entsinnen, und vielleicht kann ich auch manchen Zweifel berichtigen. Auch trachte ich Hrn. Jahn mit allen denen bekannt zu machen, die in dieser Beziehung mit mir in gleichem Falle sind. Eine gute, echte Biografie des grossen Meisters ist in der That noch zu wünschen.

Genehmigen Sie, verehrter Herr und Freund, noch einmal meinen Dank und die Versicherung der vollkommensten und herzlichsten Hochachtung Ihres ergebenen

Wien, den 15ten Sept. 1852.   Carl Czerny.

Die Blätter berichten von einer so ausgezeichnet schönen Messe von Ihnen: werden wir sie nicht hier in Wien zu hören bekommen? In der k. k. Hofkapelle liesse sich gewiss eine würdige Aufführung erwarten.   C. C.

----

1) Der ausgezeichnete Mozart-Biograph besuchte Wien, um Material für eine von ihm geplante Beethoven-Biographie zu sammeln. Liszt empfahl ihn zu diesem Zweck an Czerny. (Siehe F. Liszt's Briefe. I. Nr. 87.)

167. Hector Berlioz.

Paris, 10 Octobre 1852.

Mon cher ami,

Je partirai d'ici pour Weimar le 12 Nov. sans faute. J'arriverai le 15 et je pourrai rester près de toi 8 jours, but no more. Je t'aurais écrit aujourd'hui même dans tous les cas; ta lettre a failli se croiser avec la mienne.

Maintenant dis-moi par le prochain courrier s'il est nécessaire que je t'envoie les parties de chant de Faust, ou s'il suffira que je les apporte moi-même.

Les chanteurs et choristes auraient alors à apprendre en quatre ou cinq jours les morceaux qui figureront dans le concert. Il faut seulement un Ténor et une Basse (soli) pour ces fragments de Faust, Marguerite ne paraissant que dans les deux derniers actes.

Ernst sera très probablement à Weimar à la même époque. As-tu pu déjà faire étudier les chœurs de Roméo? .... Pour ne pas perdre de temps, pourrais-tu arranger ta dernière répétition de Benvenuto pour le 16 ou le 17, tu me présenterais à la chapelle et toutes les cérémonies de remerciments et d'invitations pour le concert seraient faites le même jour?

Je crois que deux ou trois amis curieux d'entendre le Lazare à qui tu viens de dire »opéra, lève-toi!« me suivront à Weimar.

La Gazette musicale a annoncé l'autre jour que j'allais en Allemagne pour *diriger en personne* une représentation de Benvenuto; je ne suis pour rien, comme tu le penses, dans cette nouvelle inexacte que Brandus aura trouvée dans quelque feuille allemande mal informée.

Benvenuto est entre bonnes mains, et je suis même extrêmement curieux de voir jusqu'où va la synonymie de nos deux manières de sentir les mouvements dans une œuvre de cette espèce.

Adieu, je te laisse pour m'occuper de notre grande affaire du 22 (l'exécution de mon Requiem). Les répétitions ont commencé avant-hier au Conservatoire et j'espère que tout marchera bien. Nous serons 600; la plupart des acteurs (Dieux et demi-dieux) chantent dans les chœurs comme de simples mortels et quelques-uns moins bien que de simples mortels.

J'attends un mot de toi avant 10 jours. Ton dévoué
H. Berlioz.

P. S. Je ne vois plus Belloni; je le crois occupé à courre le public quelque part avec Vieuxtemps.

168. Derselbe.

Paris, 6 Novembre 1852.

Cher ami,

Je partirai au plus tard le 12 pour Weimar, et si je le puis le 10[1]).

Ainsi rassure-toi. Je suis désolé de t'avoir causé ce tracas. Mon affaire est presque sûre, car s'il n'y a pas de Sacre le 4 Décembre, il y aura un Te Deum à l'Eglise Notre-Dame, et c'est ce qu'il me faut. En tout cas, je me prépare pour cette éventualité et nous ferons s'il se peut les deux choses.

Voilà qui est dit, compte sur moi. Je t'envoie aujourd'hui même le paquet de Faust contenant les parties de chant, chœurs et *rôles* et un livret allemand (celui de Roméo n'est pas encore prêt) et la partition du chant (pour 63 personnes).

Le paquet de l'orchestre est trop considérable, je le porterai moi-même et il ne te serait d'aucune utilité avant mon arrivée. Ce n'est pas difficile, il n'y a de dangereux que le chœur et les rôles.

Nous dirons au concert les 2 premières parties seulement pour lesquelles il ne faut pas de Marguerite. Il faut un Ténor

---

1) Zu Ehren des vom Weimarer Hof eingeladenen Componisten veranstaltete Liszt eine Berlioz-Woche, in der er selbst am 17. und 21. Nov. den »Cellini« — nun in 3 Acte zusammengezogen — dirigirte, und Berlioz »Faust« und »Romeo und Julie« zur Aufführung brachte.

(Faust), une Basse grave (Méphisto) et une autre Basse (Brander). Cela dure *une heure*, les 4 premières parties de Roméo durent autant. Si tu veux bien jouer quelque chose dans l'intermède, le concert sera plus que complet.

Je n'ai pas le temps aujourd'hui de t'envoyer un programme détaillé, j'ai un affreux feuilleton à faire et la migraine.

Je te l'enverrai Mardi prochain.

Si tu ne veux pas l'attendre, fais-le d'après les indications de la partition de Roméo et pour Faust mets:

Les 2 premiers actes de *La Damnation de Faust*, Légende en 4 actes.

1° Plaines de Hongrie, Pastorale — Ronde de Paysans — Récitatif — Marche hongroise.

2° Cave de Leipzig — Bosquets et prairies des bords de l'Elbe — Sommeil de Faust — Chœur de Gnomes et Sylphes. Ballet des Sylphes. — Récitatif — Chanson Latine d'Etudiants. Chœur de Soldats — La chanson et le chœur ensemble (Final).

Adieu, mille amitiés. Ton dévoué

H. Berlioz.

169. Derselbe.

Weimar, 22 Nov. 1852.

Cher ami,

Je garde l'oiseau blanc[1]) puisque tu veux me le donner. Mon amitié pour toi a des ailes comme les siennes, pour *planer*, mais non pour voler à l'aventure.

Adieu!! .... For ever il tuo   H. Berlioz.

170. Derselbe.

Paris, 30 Nov. 1852.   19, rue Boursault.

Mon cher Liszt,

J'ai vu seulement ce matin Mr Dietz[2]); il était toujours

---

1) Berlioz hatte den Falkenorden vom Grossherzog erhalten. Auch durch ein Künstlerfest im Rathhaus wurde er u. a. gefeiert.

2) Erfinder der Clavierharfe, eines Instrumentes, das Liszt sehr befürwortete.

ou absent ou malade. Enfin j'ai pu l'atteindre. Il ne t'a pas écrit, dit-il, parce qu'il s'occupe de ton affaire et qu'il voulait te surprendre [1]). Il se croit sûr de réussir; seulement il craint qu'il lui faille un peu plus de temps qu'il n'avait pensé pour mener la chose à bien. Il n'a pas oublié le Clavi-harpe; le temps encore lui a manqué pour l'achever.

Sax [2]) à qui j'ai parlé confidentiellement de ton projet, croit l'instrument exécutable, mais sujet à un grave inconvénient. Les variations de la température agissant diversement sur les cordes et sur les lames métalliques rendront la discordance fréquente entre les trois éléments de sonorité. Dietz à qui j'ai soumis cette observation, la reconnait fondée en principe, mais ne croit pas que la discordance soit perceptible; ainsi la chose est en train. Dietz est, ce me semble, préoccupé de travaux importants étrangers à l'art musical et qui l'inquiètent. Mais il proteste de son bon vouloir, de sa certitude de réussir et de son vif désir de t'être agréable.

En présentant mes hommages à la Princesse Wittgenstein, veuille lui dire qu'il ne m'a pas encore été possible de rencontrer Scheffer, mais que demain ou après-demain je le verrai.

Je t'ai envoyé hier de chez Richault un petit paquet de musique, contenant:

Le 1ʳ Violon qui manque à Joachim.

Les strophes de Roméo pour Mᵐᵉ Knopp. (Je n'ai rien pu écrire sur l'exemplaire, les règlements de la poste s'y opposant.)

La grande partition et le piano du Jeune Pâtre Breton pour Mᵐᵉ Milde.

Offre ces deux petits morceaux à ces dames de ma part.

---

1) Liszt beschäftigte die Idee, ein Instrument bauen zu lassen, das eine Vereinigung von Clavier und Orgel darstellte. Dieselbe verwirklichte sich später (1854) in Gestalt des vielbesprochenen Riesenflügels von Alexandre et Fils in Paris, der drei Manuale, 16 Register und ein Pedal nach Art der Orgel enthielt, aber der einzige seines Gleichen blieb. Er stand im Musikzimmer der Altenburg.

2) Berühmter Instrumentenbauer in Paris, Erfinder und Vervollkommner mehrerer Instrumente (Saxophon, Saxhorn, Saxtromba).

Dans un prochain envoi, je te ferai parvenir la partition du 5 Mai, celle de l'Absence et celle du Roi Lear.

Malgré tout ce qu'on dit et écrit à Paris à ce sujet, il n'y a rien de décidé pour le Te Deum. Il paraît même qu'il n'y aura pas de cérémonie à Notre-Dame. Quant au Sacre, il n'aura pas lieu avant le mois d'Avril et l'Empereur s'est borné à dire à propos de mon ouvrage à son maître des Cérémonies: »Dans quelque temps, vous m'en reparlerez«.

Fais-moi le plaisir de saluer de ma part Mr de Ziegesar et de lui renouveler l'assurance de ma vive gratitude pour tout ce qu'il a fait pour moi. J'attends la liste des musiciens de la chapelle qui m'ont fait le plaisir de me demander mon portrait lithographié. Parle de cela à Nabich et serre-lui la main.

J'ai trouvé en revenant une assez bonne modification à apporter au dénouement de *Cellini*, je la ferai dès que la partition me sera parvenue. J'ai profité aussi de ton observation pour le petit mesquin Allegro fugué en *mi majeur* qui interrompt le sextuor: cela est du plus petit style d'opéra comique et je le supprime. Ce sont les paroles qui m'avaient amené à l'écrire; on peut parfaitement les faire disparaître, elles ne tiennent en rien à l'action. Je vais limer cette scène dont plusieurs détails ne me satisfont pas.

Adresse-moi donc la ou les partitions le plus tôt possible pour que je puisse faire commencer la traduction italienne. Je te renverrai la partition allemande rendue conforme à la mienne.

Bonjour à Joachim, à Cossmann [1], à Mr Bülow, à Mr Marr [2], à tous nos excellents amis. Tu recevras aussi bientôt quatre feuillets corrects que je te prierai de faire intercaler dans le livre que je t'ai laissé.

Deux millions d'amitiés dévouées.   H. Berlioz.

P. S. Dietz m'ayant assuré qu'il allait t'écrire, fais-moi savoir dans quelques jours s'il l'a fait.

---

[1] Der damalige ausgezeichnete Solo-Violoncellist der Weimarer Capelle.

[2] Regisseur am Weimarer Hoftheater.

171. Eduard Devrient,

Schauspieler, dramatischer Dichter und Schriftsteller, geb. 11. Aug.
1801, gest. 4. Oct. 1877, war seit 1852 Director des Carlsruher Hoftheaters.

Karlsruhe, 10/12 1852.

Hochgeehrter Herr!

Der Hofmarschall Graf von Leiningen hat mir die angenehme Aussicht eröffnet, mit Ihnen an der Gestaltung eines
Musikfestes wirken zu können, das unserm neu aufkeimenden
Kunstleben eine prachtvolle Blüthe verspricht. Sein Sie mir
herzlich gegrüsst zu gemeinsamem Handeln und nehmen Sie
hiermit mein Erbieten zu Allem, was ich für die Sache zu
wirken und zu bieten vermag. Der Plan, den Sie vorläufig
mit dem Grafen von Leiningen besprochen haben, muss nur
in Hinsicht auf die Zeitbestimmung eine Modification erleiden,
welche von der Eröffnung unsres neuen Theaters bedingt
wird. Diese ist für den ersten Mai bestimmt. Natürlich
müssen dafür einige neue Opern vorbereitet werden, ebenso
einige grosse Schauspiele, und somit werden die Kräfte des
gesammten Personals in den stärksten Anspruch genommen
werden müssen. Sollen die Operntalente, der Chor und das
Orchester den Aufgaben eines grossen Musikfestes genügen,
so müssen jene ersten Vorstellungen vorüber sein. Somit
würde sich das Musikfest erst um einige Wochen später, also
gegen den 1. Juni hin als möglich denken lassen. Diese Zeit
ist aber, glaube ich, in aller Hinsicht für das Unternehmen
noch bequemer als eine frühere [1]. Lassen Sie mich nur recht
bald Ihr eigentlich künstlerisches Project für das Musikfest
kennen, damit ich die Vorbereitungen dann in meine Arbeits-
pläne einreihen kann. Sie glauben nicht, welch eine Berges-
last von Geschäften auf mir liegt und wie gerade bis zum
Frühjahr hin die Dinge mich immer härter bedrängen werden, und wie nothwendig es mir ist, Übersicht und Gliederung
zu gewinnen.

---

[1] Erst im October 1853 fand das in Rede stehende Musikfest,
das erste in Carlsruhe, statt.

Einstweilen bleibt wohl am Besten — und das ist auch
des Grf. Leiningen Ansicht und Wunsch — die Angelegenheit unter uns. Sobald sie einigermassen reif ist, ziehen wir
den Kapellmeister Strauss dazu. Es wird Ihrer Liebenswürdigkeit schon gelingen, dem alten Herrn seinen Antheil
an dem Feste angenehm und dem Ganzen erspriesslich zu
machen. Soviel für heut und in Hoffnung auf Ihre weiteren
Anregungen in der Sache .... Wie gern wüsste ich, wie
es Ihnen und bei Ihnen geht? ob Marr sich im rechten Maasse
hält und ob die künstlerischen Interessen ganz so gedeihen,
als wir es hofften. Ich denke oft mit Lust des Tages, den
ich mit Ihnen in Weimar lebte, und um so mehr erfreut mich
die Aussicht, Sie einmal bei uns zu sehen. Ich bin in letzter
Zeit so verschüttet in meine eignen Arbeiten gewesen, dass
ich auf die Andrer nicht sehen konnte. Hat Dingelstedt
Ihnen von einer Zusammenkunft im Interesse des Theater-
kartels gesagt? Ostern wäre keine üble Zeit, es müsste ganz
geräuschlos von uns Wenigen *einer* Farbe geschehen. Vielleicht in Stuttgart? Alles das in Discretion! Von Wagner
höre ich nichts, so nah ich ihm auch bin.

Ganz der Ihrige

Eduard Devrient

Entschuldigen Sie den elenden Brief, mein Geschäftswirbel
schwindelt mir jeden Gedanken hinweg.

172. Hector Berlioz.

Mardi, 20 [Dec. 1852].

Cher ami,

Je t'écris à la hâte pour ne pas perdre un jour de courrier.
Je suis trop heureux de pouvoir être agréable à LL. A., à
M' Ziegesar et à toi. En conséquence ma musique est à ta
disposition. J'ai voulu savoir ce que coûterait la copie de
la partition de Faust, mon copiste vient d'en faire le compte
et cela s'élèverait à 318 fr. C'est ridiculement cher. Il

vaut donc mieux que je t'envoie par Mr Mangold qui retourne
à Weimar le 2 ou le 3 Janvier la partition des deux premiers
actes de Faust et les parties de chœurs allemandes, et le
nombre de parties d'orchestre dont tu as besoin. Ensuite
je te prierai de me renvoyer *par une occasion sûre* (telle que
celle dont je profite) ma partition et le reste. Je n'ose confier
cela au chemin de fer. Si les parties se perdaient, on les
ferait recopier, mais la partition . . . .

Maintenant quant à Leipzig, je te prie de *ne pas* leur
envoyer ce que je te confie, je ne sais entre les mains de
qui cette exécution tombera et je ne suis pas du tout dési-
reux d'être entendu à Leipzig *en mon absence.* Si une société
veut mon ouvrage sérieusement et *en entier*, il faut que j'en
surveille et dirige l'exécution. En ce cas j'y consentirai.
Sinon non. D'un autre côté, Richault se décide à graver
Faust et me prie de te prier instamment de ne rien laisser
sortir de tes mains: ni Marche Hongroise, ni le reste.

.—. Adieu, j'ai peur de manquer le courrier, je t'écrirai
plus au long au reçu de ta réponse, et au sujet de Dietz
qui ne m'inspire pas grande confiance. J'écrirai aussi à M^r
de Ziegesar que je te prie de saluer de ma part.

H. Berlioz.

173. Derselbe.

Jeudi, 29 Décembre [1852].

Mon cher Liszt,

J'ai revu Dietz, il m'a de nouveau prodigué les assurances
de son dévouement à ton idée et à ta personne, mais sans
me rien dire de positif. Il m'a donné sa parole d'honneur
qu'il t'écrirait le lendemain du jour où je l'ai vu. Je ne sais
s'il l'a fait; il semble fort préoccupé, mais peu occupé de
ton affaire. J'avoue que la confiance en lui commence à me
manquer.

J'ai parlé confidentiellement de ton projet à Alexandre,
le facteur de Mélodiums, jeune homme actif qui est à la tête
d'une grande fabrique de ces instruments, qui a du zèle et

une grande aisance. Ton idée l'a transporté de joie, il se
fait fort de l'exécuter avant six mois et même plus tôt, avec
un succès complet. Il ne veut rien accepter. Voici la lettre
qu'il vient de m'écrire, vois et juge! Il était venu me prier
de venir entendre son nouveau Piano à sons prolongés, c'est
ce qui m'a mis sur la voie de lui confier ton projet. Si j'ai
mal fait, dis-le-moi, il n'en sera plus question.

J'attends toujours avec impatience une lettre de toi relative à l'envoi de Faust par Mr Mangold, et ma partition de
Benvenuto, plus le second acte copié par ton copiste. J'en
ai le plus grand besoin pour y appliquer la traduction italienne qu'on vient de finir et qu'on ne peut pas placer sous
la copie du 1^r et 3me actes contenant déjà deux lignes de
texte. D'ailleurs le traducteur allemand a fait un grand
nombre de changements dont plusieurs sont très malheureux.
Je les signale dans la partition que je te renverrai avec
plusieurs corrections importantes que je viens de faire au
3me acte (dans l'instrumentation et le dénouement). Sois assez
bon pour faire rectifier tout cela. La fin est bien mieux
maintenant, l'on *voit* le Persée fondu et encore rouge incan-
descent. Tu verras combien de petites vilenies j'ai ôtées.

Je t'en prie, envoie-moi ces partitions le plus tôt possible; Beale m'a écrit de Londres avant-hier pour me demander si la traduction italienne était *prête*, et je lui ai répondu: *oui*.

J'enverrai aussi par Mr Mangold deux volumes à M^r de
Ziegesar, dont l'un pour lui et l'autre que je le prierai de
présenter à Mme la Grande-Duchesse 'ou au Grand-Duc, si
tu juges que cela soit plus convenable'. Mais tu sais ce que
je t'ai dit là-dessus; je ne saurais le dire à Mr de Ziegesar
dans une lettre; sois assez bon pour le lui expliquer. Leurs
Altesses m'ont comblé de gracieusetés de toute espèce, et je
ne veux pas avoir l'air d'un *carotteur de cadeaux*.

Adieu, j'ai beaucoup à travailler pour cette traduction
italienne dont je fais changer bien des vers en attendant la
partition. Si je pouvais juger des traductions allemandes
comme de celle-là je pourrais indiquer par un *monstre litté-*

raire ce qu'il faut faire pour ne pas altérer autant la version musicale. Mais c'est encore sur toi que ce soin retombera.

Adieu, mille amitiés. Ma lettre se croisera probablement en route avec ta réponse. Mais je n'ai pas voulu perdre de temps pour te faire connaître la proposition d'Alexandre.

H. Berlioz.

174. Derselbe.

1er Janvier 1853!!!!!

.—. Tu me parles du *Te Deum*, il m'est impossible de te l'envoyer dans l'incertitude où l'Empereur nous laisse de ses décisions. Je pourrais en avoir besoin à l'improviste. Cela ne peut guère s'exécuter en Allemagne qu'à un grand Festival. Au reste tout est prêt, chœur et orchestre, et pour un nombre considérable d'exécutants. Cela dure une heure. Il y a 8 grands morceaux dont un Final que je crois cousin germain du Lacrymosa de mon *Requiem*. Il y a en outre une prière pour Ténor solo avec chœur, et une autre prière à deux voix (de chœur) en imitations canoniques, sur cette singulière série de Pédales tenues par les autres voix du chœur et les instruments graves.

Bien chanté par les Ténors et Soprani je crois que ce morceau doit être touchant et original. Cela peut être aussi fort ennuyeux .... Pour le reste, ce sont les pompes harmo-

niques du Te Deum proprement dit, il y a une fugue sur
un choral proposé par l'orgue et circulant ensuite dans les
voix et dans l'orchestre. L'ensemble de la partition est toujours à deux chœurs, chaque chœur n'est qu'à trois voix.
L'orgue n'accompagne pas, il dialogue avec l'orchestre. .—.

Alexandre est revenu me voir hier, il se chargera du
Clavi-harpe, ci cela te convient. Tu as pu voir par sa lettre
qu'il est aussi plein d'ardeur que de confiance. Il est l'homme
qu'il te faut; Sax a d'autres affaires, il te ferait perdre beaucoup de temps et sans résultat peut-être. Quant à Dietz,
je n'y crois pas. Adieu, annonce-moi la réception de toutes
ces paperasses. J'enverrai les portraits par Cossmann.

H. Berlioz.

Je m'aperçois que le jour d'aujourd'hui est le 1er d'une
nouvelle année. Je viens en conséquence de t'écrire une
page *très vraie* .... et que nos mœurs de 1853 déclarent ....
très stupide. Je l'ai jetée au feu.

Tiens-moi donc pour un des êtres les plus stupides, si
tu veux, mais pour un de ceux qui t'aiment le plus, même
si tu ne veux pas.

175. Siegfried Dehn.

Berlin, den 6. Jan. 1853.

Liebster Freund!

Wie die Signatur des heutigen Tages nur aus Consonan-
zen zusammengesetzt ist, Grundton, Terz, Quinte, Sexte und
Octave, und wie unter der Feder eines rechtschaffenen Musi-
kanten alle präparirten und freien Dissonanzen sich endlich,
wenn sie auch durch Trugfortschreitungen eine Zeit lang
einen andern Weg einschlagen, doch in 1, 8, 5, 3 auflösen
müssen, so wünsche ich von ganzem Herzen, dass das neu
begonnene Jahr 1853 für Dich seine Bezifferung bewahr-
heiten möge, und dass vorkommende Dissonanzen entweder
gut aufgelöst werden oder nur im melodischen Durchgange
Dich berühren mögen. — Vor allen Dingen also Gesundheit
und frischer Geist! Dann wollen wir mit allen Dissonanzen,

und wenn sie selbst von Andern uns noch so gut und regel-
recht präparirt werden, schon umspringen.

Die gegenwärtigen Zeilen erhältst Du durch den neulich
Dir angemeldeten Neilisow[1]), der durch Deine mir durch
Schulze mündlich zugekommene Mittheilung, dass Du ihn in
seinen Angelegenheiten mit Deinem Rath freundlich unterstützen willst, sehr erfreut ist und neuen Muth geschöpft hat.
Es soll mich herzlich freuen, wenn Du ihn so findest als
Du ihn zu haben wünschst, um ihn auf die rechte Bahn zu
führen; jedenfalls aber ist er ein in jeder Beziehung honetter
Mensch, der auch dankbar anerkennt, wenn sich Jemand für
ihn interessirt und sich seiner annimmt. Ich glaube daher
mit meiner Empfehlung keinen Fehlschritt gemacht zu haben,
wünschte aber, dass Henselt ihn nicht so ausschliesslich mecha-
nisch, sondern zugleich geistig auf's rechte Pferd gesetzt hätte.

Heute endlich benutze ich nun die günstige Gelegenheit,
Dir durch Neilisow 2 Bände mit scientifisch-didaktischen
Arbeiten des Raimondi zu übersenden, von dem ich gerne
erst ein Dutzend Psalmen sehen möchte, bevor ich einen Antrag zum Ankauf des ganzen Werkes mache. Sehr begierig
bin ich auf Dein Urtheil über die beifolgenden Sachen. Zugleich erlaube ich mir, Dir beifolgend Opus II von Kiel zu
übersenden und die Bitte um freundliche Aufnahme auszusprechen; hoffentlich wird Dir Nr. 4 zusagen. Kiel würde
Dir selbst geschrieben haben, aber 6 Seiten contrapunktischer
Künste werden ihm nicht so schwer als 6 Zeilen eines Briefes,
weshalb er mich bittet, Dir seine Ergebenheit und Dankbarkeit auszudrücken. Er ist sehr fleissig; im September vorigen
Jahres nahm ich ihn und einen jungen talentvollen Geiger
mit nach Leipzig, um dort sein erstes (kleines) Trio für
Pianoforte, Violine und Violoncello zu spielen, und womöglich
auf eine anständige Art unter die Presse zu bringen. Ich
habe mich an das Bureau de musique gewendet, und der
alte Papa Böhme ist ohne weitere Umstände nicht nur auf
den Verlag der beifolgenden Fugen und des Trio einge-

---

1 Wurde Liszt's Schüler.

gangen, sondern hat auch sogleich ein anständiges Honorar gezahlt. Gegenwärtig ist nun auch das 2. Trio ganz und ein drittes zum Theil fertig; diese beiden charakterisiren schon den Spaziergänger, während die ersten Sätze des ersten noch den Wanderer auf der grossen Heerstrasse bezeichnen, der letzte Satz desselben aber auch schon auf den Spaziergänger hindeutet, der unbekümmert um die grosse Strasse häufig von ihr abweicht, um sich seinen Weg durch schöne Gegenden bestimmen zu lassen. — Hast Du Dir von Montag die *grossen* Messen von *Lotti* und *Colonna* zur Ansicht geben lassen? ich hoffe, dass er sie Dir nicht so hartnäckig verweigert, wie mir die Beantwortung von fünf, sage *fünf* Briefen. — In Bezug auf die heutigen Contrapunktisten Italiens glaube ich sehr bald einen glücklichen Fang zu thun, indem ich den *Sei Quartetti nello stile di contrapunto obligato* von Cesare Pugni auf die Spur gekommen bin. Mehr aber als auf diese, bin ich auf einige Spanier des XVI. Jahrhunderts gespannt, die ich bereits unterwegs habe, und von denen einer, Cabeçon, schon unter meiner Feder ist, der mehr durch sein Werk (Instrumentalpiècen für 2 bis 6 Streichinstrumente), als durch die Übersetzung seines närrischen Namens mein graues Haupt schütteln machte. Durch die Entdeckung seines Werkes (vom Jahre *157S*) bin ich im Stande, nicht allein der Instrumentalmusik, sondern überhaupt der *Figural*musik eine ganz neue Ansicht abzugewinnen; für 100 hier nur 1 Beispiel: *Triolen* und *Quintolen* treten bei dem alten Spanier schon zu gleicher Zeit auf. — Leider hat man zum Kopfzerbrechen auch einen Kopf nöthig, der nicht so ganz leicht zerbricht und mit dem man nicht nur guten Muthes gegen eine Mauer, sondern nöthigenfalls auch durch dieselbe rennen kann, um hinterher noch mit unbeschädigten 5 Sinnen die dahinter verborgenen Wunder zu erschauen und in sich aufzunehmen. Und wahrlich! die Notation des alten Spaniers war mir beim ersten Anblick eine unüberwindliche Mauer, ist mir aber durch die Güte des mir vom Himmel geschenkten Pulvers nicht unüberwindlich geblieben, ohne dass ich meinen Kopf daran zerschellt habe. Unvernünftiger Weise möchte ich bei solchen Angelegenheiten aber doch wünschen, dass der Tag dann und wann mindestens 36 Stunden hätte und ich vernünftiger Weise so lange, ohne abzusetzen, gegen eine solche Mauer und zuweilen gegen Mauren und musikalische Vandalen anzukämpfen im Stande wäre.

Ich habe neulich in meinem Briefe der von André unter dem Namen Poisson d'Avril herausgegebenen Streichquartette gedacht. Seit jener Zeit habe ich sie angeschafft und will nun sie Dir gerne schicken, wenn Du gelegentlich eine Stunde daran wenden willst um sie kennen zu lernen.

Bei gefälliger Rücksendung der Sachen von Raimondi bitte ich Dich, dieselben *direct an mich zu adressiren* (Friedrichsstrasse Nr. 130). Da nämlich in der K. Bibliothek das Lokal der musikalischen Abtheilung wegen der Einrichtung einer neuen Heizung und neuer Repositorien noch lange nicht zugänglich ist, so behalte ich alle von ausserhalb zurückkommenden Sachen, damit sie bei meiner Abwesenheit nicht in verkehrte Hände kommen und verkramt werden, bei mir im Hause, bis alles in Ordnung sein wird und ich erst wieder täglich in die Bibliothek gehe.

Nun liebster und bester Freund! die besten Grüsse von mir und meinem Hause und zugleich die Bitte, mich der gnädigen Frau Fürstin ehrerbietigst zu empfehlen.

Dein treuergebener Dehn.

176. Hector Berlioz.

Paris, 14 Janvier 1853.

Cher ami,

Je viens de recevoir la réponse d'Ernst; il te remercie d'avoir pensé à lui, mais il ne peut en ce moment accepter ta proposition. Il va t'écrire.

Dietz demeure 33 rue fontaine St George.

J'ai envoyé à Alexandre le feuillet de ta lettre qui lui était destiné. Je ne l'ai pas revu encore, mais je pense qu'il ne partira pas pour Weimar sans me prévenir. Je serais bien heureux de le voir réussir dans cette tentative qui t'intéresse et qui par conséquent intéresse aussi l'art au plus haut degré.

J'ai vu avant-hier Fumagalli[1]) à qui j'ai répété les quelques mots que tu me dis sur lui dans ta dernière lettre. Il en a été bien fier. C'est un jeune Milanais dont l'exécution sur le piano est vraiment remarquable, surtout sous le rapport de la richesse de son mécanisme; il a obtenu un grand succès avant-hier au concert de Sivori. Il m'avait chargé il y a quelques semaines de te demander la permission de te dédier un morceau. Je m'acquitte un peu tard de sa commission.

Je travaille beaucoup depuis quelques jours à notre Benvenuto que je lime maintenant à loisir et que je te renverrai plus poli et plus complet. Le traducteur italien a une peine atroce à se tirer de sa tâche, qui, dans le fait, n'est pas aisée.

Toujours rien de nouveau ici, pour les fêtes impériales, mais cela grouille.

Je te remercie d'avoir parlé à H. pour mon volume, je ne sais si ton compatriote se sera arrangé avec lui. J'en doute, les éditeurs allemands sont décidement des rats parmi les cancres ou des cancres parmi les rats, et les plus cancres et les plus rats des éditeurs.

J'oubliais de te dire que le paquet de partitions de Cellini m'est arrivé en bon état. Merci!

J'ai déjà l'an dernier dit quelques mots à l'aventure, du *Joyeux Conseiller* de notre ami de Vesque, je tâcherai de ramener son nom et celui de son ouvrage, le moins maladroitement possible, dans un de mes prochains supplices.

Cossmann va *donner* ici une matinée musicale la semaine prochaine, après quoi il retournera à son poste à Weimar. Je l'engage beaucoup à l'organiser économiquement .... il s'est adjoint pour colloborateur F. Hiller. Les donneurs de

---

1) Eleganter italienischer Pianist (1828—1856), concertirte in Italien, Frankreich, Belgien mit vielem Erfolg.

concerts sont en ce moment plus malheureux et plus persécutés que jamais. Le droit des pauvres ne suffisant pas, on a (pour eux) ajouté *deux autres* impôts vexatoires. Vieuxtemps continue néanmoins, et il obtient, grâce à l'énormité de son succès, des bénéfices de *deux cents* francs!!... et encore!... Donner des concerts à Paris c'est presque une humiliation .... Pays de vieux barbares blasés! ....

A. Bertin[1]) vient de perdre sa femme. Nous avons tous vivement ressenti le contre-coup de cette mort. C'était une si douce et si charmante femme! c'était la personnification de l'idéal de Shakespeare: *La patience souriant à la douleur.* Adieu, adieu!   H. Berlioz.

P. S. J'ai vu Scheffer dernièrement, il m'a exprimé le regret d'avoir ignoré mon départ pour Weimar, il m'eût accompagné. Il ne sait pas maintenant quand il pourra faire ce voyage. Il avait dans son atelier son tableau de Paolo et Francesca. Dieu, que c'est beau! .... c'est cela .... l'amour éperdu, infini ....

Veux-tu me rappeler au souvenir de la Princesse de Wittgenstein en lui présentant mes très humbles salutations.

177. Henri Vieuxtemps,

hervorragender Violinvirtuos und Componist, geb. 20. Febr. 1820 zu Verviers, gest. 6. Juni 1881 zu Mustapha in Algerien, Schüler Bériot's, lebte meist auf Reisen, liess sich 1846—1852 in Petersburg, 1871—1873 in Brüssel (Conservatorium) fesseln.

Bordeaux, le 31 Janvier 1853.

Mon cher Monsieur Liszt!

Le jour de mon départ de Paris, notre ami Belloni m'a fait part de votre bonne et aimable lettre, en me disant que vous comptez en quelque sorte sur ma présence à Weimar pour le 16 Févr. — J'ai toujours tardé de vous répondre à

---

1) Eigenthümer des »Journal des Débats«.

ce sujet, espérant que ce voyage pourrait s'arranger selon nos désirs. Mais c'est comme un fait exprès — une vraie fatalité, plus ce terme approche, et plus les engagements et affaires m'éloignent de votre résidence. Vous verrez par la date de la présente que je ne suis rien moins que sur le chemin de l'Allemagne; les concerts que je donne la semaine prochaine à Marseille, ne m'en rapprochent pas; enfin, en forçant les choses, j'aurais juste le temps de traverser la France et l'Allemagne entière pour venir vous serrer la main — et repartir. — Vous comprendrez que je veux avoir plus de temps devant moi pour vous le consacrer et faire ample connaissance avec l'artiste éminent qui a acquis toutes mes sympathies, et dont je retrouve la trace brillante et le souvenir vivace partout où il a passé avant moi. Ayant parcouru vous-même cette carrière nomade qui est la mienne, vous apprécierez facilement les raisons qui m'obligent à sacrifier mes inclinations à l'impérieux »Marche« »Marche« d'un impresario.

Je n'ai pas besoin de beaucoup de paroles pour vous convaincre de mes regrets de devoir laisser écouter mes œuvres par des amateurs de province, au lieu de jouir de leur exécution par un célèbre orchestre, sous votre direction. Néanmoins je compte bien venir vous voir au commencement de cet été, que je dois passer en Allemagne; et là j'aurai le loisir de vous dire de vive voix combien vous êtes haut placé dans mon estime, et aussi de vous prier de vouloir me compter parmi vos plus ardents et dévoués admirateurs.

178. Hector Berlioz.

[Wol Ende Januar od. Anfang Februar 1853.]

Mon cher Liszt,

Le voyage de Weimar a eu pour moi un résultat d'autant plus heureux qu'il a renoué et rendu plus fréquentes nos relations épistolaires. C'est une véritable joie quand, en rentrant de mes boueuses ou coûteuses excursions dans Paris, je trouve sur ma table une enveloppe sillonnée par les éclairs de ta plume; tes zigzags me consolent des lettres carrées et trop lisibles auxquelles, pour mon malheur, je suis obligé de répondre si souvent.

Je voulais voir Alexandre avant de t'écrire, et c'est hier seulement que j'ai pu le rencontrer. Je lui ai communiqué ce qui le concernait dans ta dernière lettre. Il est toujours plein de zèle et de confiance; son projet est d'exécuter l'instrument *en double*. C'est-à-dire d'exécuter à la fois et ton plan et le sien; quitte à supprimer ensuite ce qui ne te conviendra pas. J'irai de temps en temps surveiller son travail, s'il me le permet, et je te tiendrai au courant des progrès de la chose. Je conçois trop bien l'intérêt qu'une pareille proposition bien résolue peut avoir pour toi, pour ne pas en suivre le développement avec l'attention la plus vive.

Je voudrais aussi, s'il est possible, que l'instrument ne fût pas *laid* de forme. Cela ne manque pas d'importance. Je ne puis combattre la répulsion que m'inspirent certaines machines musicales, telles que les mélodiums et les petites orgues qui ressemblent plus ou moins à des commodes ou à des armoires à serrer le linge. Et si j'aime tant la harpe, son aspect est peut-être pour quelque chose dans mon affection. Je voudrais te voir gouverner un bel esclave. J'en parlerai à Alexandre.

Je n'ai pas reçu le paquet de musique que tu m'annonces; peut-être n'as-tu pas encore pu l'expédier. En tout cas fais ce que tu pourras pour hâter son retour, je pourrai en avoir besoin d'un instant à l'autre.

La Société Philharmonique de Londres m'a fait écrire hier pour que je lui prête les parties et la partition de l'ouverture du Carnaval. Je viens de répondre que ce paquet était entre tes mains en Allemagne. Pardonne-moi ce mensonge.

Je ne vois pas pourquoi je ferais tort à Brandus des 50 frs. que coûterait ce qu'on me demande; et la vieille Société Philharmonique est assez riche pour dépenser 2 L. St. Du reste, rien de nouveau ne me vient de Londres; il est réellement question de monter *Benvenuto* à Her Majesty's Theatre, mais il faut pour cela que Lumley soit décidément expulsé par ses créanciers. Et cette opération difficile n'est pas encore terminée. J'ai travaillé jusqu'à la semaine dernière à revoir la traduction italienne du libretto. Elle était émaillée des stupidités les plus remarquables, et que je n'eusse pourtant point remarquées si je n'avais su peu ou prou l'Italien.

Cela m'a fait juger de ce qui peut se trouver à mon insu dans le texte allemand. J'ai pris le parti d'écrire moi-même l'accompagnement de piano que je ferai revoir ensuite à l'un ou à l'autre des pianistes de ma connaissance pour en corriger les gaucheries. Mais ce travail est fort long et je n'ai encore fait que la réduction du 1er acte. Je te renverrai une partition bien en ordre, avec plusieurs corrections de détail, que tu feras reporter dans les parties séparées. Chaque passage modifié sera indiqué avec soin dans ton exemplaire. Tu trouveras un nouveau dénouement, ou au moins un moyen admissible pour faire paraître au dénouement la statue fondue et encore incandescente. J'ai dû ajouter pour cela quelques vers au rôle de Cellini, et ces vers se chantent *sur le morceau instrumental* qui précède le moment du coulage de Persée.

Le troisième acte aussi commence autrement et sans augmenter la durée de plus de 2 minutes.

Il m'est, tu le vois, tout à fait impossible de te renvoyer mon manuscrit pour la fête de S. A. I. Mon copiste n'a pas encore fini tout ce que je lui ai donné à faire pour raccommoder la grande partition. Aussitôt après, il se mettra à l'œuvre pour l'exemplaire de la partition de piano que tu veux bien me demander. Mais avant de le laisser l'entreprendre, dis-moi s'il te convient, ou du moins s'il convient à Mr de Ziegesar (car c'est pour le théâtre, je suppose) d'y mettre le prix que demande le copiste (150 fr.).

Je vois, cher ami, que tu gardes à mon sujet des illusions qui te sont agréables. Lors même que Benvenuto serait représenté avec le plus inespéré succès à Londres, il ne le serait pas pour cela à Paris. Et le fût-il même avec succès à Paris, pas un éditeur ne se risquerait à en publier la grande partition. Ta demande du manuscrit me touche beaucoup et je comprends le prix que tu y attaches. Cet ouvrage t'est cher comme le deviennent les convalescents au médecin qui les a sauvés d'une maladie mortelle. Je serai donc bien heureux de te le conserver. En tout cas, si Faust est publié le premier (je dis *si*, car Richault m'a *remis* au mois de Mars pour terminer nos arrangements) ce manuscrit-là aussi te revient de droit.

Ton désir de me voir écrire une Messe solennelle me flatte beaucoup, bien que je ne sois pas le moins du monde certain de faire sur ce texte ressassé quelque chose de nouveau. Mais une Messe solennelle est la pire des grandes compositions à tenter, si l'on tient compte des chances qu'elle a d'être bien et souvent exécutée. Il n'y a pour tirer d'affaire le compositeur, qu'une commande Royale (comme tu le dis). Mais les Rois et les Empereurs ont autre chose à commander par le temps qui court. Tu vois par l'exemple de mon Te Deum quelles facilités j'aurais pour produire en France une œuvre pareille. En Angleterre, en Prusse et partout où règnent ces affreux schismes, bâtards scrofuleux du rationalisme, qu'on nomme Protestantisme, Luthéranisme ou tout autre chose en isme, les messes sont un objet d'horreur. Les Requiem ont au moins chez nous une protectrice, la plus puissante de toutes, infatigable et toujours à l'œuvre, la mort .... Quant aux chants de reconnaissance, d'exultation, de foi, il n'y faut pas penser.

Auber a fait entendre à la cérémonie du mariage de l'Empereur, des fragments de Lesueur, de Cherubini, d'Adam et, pour l'entrée du cortège, la *Marche des filets de Vulcain*, vieux ballet de l'opéra . . . . J'avais été appelé chez le Colonel Fleury, secrétaire et aide de camp de l'Empereur, pour y apprendre que mon *Te Deum* allait être exécuté. Le Colonel se croyait sûr de son fait en me l'annonçant; mais une intrigue s'ourdissait en même temps au ministère de l'intérieur et les hommes officiels, les *vieux*, triomphaient sur toute la ligne. On me parle du Sacre maintenant. Mais je n'y crois plus. On annonce une cérémonie funèbre pour l'anniversaire de la mort de l'Empereur Napoléon *au 5 Mai* prochain; ce serait le cas d'y faire exécuter mon Requiem . . . . on s'en gardera bien. Quelque plate combinaison l'emportera encore, même sur le bon vouloir des gens les mieux placés pour faire une chose convenable. Et pardieu, s'il y eut jamais un Requiem destiné à une cérémonie pareille, je jure que c'est celui-là. Tu ne l'as jamais entendu et tu l'aimes pourtant. Si Napoléon 1er pouvait encore manifester sa volonté et s'il disait: »Voilà l'œuvre qu'il me faut«; je lui répondrais comme Jean Bart répondit à Louis XIV: »Sire, vous avez raison«! Oui, oui, c'est la musique apocalyptique qu'il s'agissait de trouver pour ce texte terrible!

Je me console de n'avoir pas fait 37 opéras comiques, et de bien d'autres malheurs plus réels . . . . Je te dis ces naïvetés parce que j'ai la tête pleine de cette partition; ayant passé ces derniers jours à corriger les épreuves de la nouvelle édition qu'en fait Ricordi à Milan.

Dès qu'il m'en sera arrivé un exemplaire, je te l'enverrai. La gravure est admirable; ce sera, je l'espère, très correct. Cette édition d'ailleurs, contient diverses modifications assez importantes et se trouve, en conséquence, conforme aux parties séparées de chœur publiées chez Brandus il y a deux ans.

Le Colonel Fleury m'avait demandé quelques jours avant le mariage Impérial, d'écrire une marche pour sa musique des Guides (alors magnifique). En le quittant je me mis à l'œuvre, je pris force café, et à sept heures du matin la marche était écrite sur quatre lignes, si non instrumentée.

Elle devait être exécutée le jour de la Cérémonie de Notre-Dame. J'ai encore passé une nuit blanche pour rien. L'avant-veille du mariage, par suite d'un autre petit tripotage minis-tériel, la musique des Guides a été *détruite* ou à peu près. Ce coup d'état a coûté une vingtaine de mille francs au pauvre Sax et .... voilà.

Assez causé. Adieu!   Ton dévoué
H. Berlioz.

179. Ernst II., Herzog von Sachsen-Coburg-Gotha.

Gotha, den 20. Februar 1853.

Bester Liszt,

Soeben erhalte ich durch Lampert[1] Ihre an denselben gerichteten freundlichen Zeilen und ersehe mit Freuden daraus, dass Sie nicht abgeneigt zu sein scheinen, den Vermittler zwischen mir und Kapellmeister Wagner zu machen. Wenig Worte werden hinreichen, um Ihnen die Motive zu dem aus-gesprochenen Plan zu erklären, wodurch eine mündliche Be-sprechung der Angelegenheit sehr erleichtert werden wird. Laissez-moi parler franchement: Ich habe entschiedene Lust und hinreichende Wärme des Gefühls und, um mich auf Ihr eigenes Urtheil zu beziehen, einiges Talent und musikalischen Blick, um nicht selbst bedauern zu müssen, nur Mittelmässiges dem Publikum zuzuführen; ich bin ebenso scharfer Kritiker gegen andere, wie gegen *mich*; ich kenne daher die Mängel der drei Opern, die ich componirt[2], sehr genau. Jene Mängel beruhen in der Hauptsache in den ungenügenden Libretto's. Die Handlung ist zu wenig interessant, die Versi-fication trocken, und wahre, das Publikum ergreifende Effecte sind beinahe gar nicht zu finden. Andrerseits ist die Instru-mentation überladen, ja oft geistlos, weder dem Gedanken des Dichters, noch dem Gefühl des ursprünglichen Compo-nisten angepasst. Pour dire la vérité, war unser vortrefflicher Lampert nie à la hauteur meiner Gedanken und wusste bei

---

1) Hofcapellmeister zu Gotha (1818—1879).
2) »Zaire«, »Toni«, »Casilda«.

aller technischen Fertigkeit alles Geniale zu verflachen, mit
einem Wort, die Musik uninteressant zu machen. Er änderte,
was er nicht verstand, und besserte dabei nicht. Allem diesen
muss nun abgeholfen werden. Ich habe zu dem Ende die
dicke Birch veranlasst, mir ein Libretto zu fertigen; ich habe
es überarbeitet, so dass es jetzt mit ihrem Einverständniss
mir für die Composition mundgerecht vorliegt. Die Handlung
ist in drei Acte spannend zusammengedrängt; die Verse sind
fliessend und dem Text entsprechend. Ich habe auch bereits
über die Hälfte des ersten Actes fertig. Nun tritt die grosse
Frage in Bezug auf die Instrumentation hervor. In keiner
Weise habe ich Lust, diese schwere Aufgabe Lampert oder
einem unbedeutenden Componisten zu übertragen; wer liesse
sich aber besser vorschlagen, als unser genialer Wagner?
Hier handelt es sich also nur darum, ob er geneigt ist, den
bereits fertigen Musikstücken die Instrumentation anzupassen
und, so zu sagen, die letzte Hand an's Werk zu legen. Für
ihn dürfte es ein Leichtes sein, und wenn er nicht zu viele
Änderungen haben wollte, so bin ich dann mit Freuden
erbötig, seinen Angaben zu folgen.

So viel ich höre, soll Wagner wenig beschäftigt und nicht
in den brillantesten Umständen sein. Vielleicht kommt es
ihm gelegen, in wenig Monaten 100 Ld'or zu verdienen; für
so viel würde ich gern seine Arbeit honoriren. Alles dies
ist jedoch Nebensache, wenn es ihm im Ganzen Freude macht,
an einem Werk Theil zu nehmen, das ja doch nicht seinen
Namen tragen dürfte. Vous comprenez bien ce qu'il y a de
délicat dans cette question.

Obgleich ich Wagner kenne, so glaubte ich doch sicher
zum Ziel zu kommen, wenn ich mich Ihrer, geehrter Freund,
als Mittelsperson bediente; denn Sie müssen es sich schon
gefallen lassen, dass wir Sie mehr oder minder auch als den
Unsrigen betrachten. Wenn Sie Zeit haben, so kommen Sie
doch im Laufe dieser Woche herüber zu uns! Steigen Sie
bei mir ab, lassen Sie mich aber den Tag Ihrer Ankunft
zuvor wissen.

Leben Sie wohl!   Ihr ergebener Ernst.

180. Hector Berlioz.

Paris, 4 Mars 1853.

Mon cher Liszt,

.—. Il est en effet très utile pour moi que tu puisses remonter *Benvenuto* pendant le séjour du Roi de Saxe à Weimar, et j'avoue que j'aurais une grande joie à voir cet ouvrage représenté à Dresde.

Maintenant je dois te dire que Beale et moi nous échangeons tous les deux jours une lettre au sujet de Benvenuto dont il a obtenu, dit-il, les grandes entrées à Covent-Garden. J'ai envoyé hier mes termes (comme on dit à Londres) et j'attends la réponse de Gye, le directeur de Covent-Garden. Ils paraissent vouloir, comme à l'ordinaire, monter cela tout de suite, vite vite, sans prendre haleine. Je leur ai pourtant démontré la nécessité de copier au moins les parties de chœur, d'orchestre et les rôles; or il faut du temps pour cela; et j'exige que cette copie soit faite à Paris, sous mes yeux. Tu vois, cher ami, qu'il m'est complètement impossible de t'envoyer mon manuscrit du 2me acte, mais je pense que tu pourras le diriger sur une partie de violon ou sur la partition du souffleur. Tout cela a naturellement interrompu le travail de la réduction au piano, et mon copiste ne peut en outre s'occuper de ton exemplaire.

Adieu, je n'ai que le temps de te serrer la main.

Ton dévoué   H. Berlioz.

181. Adolf Stahr.

Berlin, Sonntag, 6. März 1853.

Mein theurer Freund,

Es ist wahr, dass ich Dir wegen Deines langen Schweigens *nicht* gezürnt habe, so drückend mir dasselbe auch besonders um des Umstandes halber zuweilen geworden ist, dass hier Zeitungen, Journale und Salons rund um mich her von Deinen Plänen: Weimar aufzugeben und nach Paris zu gehen wiederhallten und mehr als eine Frage sich brieflich und mündlich deshalb an mich richtete. Es gab Momente, in welchen ich einen solchen Entschluss, falls Du ihn gefasst hättest, nahezu als ein Glück ansah, wenn ich mir sagen musste, wie wenig Deutschland geistige Grössen zu schätzen weiss, und wie Deine schönen, grossen und edlen Entwürfe, die grösste Erinnerungsstätte deutschen Geistesruhmes dieses ihres Namens würdig zu erhalten, an der Kleinheit der Verhältnisse scheitern. Aber ich missgönnte dem Paris dieses dritten Napoleon — der sicherlich nach dem Spruche, dass alle guten Dinge *drei* sind, auch der letzte sein wird — Deinen Besitz und ich dachte mir immer, dass *Rom* und seine heilige ewige Majestät am Ende die einzige Deiner würdige Stätte sei, um ein wunderbares Leben in einem Deiner würdigen *Otium cum dignitate*, wie die Alten sagen, zu beschliessen. So sehr ich Dein Herzensattachement an Weimar begreife und würdige, so sehr ich demselben den verdienten Lohn gönnte, in einer grossen Schöpfung, wie jene »Stiftung«, das Gedächtniss Deines Namens mit den unsterblichen Erinnerungen dauernd zu verbinden, so sehr bedrückte es mich dennoch, wenn ich mir den Gedanken in seiner ganzen Schwere ausdachte, einen Geist wie den Deinen sich in der Enge kleiner Verhältnisse resultatlos abmühen zu sehen. Ich zweifle keinen Augenblick an den Intentionen des Erbgrossherzogs und an Seinem besten Willen. Ich fühle für ihn sogar eine wahrhafte Zuneigung und ergreife jede Gelegenheit, ihn gegen abweichende Urtheile mit Eifer und Überzeugung zu vertreten. Ich darf sogar sagen, dass ich ihm diese Ergebenheit *schulde*, da er mir in wahrhaft edler, herzgewinnender Weise jederzeit die reinste menschliche Theilnahme gezeigt, ja mir sogar — was unendlich viel ist bei einem von allen Seiten mit Gesuchen umdrängten Fürsten — freiwillig und aus eignem Antriebe »seine Hülfe« angeboten hat, wenn ich glaubte, dass mir dieselbe irgendwie helfen könne; und ich habe geglaubt, ihn zu ehren, wenn ich solche Anerbietungen, ohne bisher jemals davon Gebrauch zu machen, nicht für Redensarten ansähe, sondern in ihnen den grossen menschlichen Sinn seines erhabenen

Ahnherrn zu erkennen und verehren zu müssen glaubte. Aber — ich habe die Hoffnung aufgegeben, dass aus jenen Plänen, die uns am Herzen liegen, jemals eine Realität werden wird. Auch Du fürchtest, dass man auch den nächsten günstigen Moment vorübergehen lassen werde, wie so manchen andern; und ich besorge, dass Du Recht behalten wirst. .... Als man den Moment versäumte, durch Gründung eines Revüeartigen Organs sich ein wirksames Mittel für die literarische Agitation zur Förderung der Goethestiftung zu schaffen, als man es unterliess, in Persönlichkeiten wie F. Lewald, Hauenschild, Hettner und ich, unbedingt der Sache ergebene, aufopferungsfähige, für die Idealität des Gedankens begeisterte Helfer Dir zuzugesellen, — da war nach meiner Überzeugung ein gut Stück an der Ausführbarkeit verloren und F. v. Schober's Übersetzung Deiner Schrift — so wohlgemeint die höchste Absicht sein mag, — wird spur- und erfolglos bleiben. ....

Von Wagner's neuer grossartiger Dichtung hatte ich bereits durch die öffentlichen Blätter (irre ich nicht, so war es Kühne's Europa) vernommen. Ich freue mich, dass er den grossen Gedanken, den vor etwa 8—9 Jahren der Tübinger Ästhetiker Vischer in seinen »Kritischen Gängen« (Theil 2) ausgesprochen hat, zur Ausführung gebracht, und den Versuch gewagt hat, die Grandiosität des gewaltigen deutschen Epos den Zeitgenossen in neuer Form zugänglich zu machen. Auch von Euren zusammenhängenden Aufführungen der Wagner'schen Werke hatte ich gehört, so wie, dass sich die Aufführung derselben in Berlin »zerschlagen« habe. Bei den hiesigen Theaterzuständen ist das freilich nur allzu begreiflich. Ich denke es zu erleben, wenn es so fortgeht, dass man hier noch »starke Männer« und Jongleurs auf die Königl. Bühne bringt. Indessen werde ich doch, wenn Du es im Interesse der Sache findest, von langer Hand her den Sachverhalt hinsichtlich der Zurückstellung der Wagner'schen Schöpfungen zu veröffentlichen und darauf hinzuwirken suchen, dass man auf Wagner's Verlangnisse eingeht. Freilich würde dazu meines Erachtens ein einziges persönliches Interveniren Deinerseits mehr wirken und schneller zum Ziele führen, als alles schriftliche Verhandeln. Mir ist schon der blosse Gedanke eine Erquickung, Dich bei dieser oder ähnlicher Gelegenheit wiederzusehen.

Darum ist es mir denn auch vom höchsten Interesse zu wissen, wo Du im Sommer anzutreffen sein wirst. Ich habe selbst die grösste Lust ein wenig Schweizer Bergluft zu athmen, und wenn dazu die Mittel nicht ausreichen, so wird für uns wohl Thüringen, und zwar das weltabgeschiedene *Rudolstadt* wieder der Ort unserer Villeggiatur sein, zumal ich dorthin auch meine Kinder kommen lassen kann, um sie wiederzusehen. — Was die definitive Regelung meiner matrimonialen Verhältnisse anlangt, so wird mich Geduld und Beharrlichkeit zum Ziele führen. Das Schwerste *ist* gethan; für den Rest — ci vuole pazienza! — Dass Du den Meinen freundlich gewesen, das werde ich Dir stets im Herzen bewahren.

Und so lass uns zusammen bleiben in Freundschaft — der höchsten männlichen Tugend, die ich anerkenne, — und in reiner Theilnahme, und wo es gilt in *Gemeinsamkeit des Wirkens* für das, was wir als Grosses und Schönes erkannt haben; und lass uns suchen einander zu sehen in diesem Jahre!

Der Frau Fürstin meine ergebenste Huldigung, Dir selbst den Ausdruck treuester Herzensgesinnung von Deinem

Adolf Stahr.

F. L. erwidert Deine Grüsse auf das Herzlichste! Nächstens sende ich eine kleine Schrift von mir über die Kolosse von Monte Cavallo. St.

182. Robert Franz.

Geehrter Herr Doctor!

Beikommend sende ich Ihnen meine Milde's [1]) dedicirten Gesänge. Ich berücksichtigte Ihren Vorschlag in Bezug auf Stimmlage so gut es mir möglich war — meine Lieder heben

---

1) Das vortreffliche Sängerpaar der Weimarer Bühne jener Zeit.

die Unterschiede des Geschlechtes ziemlich auf, und da ist denn die Zusammenstellung charakteristisch verschiedener Stimmtypen einigermassen schwierig. Ich theilte dies Milde's bereits mit und ersuchte sie, sich die einzelnen Lieder gegenseitig nach Bedürfniss zu schenken.

Leider konnte ich zum »Fliegenden Holländer« nicht nach Weimar kommen, wie ich so gern gethan hätte. Das diesmal sehr zeitig fallende Ostern häuft hier eine Masse von Arbeiten in kurze Fristen zusammen — man mag wollen oder nicht, die Nothwendigkeit nöthigt dazu, Privatwünsche vor der Hand bei Seite zu legen. Entweder kurz vor oder nach Ostern hoffe ich frei zu sein und mich in der Lage zu befinden, von Ihrer so gütigen Einladung Gebrauch machen zu können. Mit Rücksicht auf Ihre freundliche Vermittlung zeige ich Ihnen mein Eintreffen in Weimar besonders an.

Vielen Spass verschaffen mir augenblicklich die Brendelschen Herzensergüsse. Es ist doch erbaulich, wie so ein Kritiker mit der Kunst Fangball zu spielen weiss: die Kügelchen fliegen aus einer Hand in die andere — der geschickteste Jongleur könnte das Stückchen nicht exakter ausführen! Und jeder apodiktische Satz hat wohlweislich sein Hinterthürchen, aus dem man geeignetenfalls bequem schleichen und sich mit heiler Haut retten kann. Der Mann wird so lange Fragen anregen, bis ihn andere Leute durch ihre Anregungen in gelinde Verzweiflung bringen werden. Ein wahres Leidwesen ist es, dass heut zu Tage in der Kunst so viel geschwatzt und so wenig gehandelt wird! Doch Sie kennen diesen Jammer besser wie ich und es ist daher ziemlich überflüssig, hierüber weitere Worte zu verlieren.

Meine Frau lässt sich mit mir Ihnen und der Frau Fürstin angelegentlichst empfehlen.

Mit wahrer Ergebenheit

Halle, d. 7. März 1853.   Rob. Franz.

183. Adolf Stahr.

Berlin, 15/3 1853.

Ich habe, mein theurer Freund, soeben die Lectüre der Wagner'schen Dichtung beendet. Aber schon ehe ich sie beendet hatte, fühlte ich, dass ich ausser Stande sein würde, dem Wunsche des Dichters zu entsprechen und ihm über sein Werk meine Ansicht mitzutheilen.

Denn, um es kurz zu sagen, ich weiss kein anderes Urtheil über diese Produktion als dasjenige, welches in dem Dilemma enthalten ist: Entweder bin *ich* unfähig zu verstehen und zu empfinden, was möglich, darstellbar und dramatisch wirksam, was tragisch und die Menschen ergreifend ist — oder: *diese Dichtung ist von Anfang bis zu Ende ein einziger ungeheurer Missgriff, ein Fehler, so kolossal und gigantisch wie das riesige Sagenwesen selbst, dem es entsprungen ist.* Ich bin so gewiss wie von meiner Existenz *davon* überzeugt, dass dies Gedicht, — *selbst* wenn es gelänge, alle die unermesslichen Schwierigkeiten seiner Darstellung zu überwinden, selbst wenn es dem Schöpfer des Tannhäuser und Lohengrin gelänge, diesen starren felszackigen Leib musikalisch zu umkleiden (wovon ich nicht die fernste Vorstellung habe) — ich sage: ich bin wie von meinem Dasein überzeugt, dass selbst dann das Werk, wenn irgend eine Bühne sich an seine Darstellung wagte, das allervollständigste Fiasco machen würde. Zu diesem Werke müsste sich Wagner vor *allen* Dingen erst ein Publikum schaffen, und zwar ein Publikum, das dem heutigen gerade so gliche, wie der Siegfried des Nibelungenliedes einem heutigen Gardeoffizier. — Einen genialen Menschen so verirrt zu sehen, dass man kaum noch das Wort des Polonius:

»Though this be madness, yet there is method in it« auf ihn anwenden kann, *das* ist geradezu ein Schmerz. Aber gerade weil ich mit Begeisterung und Liebe seine früheren Werke vertreten, weil ich in dem Lohengrin und Tannhäuser neben dem Musiker auch den *Dichter* hervorgehoben habe, gerade darum habe ich ein Recht, ja die Pflicht ihm durch

Deine Vermittlung ein Wort warnender Bitte und Abmahnung
von einem Wege zuzurufen, auf dem ihm, wie ich fürchte,
kaum *Einer* seiner wahren Freunde folgen wird. Dies Gedicht ist in *Allem* ein Abfall von seiner ganzen früheren
Weise, nur insofern nicht, dass alle Mängel und Fehler
der früheren Dichtungen hier zu riesiger überwuchernder
Höhe aufgeschwellt sind, während die schönen menschlich poetischen Eigenschaften fast ganz in den Hintergrund
treten. Hier ist eine *Sprache*, die kein Lebender spricht,
eine *Rhythmik* und ein *Versbau*, die meinem Ohre fremd sind;
der *Wortsinn* oft schwer verständlich sogar für den ruhig
aufmerksamen Leser; die *Reden* lang und überlang, der *Gang
der Fabel* ohne Gelehrsamkeit und Wissen geradezu unver-
ständlich, und das ganze über- und untermenschliche Wesen
dieser ganzen Welt in Motiven, Ansichten, Thaten, Schicksalen
— im höchsten Grade *interesselos*, ja — langweilig! Das Wort
ist *heraus*, ich kann's nicht zurücknehmen. — Der Himmel mag
es wissen, wie Wagner dazu gekommen ist, statt der einfach
grossen, menschlich fassbaren, erschütternd rührenden *Motive
des Nibelungenliedes*, das ihm zu *zwei* tragischen Musikdramen,
»Siegfrieds Tod« und »Chriemhilds Rache«, den herrlichsten
Stoff bot, dieses wunderliche barocke Wesen seiner vier Dramen
aus der alten nordischen Sage zusammenzubrauen! Er hat
ganz genau alle die Fehler gemacht, die es meiner Ansicht nach
bei der Behandlung dieses Stoffes zu machen nur irgend
möglich war, ohne sich einen einzigen der Vortheile anzu-
eignen, welche derselbe in so reicher Fülle bot. Ich ersuche
Dich, in Fried. Vischer's »kritischen Gängen« Theil II von
Seite 399—436 die dort gegebene Exposition einer Opern-
dichtung aus dem Stoffe des Nibelungenliedes zu lesen, und
mir dann zu sagen, ob es nicht ein Jammer ist, einen so
gross begabten Menschen, Dichter und Künstler wie Richard
Wagner so meilenweit neben der Scheibe vorbei schiessen zu
sehn! Und eben darum, weil ich denn doch einmal im Ci-
tiren Shakespeare's bin, möchte ich seinen Zuruf

»Madness in great ones must not unwatch'd go!«

auch durch Dich, verehrter Freund, und durch andere Freunde auf ihn angewendet und zu seinem Heile praktisch gemacht wissen. Wagner selbst hat ein heimliches Bewusstsein davon, dass er eine Tollkühnheit begangen hat. Denn kein ächter Künstler ist im Grossen und Ganzen zweifelhaft über sein Werk, wie er sich zeigt, indem er diesen Manuscriptdruck zu *diesem* Zwecke veranstaltet.

Ich unterlasse es auf Einzelnes einzugehn. Es ist ja nicht das Einzelne, was ich angreife; es ist das Werk in seiner Gesammtheit nach *allen* Seiten und Richtungen hin, wofür mir vollständig das Organ fehlt. Du Selbst, theurer Liszt, bist mehr wie irgend ein lebender Zeitgenosse dabei betheiligt, dass der Künstler, den Du mit der ganzen Energie Deines grossen Wollens, mit dem ganzen Einflusse Deines Namens, mit allem Adel Deiner magnanimen Gesinnung bisher vertreten hast, nicht vor der Welt sich durch ein Werk compromittire, das mir vor dem Forum jeder Art von kritischer Betrachtung absolut unhaltbar scheint. Ich ahnte schon Böses aus seinem Briefe an mich vom Jahre 1851 in Weimar — und leider ist meine Ahnung in Erfüllung gegangen.

Ich bin, mein theurer Freund, ehrlich und offen mit der Sprache gegen Dich herausgegangen und darf nun auch wohl an Dich die Bitte richten, mir gleichfalls Deine Ansicht und Dein Urtheil über das Werk mitzutheilen. Wagnern selbst *kann* ich nicht schreiben, wenigstens jetzt noch nicht unter der Schwere des ersten Eindrucks. Ich verspare es auf spätere Zeit. Ist meine Ansicht auch mehr oder minder die *Deine* — wie ich zu hoffen wage — so wäre meines Dünkens dem Dichter am meisten mit dem Ausdrucke der allerungeschminktesten Wahrheit gedient, und wenn er noch zu retten ist, so kann es nur dadurch geschehen, dass man ihm *auch nicht einen Fuss breit Terrain* von dem Felde übrig lässt, auf das er hier vorgeschritten ist. Quae ferrum non sanat, ignis sanat, das Feuer in des Wortes eigenster unfigürlichster Bedeutung.

Ich schliesse, allen guten Geistern Dich und uns alle

empfehlend und herzlich verlangend von Dir bald zu hören, was Du zu diesem Briefe meinst.

Treueigenst der Deine   Adolf Stahr.

184. Bettina von Arnim.

Lieber Liszt,

Ich stehe in keiner Berührung mit den beiden Grimm; ihr Haus habe ich schon seit vielen Jahren meiden lernen und habe daher keinen Einfluss auf sie; auch findet man nicht gerathen, den Text dieser musikalischen Überschwemmung, die manche wilde Wasser mit sich führen mag [1]), zwei Gelehrten zu empfehlen, deren gewissenhafter Forschungsgeist an jedem Buchstaben Ärgerniss nehmen könnte.

Hier will man aus den Tannhäuserbedingungen die Tyrannei des Demokraten von Anno 48 erklären und ein gespenstisch Wesen darin erkennen, das in seiner Schreckengrösse Rameau's zweideutige Verdienste nachbahme, die das sonderbare Schicksal hatten, grosses Glück zu machen, ohne dass sie weder erkannt noch beurtheilt wurden: man fühlte sich von ihrem Platzregen überrascht, und die Befriedigung, sich wieder trocken zu fühlen, galt für Kunstgenuss. Du bist ein guter Schwimmer und schlägst die Wellen nieder, die Dich nicht tragen wollen und den Ungeübten über dem Kopf zusammenschlagen.

Lemuren (Nachtgespenster, Larven) bewegen sich immer in den Grenzen ihrer Manen. Rameau's Schüler sah man von allen Seiten auf Unkosten ihres Meisters, Frankreich mit schlechter Musik überschwemmen; jetzt auch werden sich genug Insecten erzeugen, die des Rameau Lemuren umschwärmen.

Ich weiss nicht, ob Du, Liszt, meiner warnenden Rede Dich noch erinnerst, diese Lemuren-Dichtungen gelten zu lassen, so lange sie Dich nicht behelligen; aber selbst auf

----

1) Wagner's Nibelungendichtung ist gemeint

ihrer Strasse weiter zu gehen, verbiete Deiner Ursprünglich-
keit ihre *zu enge Grenze!* — — ja zu eng ist diese Grenze,
als dass noch ein Keim des ursprünglich Unmittelbaren in ihr
Platz fände. Du willst doch wohl nicht entgegnen: sie um-
fasse Alles? — Du weisst wohl, dass Kunst ein Fortstreben
ist und ein Erobern immer neuer Reiche; — dass Unsterblichkeit nicht ein ausdehnendes Allumfassen ist; dass sie auf-
fährt wie ein Pfeil und aus höheren Regionen wieder herab-
fährt in den Geist, und diese Wunde entzündet ihn zur Liebe
des Unsterblichen.

Musik ist gewaltsamer wirkend, als dass sie behandelt
werde; nur der nicht sie entwickeln mag, der durch sie ent-
wickelt wird, ist der echte Schüler. Musik ist nicht Kunst,
sie ist Element der Kunst. Noch ist's nicht ausgesprochen in
Euch, wie dies Element des Überganges — Musik — die
Stufen zu noch höheren Sphären bilde, die wieder Übergang
noch höherer sinnlicher Kräfte sind; aber die Stufe, worauf
Ihr Halt macht, ist nicht die des Hingebens — sie ist die
des Bemeisterns. Obschon in rührendem Sehnen danach,
bestreitet dennoch Dein eigner Kunstreichthum, dass Du selber
aufgehest in ihr. Dein Wahn, das Höchste, das Unübersteig-
liche, das Ewigallumfassende bewirken zu müssen ist es,
der Dich endlich in die Arme dieser Lemure des Rameau
wirft und Dich zum Schildträger der Larve eines schon *Dagewesenen* macht, dessen höchstes Verdienst war, den kleinen
Zirkel der noch kleineren Musik zu durchbrechen und das
Lyrische über die gemeinen Bretter zu erheben. Dieser Verdienste braucht es heute nicht mehr, denn wir fühlen des
Elementes Gewalt im Keim und in seinem Wachsthum uns
durchströmen; ob mit Flügelkräften, wie sie dem Beethoven
entströmten, ob mit dem ersten Lallen der saugenden Lippe,
oder mit dem Biss heissester Leidenschaft an ihren Busen
uns hängend — Eins ist's! — Alles ist den Flug des Geistes
weitübergreifendes Zukunftselement.

Ehrgeiziger! der so edle Nahrung verschmäht! — Aber
kein Reicher will Bettler werden an der Grossmuthquelle! —
Nein, Du bist nicht Bettler, — Reichthum hat um dies Ver-

trauen Dich gebracht, das endlich den Geist des Gottseins
sich erflehen würde.

Dein grossmüthiges Anerbieten für das Goethemonument
nehme ich nicht an; ich gehöre nicht zu der Religion, die
für andre thun lehrt, was man für sich selbst verlangen
würde; ich gehöre vielmehr zu der Religion, die mit einer
Hand die andre wäscht, nicht die des Nachbarn, sondern
beide eignen Hände waschen einander. Auch glaube ich,
dass die Hand, welche giebt, der, welche nimmt, den Rang
der Grossmuth abtreten muss. Ich kann diesen Rang Dir
nicht abgewinnen wollen, indem ich nehme, was Du bietest,
und biete Dir dafür das, was anzunehmen in Deinem Belieben
steht: Eine Sammlung falscher Quinten in Liedern, zum
Besten vom Goethemonument Dir zugeeignet. Ja! oder Nein!
Bedingungen würden für abschlägige Antwort gelten; — ich
warne Dich! mein Musikeigensinn macht den Leuten die Zähne
stumpf und Musikverständigen die Haare zu Berg stehen;
sie erinnern stark an jenen Schwarm geschwänzter Gäste,
deren Märzstimme durch ihr Sprudeln, Heulen, Kratzen, Zischen
die Steine erweichen und Menschen rasend machen kann.

Den Cornelius kann ich nicht brauchen, seine Stelle ist
schon besetzt; ich habe dies auch vor zwei Monaten an Bülow
geschrieben, dass ich nicht mehr reflectire auf jemand, der
auf zwei meiner Briefe nicht antwortete; denn weder Leicht-
sinn noch Ungezogenheit kann ich vertragen.

Ich habe indess die beiden Söhne des Grimm aufgefordert,
den Nibelungentext ihnen von Deiner Seite zu übergeben;
sie haben mir es abgeschlagen und mir betheuert, dass sich
kein gutes Resultat daraus erwarten liesse, selbst wenn sie
Zeit dazu hergeben könnten, die sie jetzt nicht haben. Ich
möchte auch nicht, dass Schaden daraus erwüchse, da Dein
Eifer für diesen Freund doch immer etwas Heiliges hat, das
weit schöner ist wie das, worum es sich handelt.

Wenn Du also noch etwas darüber beschliessen willst,
so schreibe darüber. Bleibe mir freundlich und grüsse die
Fürstin und ihr Kind.

Am 19ten März 1853.   Bettine.

185. Josef Joachim.

Verehrter, theurer Meister!

Statt Sie mit einer langen Auseinandersetzung zu quälen, weshalb Sie in so langer, langer Zeit von mir nichts gehört haben, will ich Ihnen lieber gleich in der ersten Freude über die endlich in einer Kopie fertig vor mir liegende Ouverture zum Hamlet, dieselbe überschicken; ich habe dabei den Wunsch, das Werk möge Ihnen auch sagen, woran Sie hoffentlich nicht gezweifelt haben, dass Sie, mein Meister, mir beständig gegenwärtig waren. Die Abschiedsworte, welche Sie mir unter Freunden an einem der letzten Abende in Weimar zugerufen hatten, sind mir noch in den Ohren; sie hallen in meinem Innern als Musik wieder, die nie verklingen kann. Dieser »voix interne« zuzuhorchen, hatte ich hier alle Musse; ich war sehr allein. Der Kontrast, aus der Atmosphäre hinaus, die durch Ihr Wirken rastlos mit neuen Klängen erfüllt wird, in eine Luft, die ganz tonstarr geworden ist von dem Walten eines nordischen Phlegmatikers aus der Restaurations-Zeit, ist zu barbarisch! Wohin ich auch blickte, keiner, der dasselbe anstrebte wie ich; keiner statt der Phalanx gleichgesinnter Freunde in Weimar. Die Kluft zwischen dem heftigsten Wollen und dem unmöglichen Vollbringen gähnte mich verzweifelt an. Ich griff da zum Hamlet; die Motive zu einer Ouverture, die ich schon in Weimar hatte schreiben »wollen«, fielen mir wieder bei; aber beim Aufschreiben genügte mir nichts; ich überarbeitete immer, und zuletzt nach Ihrem Brief (weil mich die Freude darüber kräftigte,) nochmals das Ganze. Aber wer weiss, wie kindisch auch jetzt mein Hamlet Ihnen, grosser Meister, vorkommen wird! Sei es! Ich darf Sie dennoch zuerst wieder mit seinen Tönen anreden, weil ich weiss, den ernsten Willen bei der Arbeit werden Sie nicht verkennen wollen. Ja, ich bin gewiss, Sie werden, mein immer nachsichtiger Meister, die Partitur durchsehen, und meinend, ich sässe neben Ihnen, *stumm* wie immer, aber mit Begierde Ihrer musikalischen Weisheit zulauschend, mir rathen. Haben Sie aber nicht so viel Ihrer kost-

baren Zeit übrig, mir zu schreiben, so lassen Sie mich nur
in ein paar Zeilen wissen, dass ich Ihnen nicht fremd geworden bin! Ich komme sonst noch vor dem Monat Mai selbst.

Aus ganzem Herzen Ihr

Hannover, den 21sten März 1853.   Joseph Joachim.

186. Eduard Sobolewski,

Componist polnischer Abkunft, geb. 1. Oct. 1808 zu Königsberg,
gest. 18. Mai 1872, wirkte als Capellmeister in Königsberg und
Bremen und siedelte 1859 nach Amerika über. Liszt brachte von
ihm 1853 ein grösseres Gesangstück »Vinvela«, über das er auch
einen Aufsatz veröffentlichte (Ges. Schrift. IV), und 1858 die Oper
»Comala« zur Aufführung.

Königsberg, den 4. Juli 1853.

Hochverehrtester Herr und Freund!

Ich bin wieder in meinem Königsberg — und werde London wohl bald vergessen haben — Weimar aber nie. Dort
möchte ich nicht leben, doch in solch einem kleinen Städtchen
in Deutschland und womöglich nicht zu weit von Ihnen, dass
ich, wenn die Sehnsucht einmal überströmt, schnell zu Ihnen
hinüber könnte, würde mir sehr erwünscht sein. Sie haben
mich wahrlich in eine Poesie hineingezaubert, wo ich meine
Prosa nur gar zu schmerzlich fühle. Frage ich mich selbst
wodurch? so weiss ich eigentlich nichts Rechtes zu sagen
— Ihr Wesen, Ihre Umgebung, die hochgebildete liebenswürdige Fürstin, Ihre Musik — Alles, Alles — es ist ein
Duft, der dort weht und Jeden gefangen nimmt, der in Ihre
Nähe kommt.

Wie es mir in London gegangen, wie es mir gefallen,
soll ich Ihnen wohl sagen? Nun, so recht nicht. Es ist
keine Stadt für den Musiker, auch die Menschen passen mir
nicht, doch bereue ich es nicht, dagewesen zu sein. Die
beste Erscheinung war mir Garcia, auch die angenehmste
und nützlichste. Malvina singt jetzt schon ganz anders. Aus
den Briefen, die ich Ihnen mitschicke, können Sie das Neueste
lesen, wenn es Sie sonst interessirt. — Meine Vinvela schicke
ich Ihnen. Sie wünschten sie ja noch einmal aufzuführen.

Die Partitur habe ich selbst geschrieben, und möchten Sie dieselbe zu denen von besseren Meistern legen, so werden Sie mich sehr beglücken. Sie weisen doch diese unbedeutende Gabe nicht zurück? Gern hätte ich ein besseres Denkmal der vielen Liebe und Freundlichkeit gesetzt, die mir durch Sie und durch Ihre Durchlaucht die Fürstin geworden, doch Sie sind so gut, dass man auch mit dieser geringen Arbeit nicht verachtet wird. Indem ich Ihnen nochmals für alle Mühe, die Sie mit mir hatten, aufs Innigste danke, spreche ich auch zugleich im Namen meiner Malvina den rührendsten Dank aus. Lassen Sie mir doch wieder ein paar Zeilen von sich zukommen, und findet sich da herum einmal ein Platz als Kapellmeister für mich — so helfen Sie mir dazu, dass ich Ihnen näher sein kann, denn ich habe Sie gar sehr lieb.

Leben Sie recht wohl und denken Sie zuweilen Ihres ergebensten Freundes und Dieners

E. Sobolewski

187. Hector Berlioz.

Paris, 10 Juillet 1853, 19 rue de Boursault.

Mon très cher Liszt,

Un malentendu fort désagréable est cause que ta lettre du 3 Mai est restée à Paris où je la trouve à mon retour de Londres. Elle est affectueuse et charmante et m'a causé d'autant plus de plaisir que j'avais le cœur encore un peu oppressé des déboires que je viens d'endurer à Covent-Garden. Tu dois savoir déjà qu'une cabale d'Italiens, déterminée, enragée, furieuse s'était organisée pour empêcher les représentations de *Cellini*. Ces drôles aidés de quelques Français venus de Paris ont chuté depuis la 1re scène jusqu'à la dernière, ils ont même sifflé *pendant* l'exécution de l'ouverture du Carnaval Romain, applaudie quinze jours

auparavant à Hanover Square. Ils étaient décidés à tout;
et la présence de la Reine, de la famille royale de Hanovre
qui assistaient à la représentation, les applaudissements de
la grande majorité du public, rien n'a pu les contenir. Ils
devaient continuer aux soirées suivantes et j'ai en conséquence
retiré ma partition dès le lendemain. Il y avait des chuteurs
italiens *jusque dans les coulisses*. Quoiqu'il en soit, je n'ai pas
perdu un instant mon sang-froid et je n'ai pas fait en con-
duisant la moindre faute: ce qui m'arrive rarement à une
seule exception près, mes acteurs ont été excellents et l'exécution des chœurs et de l'orchestre peut compter parmi les plus
brillantes. L'ouvrage a gagné beaucoup à cette épreuve,
plusieurs détails de la partition ont été améliorés, de petites
coupures heureuses pratiquées et des effets de mise en scène
ajoutés. Je serai obligé de te renvoyer les 2 derniers actes
pour que ton *lent copiste* puisse mettre en ordre tous ces
changements. Je t'écrirai alors une lettre explicative. Celle-ci
a pour objet de te raconter l'événement. Tamberlick[1]) a
joué et chanté Benvenuto de la plus noble et de la plus
chaleureuse manière, il a surtout admirablement dit son
dernier air: *Sur les monts les plus sauvages*, et son récitatif
où, en montrant la statue ardente qui sort de son moule
brisé, il lit l'inscription latine:

   Si quis te laeserit ego tuus ultor ero,
inscription qui se trouve en effet sur le Persée de Florence
et que je lui fais jeter à la face de ses railleurs à la dernière scène.

  Le Fieramosca (Tagliafico) a eu un véritable succès, et
le public a redemandé son air du second acte que les cris
des cabaleurs m'ont empêché de répéter. L'Ascanio était
charmant (Mme Diddée) et on a bien voulu lui permettre de
redire son air. Le grand final de la place Colonne malgré
sa complexité a été parfaitement et très clairement rendu.
Ainsi il faut ajouter maintenant sur le titre de la partition:
Tombée *pour la seconde fois* le 25 Juillet, etc. Vu des jour-

<hr>

Berühmter italienischer Tenorist (1820—1889).

naux anglais qui en parlant des dernières représentations de
Weimar, disent qu'elles ont eu lieu sous la direction de *l'in-
trépide Liszt.* Eh bien, que cette nouvelle défaite de ton pro-
tégé n'ôte rien à ton intrépidité, je t'assure que le *Cellini* est
plus digne que jamais de ta protection et tôt ou tard, je
l'espère, il fera honneur à son patron. Plusieurs journaux
anglais ont battu la campagne à son sujet, mais la grande
majorité l'a soutenu énergiquement et stigmatisé cette lâche
intrigue, comme elle le méritait. Ce sont le *Morning Post,*
le London Illustrated News, le Musical World, l'Atlas; le *Times*
a été assez pâle quoi qu'il ait dit la vérité sur la cause du
scandale. Les artistes de Covent-Garden et de la New Philharmonic Society ont voulu me donner à cette occasion une
preuve de sympathie, en se réunissant au nombre de 200
pour organiser sans frais un immense concert à Exeter-Hall;
ils ont formé un comité et ouvert une souscription pour les
billets du concert, qui bientôt s'est élevée à près de 200 £
(5000 fr.); mais faute de pouvoir obtenir la salle d'Exeter-
Hall à l'époque où le concert était possible, il a fallu renoncer à ce projet; les instrumentistes devant plus tard quitter
Londres pour se rendre au Festival de Norwich. Alors les
souscripteurs ont déclaré ne vouloir pas reprendre leur
argent, et le comité a décidé d'appliquer la somme à la publication de ma partition de *Faust* avec texte anglais. C'est
une idée charmante et tout à fait artiste; elle eût été une
protestation plus directe si le comité eût voté la publication
de *Benvenuto* au lieu de celle de Faust, mais on ne s'avise
jamais de tout.

Gye (le directeur de Covent-Garden) a voulu garder
néanmoins une copie de ce damné opéra. A-t-il pour plus
tard quelque arrière-pensée? je l'ignore. En me quittant,
il m'a engagé à écrire pour lui une nouvelle partition sur
un livret plus dramatique et moins absurde que celui de
Cellini ..... Il faudrait être d'une naïveté biblique pour
accepter cette proposition dans l'état actuel des choses et vu
les influences italiennes existant à Covent-Garden. Pour en
finir avec mes heurs et malheurs, je te dirai qu'au concert

de la vieille Société Philharmonique de Hanover Square, Harold, le Carnaval et surtout le morceau de *Pierre Ducré*: »Le Repos de la Ste Famille« ont produit un immense effet. Cette petite scène fort bien chantée par Gardoni a été redemandée, c'est une des meilleures choses simples que j'aie écrites.

Je n'ai pas encore vu Alexandre, il doit être très avancé dans son travail. L'instrument dont tu me parles comme existant à Londres, m'est entièrement inconnu; je regrette de n'avoir pas reçu plus tôt ta lettre, je serais allé à l'enquête. Cependant je penche à croire qu'il ne faut pas trop regretter cette invention, qui eût fait du bruit si elle eût été bonne. Je n'ai pas entendu non plus les pianos du père Sax.

Mais tu verras cela toi-même puisque tu viens enfin passer quelques jours à Paris. Je ne pars pour Bade que le 1^r Août. Dis-moi donc ce que sera ton Festival de Carlsruhe. Adieu! Ton dévoué

et sifflé   H. Berlioz.

188. Eduard Reményi,

bedeutender und origineller Violinvirtuos, geb. 1830 zu Heves in Ungarn, studirte am Wiener Conservatorium und musste wegen Betheiligung am Aufstand 1848 auswandern. 1853 von Amerika zurückkehrend, ging er zu Liszt nach Weimar und fand sodann als Soloviolinist der kgl. Capelle in London Anstellung. Reisen haben ihn später in alle Welttheile geführt.

[Wol erste Julihälfte 1853, Weimar.]

Cette égratignure se permet de s'adresser au grand homme — après avoir entendu *la Sonate*, *le Scherzo*, *les Rhapsodies*, *la Fantaisie d'après Dante*, etc. etc. — Il faut avoir du courage pour oser écrire à un pareil homme — voyons, essayons tout de même. Nous allons voir si j'ai le talent de continuer. Maintenant à l'œuvre!!!

Tisztelt Liszt Úr! Compatriote admirable!

Je suis ici à Altenbourg (le style c'est l'homme, remarquez bien cela), le lieu où j'ai eu l'honneur d'être reçu par Liszt, et où j'ai le bonheur (lisez effronterie) d'être encore!

Imaginez-vous donc quelle immense joie vous m'avez faite en renvoyant la lettre, laquelle m'a été adressée de la Hongrie — toute mauvaise chose est bonne pour quelque chose, quand je pense que ce fragment de lettre hongroise m'a fait recevoir des lignes sublimes de Liszt. — Ah! oui, j'ai lu cette lettre quatre ou cinq fois de suite, — non! je l'avalais, mais pas tout à fait, il y a encore quelques débris, lesquels me sont fort heureusement restés pour pouvoir fièrement montrer dans des temps futurs (quand je serai grand homme??!!): voyez-vous, Messieurs! je suis un heureux mortel, je possède l'écriture — non, *une lettre personnelle de Liszt*. Vous pouvez être assuré que cela est pour moi *tout* — ça sera mon talisman!

Si vous demandez par hasard ce que je fais, vraiment, je ne peux vous le dire, — qu'est-ce que cela peut vous intéresser si je râcle du violon, ou si je compose encore des mazourek fantastiques? cela est (zéro) pour vous. Ce que je suis tout prêt à vous dire est que je me porte à merveille — (quant à la santé, car l'air est ici *extrêmement salubre*) — mais Liszt n'est pas ici, Madame la Princesse avec sa fille est partie, *ergo* la société est dissoute.

Je prends quelquefois la liberté de faire une petite visite à Madame votre maman, et nous y causons de vous et encore d'autres choses. A propos, j'ai à vous donner une bonne nouvelle relativement à votre maman!! Le docteur Wedel de Jena était ici, et il a ordonné de *l'Ameisenspiritus* (esprit de vin de fourmi, traduction verbale!) pour la guérison du pied[1]) et comme elle m'a assuré: *Dieser Spiritus macht Miracle*, elle m'a chargé aussi de vous saluer autant de *fois que je veux* (1 000 000 000 est-ce assez?); je ne veux pas qu'on dise que je ne fais pas bien les commissions.

Quant à ma protestation politique elle est envoyée déjà — c'est Raff qui l'a rédigée!

____

1) Liszt's Mutter hatte einen Beinbruch erlitten.

Maintenant, je crois, cette lettre est beaucoup trop longue, je vais la finir en vous disant tout simplement, mais très sincèrement, que le bon Dieu vous ait en sa sainte garde, et qu'il guide toujours votre génie pour l'honneur et la gloire du genre humain en général, et particulièrement (mais particulièrement) de notre chère patrie.

Adieu, grand compatriote, je me souscris

E Reményi

Citoyen d'Altenbourg, ci-devant de la Hongrie.

Trois Post-scriptum:

1. Brahms est parti pour Göttingen.
2. J'ai vu aujourd'hui M^r le Marquis de Talleyrand, qui est de retour de Dresde où il a accompagné Madame la Princesse et sa fille admirable.
3. J'ai eu le talent de finir cette lettre (cela prouve quelque chose).

Dieu vous bénisse!
Qu'en dites-vous du couvert? est-ce un titre? j'espère.
4 pages remplies!

189. Ferdinand Laub,

grosser Violinvirtuos, geb. am 19. Jan. 1832 in Prag, wo er gebildet wurde, gest. am 17. März 1875 in Gries bei Bozen, war 1853—1855 unter Liszt Concertmeister in Weimar, dann in gleicher Eigenschaft in Berlin (bis 1864) und Moskau.

Hochgeehrter Herr Doctor!

Auf den Rath meines Arztes befinde ich mich seit 12 Tagen hier in Karlsbad in der Cur und habe Gottlob Hoffnung, wenn auch noch nicht heuer gänzlich mein Leiden loszuwerden, doch wenigstens einer Besserung mich erfreuen zu können.

Sehr angenehm überrascht war ich, Frau Fürstin Wittgenstein mit Prinzessin Tochter hier zu treffen, wo ich erfuhr, dass Herr Doctor von der Reise aus der Schweiz schon zurückgekehrt sind und vielleicht gar Hoffnung vorhanden ist, dass Sie Karlsbad mit einem Besuch beglücken?

Dass das Musikfest in Karlsruhe den 20sten September stattfinden soll, hat mir Frau Fürstin mitgetheilt, und es möchte mich demnach sehr freuen, wenn es bei Ihrem gütigen Versprechen verbleiben und ich der Auszeichnung theilhaftig würde, dabei mitzuwirken und das Beethoven'sche Concert spielen zu können.

Den 21sten gab ich mit Willmers[1]) hier ein Concert (da sich Niemand hier befindet, der mich accompagniren könnte). Leider ist es nicht sehr brillant ausgefallen. Der k. k. Kammervirtuos Herr Willmers erfreute das Publikum, wie beiliegendes Programm zeigt, mit einigen seiner Compositionen. Ich bin sehr schlecht dabei gefahren, da Willmers vorher 2 Concerte gegeben, wovon das 2te schon an Leere zugenommen hatte; allein ich war genöthigt.

Die beiden Wieniawski sind auch hier anwesend mit ihrer liebenswürdigen Mama (wie sie auch Stör findet) und geben morgen ihr 2tes Concert. Schade, dass sie sich so keck, fast bubenhaft benehmen und deshalb wenig Sympathie einflössen.

Aus Salzburg habe ich leider keine Nachricht bekommen; ich werde jedenfalls noch einmal schreiben.

In der angenehmen Erwartung, dass mich Herr Doctor noch während meines 14tägigen Aufenthaltes hier mit einigen Zeilen erfreuen, wo ich zugleich bitte, mir gefälligst mitzutheilen, ob durch den Tod Sr. K. H. des Grossherzogs etwa Veränderungen günstiger oder wenigstens nicht ungünstigerer Art stattgefunden haben oder noch stattfinden werden.

---

1) Pianist, auch Componist brillanter Clavierstücke (1821—1878), endete im Wahnsinn in Wien.

Mich ferner Ihrer Gewogenheit empfehlend, verbleibe ich
stets mit wahrer Verehrung   Ihr aufrichtiger
    Karlsbad, den 24. Juli 1853.

wohnhaft Egerstrasse »zur englischen Krone«.

190. Hector Berlioz.

[Paris, Ende Juli 1853.]

Cher ami,

Je suis allé il y a quelques jours chez Alexandre, il était
absent et son chef d'atelier n'a rien voulu me montrer. Je
crois pourtant que la chose avance, car voici une lettre
rassurante qu'Alexandre m'envoie pour te la faire parvenir.

Je te remercie mille fois de ta dernière lettre et de toutes
les choses cordiales qu'elle contient. J'ai été bien sensible
à la bonté du Grand-Duc. Il était donc à Londres ce jour-
là (Dies irae dies illa)? . . . .

Je fais copier en ce moment pour l'éventualité d'une édition
de Benvenuto une grande partition soignée avec texte allemand et français. Aussitôt qu'elle sera prête je te l'enverrai
pour que ton copiste puisse enfin mettre tout à fait en ordre
et achever l'exemplaire de Weimar. Je suis de ton avis, je
voudrais bien pouvoir publier Benvenuto, mais ce que tu me
dis de la proposition du Prince Eugène Wittgenstein m'était
entièrement inconnu, et je t'avoue qu'il me semble un peu
difficile, quand je le rencontrerai, d'amener la conversation là-
dessus, puisqu'il ne m'a rien dit de ses intentions. La partition de piano est faite, mais j'ai à changer quelques
gaucheries dans les accompagnements et à effacer bien des

barbouillages italiens faits aux répétitions de Covent-Garden. Cet exemplaire ne t'était pas destiné, et le tien n'est pas même commencé, mon copiste ayant été occupé lui et ses hommes jusqu'au moment où j'ai tout emporté avec moi en Angleterre. En tout cas, à la fin de Septembre, tu recevras un exemplaire quelconque pour te mettre en mesure de *rentrer en guerre*.

Tamberlick et Tagliafico qui sont annuellement engagés pour la saison de Russie, me parlaient dernièrement du désir qu'ils auraient de faire donner Benvenuto au Grand Théâtre de Pétersbourg. Ils sont excellents l'un et l'autre dans les rôles de Cellini et de Fieramosca. La chose serait peut-être faisable, si Mme la Grande-Duchesse voulait en écrire à l'Empereur. Si l'Empereur prenait bien la proposition, j'irais alors en Russie, et grâce à deux concerts, je serais à peu près sûr de faire un voyage utile.

D'ailleurs peut-être l'Empereur trouverait-il convenable de me faire inviter à venir diriger l'ouvrage. On sait que le pauvre chef-d'orchestre (Boveri) qui règne en ce moment ne gouverne pas. Que penses-tu de cela?

Je pars demain pour Bade-Bade, le concert aura lieu le 11 Août. Je suis allé, au reçu de ta lettre, chez Gathy[1] pour le prier de me traduire *le Repos de la Ste Famille*, mais il est absent de Paris pour six semaines et je ne connais personne qui puisse faire proprement cette traduction. Peut-être trouverai-je quelqu'un à Bade.

La gravure de Faust avec texte allemand et français, en grande partition et en partition de piano, avance (ici) et l'édition anglaise ne tardera pas à être mise en train.

Je n'ai donc plus que trois partitions à publier en y comprenant le Te Deum. Après cela, Dieu sait quel parti je prendrai, car il y a un grand conflit dans ma tête, entre l'amour de l'art et le dégoût, entre la lassitude du connu, et le désir de l'inconnu, entre la ténacité obstinée et la raison qui crie: impossible!

---

1) Musikschriftsteller und -Lehrer (1800—1858) in Paris.

Notre art, comme nous l'entendons, est un art de million-
naire! il lui faut des millions. Avec les millions, toute difficulté disparaît, toute intelligence obscure s'illumine, on fait
rentrer sous terre les renards et les taupes, le bloc de marbre
devient Dieu, le public devient homme .... sans millions,
nous restons après trente ans d'efforts, Gros-Jean comme
devant.

Et pas un souverain, pas un Rothschild quelconque qui
comprenne cela! .... Ne se pourrait-il pas que nous fus-
sions, nous, tout bonnement des imbéciles, et d'insolents
drôles, avec nos secrètes prétentions? ....

Je suis persuadé comme toi de la facilité de l'engrenage
entre Wagner et moi, si toutefois il met un peu d'huile dans
les roues. Quant aux quelques lignes dont tu parles, je ne
les ai jamais lues, je n'en ai pas le moindre ressentiment;
et j'ai assez tiré moi-même de coups de pistolets dans les
jambes des gens qui marchent, pour ne pas m'étonner de
recevoir quelques chevrotines à mon tour. Je suis de ton
avis; il ne faut pas risquer le chœur des Ciseleurs au concert de Carlsruhe; pour présenter ce morceau hors de la
scène, il faut qu'il soit soutenu par des voix exceptionnelles.
Il faut au moins un ténor comme celui de Tamberlick! et
l'on n'en trouve guère de cette trempe. Quel brave homme!
.... comme il comprend vite!

Je profiterai de tes avis pour Francfort, si je me décide
à y aller; je me doutais déjà de l'existence de ces critiques
de grands chemins, et de la nécessité où l'on est de jeter
un sou dans leur chapeau quand on passe devant leur esco-
pette. Il faut avouer pourtant que c'est une pitoyable humiliation.

Tu m'écris des lettres de douze pages pour me parler
de moi et de mes affaires, et j'ai la naïveté de te répondre
sur le même sujet. Mais ce n'est que de la naïveté jointe à
un peu de crainte de m'avancer indiscrètement sur des sujets
que tu ne veux pas aborder. Sois bien persuadé, très cher
Liszt, que personne, personne, entends-tu bien, ne s'intéresse
plus vivement à tout ce qui te touche et que nul ne sera

plus heureux que moi de la solution des difficultés qui s'opposent encore au repos de ta vie.

J'ai eu indirectement des nouvelles de tes enfants dernièrement. Mon fils est maintenant lancé; il est aspirant de marine sur un vaisseau de l'Etat [1]).

Nous sommes tous aspirants, qu'adviendra-t-il de tant d'aspirations?

Adieu, adieu!   Ton dévoué

H. Berlioz.

191. Giacomo Meyerbeer.

[Sommer 1853.]

Mon cher et illustre Confrère!

Je viens de recevoir une invitation de la part du Comité du Festival qui doit avoir lieu à Carlsruhe, et je ne pense pas me tromper en croyant que la lettre est écrite de cette main illustre dont l'exécution merveilleuse sur le Piano m'a tant de fois charmé et ému. Permettez-moi de Vous exprimer mes plus sincères remerciments du bon souvenir que Vous m'avez gardé, et mes plus vifs regrets de ce que je ne puis avoir l'honneur de me rendre à votre aimable invitation. Je viens de commencer les répétitions d'un nouvel opéra de moi qui ne me permettent pas de m'absenter de Paris. Veuillez me croire, cher et illustre Confrère, votre

tout dévoué admirateur   Meyerbeer.

Daignez présenter mes hommages à Madame la Princesse de Wittgenstein.

192. Franz Dingelstedt.

München, 2. Septbr. 1853.

Dein Brief vom 22. Juli, mein verehrter Freund, hat mich nicht hier gefunden, sondern in der Schweiz. Verzeihe dem erst kürzlich Heimgekehrten die späte Antwort, und mehr

---

1) Es war Berlioz' einziger Sohn, der noch vor ihm starb.

noch: den Aufschub der Erfüllung des Dir und Weimar ge-
gebenen Versprechens. Gern hätte ich Deinen ganz vortrefflichen Gedanken, am 28. August, dem Tage der Erinnerungen und Hoffnungen, die Festvorstellung für unsere
Dichter zu geben, ausgeführt; allein es ging nicht, — der
Urlaube wegen. Überhaupt habe ich ein bei mir unerhörtes
Guignon mit dieser Vorstellung; bis zum Mai hat sich die
einigermassen schwer zu erlangende Genehmigung derselben
erwarten lassen; vom Mai bis zum heutigen Tage sind die
Urlaube gegangen, welche den »Götz« unmöglich zu machen
fortfahren. Noch fehlen mir der Kaiser (Schreck), Adelheid
(Dahn), Weislingen (Richter), Georg (Jahn) — rien que cela.
Sobald sie zurück sind, geht's an die Arbeit.

Du siehst, lieber Franz, ich jage den Vogel »en question«
im Schweiss des Angesichts. Und ob er mir nicht zuletzt
doch noch auskommt?! Ich verlasse mich auf Dein Geschick und Deine Güte und warte in Geduld, wie sie mir, als
deutschem Dichter und deutschem Theaterdirektor doppelt
ziemt.

Wegen Raff's Candidatur[1]), nach welcher Du fragst,
kann ich noch immer keine Antwort geben. Lachner (Ignaz)
verlässt uns heute; seine Stelle aber wird wohl unbesetzt
bleiben bis zu Neujahr. Der Bewerber sind zahllos viele,
darunter einige, welche das unschätzbare Verdienst besitzen,
in Bayern geboren und »erzogen« zu sein. Diese zu über-
gehen, wird schwer halten. Auch ein Empfohlener der Frau
Gräfin Rossi, die bei S. M. in gutem Andenken steht, will
berücksichtigt werden. Kurz, die Chancen Raff's, den *ich*
übrigens ganz bestimmt mit in Vorschlag bringen will, sind
nicht die günstigsten. Ich habe nur das Recht, einige Bewerber aus den vielen zu Allerhöchster Auswahl zu präsen-
tiren, wobei Graf Pocci mit-präsentirt; wen die Wahl treffen
wird, weiss Pocci nicht, weiss ich nicht, weiss nur der Himmel. Et encore!!

---

1) Um die zweite Hofcapellmeisterstelle in München, die Dingelstedt im Dec. 1852 Liszt vergeblich angeboten hatte.

Unendlich hat mich's gefreut, von Geibel zu hören, dass Du mit alter Freundschaft mein gedenkst. dass sogar die Frau Fürstin meines armen Trauerspiels in Gnaden Sich erinnert. Ich bitte Dich, Ihr herzinnigst dafür zu danken. Auch entzückt mich die Aussicht, die mir eine Äusserung Geibels eröffnet, mit Dir vereinigt Shakespeares *Sturm* für die Bühne zu retten. Mit diesem Plan gehe ich lange schon um; der erste Aufzug meiner Bearbeitung ist fix und fertig; mein Maschinist hat sogar schon das Modell des Schiffes gemacht, welches vor den Augen der Zuschauer scheitert. Ich habe allerlei, wie ich glaube, wirksame und glückliche Änderungen, Striche, Zusätze sogar entworfen und kann, wenn ich einmal vier ruhige Wochen vor mir sehe, an die letzte Ausarbeitung gehen. Die Musik und auch der Tanz müssen mir helfen, und namentlich mit dem Compositeur bedarf ich ernster Rücksprache, um in Einzelnem ihm meine Wünsche zu sagen, den seinigen entgegenzuarbeiten. Hast Du wirklich Lust und Zeit für diese Aufgabe, die mir wie für Dich geschaffen scheint, so wird es mich wahrhaft beglücken, sie Hand in Hand mit Dir zu lösen. Doch wird es gut sein, wenn wir uns vorher sprechen, wonach ich mich, auch aus hundert anderen Gründen, sehne. Führt Dich Dein Weg von Paris und Karlsruhe nicht über München nach Weimar zurück? Du findest mich immer zu Haus, immer im Joch, mit Ausnahme von Mitte Oktobers bis Mitte Novembers, wo ich, während das Theater geschlossen, restaurirt und gasbeleuchtet wird, einen kurzen Ausflug zu machen gedenke. Komme doch ja, damit wir den *Sturm* zusammen angreifen. Auch über Tannhäuser muss ich mit Dir reden; im März 1854 soll er herauskommen. Willst Du Wagner in meinem Namen bitten, mir seine Forderungen pp. mitzutheilen? Aber die Sache muss geheim unter uns bleiben; der im Januar eintretende neue Direktor soll sein Probestück an dem Werke liefern, und das Ganze wie eine Überraschung da sein, ehe Jemand Zeit gehabt, daran zu denken, dagegen zu wirken.

Berlioz hat mir geschrieben und seinen Besuch halb und

halb versprochen; ermahne ihn Wort zu halten und sag ihm
Gutes über mich, damit er Vertrauen hat.

Tausend herzliche Grüsse zu denen, mit welchen ich
Schober und Marr an Dich gesendet.

Treulichst Dein   Fr. Dingelstedt.

193. Hector Berlioz.

Paris, 19, rue de Boursault, 3 Septembre 1853.

Mon cher Liszt,

J'arrive de Francfort; j'ai vu Alexandre, ton monstre sera
fini dans quinze jours. Il me le fera entendre à la fin de
cette semaine.

Le concert de Bade a été très brillant, l'exécution fort
satisfaisante, le public trop nombreux pour la salle. De là,
je suis allé reproduire une partie du programme de Bade à
Francfort, devant un auditoire plus clair semé, mais beaucoup plus enthousiaste. Les journaux de Francfort m'ont
fort bien traité et j'en ai été quitte pour les visites que tu m'a-
vais recommandé de faire ... Schmidt a été excellent, plein
de zèle et d'activité. Je vais lui envoyer la partition de
Tristia, ils ont l'intention de monter cela pour les représentations de Hamlet de Shakespeare, d'après les indications que
je leur ai données.

Je te dirai que nos deux actes de Faust ont été exécutés
trois fois *sans coupures* et que la Fugue sur amen m'a conquis tous les cœurs; une bonne moitié de l'auditoire à Baden
et à Francfort *l'a prise au sérieux* comme fit autrefois le public du Sonnet du Misanthrope. Un de mes exécutants de
Francfort me disait dernièrement d'un air fin: »C'est une
ironie? ..... — J'en ai peur.« Réellement la fugue n'est
pas assez désagréable, il y a là une sonorité d'orgue et une
harmonie vibrante qui gâtent tout. De sorte que quand
Méphisto dit aux ivrognes:

»Vrai dieu! Messieurs, votre fugue est fort belle!«

Il y a des bourgeois qui, tout en étant de son avis, doivent me trouver plein d'immodestie, et remarquer que je me fais à moi-même des compliments en public. Du reste la farce n'en est que meilleure.

L'édition de Faust avance, mais ne sera pas terminée avant deux ou trois mois. La copie de la partition de Benvenuto est dans le même cas.

. Ecris-moi de Carlsruhe si tu en trouves le temps. Quand viens-tu à Paris? Me voilà retombé dans le feuilleton. J'ai déjà rendu compte du *Nabab* d'Halévy; je viens de corriger mon article et il faut en écrire tout de suite un autre sur la réouverture de cet affreux Théâtre lyrique qui a lieu ce soir. Quelle réunion de braillards et de mauvais musiciens! . . .

Tout le monde me demande si tu viens en France; je ne sais plus que répondre.

J'ai vu la Princesse de Prusse à Bade; elle m'a parlé de toi avec beaucoup d'intérêt et sa grâce exquise. Son deuil, comme tu le penses, ne lui a pas permis d'assister au concert.

Je crois que tu seras content des artistes de Carlsruhe, mais si tu avais besoin d'un Trombone, d'un Cor et d'un Cornet *incomparables*, n'oublie pas les noms de MM^rs Rome, Bancux et Arban (3 Français) qui sont dans l'orchestre de Mr Bénazet à Bade.

Adieu, mille amitiés dévouées.   H. Berlioz.

194. Josef Joachim.

Lieber, verehrter Freund!

Die Zeit des Karlsruher Festes [1]) rückt immer näher, mit ihm die freudige Aussicht, Sie wieder zu sehen. Sie haben aber bis jetzt weder Tag noch Programm mir näher bestimmt, und ich erlaube mir daher, Sie um recht baldige Benachrichtigung zu bitten, wann ich in Karlsruhe einzutreffen habe.

---

1) Bei dem von Liszt geleiteten Karlsruher Musikfest im October 1853 spielte Joachim.

Schön wäre es freilich, wenn ich mir die Freude an der Reise verdoppeln könnte, indem ich sie mit Ihnen machte! Wollen Sie mir daher einen Ort bestimmen, an dem ich Sie treffen könnte, so wäre das ausserordentlich liebenswürdig von Ihnen. Es sollen, denke ich, schöne Tage werden in Karlsruhe; die »Weimar'sche Schule« in voller Rührigkeit und Freudigkeit versammelt zu sehen, wird für mich auch ein anderes als bloss musikalisches Fest werden, und ich hoffe, wir jüngeren Genossen sollen einen herrlichen Sporn zu neuer Thätigkeit mit fortnehmen, wie wir gewiss alle die herzlichste Freude hinbringen!

Schreiben Sie bald ein Wörtchen der Antwort

Ihrem beharrlich ergebenen   Joseph Joachim.

Hannover, am 9ten Septbr. 1853.

195. Otto Ludwig,

bedeutender und eigenartiger Dichter, geb. am 11. Febr. 1813 zu Eisfeld (Meiningen), fühlte sich zur Tonkunst berufen, doch zwang ihn Krankheit ihr zu entsagen; er liess sich 1855 in Dresden nieder und starb daselbst nach fast lebenslangem Siechthum am 25. Febr. 1865.

Verehrter Herr Hofkapellmeister!

Sie brauchen uns Loschwitzer nicht an Sie zu erinnern; der Geist der Stunden, in denen Sie sich uns gönnten, ist ein so gewaltiger und dabei lieber Spukgeist, dass er sich so wenig bannen liesse, als wir ihn gebannt wünschen. Anders ist's mit uns, und ich möchte Ihnen nur ein werthvolleres Erinnerungszeichen an uns senden können als das mitfolgende.

Dass ich dasselbe Ihnen nicht selbst überbringen und so zugleich von Ihrer freundlichen Einladung, Sie nach Herrn von Bülow's Concert zu besuchen, Gebrauch machen konnte, ist mir empfindlicher gewesen als der Anfall meiner alten Maladie, der mich daran verhinderte. Heydrich[1]) hat Ihnen, soviel ich weiss, schon mein Bedauern desshalb ausgedrückt.

— —

1) Der Ludwig nahe befreundete Dichter und Herausgeber seiner »Nachlassschriften« (Leipzig, 1873).

Meine Frau und das Ebepaar Heydrich vereinen ihren
Dank und ihre besten Wünsche mit denen
Ihres Sie hochverehrenden

Otto Ludwig

Loschwitz b. Dresden, am 1ten October 1853.

P. S. Noch bitte ich Sie, bei Sr. königl. Hoheit, Ihrem
Erbgrossherzog, Herrn von Zedlitz und Herrn Genast meine
respectiven Empfehlungen freundlichst vermitteln zu wollen.

Ergebenst   d. O.

196. Hector Berlioz.

Très cher ami,   .

Ta lettre m'a fait un bien grand plaisir et si je ne t'ai
pas répondu sur-le-champ, n'en accuse qu'un de ces hor-
ribles maux de tête qui me terrassent et dont j'ai été la
victime pendant deux des trois derniers jours. Hier avait
lieu le deuxième concert que j'ai donné au bénéfice de la
caisse des veuves de l'orchestre et nous avons eu en outre
une répétition de 4 heures le matin.

Tout cela a miraculeusement marché, au premier et au
second concert; deux fois salle pleine, comble, souper, bâton
de vermeil offert par l'orchestre, etc., public d'une ardeur
incomparable, *exécution merveilleuse*. Les artistes de Brunswick se sont vivement réveillés, si tu les avais jugés un peu
endormis. Cet excellent Joachim est venu jouer deux morceaux au concert d'hier et son succès a été grand, et je
m'applaudis d'avoir procuré cette bonne fortune aux amateurs de musique de Brunswick qui ne le connaissaient pas.

Le morceau des *Irrlichter* (Feux follets) de Faust a fait
ici une véritable sensation exceptionnelle, mais pour la Séré-
nade de Méphistophelès qui le suit il a presque fallu la deviner, tant le chanteur l'a dite *honnêtement* et *marguilièrement*.
Schmetzer au contraire a bien chanté deux fois son air du

Repos de la Ste Famille en allemand, et Melle Hedwige, une élève de Mme Schmetzer, s'est acquittée avec intelligence et sentiment du fragment du rôle de Marguerite que je lui avais confié; mais sa voix manque de cordes graves essentielles dans cette scène.

Quant aux morceaux de *Romeo et de Juliette* et à *Harold*, cela a été enlevé avec une furie dont je n'avais pas encore eu d'exemple; j'étais parvenu en deux répétitions (nous n'en avons fait que deux pour ces morceaux) à rompre les articulations rhythmiques qui d'ordinaire conservent une raideur incompatible surtout avec le style de la Fête. Griepenkerl, comme tu penses, est radieux. Joachim m'annonce que les études de Faust sont très avancées à Hanovre; je m'y rendrai dans trois ou quatre jours et je logerai au British Hôtel.

Je te remercie des encouragements que tu donnes à mon grand projet d'exposition; je tâterai le terrain prudemment et ne me lancerai que si je puis espérer n'avoir dans mon auditoire que le plus *petit* nombre possible de Parisiens. Cette race m'est trop parfaitement connue pour que j'aie le sot désir de poser encore une fois devant elle. Il est venu à mon premier concert un amateur de Detmold, qui se nomme, je crois, le Baron de Donop. Il m'a beaucoup parlé de toi.

Adieu, si je vais à Dresde, je ne manquerai pas de passer par Weimar. Mais je n'ai point encore fait de démarche auprès de Mr de Lüttichau¹), je n'éprouve pas beaucoup d'entraînement pour ce voyage. Il est à peu près sûr que j'irai à Brême, puis à Munich.

Adieu encore! Mille amitiés dévouées.

Brunswick, 26 Octobre [1853].   Hector Berlioz.

197. Carl Czerny.

Verehrtester Herr und Freund,

So gerne würde ich Ihnen schon längst geschrieben haben, wenn ich nicht erfahren hätte, dass Sie seit dem Sommer

----

1) Dresdner Intendant.

nicht in Weimar anwesend waren. So erlaube ich mir jetzt, wo Sie wohl wieder zurückgekehrt sind, Ihnen vor Allem meinen herzlichsten freundschaftlichsten Dank auszusprechen für die wohlwollende Güte, mit der Sie mich aufmunterten, meinen *Gradus* Ihrer erhabenen Frau zu dediciren, welche mittlerweile die Gnade gehabt hat, mir nebst einem verbindlichen Schreiben des Hrn. Bar. v. Vitzthum ein werthvolles und meiner Erinnerung stets theuer bleibendes Andenken durch die k. sächs. Gesandtschaft zukommen zu lassen.

Würden Sie die Güte haben, Höchstderselben dafür meinen ehrerbietigsten Dank auszusprechen? Oder soll ich desshalb selber meinen Dank abstatten, und auf welche schickliche Art?

Durch Hrn. Schott erfuhr ich, dass Sie auch die Güte hatten, den Einband und die Überreichung zu besorgen. Sagen Sie mir, wie sehr ich, auch in dieser Hinsicht, Ihr Schuldner bin?

Sie haben indessen mit allbewunderter Thätigkeit wieder die Welt mit vielem Ausgezeichneten erfreut.

Hier, wo nun die Saison beginnt, hoffen wir auch manche der neuesten musikalischen Erscheinungen zu Gehör zu bekommen.

In Hrn. v. Bülow habe ich mit vielem Vergnügen ein strebsames, Ihren Geist schon bedeutend auffassendes Talent kennen gelernt.

Ich selber habe diesen Sommer in unserm Badner Bad versucht, meine alternden Knochen noch so viel als möglich zu restauriren, und kann wenigstens noch in meiner kleinen Sphäre ein wenig thätig seyn — so lange es Gott gefällt.

In der Hoffnung, von Ihnen mit einigen freundlichen Zeilen erfreut zu werden, zeichne ich mich mit der herzlichsten Hochachtung und Dankbarkeit,

verehrtester Herr und Freund, Ihr stets ergebenster

Wien, 3ten Nov. 1853. Carl Czerny.

198. Bonaventura Genelli,

einer der genialsten Maler unserer Zeit, ein antiker Kunstcharakter.
geb. am 28. Sept. 1798 in Berlin, lebte 1822—1832 in Italien, sodann
in Leipzig, 1836—1859 in München, endlich in Weimar und starb
am 13. Nov. 1868.

Hochgeehrter Herr Doctor!

Erlauben Sie mir, wenn ich — ohne Ihnen einige Auseinandersetzung zu machen, wesshalb ich so spät auf Ihr
Schreiben antworte — Ihnen sage, wie sehr es mich erfreut
im Besitze zu sein der Handschrift eines in seiner Art so
einzigen Mannes, dessen orpheischer beseel'gender Kunst ich
stets mit Entzücken eingedenk sein muss!

Schwerlich möchte wohl Ihr Wunsch, jene Zeichnung im
grossen gemalt zu sehen, sich verwirklichen, da diejenigen
Personen, welche darüber zu verfügen hätten, stets durch
fremde Brillen sehend, nicht darauf eingehen werden. Auch
sehne ich mich eben nicht danach; denn zu einer oberfläch-
lichen Eilfertigkeit, mit der heut zu Tage Kunstwerke geliefert werden, würde ich mich nicht verstehen. Mir ist es
genug, wenn eine Künstlerseele wie Sie, Herr Doctor, und
die einer so *echt kunstsinnigen* Dame, wie die Frau Fürstin
Wittgenstein, welche mit eigenen Augen sieht, Spass an
meiner Arbeit im kleinen haben.

Mit derjenigen Hochachtung, welche man ausgezeichneten
Männern schuldig ist, lebe ich als   Ihr ergebener

B. Genelli

München, d. 13ten November 1853.

199. Franz Dingelstedt.

Munich, 20 Novembre 1853.

Cher excellent,

Une courte excursion que je viens de faire à Berlin m'a
empêché de répondre plus tôt à votre lettre du 20 p. et à

l'aimable billet de Madame la Princesse du 14 c. A peine revenu de mon voyage je m'empresse de vous remercier de vos bonnes et aimables intentions à l'égard de mes projets. Malheureusement l'exécution de ceux-ci est encore bien loin d'être achevée. Au beau milieu de mes travaux tant à l'Orestie qu'à la Tempête, je me vois à tout instant interrompu et distrait par les tracasseries sans nom et sans fin que me fait la restauration du Théâtre. Je ne puis encore fixer le terme où le manuscrit de *l'Orestie*, rédigée, presque traduite par moi, sera dans vos mains; mais je crains d'être obligé à différer mon travail jusqu'à mon congé de l'été prochain, et la représentation jusqu'à la fin de 1854. C'est pourquoi je vous prie de ne pas vous gêner dans le cours de vos autres travaux. Dans les courtes vacances de Pâques nous nous donnerons un rendez-vous pour arranger nos grandes et nos petites affaires de théâtre en fidèles collaborateurs et collègues.

Quant au bénéfice pour les monuments de vos poètes, il sera donné parmi les premières représentations après la réouverture. Tâchez de maintenir jusque-là la patience de S. A. R. et Ses bonnes dispositions pour moi.

La question de notre direction musicale est à la veille d'être définitivement résolue. Comme j'avais l'honneur de dire à Madame la Princesse, il paraît presque certain que M. Eckert[1]) l'emportera sur les autres candidats.

Mille hommages respectueux à Madame la Princesse et mille vœux pour Mademoiselle Sa fille. Son nom et Sa mémoire resteront bénis parmi les artistes de Munich.

M. Ernest Förster[2]) me fait dire qu'il vient de répondre aux lettres de Madame la Princesse, — un plaisir que je dois me réserver pour un temps plus calme et plus heureux que le moment ne l'est pour moi.

Toujours et tout à vous   Fr. Dingelstedt.

Mille cordiales félicitations de la victoire de Carlsruhe!

---

1) War Operncapellmeister in Paris, Wien, Stuttgart und Berlin (1820—1879).   2) Bekannter Kuusthistoriker in München, Liszt und der Fürstin befreundet.

200. Heinrich Dorn,

geb. am 14. Nov. 1804 in Königsberg, gest. am 10. Jan. 1892 zu Berlin, Componist, Lehrer, musikalischer Kritiker, war 1849—1869 Hofoperncapellmeister in Berlin.

Berlin, 4. Decbr. 1853.

Sehr geehrter Freund!

Ihren lieben Brief vom 29. Novbr. würde ich schon früher beantwortet haben, denn die Abschrift des 1sten Actes der Nibelungen [1]), welche ihn begleitet, ist schon seit acht Tagen fertig; doch wollte ich erst den gestrigen Abend vorüberlassen, an welchem v. Bülow im Gustav Adolfs-Conzerte im Saal der Singakademie debütirte, um Ihnen zugleich Bericht erstatten zu können. Dieser besteht in den kurzen Worten: »er hat vollständig reüssirt«. Das Volkmannsche Trio, womit die Soirée, begleitet von den Brüdern Ganz, eröffnet wurde, erhielt — wie es bei der überraschenden Neuheit seiner Idee und Form nicht anders sein konnte — einen succès d'estime, der aber an diesem Orte und unter den erschwerenden Umständen eines Programms, welches die Zuhörer vorzugsweise auf Haydn, Mendelssohn und Taubert hinwies, doppelt hoch anzuschlagen ist. In Wagner's Tannhäusermarsch und zuletzt in der Ungarischen Rhapsodie seines Lehrers errang der junge Virtuose aber so brillante Erfolge, wie ich sie seit der Milanollo hier nicht erlebt habe. Ich gratulire Ihnen von Herzen zu solch einem Schüler, dem eine glänzende Zukunft vorauszusagen ist.

Beikommend erhalten Sie nun den 1sten Act der Oper, damit Ihre Copisten vorläufig Beschäftigung haben. .—.

Ich zweifle nicht, dass Sie die Soloparthien so gut als möglich besetzen werden, und kümmre mich also weiter nicht drum, ob Brunhild Fehringer, Knop, Bleyel oder Schulz heisst. Es ist mir lieber: dass eine zweite Sängerin an diese virago all' ihre Kräfte setzt, als dass eine erste sie, im Gegensatz zu der brillanteren Chrimhilde, nachlässig behandelt.

---

1) Oper von Dorn.

Die Chöre anlangend — so fordre ich nicht mehr als seit 25 Jahren alle neueren Componisten gefordert haben, und was in Weimar bis dato in dieser Branche geleistet ist, wird auch für mich ausreichen. Fürchten Sie überhaupt nicht, dass ich in irgend welcher Hinsicht verwöhnt bin; wir kochen hier in Berlin ebenso mit Wasser wie anderwärts, und excelliren wir Rechts — so fehlen wir vielleicht Links! — Über Ihr Orchester herrscht nur Eine Stimme des Lobes und der Anerkennung all derjenigen Personen, welche es näher kennen lernten, und ich freue mich herzlich auf den Moment, wenn Ihre vier Posaunen den ersten Ddur-Accord loslassen. Es versteht sich von selbst, dass ich Alles dran setzen werde, um der ersten Aufführung in Weimar beizuwohnen; eine längere Anwesenheit daselbst, wie Sie mir vorzuschlagen die Güte hatten, würde von grösseren Schwierigkeiten begleitet sein, die ich nur dann überwinden könnte, wenn mir der Herr Intendant die Direction der ersten Vorstellung anträge, was ich aber weder erwarte noch beanspruchen kann. Ich verlasse mich ganz auf Sie und Ihr bewährtes Talent! Die Person des Componisten braucht bei den »Nibelungen« nur dann in's Spiel gezogen zu werden, wenn es darauf ankommt, *die Mitwirkenden mit seinen Eigenthümlichkeiten* als Dirigent bekannt zu machen. Bis dahin, mein lieber alter Freund, Gott befohlen! Mit herzlicher Ergebenheit der Ihrige

Hadorn.

201. Wilhelm Wieprecht.

Mein theurer hochverehrter Meister!

In Folge der mit Herrn von Bülow gehabten Unterredung beeile ich mich, Ihnen meine Ansichten über Ihr Vorhaben[1] ganz freimüthig zu eröffnen. Dasselbe ist so schön, so herrlich, dass ich mich grämen würde, wenn es nicht zur Aus-

---

1) Die Veranstaltung eines Wagner-Concerts in Berlin.

führung käme. Doch wenn es den Schein haben soll, als
ginge anfänglich das ganze Unternehmen von mir aus, so
wird, das weiss ich vorher, dasselbe gewiss scheitern. Unsere Akademie liegt in den letzten Zügen, denn seit dem
Jahre 1848 zerstreute sich das Völkchen, theils ver-
ließen damals viele die Residenz, theils steckte ihnen das
Exerciren in der Bürgerwehr mehr im Kopfe als unsere Ge-
sangstudien. Hierzu kam noch, dass wir unser Lokal, was
zu politischen Versammlungen beansprucht wurde, aufgeben
mussten. Als die Zeit sich wieder lichtete und die Musen
sich wieder belebten, raffte auch ich die Reste der Männer-
Gesang-Akademie [1]) wieder zusammen. Es vergingen Jahre,
ehe ich eine neue Belebung derselben erzielen konnte; doch
in solchen Flor, als vor der Kriegsperiode, konnte ich sie
bei dem besten Willen nicht wieder bringen. Jetzt ist nur
noch der Name von ihr vorhanden, das Publikum weiss bis
jetzt nichts von ihrem Rückschritte, und so würde der blosse
Name — Akademie für Männergesang — hinreichen, unter
Ihrer Ägide, auf offenem Wege durch Einladungen seitens
unseres Vorstandes Ihnen ein sehr zahlreiches Gesangpersonal
zusammen zu bringen. Für ein starkes und tüchtiges Orchester stehe ich auch. Alles, was Sie nur von mir begehren,
will ich mit Freuden übernehmen zu besorgen, doch ohne
Ihren Namen vermag ich ärmster Wicht nichts, aber alles
mit meinem hochverehrten Meister Liszt. Ihr Andenken ist
hier noch frisch, und Sie dürfen bei Ihrem Erscheinen in
Berlin auch wieder auf alle Ihre alten Verehrer rechnen.
Was Sie beabsichtigen ist gut und ehrenvoll, so recht in
der weltberühmten Ehrenhaftigkeit des Meister Liszt. Was
bedarf es denn hierbei einer Anonymität? — Mir würde
man diese als eine Ovation auslegen, indess alles auf
offenem Wege, in Ihrem Auftrage handelnd, mich in aller
Augen hoch ehren wird. Ich bin fest überzeugt, dass
eine Aufführung dieser Art das Kroll'sche Lokal zum
Entrée von 1 ℳ bis in die entferntesten Räume füllen

---

1) Liszt war Ehrendirector der Academie.

wird. Damit das ganze Concert nicht allein Wagner'sche Compositionen enthalte, würde ich Ihnen den Vorschlag machen, Ihre schöne Ouverture hiebei zur Aufführung zu bringen. Ich stelle Ihnen ein Orchester von 24 Geigen, 10 Violen, 10 Cellis und 12 Contrabässen mit den hinzugehörenden Blaseinstrumenten. Den Überschuss des Concertes würde ich rathen, der Gustav-Adolph-Stiftung, oder, wenn dies nicht in Ihrem Wunsche liegt, der hiesigen allgemeinen Baugesellschaft zuzuwenden, deren Vorsitzender Se. K. H. der Prinz von Preussen ist und für welche er sich, so viel ich weiss, mit grosser Liebe interessirt.

Alles für Sie, mit Ihnen, doch nichts von mir allein!!! — Auf offenem Felde lässt sich ein sicherer Sieg erringen.

Wenn unser Vorstand offen sagen darf, diess und jenes will unser Ehrendirektor unternehmen, so strömt uns auf unsere Einladung alles zu. Wir können uns dann gebildete, kenntnissreiche Sänger wählen, das ganze Unternehmen erscheint sanctionirt, indess allein von mir ausgehend, nichts zu hoffen ist, und ich dabei von meinen Gegnern in arge Fallen verstrickt werden könnte. —

Vergeben Sie mir meine Offenheit. Ich liebe Sie zu sehr um anders sein zu können.

Dass Sie Dorn's Oper aufführen, hat Ihnen wiederum eine grosse Schaar von neuen Verehrern verschafft. Sie sind hier von jedem Musiker geliebt und verehrt, und die es nicht thun, die taugen auch nicht viel und haben ein böses Gewissen, weil sie in Ihrem Handeln und Erheben junger Talente den bittersten Vorwürfen verfallen.

Wenn Sie einmal wieder hier erscheinen möchten, wie würde ich mich freuen! Gott hat mir im Jahre 1846 ein liebes Weib geschenkt, eine enthusiastische Verehrerin von Ihnen, die jedes Ihrer Concerte besuchte und deren Programme noch als ein Heiligthum bewahrt. Dies allein schon machte sie mir neben ihren vielen anderen schönen Eigenschaften liebenswerth.

Ich sehe nun mit freudiger Ungeduld einer Antwort von

Ihnen entgegen und bin nochmals mit Leib und Seele meines erhabenen Meisters

treuester und dienstwilligster Freund   Wieprecht.

Berlin, 5/12 53.

202. Heinrich Wilhelm Ernst.

Cher et illustre ami,

Je me trouve ici dans la grande et morte ville de Carlsruhe, qui selon le dire de quelques personnes, parait doublement morte à tous ceux qui ont pu assister aux dernières fêtes et auxquelles votre présence a donné tant d'animation et de lustre. C'est de cette ville même que je tiens à vous adresser tous mes regrets de n'avoir pu y assister et profiter d'une si rare et bonne occasion de passer quelques jours avec vous et d'entendre sous votre direction les créations de nos grands maîtres, et notamment celles de Wagner, qui ont trouvé en vous un si vaillant champion et intelligent interprète. Je ne vous dis en ceci, cher Liszt, que l'expression de Wagner lui-même. J'ai eu la bonne chance de le voir à Bâle à son retour de Paris à Zurich; vous pensez bien que vous avez fourni le principal sujet de notre conversation. Son admiration pour vous ne m'a point étonné; mais j'ai eu du plaisir à le voir pénétré pour vous de reconnaissance de vos véritables loyaux et artistiques procédés envers lui.

Je viens aussi vous remercier des attentions que vous avez eues pour les dames Lévy, et qui, au milieu de vos occupations et préoccupations, n'ont eu qu'un double prix. Aussi elles me chargent de vous en exprimer de nouveau toute leur reconnaissance en les rappelant à votre bon souvenir.

Mon intention de faire ici un arrangement pour un concert avec le théâtre a échoué, par la raison que il padre Milanollo m'avait prévenu, et c'est déjà demain soir que Teresa se fera entendre. Je persiste pourtant dans mon projet de donner un concert, mais au Museumssaal, car les mauvaises langues aiguisées sans doute par le padre broccolo commencent déjà à répandre le bruit que j'ai pris la *fuite*.

Si vous ne tenez pas à l'amour propre des virtuoses, je me plais à croire que vous tenez à l'*honneur de notre sexe*, et que votre amitié éprouvée pour moi vous fera favorablement accueillir la demande que je vais vous adresser. Il serait très urgent pour la réussite de mon projet d'y intéresser la cour. J'ai bien d'influentes relations ici, mais la plus puissante dans ce moment me manque, et c'est le comte de Leiningen, à qui je ne voudrais pourtant me présenter sans une bonne introduction. Je sais combien vous êtes intime avec lui, et c'est à vous, mon cher Liszt, que je viens vous la demander, en vous priant de m'envoyer quelques mots pour lui, et dans lesquels vous feriez aussi mention de Mlle Ilona Lévy. Vous le pouvez d'autant mieux, que vous avez eu l'occasion de la connaître, et que ses manières, son esprit et sa distinction d'après ce que vous m'avez dit, ont produit la plus favorable impression sur vous. Vous ne connaissez pas son talent, eh bien, croyez-moi, sans partialité, qu'il est remarquable. Emilc Devrient qui a eu l'occasion de l'entendre à Bade, en a été étonné, enthousiasmé. Si vous ne trouvez aucun empêchement à la réalisation de cette demande, ayez dans ce cas l'amabilité de la satisfaire le *plus tôt* possible, et soyez sûr d'avance de toute ma gratitude.

Nous irons d'ici à Stuttgart, là je me déciderai pour Vienne ou pour Francfort. Une fois dans cette dernière ville, vous pensez bien que je ne manquerais pas d'aller vous serrer la main à Weymar.

En attendant vos bonnes nouvelles, je vous prie de recevoir l'assurance que je vous ai si souvent donnée, de mon admiration et de mon invariable attachement.

Tout à vous   H. W. Ernst.

Carlsruhe, ce 13 Déc. 1853.   Zähringer Hof.

Je vous prie de présenter mes respectueux hommages à Madame la Princesse de Wittgenstein.

203. Josef Joachim.

Am 29sten Decbr. 1853.

Lieber Liszt!

Auf Deinen mir von Brahms mitgetheilten Wunsch kann ich Dir nun endlich die Partitur zur Hamlet-Ouverture senden: verfüge darüber wie Du willst, Steuermann, dessen Lenkung ich willig folge. Bülow ist seit mehreren Tagen hier, aufgeweckt und tapfer wie immer; wir haben uns des Wiedersehens herzlich gefreut und Deiner oft gedacht. Er reist Abends nach Braunschweig und kommt dann wohl am 2ten Jänner wieder, um am 7ten in einem Concerte hier die Weber-Polonaise und eine Deiner Rhapsodies hongroises mit Orchester zu spielen; die letztere muss reizend originell klingen, mit ihrer hellen Instrumentirung.

Von mir ist wenig zu sagen: ich habe, was den musikalischen Theil meiner Existenz anlangt, zwei Ouvertüren-Skizzen liegen, ohne vor Geschäftigkeit zum Ausarbeiten zu gelangen; über den menschlichen nicht specifisch musikalischen Theil meines Seins theile ich Dir nichts mit, in der Aussicht, Dich Anfangs des nächsten Jahres zu sehen, denn sicherlich werde ich am 12ten nicht nach Leipzig gehen, ohne den festen Vorsatz, Dich in den darauffolgenden Tagen, und wär' es nur auf einen halben Tag, in Weimar zu besuchen. Wie freue ich mich darauf! Ich fühle mich hier bodenlos vereinsamt. —

Bleibe mir im neuen Jahre gut, wie zuvor, trotz meiner vielen unausstehlichen Seiten, die ich mir nicht verberge; das wünsche ich mir. Was könnte ich Dir wünschen, zu dessen geistigem Reichthum Tausende hinaufblicken! —

Dir immer und ewig mit allen Kräften zugethan, verbleibe ich auch heute

Dein treu ergebener
Joseph Joachim.

Grüsse Reményi, Cornelius, Cossmann und alle Freunde Deines Hauses.

204. Derselbe.

Am 9ten Januar 1854.

Lieber Liszt!

Du hast aus meinem letzten Schreiben erfahren, dass ich
Dich auf jeden Fall am Freitag, den 13ten besuchen wolle,
und natürlich habe ich seitdem meinen Vorsatz nicht geändert. Ich werde mit Vergnügen die mir zugedachte Ehre
annehmen und in der Soirée bei Hofe gerne ein Stück spielen.
Dass Du begleiten willst, macht mir die Sache zu einem
Fest. Wenn ich etwas vorschlagen soll, so wäre es das:
die Raff'sche Schweizer-Ekloge bei dieser Gelegenheit vorzuführen, welche ich in diesen Tagen mit grosser Freude
über die vorzügliche Anordnung der Motive mit Hans[1] gespielt habe. Hättest Du ausserdem zu der ungarischen Rhapsodie von Liszt Lust, die ich mit Stolz die meine nennen
darf? Natürlich kann bei alledem nur von *Vorschlägen*
meinerseits die Rede sein, die allemal gerne der gewichtigen
Hauptnote Deiner Meinung Platz machen. Hans hat mit
wahrhaft imponirender Virtuosität vorgestern Abend Deine
Weber-Polonaise und die Rhapsodie mit Orchester gespielt,
deren Feinheiten in schönster Weise zur Geltung kamen. Die
Freiheit der Form in der letztern hat etwas so Fesselndes,
dass selbst die eingefleischtesten »Classiker« mit wahrer Liebe
mitzigeunerten.

Hans reist morgen mit nach Leipzig, wo ich am 12ten die
Schumann'sche Fantasie und mein Violin-Concertstück spiele.
Du siehst, ich lege es auf Popularität beim Gewandhaus-
Publikum an. —

Am 13ten also auf Wiedersehen; auf dahin sei alles verspart, was ich Dir noch mitzutheilen hätte.

Von Herzen Dein

Joseph Joachim.

---

1) von Bülow.

205. Julius Schulhoff,

hervorragender Clavierspieler, auch als Componist feiner Salon-
stücke vorzugsweise beliebt, geb. 2. Aug. 1825 zu Prag, wo er sich
ausbildete, liess sich nach ausgebreiteten Kunstreisen wechselnd
in Dresden und Paris nieder und lebt gegenwärtig in Berlin.

Ew. Wohlgeboren!

Ich erlaube mir Ihnen gleichzeitig mit diesen Zeilen eine
meiner grösseren Compositionen (Sonate op. 37) zur Durchsicht einzusenden, und würde mich sehr geschmeichelt fühlen,
wenn Sie dieselbe Ihrer nicht unwürdig fänden und mir erlauben wollten, sie Ihnen als ein Zeichen meiner aufrichtigen
tiefen Verehrung zu dediciren.

Mit dem Wunsche, dass Sie meine Sendung freundlich
aufnehmen mögen, und Ihrer geehrten Antwort entgegen
sehend, zeichne ich mit unbegrenzter Hochachtung
Ew. Wohlgeboren ergebenster

Julius Schulhoff

Prag, 12. Jänner 1854.

206. Hector Berlioz.

Mon cher ami,

J'ai reçu ton excellente et si cordiale lettre du 1er Janvier.
Je n'y ai pas répondu parce que Belloni m'a prié de ne pas
le faire avant que tu eusses pu répondre à sa lettre par laquelle il t'annonçait, non pas la *proposition* de Brandus, mais
son *acceptation* des *propositions* que tu avais chargé Belloni
de lui faire. Ce dernier est venu m'annoncer les ordres que
tu lui avais donnés à ce sujet, sans quoi la partition de
Cellini serait déjà entre tes mains. Maintenant laissant de
côté sa mauvaise interprétation de ton projet, je réponds
à tes deux lettres.

Je ne puis te dire combien ta sollicitude pour mon malheureux opéra me touche et me pénètre d'admiration. Tu es en tout un homme à part. Je le sais depuis longtemps, mais ces monstruosités-là sont si rares, qu'il est presque permis de s'en étonner. Oui, certes, je te donne carte blanche pour aviser au destin de Cellini et j'abonde dans ton sens pour accorder la préférence à Dresde. Je suis aussi de ton avis qu'il faut commencer par le publier *en Allemagne* .... si l'on peut. Il ne saurait y avoir d'obstacles de la part de Brandus. Les morceaux détachés de cette partition qui lui appartiennent n'*ayant pas été publiés en Allemagne* depuis qu'il les a mis en vente en France, sont en conséquence tombés dans le domaine public à l'étranger et *je n'ai jamais fait avec lui, ni avec son prédécesseur Schlesinger de traité quelconque pour l'ensemble de la grande ni de la petite partition.* On a publié aussi sans difficultés la Cavatine de Teresa à Vienne. Ces morceaux sont à tout le monde, le reste n'est qu'à moi. Il ne faudrait pas néanmoins abandonner l'avantage qu'il pourra y avoir à laisser Brandus publier la partition de piano avec texte français et italien à Paris et je lui parlerai à ce sujet. (Brandus au reste ne m'a rien dit encore.) Je serais enchanté que la maison Härtel voulût entreprendre l'édition franco-allemande. Tu recevras donc presque en même temps que cette lettre les trois volumes reliés de la partition de piano. J'ai passé trois jours à corriger les fautes et à réparer les omissions qu'elle contenait. Il n'y manque plus rien maintenant. J'y joins une copie exacte du livret français (ne perds pas ce livret, je n'en ai pas d'autre) avec une marge blanche sur laquelle on pourra copier en regard le texte allemand. Les indications nécessaires à la mise en scène sont sur ce manuscrit. Remercie mille et mille fois Mʳ Cornelius de vouloir bien se charger avec toi de la révision du texte allemand et de sa traduction de *La Fuite*[1]) et de son charmant et spirituel article de la Gazette musicale de Berlin. Il me comble; tu communiques tes mauvaises qualités à tout ce qui t'entoure.

---

1) »La fuite en Egypte.«

J'ai travaillé depuis mon retour. J'ai fait la suite du mystère de Pierre Ducré : *L'arrivée de la Ste Famille en Egypte*. C'est beaucoup plus considérable que *La Fuite*. Ce serait néanmoins déjà fini sans la correction des épreuves de Faust qui me prend presque tout mon temps et n'avance que très lentement.

Des deux visiteurs que tu m'annonces, je n'ai encore vu que Mr Thomas qui m'a charmé par son talent de harpiste. Je te remercie de m'avoir fait faire sa connaissance.

Si j'avais pu croire que S. A. le Grand-Duc de Weimar pût remarquer que je ne m'arrêtais pas en passant chez lui, je me fusse présenté pour le saluer, sans aucun doute. Mais je crois que tu me flattes un peu en admettant cette supposition. Je n'ai pas pu t'écrire aujourd'hui avant ce soir, ma journée a été entièrement prise par la triste cérémonie du convoi de notre directeur du Journal des Débats, ce pauvre Armand Bertin. Presque tout le Paris littéraire et les hommes marquants des derniers gouvernements y assistaient. C'est un malheur qui nous a tous frappés violemment. Il est mort en 24 heures d'une angine inexorable. Rapelle-moi, je te prie, au souvenir de la Princesse W. Mille amitiés à Mr de Bülow et à notre héros Reményi.

Ton dévoué   H. Berlioz.

P. S. J'oubliais de te dire qu'outre mon manuscrit de la grande partition de *Cellini*, j'ai une superbe copie que l'on vient de terminer et sur laquelle il n'y aura qu'à transporter les paroles allemandes, quand on les aura arrangées sur la partition de piano. Tu auras soin de stipuler que cette partition que nous enverrons plus tard à Dresde *me sera rendue*.

Dimanche, 15 Janvièr 1854.

207. Robert Franz.

Geehrter Herr Doctor!

Ihr freundlicher Brief hat mir einen grossen Stein vom Herzen genommen. Durch die gutgemeinte, für mich leider unselige »Würdigung Wagner's« waren mir Verwicklungen entstanden, an die ich in meiner ehrlichen Einfalt kaum geglaubt hatte: auch mit Ihnen hielt ich mich für gespannt. Wenn schon Letzteres nur Muthmassung, fand sie doch in mancherlei äussern Verhältnissen genügende Nahrung. Ihr Brief enthebt mich wenigstens *dieser* Sorge! Hätte ich ahnen können, welche Folgen meines Schwagers Arbeit für mich mit sich bringen würde — keine Silbe hätte er schreiben dürfen[1])! So lächerlich nun auch die künstliche Wendung, die man jenen Artikeln zu geben versucht hat: als seien sie entstanden, um *meine* Angelegenheiten zu fördern, klingt, ist sie mir doch in vieler Hinsicht höchst betrübend. Aus tausend unzweideutigen Zügen müssen Sie meine Zurückhaltung kennen, die sich vor aller Publicität, vielleicht mehr als recht und billig, scheut — und nun soll ich mit *einem* Schlage ein so verzwickter Intrigant geworden sein, wie kein Anderer zuvor! Doch vor Ihnen brauche ich mich hierüber kaum zu rechtfertigen, da Sie das auch ohne meine besondere Versicherung nicht glauben werden. Obgleich ich im Detail mit den Hinrichs'schen Ausführungen wenig übereinstimme, muss ich denselben doch das Recht einer persönlichen, ernsten Überzeugung im vollsten Sinne zugestehen, einer Überzeugung, die weit davon entfernt ist, Gunst oder Ungunst nach beliebiger Seite hin erstreben zu wollen. Schon diese heut zu Tage seltene Unabhängigkeit wäre wohl an und für sich zu respectiren gewesen; gar nicht zu rechtfertigen aber dürfte es sein, dass man *mich* in so schnöder Weise, wie es geschehen, diesen Verhandlungen beimischt. Nur der jammervollsten Perfidie war es möglich, dies Kunststück überhaupt in Scene zu setzen, und so haben denn heimtückische Federstriche das ihrige thun müssen, um Zweideutigkeiten zu erzielen, die meine Person mit dem Anschein einigen Rechtes an den Pranger stellen sollten. — Die Art und Weise meines Schwagers gegen B. und R. zu schreiben, ist aus den schrift-

---

1) Friedr. Hinrichs, Dr. jur. in Halle, Liedercomponist (1820—1892), nachmals Oberjustizrath in Berlin, hatte 1854 (Halle) eine Brochüre: »R. Wagner und die neuere Musik« veröffentlicht.

stellerischen Antecedentien beider erklärlich genug — ich
für mein Theil habe von ihr erst Notiz erhalten, wie sie
Brendel bereits in den Händen hatte und ich Ehren halber
nicht mehr interveniren konnte. Es blieben für mich nur
zwei Wege übrig: entweder ich compromittirte mich vor
meinem Schwager oder ich liess es auf die Probe ankommen,
ob die Attakirten einige Seelengrösse besässen. Letzteres zog
ich vor, weil mir die Feigheit der anderen Handlungsweise
unerträglich war: — *Sie* werden mir desshalb am wenigsten
zürnen! Freilich hatte ich mich in meinen Voraussetzungen
über den angegriffenen Theil schwer getäuscht — die Folgen
konnten mich aber nicht ganz unvorbereitet treffen, wenn-
schon ich sie in formeller Hinsicht doch etwas anders erwartet hätte! Doch das ist nun vorbei — eine Erfahrung
mehr oder weniger — darauf kommt's im Leben nicht eben
viel an. — Verzeihen Sie diese weitläufigen Expectorationen
— sie sind mir eine grosse Erleichterung gegen Sie, nach
der ich mich schon lange sehnte: aufrichtig danke ich es
Ihnen, mir hierzu verholfen zu haben. — Doch Sie stellen
mir über kurz oder lang eine mündliche Unterredung in Aussicht, eine Gelegenheit, auf die ich mich schon darum freue,
weil sie sicherlich jeden Schein einer Unredlichkeit, die in
Halle ihren Sitz hätte, entfernen muss. Stolz auf Ihre Freundschaft, die mir auch unter schwierigen Verhältnissen erhalten
blieb, zeichne ich mich mit der alten

Hochachtung und Ergebenheit

Halle, d. 21. Jan. 1854.   Rob. Franz.

208. Hector Berlioz.

Paris, 24 Janvier 1854.

Cher ami,

En t'écrivant précipitamment, il y a quelques jours, j'ai
oublié de répondre à différents passages de ton avant-der-
nière lettre. Il s'agissait du volume que tu as l'intention de
publier sur mes partitions dans deux ou trois mois. Tu

voudrais avoir le manuscrit de mes Mémoires pour y prendre des détails biographiques. Je ne te l'ai pas envoyé parce que je n'ai point encore de copie de ce volumineux manuscrit et que je n'ose le confier au chemin de fer. Un énorme paquet de musique contenant 105 parties de chœur de mon Requiem a été expédié le 23 Décembre par moi à Griepenkerl à Brunswick, et ce paquet n'est pas arrivé à son adresse. Je ne puis savoir ce qu'il est devenu. Tu conçois que ce fait me rende plus méfiant à l'égard des messagers officiels.

Dès que j'aurai pu faire copier la chose, ou je te la porterai, ou je te l'enverrai par quelque voie sûre.

D'un autre côté, il me semble qu'il vaudrait mieux attendre pour publier ton volume que le *Benvenuto* fût joué et accepté à Dresde. Ce serait alors mieux étayé et produirait dans le centre musical de l'Allemagne un effet qui aurait moins l'air provoqué par ton amitié. Je pourrai en outre te fournir une masse de journaux français (que je vais chercher) qui te serviront pour donner une idée des impressions produites à Paris par les ouvrages dont tu veux entretenir les lecteurs étrangers. Je crains que tu ne m'aies supposé coupable de quelque indiscrétion à propos de l'affaire de Dresde dont tu m'as parlé. Je n'en ai dit mot à qui que ce soit; je crois que ce sera par Belloni que les Escudier[1]) en auront entendu murmurer quelque chose. Ce sont eux qui dans la France musicale ont ébruité l'affaire; de là cette sotte rumeur des autres journaux de Paris qui m'a obligé d'écrire hier dans la Gazette musicale la lettre que tu as peut-être lue.

A propos de la Gazette musicale, je dois t'informer que j'ai vu deux fois Brandus, et comme il n'avait pas l'air d'avoir jamais entendu parler d'un projet de publication pour Benvenuto, j'ai gardé la même attitude et il n'a été question de rien.

N'oublie pas de me dire si tu as reçu la partition de piano et le livret que je t'ai envoyés dernièrement.

J'ai été arrêté au beau milieu de mon travail de l'ora-

---

1) Die Brüder Mario und Léon E., Musikverleger und -Schriftsteller, redigirten die Zeitung »La France musicale«.

torio (2me partie de la Fuite en Egypte) par les mille inévitables prosaïques affaires de la vie parisienne, et par les épreuves de Faust qui ne finissent pas. J'en ai encore pour deux grands mois. Impossible de trouver une journée de liberté. J'ai fait six morceaux, il n'en reste plus que deux à écrire; mais j'ai encore à vernir l'instrumentation. Je vois que je repartirai pour l'Allemagne sans avoir pu finir. J'aurais pourtant bien voulu pouvoir donner cet ouvrage à mon 1er concert de Dresde.

Je n'ai pas revu Belloni depuis que je t'ai envoyé la partition de Benvenuto. Où diable avait-il donc pris les ordres qu'il a voulu exécuter?

Je me suis trouvé il y a quelques jours au concert de Seghers à côté de ton charmant Daniel [1]) aux yeux de gazelle. Quel délicieux enfant! . . . .

Adieu, on remonte la Vestale pour la Cruvelli [2]) qui a demandé ce rôle. Mme Spontini se tourmente de ne pouvoir surveiller les opérations des gens à qui l'œuvre est livrée; elle a voulu me mettre là-dedans, mais je me suis excusé, je ne veux rien avoir à démêler avec les tripoteurs de · l'opéra.   Ton dévoué

H. Berlioz.

209. Ernst Rietschel,

ausgezeichneter Bildhauer, geb. 15. Dec. 1804 in Pulsnitz in der sächs. Lausitz, gest. am 21. Febr. 1861 zu Dresden, wo er als Professor an der Academie der Künste wirkte. Er schuf in Medaillonform eins der vollendetsten Liszt-Porträts.

Hochverehrter Herr!

Ihre Durchlaucht die Frau Fürstin haben, meines Versprechens eingedenk, die Büste ihrer Prinzessin Tochter zu modelliren, jedenfalls eine Nachricht von mir erwartet, die ihr meine baldige Ankunft melden sollte.

---

1) Liszt's hochbegabter, frühverstorbener Sohn.
2) Gefeierte Sängerin, damals an der Pariser Grossen Oper.

Leider habe ich, durch die andauernde Kälte zu einer vermehrten Vorsicht für meine Gesundheit aufgefordert, den Gedanken gar nicht aufkommen lassen dürfen, eine Reise zu unternehmen, die, so kurz sie auch sei, Gelegenheit genug bietet, mich der Gefahr einer Erkältung auszusetzen, für die ich noch so sehr leicht empfänglich bin, und von den nachtheiligsten Folgen für mich sein kann; meine schlimmen Erfahrungen haben mich in dieser Hinsicht fast peinlich besorgt gemacht. Zudem bin ich in die unangenehme Lage versetzt, dass der Ausbau meines Ateliers, in welchem ich die Goethe-Schillergruppe ausführen werde, der Kälte wegen nicht vollendet werden konnte; meine Gegenwart ist jetzt dabei nöthig, und nöthiger noch bei dem nach Beendigung desselben zu beginnenden Anfang des Aufbaues der Statuen, die ich bis Ende März so weit zu bringen hoffe, dass meine Schüler ohne meine Gegenwart eine Zeit lang weiter daran fortarbeiten können.

Ich erlaube mir daher ergebenst anzufragen, ob die Verhältnisse es noch erlauben werden, im Monat April dem Befehle der Frau Fürstin zu entsprechen, und die Büste zu modelliren? Ich würde vorher auf mehrere Wochen nach Berlin gehen müssen, eine Marmorarbeit für den König, die ich dort vorbereiten lasse, durch eigene Ein- und Ansicht und Handanlegung weiter zu fördern, und wohin ich schon seit Ende Novbr. v. J. wollte, und ebenfalls durch die Kälte und jetzt durch oben angedeutete Hindernisse abgehalten wurde.

Ich bitte Sie, verehrtester Herr, meine Anfrage durch eine Zeile gütigst beantworten zu wollen.

Der Frau Fürstin Durchlaucht empfehle ich mich mit dem Ausdruck der tiefsten Ehrerbietung und Verehrung. Ich beklage, möglicherweise auf einen Auftrag verzichten zu müssen, dessen befriedigende Lösung mich sehr glücklich gemacht haben würde, da die Aufgabe für den Künstler eben so schön als schwierig gewesen wäre[1]).

---

1) Rietschel porträtirte die Prinzessin in Form eines Medaillons.

Mit der innigsten Hochachtung und Verehrung zeichne
ich als Ihr ganz ergebenster

Dresden, d. 30. Januar 1854.

210. Marie Kalergis, geb. Gräfin Nesselrode,

Nichte des russischen Staatskanzlers, spätere Frau v. Moukhanoff
(gest. 1874), spielte in jüngeren Jahren in Paris eine vorwiegend
politische Rolle. Nachmals wandte sie ihren regen Geist und ihre
europäischen Beziehungen ausschliesslich der Kunst, speciell Wagner
und Liszt zu, welch letzterem sie seit 1843, von Warschau her,
befreundet war. Liszt widmete ihr seine Transscription von Verdi's
Salve Maria de Jerusalem (1847), und nach ihrem Tode feierte er
ihr Gedächtniss in einer Elegie.

Bruxelles, Ambassade de Russie, 8 Février [1854].

Mon cher Monsieur Liszt, j'ai un grand désir de savoir
ce que vous faites et de me rappeler à votre souvenir. —
C'est pourquoi, contre toutes les règles de la délicatesse, qui
défend d'envoyer des épîtres sans intérêt, même aux gens
qu'on aime le mieux, je me décide à vous faire subir mon
griffonnage. —

Où en êtes-vous de vos *préoccupations?* Je suis restée 8
mois à Pétersbourg, j'y ai souvent parlé de la P^{cesse} et certes,
si j'avais eu quelque bonne nouvelle à lui donner, j'aurais
passé par Weimar au mois de Septembre, mais les gens *haut-
placés*, l'archevêque, vos meilleurs amis répondent invariable-
ment — *Rome* et un voyage en Russie. Or je ne prendrai
pas sur moi d'appuyer un tel conseil. D'ailleurs les évène-
ments de la guerre laissent tout en suspens. Cette lutte
désastreuse et stérile m'inspire une invincible horreur. Nous
sommes à la onzième heure, on pourrait encore y mettre fin;
la victoire morale du catholicisme en Orient réparerait dans
l'avenir les maux déchainés par la folie humaine — mais si

l'esprit d'orgueil souffle sur les Tuileries, nous en aurons pour longtemps encore et je vois la décadence faire suivre des catastrophes sans une réservation. Depuis l'automne je campe à droite et à gauche. — Les Chreptowitch[1] avec qui j'étais venue pour 15 jours ne veulent plus me lâcher — ma vie est trop dénuée d'intérêt pour que je ne m'accommode pas de tous lieux et de toutes choses. — Vous connaissez Bruxelles mieux que moi et les rancunes qu'il renferme. La musique y est administrée par Mrs Fétis et Lemmens[2] — cela dit tout. Servais[3] vient me voir de temps en temps; — j'aime son talent excentrique et original — mais c'est du talent — le génie a d'autres accents et crée, pour se faire entendre, des âmes à son image et leur révèle à elles-mêmes toute leur puissance d'émotion. Quand je me sens finie moralement, je voudrais aller à Weimar afin de ressusciter.

A Paris je n'ai rien entendu qui m'ait ébranlée. — La *Nonne sanglante*[4] enferme quelque beauté de second ordre et de facture — le poëme arrive au grotesque par l'excès de lugubre — dans certains endroits on sent de la vigueur, mais nulle part la tendresse ou le sentiment de l'idéal. Félicien David[5] m'a fait entendre des fragments de son opéra *la fin du monde!* — Sujet tiré de l'Apocalypse par Mr Méry[6]. Mr Méry et l'Apocalypse! —

J'ignore quels sont ses moyens d'instrumentation et l'effet de cette œuvre dans son ensemble, ce que j'ai vu m'a charmée. David a rapporté d'Orient le secret d'une langueur aidante, qui fait penser au mot de Napoléon 1er: »J'aime à me plonger dans la musique comme dans un bain«. Cela nous éloigne de la métaphysique, à Paris rien n'y ramène. Litolff

---

1) Gräfin Chreptowitsch, Tochter des Staatskanzlers Nesselrode.

2) Orgelspieler und Organist (1823—1881), Begründer einer Schule für Organisten und Chordirigenten in Mecheln (1879).

3) Berühmter Violoncellist, Lehrer am Brüsseler Conservatorium (1807—1877).

4) Oper von Gounod.

5) Componist der Symphonie-Ode »Die Wüste« (1810—1876).

6) Französischer Schriftsteller (1798—1866).

a donné hier un concert auquel la grippe m'a empêchée d'assister. Que pensez-vous de lui? L'individu me déplait trop pour que j'éprouve le désir de l'admirer. En somme on n'a pas grand monde à adresser — les généraux, les diplomates, etc. etc., pataugent dans le médiocre — les fautes des uns, font tout le succès des autres. La Providence avait permis une longue paix, sans doute afin qu'elle fût féconde. On n'en a guère profité, car je n'appelle pas progrès la victoire de l'homme sur la nature et ce développement matériel dont notre siècle est si vain.

Il faut un idéal à l'individu, comme à la société — aujourd'hui, chacun et tous s'en passent, — on veut des résultats pratiques et immédiats — tout ce qui ne *réalise* pas est méconnu — et pourtant ce qui s'appelle *folie* la veille, devient génie, le lendemain du succès.

N'avez-vous rien fait à vos heures perdues qui soit dans mes petits moyens d'exécution? Je joue les *Soirées de Vienne* avec un plaisir extrême; mon public intime en est fou. Servais m'a chargée de vous dire là-dessus une foule de choses enthousiastes. J'espère vous les transmettre *a viva voce*, car à la veille de la migration des peuples il faudrait beaucoup de guignon pour ne pas vous rencontrer.

Tenez-moi au courant de vos projets. Où serez-vous en Mai et en Juin? Les Chreptowitch se rappellent très affectueusement à votre souvenir, moi, je me recommande à votre amitié — j'y ai quelques droits, car je vous suis attachée et dévouée depuis longtemps, — sans parler de l'admiration, qui me fait votre obligée — c'est si bon de pouvoir admirer, et les occasions en deviennent si rares.

Mes meilleures amitiés à la Princesse et à sa charmante fille.

211. Heinrich Dorn.

Mein lieber Freund!

Nehmen Sie zuvörderst den Dank für alles Gute, was Sie mir während meiner Anwesenheit in Weimar erwiesen haben; für Ihre Bereitwilligkeit allen meinen Plänen förderlich zu sein; für die praktischen Vorschläge, die Sie mir gemacht; für die Gastfreundschaft, mit der Sie mich empfangen, gehalten und entlassen haben — mit einem Wort: sein Sie bedankt für Alles, und überzeugt, dass ich solche Gesinnung, die sich in Wort und That bewährte, zu schätzen weiss, je seltner sie bei einem Künstler Ihren Ranges anzutreffen ist.

Wenn ich mich so spät erst direct an Sie wende, so geschah es, weil ich auch zugleich über unser intentionirtes Wagner-Concert bestimmte Auskunft zu geben wünschte, und diese konnte nicht früher erfolgen, ehe ich nicht Sicherheit hatte, ob (was ich damals in Weimar noch bezweifelte) meine »Nibelungen« wirklich in dieser Saison, oder erst zum nächsten Herbst die Berliner Bühne beschreiten würden. Es ist jetzt entschieden, dass die erste Aufführung Ende März Statt finden soll und kann — und damit zugleich die Unmöglichkeit ausgesprochen, mich gleichzeitig in ein so umfangreiches und grosse Vorbereitungen bedingendes Unternehmen, wie eben jenes besprochene Concert, einzulassen. Im April aber würde es wieder zu spät sein; und so bleibt mir nur der Wunsch, dass Sie sich Anfangs October eben so bereitwillig zeigen möchten in meine Pläne einzugehen, als Sie es im Februar gethan haben, woran ich übrigens nicht zweifle, Sie aber nochmals dringend darum bitte. Für die von mir beabsichtigten nachfolgenden drei Concerte wird es jedenfalls vortheilhaft sein, wenn unser von Meister Liszt dirigirtes einleitendes Vorspiel nicht zu weit vom Nachspiel getrennt ist! Ich brauche Ihnen wohl nicht erst zu sagen, von welch grossem Nutzen die Weimaraner Aufführung meiner Oper für die Gestaltung und ganze Zukunft derselben gewesen ist — und auch dies habe ich ausser dem augenblicklichen Erfolge Ihnen allein zu verdanken. Für das nunmehrige vollständige

Gelingen habe ich namentlich in Berlin gegründete Hoffnungen und ich denke, unser Personal wird dieselben nicht zu Schanden machen. Sollten Sie die Nibelungen in Weimar wiederholen wollen, so avertiren Sie mich davon, damit ich Ihnen die neuesten Kürzungen und Varianten mittheilen kann.

Empfehlen Sie mich, je vous prie instamment, der liebenswürdigen geist- und kenntnissreichen Fürstin v. Wittgenstein; der, wenn auch nur kurze, Aufenthalt in ihrem gastfreien Hause wird stets eine der angenehmsten Erinnerungen aus meinem Künstlerleben bilden. Grüssen Sie auch die jüngeren Männer, welche sich im Schatten der Liszt'schen Lorbeerbäume an der Ilm niedergelassen haben. Möchten sie alle so streng gegen sich selbst sein, wie sie es gegen andre sind. Dann wird man Erfreuliches von ihnen zu erwarten haben, denn an Talent scheint es keinem Ihrer Jünger zu fehlen. Und nun noch die wärmsten Empfehlungen Ihrem geehrten Freunde und Intendanten, dem Herrn v. Ziegesar; hoffentlich haben Sie ihn über die verlangte Theaterkassenquittung aufgeklärt!

So leben Sie denn alle wohl, und Sie, mein lieber Freund und College, behalten Sie in gutem Angedenken Ihren Sie aufrichtig schätzenden und dankbar ergebenen

Berlin, 19. Februar 1854. H. Dorn.

212. Ernst Hähnel,

berühmter Bildhauer, geb. 9. März 1811 zu Dresden, gest. daselbst im Mai 1891 als Professor der dortigen Kunstacademie. Als Schöpfer des zum grossen Theil von Liszt gestifteten Beethoven-Denkmals in Bonn, stand er seit 1845 in freundschaftlichen Beziehungen zu Liszt.

Hochverehrter Freund!

Es ist unverzeihlich, dass ich Dich noch nicht von der gnädigen Zuschrift Sr. Königl. Hoheit des Grossherzogs benachrichtigte, welche ich schon vor längerer Zeit erhielt: allein ich habe seit Neujahr so viel gearbeitet, dass ich *Alles ausser* meiner Kunst vernachlässigte, und dabei leider auch

Dich. Dass die Antwort Sr. K. Hoheit ablehnend ausfallen würde, habe ich bei Ihren anderweitigen kostspieligen Kunstunternehmungen fast vorausgesehen, und es hat mich somit gar nicht unangenehm berührt; noch weniger aber bedauere ich es, die Skizze gemacht und eingesendet zu haben, da sie doch vielleicht die Sache für spätere Zeiten einmal anregen könnte, und wäre es auch für einen andern noch ungebornen Bildner.

Ich weiss nicht, ob ich recht gethan, auf das Schreiben des Grossherzogs nichts zu erwidern, da in dessen Inhalt sich kein Anknüpfungspunkt dazu vorfindet, und ich fürchten musste, zudringlich zu erscheinen. Beruhige mich hierüber!

Es soll mir sehr angenehm sein, wenn Se. K. Hoheit meine Skizze des Aufbewahrens würdigte. Wenn ich mein Versprechen, Dir das Medaillon des Herrn v. Bülow zu modelliren, noch nicht erfüllte, so ist das nicht meine Schuld. Ich habe vor Weihnachten, als er in Berlin war, seine Mama gebeten, ihn, wenn er heimkehrt, zu veranlassen, dass er zu bewusstem Zwecke mich besuche; noch habe ich ihn aber nicht gesehen! Bitte mich daher nicht falsch zu beurtheilen. Ich bedaure es, dass ich jetzt fast eine Veranlassung habe, *nicht* nach Weimar zu kommen, anstatt umgekehrt, wie wir früher dachten; und es war dabei mein Lieblingsgedanke, die Fürstin, die liebenswürdige Prinzessin und Dich wiederzusehen; denn solche Leute sieht man nicht alle Tage, und besonders im stillen Dresden fehlt es an so belebenden Elementen, wo man gewöhnt ist, ein eingepupptes Leben zu führen, ohne Aussicht jemals als Schmetterling auszukriechen.

Wie hat Dir Genelli's Zeichnung zum Theatervorhang gefallen? Ich meine in der Idee, und wenn Du über manche störende Kleinigkeiten hinweg siehst.

Solche Kunstwerke sind wie der Gardasee; wenn man ihn auf's Ganze ansieht, so ist er schön, gross und spielt sein wundersames Blau; schöpfest Du aber einen Topf voll Wasser heraus, so hat dasselbe die Farbe des gewöhnlichen Wassers. So giebt's hingegen auch trübes Flusswasser, wo das Ganze schmutzig erscheint und eine kleine Quantität davon klar ist.

Neues weiss ich Dir nichts zu schreiben, aber es ist etwas Altes, dass unser Dichtersurrogat Gutzkow mit seinem damaligen *Perez* schmachvoll durchgefallen ist. Er wird noch manches Stück schreiben, nicht weil ihn sein Geist drängt, sondern weil er die Tinte nicht halten kann; er wird noch manchmal durchfallen, und schon deshalb *oft genannt werden*, und *das* ist ihm genug, in welchem Sinne, das ist ihm vielleicht ziemlich gleich; weiss er doch, dass man die Majorität für sich haben muss, und dass Majorität und Dummheit so sinnverwandt sind, als für den Dummen *vielgenannt* und *berühmt* auf ein und dasselbe herauskommt.

Verzeih meiner Schwäche, dass ich auf den Mann raisonnire, es ist so überflüssig! Eine jede schlechte Richtung hat ja wie der Skorpion auch den Stachel bei sich, womit sie sich selbst tödtet mit eigenem Gifte. Gutzkow aber wird mir es schon aus Eitelkeit lassen müssen, dass ich an ihm kein leeres Stroh dresche; aber Stroh ist es doch!! Ich könnte aber etwas Gescheiteres thun und kehre deshalb wieder zur geistreichen Fürstin zurück, der ich Dich bitte, alles nur erdenkliche Schöne von mir zu sagen, sowie auch der Prinzessin.

Also die freundlichsten Grüsse von Deinem Dich aufrichtig liebenden Freunde

Dresden, den 2ten März
1854.

213. Hector Berlioz.

Cher ami,

Je ne reçois plus de tes nouvelles. Je pense pourtant que tu as reçu la partition de piano de Benvenuto. Qu'est-ce que cela devient? Mr de Lüttichau m'a écrit dernièrement qu'il compte toujours sur moi pour le 18 ou le 20 Avril.

J'irai donc à Dresde à cette époque, malgré une lettre de
Mr Pohl[1]), lettre très amicale et charmante, mais contenant
l'expression de ses craintes d'une opposition formidable des
deux maîtres de chapelle et de l'indifférence du public. D'un
autre côté, Meyerbeer vient de me parler de je ne sais quelle
lettre injurieuse qui m'est adressée dans la Gazette de Leipzig;
le Baron de Donop m'écrit aussi de Detmold pour me prévenir d'un autre article très hostile de la Gazette d'Etat de
Berlin où l'on essaye de prouver que ma plaisanterie de la
Gazette musicale de Paris au sujet de mon engagement chez
la Reine des Ovas à Madagascar est une allusion insultante
à l'Allemagne. Il y a donc bien des rages dans l'air en ce
moment. Dis-moi donc ce que tu penses de tout cela. Un
étudiant m'écrivit, il y a deux mois (ici), une lettre de la
plus impertinente absurdité à laquelle je répondis comme je
le devais. Depuis lors je n'en avais plus entendu parler;
serait-ce le même que celui de Meyerbeer?

Faust va paraître et j'espère pouvoir te le porter. Je te
porterai en tout cas la partition de piano, si la grande n'est
pas corrigée.

Je suis malade depuis un mois et demi, je sors très peu.
Je viens de voir mourir ma pauvre Henriette[2]), qui malgré
tout m'était toujours si chère. Nous n'avons jamais pu ni
vivre ensemble, ni nous quitter depuis douze ans. Ces dé-
chirements mêmes ont rendu la dernière et suprême sépara-
tion plus donloureuse pour moi. Elle est délivrée d'une horrible existence et des douleurs atroces qui la torturaient
depuis trois ans. Mon fils est venu passer quatre jours ici

---

1) Richard Pohl, Musikschriftsteller, jetzt Redacteur in Baden,
einer der ersten, die für Wagner, Liszt und Berlioz eintraten.

2) Seine Gattin, die als Mädchen einst hochgefeierte und von
ihm angebetete irländische Schauspielerin Smithson, von der er
seit 1840 getrennt lebte. Sie starb am 3. März 1854: drei Jahre
lang war sie gelähmt und der Sprache beraubt. Berlioz — so erzählt sein Biograph Jullien — besuchte sie oft und war voll Sorgfalt für sie. — Im October darnach heiratete er Marie Recio. »Auch
mit ihr war er nicht glücklich. Henriette wurde gerächt«, sagt
Jullien.

et a pu voir encore sa mère avant sa mort. Heureusement,
je n'étais pas absent. C'eût été affreux pour moi d'apprendre
au loin sa mort dans l'isolement .... Assez là-dessus. C'est
un évènement dont je devais te parler. Je finis. Adieu.

Ecris-moi quelques lignes sur les affaires d'Allemagne.
Ce voyage de Dresde qui, d'un autre côté, ne rapportera
presque rien, me sourit peu.

A toi de cœur et d'âme   H. Berlioz.

11 Mars 1854. 19, Rue de Boursault.

214. Carl Friedrich Weitzmann,

geistvoller Theoretiker, Schriftsteller und Contrapunktiker, geb.
10. Aug. 1808 zu Berlin, wirkte daselbst, nachdem er lange im Ausland gelebt, seit 1847 als Lehrer bis an seinen Tod am 7. Nov. 1880.

Hochgeehrtester Herr!

Es giebt ein deutsches Märchen von einem Kinde, welches
im sonnigen Elfenreiche gewesen war, dort die bunten Blumen geschaut, die heiteren Spiele der Geister mitgespielt
hatte und sodann bei seiner Rückkehr in die kalte Erden-
welt vor Sehnsucht nach jenem duftigen Zaubergarten fast
vergehen wollte. —

So muss es Jedem zu Muthe sein, der ein Mal in Ihrem
gemüthlichen Weimar, in Ihrer Alles erwärmenden und durch-
glühenden Nähe gewesen und nun wieder zurückgekehrt ist
in die kleinliche Alltagswelt. Soll ich nun noch hinzufügen,
dass nur der säumige Buchdrucker die Schuld meines so
lange verzögerten Dankes trägt?

Nehmen Sie die beifolgende Schrift [1]), deren Werth nur
darin besteht, dass sie dem Schutze Ihres Namens übergeben
werden durfte, als ein Zeichen der innigsten Verehrung an,
welche ich dem geistreichsten Künstler der Zukunft, dem
herzvollsten Menschen der Gegenwart darbringe. Sie enthält
die Grundzüge einer Theorie unserer freien, fessellosen
»Zukunftsmusik«, sie konnte also auch nur dem Meister ge-

---

1) »Der verminderte Septimen-Accord.«

widmet werden, welcher derselben durch Wort und That die Bahn öffnete. Wenn Sie beim Durchblättern derselben zuweilen freundlich lächelnd, des Verfassers gedenken, so ist ihr Zweck erreicht und mein liebster Wunsch erfüllt.

Dorn, welcher Sie bestens grüsst, ist mitten in seinen Nibelungen und gedenkt dieselben in acht Tagen auf die Bühne zu bringen. Mit grösstem Interesse haben wir Ihre Tondichtung »an die Künstler« durchgesehen. Ähnliche, in Ihren genialen Werken so häufig durchblitzende neue Accordfolgen wie S. 14, 18, 19, 20, 22, die des Nonenaccordes S. 25 u. s. f. riefen ja eben meine neue Theorie in's Leben und gaben derselben eine Nothwendigkeit. Der Brief an Dorn aber, in welchem Sie so gütig des grauen Theoretikers gedenken, ist in meinen Händen und Dorn wird Mühe haben, ihn mir wieder zu entreissen.

Darf ich Sie bitten, die beiliegenden Hefte den Herren Raff und Cornelius mit meiner angelegentlichsten Empfehlung zukommen zu lassen, und haben wir Hoffnung, Sie vielleicht schon im Sommer in Berlin begrüssen zu können?

Mit grösster Hochachtung und Verehrung

Ihr ergebenster

C. F. Weitzmann.

Berlin, d. 16. März 1854.

215. Hector Berlioz.

Hanovre, Vendredi, 31 Mars 1854.

Cher ami,

Joachim vient de m'apporter ton billet. Je n'avais pas reçu ta lettre adressée à Paris. Je viens d'écrire pour qu'on t'envoie sur-le-champ la copie de la grande partition de *Benvenuto*. Remercie de ma part Mr Cornelius pour la peine qu'il s'est donnée et qu'il se donne encore; je ne sais comment reconnaître de telles marques d'intérêt et de sympathie.

Je pars Dimanche (après-demain) pour Brunswick, où Charles Müller [1] me fait prier d'aller prendre part au concert qu'il donne le 3 (Mardi). De là, je t'écrirai encore pour t'indiquer le jour où je pourrai aller à Weimar remplir auprès du Grand-Duc un devoir dont l'accomplissement a été trop retardé.

Le concert d'abonnement qui aura lieu ici demain, s'annonce bien. La répétition de ce matin a été admirable, cet orchestre est merveilleux; il ne lui manque que des timbaliers qui sachent jouer des timbales et compter leurs pauses. Nous avons deux harpes, des instruments à vent exquis, une superbe bande d'orchestre qui chantent avec une âme .... j'ai été vraiment bien heureux. Le Roi a voulu que le programme fût exclusivement composé de ma musique. Nous donnons (pour la première fois ici) *la Fantastique*, deux morceaux de *Roméo*, demandés par la Reine, le *Roi Lear*, la Romance de Violon que Joachim joue en jeune maître, trois fois maître de son art, *Absence*, chanté très bien par Mme Nottès et la chansonnette du *Pâtre Breton*. Tout cela va on ne peut mieux. Joachim m'apprend que tu vas à Gotha diriger la 1re représentation du nouvel opéra du Duc. Il 'm'a invité (le Duc) dernièrement à Paris à aller entendre son ouvrage. Malheureusement cette excursion me sera impossible. Je suis d'ailleurs mal à l'aise avec S. Altesse qui me regarde comme une espèce de mezzo-matto, et qui a fait à Paris de la propagande en ma *défaveur*. Le Duc a entendu Benvenuto à Londres et ne peut me pardonner d'avoir écrit une partition qui s'accorde probablement fort peu avec l'idée qu'il se fait de la musique dramatique. C'est au reste tout ce qu'il connaît de mes méfaits. J'apprends aussi que Mr de Bülow est à Dresde; je serai charmé de le revoir; je sais le grand cas que tu fais de lui et l'on ne trouve pas partout, assis sur les bornes,

---

1) Concertmeister in Braunschweig und erster Violinist des älteren Müller-Quartetts (1797—1873).

de jeunes artistes de sa trempe prêts à vous tendre une
main amie.

Adieu à bientôt!   Ton dévoué
H. Berlioz.

216. Robert Franz.

Hochverehrter Herr Doctor!

Schon längst war es meine Absicht, Ihnen für die freundliche Zusendung Ihrer höchst interessanten Partitur »An die
Künstler« meinen herzlichsten Dank zu sagen. Die stete Ver-
zögerung der Ausgabe meines Opus 21 [1]) ist Schuld, dass es
bisher nicht geschah, da mir die Überreichung eines Exem-
plars desselben erwünschte Gelegenheit bieten sollte, Ihnen
für Ihre Aufmerksamkeit und Güte meine vollste Ergebenheit
zu versichern. Wenn Sie in beikommendem Heft das eine
oder das andere Lied der alten Beachtung werth halten, so
werde ich darüber aufrichtige Freude haben. —

Was haben Sie denn zu dem armen Schumann gesagt?
Freilich wenn sich Idealismus und Realismus in einer Menschen-
natur weiter und weiter von einander entfernen, wie es bei
Schumann leider sehr der Fall war, so wird eine Katastrophe
stets in drohender Aussicht stehen. Es hat mich selten ein
Ereigniss so tief erschüttert!

Auf wann haben Sie denn Ihre Reise nach Leipzig fest-
gestellt? Ich sähe Sie zu gern einmal wieder! Wenn Sie
mich doch davon benachrichtigen wollten, damit ich meine
Zeit einigermassen einrichten könnte. —

Mit der Bitte, der Frau Fürstin meine Verehrung und Ergebenheit zu versichern, verbinde ich die herzlichsten Grüsse
an Sie.

In alter dankbarer Verehrung

Halle, d. 8. April 1854.   Rob. Franz.

---

1) Sechs Gesänge für eine Stimme mit Pfte. Leipzig, Senff.

217. Josef Joachim.

Lieber Liszt!

Du wirst Dich an dem Wiedersehen mit Berlioz nach Deinen letzten vielen musikalischen Strapazen gewiss recht erlabt haben, und ich habe Dir von Herzen die Freude gegönnt, Deinen ältesten musikalischen Freund bei Dir zu haben. Er wird Dir von seinem Concert hier erzählt haben, das ihn, was die Ausführung anlangt, befriedigt zu haben scheint; wie ich denn wirklich nie einen weichern, edlern Klang der Holzbläser gehört habe als im letzten Concert. Das Publikum, das leider hier materieller ist als andernorts, bewährte sich als die träge Schnecke, die vor Berlioz' Energie die Fühlfäden natürlich einziehen musste. Des Königs und der Königin enthusiastische Theilnahme haben in etwas den übeln Eindruck mildern mögen, den das Pepita-süchtige Volk dem fremden Meister gewährte. Ich meinestheils habe mich an der Vehemenz seiner Empfindung, an der breiten Melodik, an dem Klangreiz in seinen Werken wahrhaft gestärkt — nun Du kennst ja die Macht seiner Individualität.

Mir thut's wirklich leid, dass Berlioz durch sein Braunschweiger Concert wieder verhindert worden ist, den Lohengrin zu hören; ich hätte ihm die musikalische Bekanntschaft Wagner's gegönnt, den er nur aus seinen Theorien kennt. Und wie gerne wäre ich selbst zu der letzten Aufführung (mit Götze [1]) nach Weimar gereist! Du wirst mich gewiss erwartet haben — und hätte ich nicht schon allzuviel für meinen Zeit- und Geldvorrath auf Eisenbahnen in den letzten Monaten campirt, ich wäre sicherlich gekommen; aber so steuerte mein Gewissen meiner Thatkraft. Nun harre ich sehnlich Deines versprochenen Besuches — wann kommst Du Grossmüthiger? Schreibe mir's, damit ich darnach meine Pläne einrichte, die ich für den Beginn meiner Concertmeister-

---

[1] Der unvergleichliche lyrische Tenor und Interpret Schubertscher und Liszt'scher Lieder, Professor Franz Götze in Weimar, nachmals als Gesanglehrer in Leipzig erfolgreich und berühmt.

Ferien habe. Noch weiss ich nicht, ob ich den Sommer in Göttingen oder am Rhein verbringen werde — nur soviel steht fest: arbeiten will ich. Lass uns das Übrige bald besprechen. In freudiger Erwartung Deines Kommens

Dein verehrend ergebener

Am 13ten April 1854. Joseph Joachim.

218. Hector Berlioz.

Dresde, 14 Avril 1854. Hôtel de l'Ange d'or.

Cher ami,

Je viens d'envoyer à Mr de Sacy, rédacteur en chef du Journal des Débats, l'article dont tu désires la publication. Je l'ai recommandé très chaleureusement. Je n'y ai rien changé et je suppose qu'on n'y changera rien.

Je regrette aussi de mon côté d'avoir été si pressé par le temps et de n'être pas allé à Weimar, d'autant plus que si le concert qu'on m'annonce à Darmstadt a lieu le 7 Mai, comme on le voudrait, j'aurai à peine en quittant Dresde 12 heures à te donner en passant.

Je n'ai pas reçu le paquet que tu m'annouces, il arrivera sans doute dans la journée. As-tu entre les mains maintenant la grande partition de Benvenuto? je pense qu'elle t'est parvenue. J'ai vu Fischer [1]), mais je me suis abstenu jusqu'à présent de parler de nos projets pour mon opéra. Mr de Lüttichau peut sans doute plus que tout autre dans cette affaire et je lui en parlerai.

Je vois souvent Mr de Bülow qui est un digne et charmant gentleman. Il m'a déjà trouvé un si grand nombre de fautes de gravure dans la partition de Faust que je t'avais apportée, que je la remporterai à Paris pour les faire corriger. En revanche je te laisserai ainsi qu'à Mr Cornelius des exemplaires de l'édition de Kistner de La Fuite en Egypte. Il vient de me les envoyer avec une stupide faute de prosodie

---

1) Chordirector des Dresdner Hoftheaters; der bekannte Freund Wagner's.

de deux vers allemands, faute qui s'est reproduite dans la grande comme dans la petite partition.

Je serais bien heureux que Mr Cornelius voulût se charger de traduire aussi *L'arrivée à Saïs* que j'achève d'instrumenter ici. Mais aucun éditeur allemand n'ayant jusqu'à présent le courage d'acquérir ce nouvel ouvrage (Kistner l'a refusé, triple rat! ...) je ne saurai quel arrangement prendre avec Mr Cornelius, qui a déjà beaucoup trop écrit, pour *le Roi de Prusse.* Plus tard je lui écrirai à ce sujet, et je le prierai de me dire franchement ce que je puis faire pour l'indemniser de son travail. C'est trois fois plus considérable que la Fuite en Egypte et plus difficile à ajuster à la musique. Beale publiera sans doute cela en anglais, mais seulement quand j'aurai écrit une troisième partie à cette petite Trilogie biblique. Cette troisième partie, qu'il est venu me demander à Paris, serait en fait *la première,* et aurait pour sujet le *massacre des innocents.* L'ensemble figurerait ainsi dans l'ordre historique, aux concerts de musique sacrée:

1° Le massacre des innocents.
2° La fuite en Egypte.
3° L'arrivée à Saïs.

et cela durerait 1 heure et demie.

Je commence à voir poindre le plan du massacre, pour lequel Chorley m'a donné, lui aussi, quelques idées. .—.

Adieu, cher ami, je te tiendrai au courant des nouvelles Celliniennes s'il y en a.

Mille amitiés. Ton dévoué

H. Berlioz.

P. S. Il y a je ne sais quel mystère à Hanovre. Je n'en puis obtenir aucune nouvelle, pas même de notre ministre de France. On m'avait annoncé de la part du Roi *la croix des Guelfes;* on devait me l'envoyer à Brunswick, et je n'en ai pas entendu reparler. J'ai écrit à trois personnes, aucune ne m'a répondu. Que diable y a-t-il?

219. Derselbe.

[Wol 15. oder 16. April 1854.]

Cher ami,

Je reçois à l'instant une lettre de Mr Pohl. Dans le cas où il ne serait pas encore parti quand celle-ci te parviendra, prie-le de m'apporter la petite boîte contenant mes croix qui a dû arriver de Paris à l'hôtel du Prince héréditaire. Mme Pohl[1]) arrivera à temps pour la répétition de Samedi matin. Et cela lui suffira certainement. Richter ne s'est pas trop mal tiré de la partie de 2me Harpe ce matin. L'orchestre est merveilleux, le chœur très bon; Fischer est très bon .... homme, mais .... Bülow te donnera des nouvelles de sa manière d'accompagner et d'enseigner les chœurs.

Mr de Lüttichau voudrait que *Faust* marchât Samedi prochain; j'espère qu'il n'en sera rien. Les chanteurs solistes n'ont pas encore regardé leurs rôles; ils feront demain leur première répétition au piano. Dieu veuille que nous ayons un accompagnateur qui frappe au moins un accord juste sur deux et qui ne joue pas dans le mode mineur quand on chante en majeur .... mille tonnerres!!

Lipinski m'a demandé la partition de *Benvenuto*, je la lui ai prêtée, nous la donnerons ensuite à Fischer qui n'y verra que du feu. Puis je parlerai à Mr de Lüttichau en le priant de lire le livret que Mr Cornelius a bien voulu terminer et copier avec tant de soin.

Adieu, je n'ai que le temps de te serrer la main et de me dire

ton dévoué   H. Berlioz.

P. S. L'article sur l'opéra du Duc de Gotha a-t-il paru? je ne puis trouver ici l'occasion de lire le Journal des Débats.

---

1) Später Harfenistin der Weimarer Hofcapelle, Gattin Richard Pohl's.

220. Derselbe.

Cher ami,

Je suis bien heureux de pouvoir te dire que notre *Faust* a obtenu hier un grand succès. C'est, il est vrai, la plus magnifique exécution que j'aie jamais obtenue de cette œuvre difficile. Je regrette bien que tu n'aies pu entendre les deux derniers actes que tu ne connais pas. La course à l'abîme et le Pandémonium et la scène des Follets ont produit un effet extraordinaire. M\u1d63 de Lüttichau est venu aussitôt me dire que nous redonnerions Faust Mardi prochain. Samedi le programme annoncé sera exécuté; c'est *Roméo* et *la Fuite en Egypte* et une ouverture.

M\u1d63 de Lüttichau sort de chez moi à l'instant et après mille compliments, il m'a dit ces paroles assez claires qui coïncident avec tes prévisions: »C'est une bien excellente chapelle que la nôtre, n'est-ce pas? mais c'est dommage qu'elle ne soit pas dirigée comme il faudrait; *c'est vous qui seriez* l'homme pour l'animer.«

J'attendrai qu'il parle plus directement. Je l'ai prié de lire le livret de Cellini et il est convenu que je le lui porterai ces jours-ci. Il est vraiment sorti de ses habitudes un peu froides. Je crois que le Roi viendra à Faust Mardi.

Qu'est-ce donc qu'un projet qu'on nous attribue à tous les deux, de donner de grands concerts à Leipzig l'hiver prochain dans la Central-Halle? Un ami de Lipinski vient de me dire que c'était de notoriété publique à Leipzig et que tu t'en étais déjà occupé .... Je n'en sais pas le premier mot.

On m'écrit de Hambourg pour me faire des propositions; je viens d'envoyer mes conditions; si elles sont acceptées, je resterais encore trois semaines en Allemagne. J'ai reçu ce matin la petite boite que tu m'as envoyée, et je te remercie. As-tu des nouvelles de Joachim? est-il mort? Je lui ai écrit trois fois sans obtenir un mot de réponse. Même silence de la part de M\u1d63 de Platen et aussi de notre ministre de France et d'autres personnes à qui j'ai écrit. Il faut croire que la ville de Hanovre a été engloutie par quelque tremblement de terre.

Adieu, mille amitiés bien vives de ton dévoué
H. Berlioz.

Dresde, 22 Avril [1854]. Hôtel de l'Ange d'or.

P. S. Mme Pohl était hier trop malade pour quitter sa chambre; elle jouera Mardi. Richter ne s'est pas trop mal tiré de sa partie de harpe. L'article sur Gotha a-t-il paru?

221. Derselbe.

Nos lettres se croisent, cher ami, mais c'est sans importance cette fois.

Je t'écris quelques lignes aujourd'hui parce que tous les jours prochains de cette semaine je serai dans les répétitions du matin au soir. Comme nous redonnons Faust ce soir, nous laissons notre monde vocal et instrumental reprendre haleine. J'ai assez fatigué l'orchestre hier. A la *seconde* tentative, le Scherzo de la F*é*e Mab a marché sans faute du commencement à la fin. Je n'en reviens pas. Cet orchestre est merveilleux. Mr de Lüttichau est de plus en plus gracieux. Reissiger [1]) me comble, il m'embrasse, il me fait *des vers* .... curieux. La presse, me dit-on, est aigre-douce; plus aigre que douce. J'ai eu la visite de Mr Banck [2]), le *critique influent*, qui m'a écrasé de son air capable et de son flegme protecteur; il paraît qu'il compose des Lieder et admire Mozart exclusivement. Il m'a accordé, dit-on, quelques morceaux tels que la *Course à l'Abîme*, le chœur des *Sylphes*, la Marche, et une certaine puissance de combinaisons; mais je manque totalement d'idées. Nous attendons l'article du Constitutionnel de Dresde qui paraîtra ce soir et doit me foudroyer, car il est plus exclusivement Mozartiste encore que son confrère et il n'admet aucune des dernières compositions de Beethoven, ni même celles de sa seconde manière. J'ai envie de faire

---

1) Dresdner Hofcapellmeister.
2) Carl Banck (1809—1889), lebte seit 1840 in Dresden.

comme Melle Clauss qui est allée demander des leçons de piano à Davison[1]) pour avoir l'appui du Times et du Musical World; peut-être nos messieurs voudront-ils bien me donner quelques leçons de composition. Bülow rit de tout son cœur de leurs naïvetés. Heureusement, nous avons pour nous le public et la masse entière des artistes dont l'ardeur est extrême.

Je suis à la lettre tes instructions: je vais remporter la partition de piano de Benvenuto que Brandus gravera sur-le-champ avec texte allemand et français. Garde la grande, elle m'a coûté trois cent vingt-cinq francs. Mr de Lüttichau a entre les mains le livret allemand de Mr Cornelius. Nous en parlerons sans doute ces jours-ci. Nous donnons les deux ouvertures de Benvenuto au concert de Samedi. C'est une idée de Bülow que je crois bonne. Mme Pohl est toujours malade et ne peut quitter la chambre.

Adieu, je te quitte pour répondre à Joachim qui vient de me donner des nouvelles de Hanovre et qui croit que j'ai reçu depuis quelques jours la croix promise e gli danari, et je n'ai reçu ni l'une, ni les autres.

Ton dévoué . H. Berlioz.

Dresde, 26 Avril 1854. Hôtel de l'Ange d'or.

222. Franz Dingelstedt.

München, 29. April 1854.

Gestern erst von einer längeren Dienstreise zurückgekommen, beeile ich mich, Deinen Brief vom 14. d., mein viellieber Freund, welchen ich hier vorgefunden, in verzeihlicher Eile zu beantworten.

Zuerst wegen unserer *Zusammenkunft*: es war mir ganz und gar unmöglich, Dich in Weimar aufzusuchen; Berlin und Wien hatten, sammt der Riesenarbeit meines Monstre-Gastspieles im Sommer meine ganze freie Zeit bis zum letzten

---

1) Musikreferent der Times u. a. englischer Blätter.

Augenblick verzehrt. Nun will ich Deinen vortrefflichen Vorschlag annehmen und am 20. Juni in Coburg eintreffen, hoffentlich mit dem fertigen Manuscript der Oresteia, um acht ruhige Tage mit Dir im Thüringer Walde zuzubringen. Wir werden uns genug zu sagen haben; mir wenigstens ist es Bedürfniss, ist es Nothwendigkeit geworden, Dich wiederzusehen und über so Vieles mit Dir mich zu berathen, zu verständigen.

Wegen *Tannhäuser* muss ich Dir betrübte Nachricht geben. Meine Absicht, im Sommer damit herauszurücken, ist, augenscheinlich durch ungeschickte Freunde Wagner's, zu früh bekannt geworden. Daraufhin werden mir Hindernisse gemacht, zu deren Überwindung ich Zeit bedarf, wenn sie überhaupt überwindbar sind. Du kennst Wagner's unglückliche Verhältnisse: ich werde alle nur ersinnliche Mühe haben, ihn überhaupt durchzusetzen, während es von vornherein unmöglich erscheint, für ihn Zugeständnisse in Honorarzahlung und dergleichen mehr herauszubringen, welche über das Mass unserer Satzungen hinausgehen. So sehe ich mich, bei aller innigen Theilnahme für Wagner's Loos, ausser Stande, ihm in seiner jetzigen Verlegenheit beizuspringen, will aber nicht nur unmittelbar bei Sr. M. dem König Schritte für seine Oper thun, die ich für Niemanden in der Welt thun würde, und die in jeder Hinsicht gewagt sind, sondern auch innerhalb der Bühne seinen Weg bei uns mit aller möglichen Sorgfalt ebnen. Ich schreibe ihm, sobald ich eine ruhige Stunde gefunden; einstweilen übermittle Du ihm meine Grüsse und mahne ihn zur — Geduld. Wer braucht sie mehr, als ein deutscher Tondichter? Höchstens ein deutscher Theater-Intendant! Et encore — —

Meinen ehrfurchtsvollen Dank und Gruss Deinen allergnädigsten Herrschaften; der Frau Fürstin treueste Huldigungen, Dir Selbst alte, volle, unwandelbare Liebe

Deines

Fr. Dingelstedt.

223. Hector Berlioz.

Cher ami,

J'ai fait tes commissions. J'ai vu tes charmantes filles et les ai bien grondées de ne pas sortir, dans leurs études musicales, du répertoire pousif (ou poussif) et je crois qu'elles vont s'escrimer contre les difficultés de tes nouvelles œuvres. J'ai vu aussi Belloni qui doit venir ces jours-ci chercher un exemplaire de tes livrets poëtiques pour en faire insérer quelques-uns dans la France musicale. Je n'ai pas pu obtenir encore l'exemplaire de mon médaillon que tu m'as fait le plaisir de me demander; Salomon Adam (l'auteur) n'est pas à Paris en ce moment et je ne sais comment, sans lui, me procurer ce plâtre qu'il n'a pas encore publié.

L'article de M^r *** sur l'opéra de Gotha n'a pas paru. le conseil Edouard Bertin et de Sacy a trouvé qu'il avait trop l'air d'un feuilleton de province; mais on l'a donné à d'Ortigue qui, dans son article du *3 Mai*, en a extrait la substance et a mis en relief ce qui l'intéressait personnellement et ce qui intéressait le Duc, en ôtant toute la critique de la pièce.

J'ai écrit à Mr de Lüttichau pour le prier de faire copier Benvenuto le plus tôt possible. J'attends sa réponse. J'apprends que Gye a fait figurer, sur ses prospectus de Covent-Garden cet opéra, parmi ceux qui doivent être représentés à Londres cette année. Je ne sais s'il en a réellement l'intention. On ne m'a rien écrit à ce sujet.

Je pense que Mr Cornelius a maintenant terminé sa traduction de *L'arrivée à Saïs*. Prie-le de ma part de m'avertir par un mot *du jour où il m'expédiera* la partition et les livrets français et allemand de ce petit ouvrage. J'ai toujours peur qu'il ne vienne à s'égarer.

Adieu, Paris est ou me semble plus bête que jamais. Il fait un temps affreux et je suis triste comme dix mille hommes.   Ton dévoué

Hector Berlioz.

Paris, 16 Mai 1854. 19, Rue de Boursault.

224. Derselbe.

Cher ami,

Veux-tu avoir la bonté de me donner, courrier par courrier, des nouvelles de ma partition laissée entre les mains de Mr Cornelius qui avait bien voulu se charger de la traduire. Mr Cornelius m'avait promis de·me la renvoyer huit jours après celui où je la lui ai remise, et je l'attends toujours. Cela me contrarie beaucoup, car je compte l'emporter copiée, toute prête, à mon prochain voyage à Munich. Or il faut le temps de copier, de graver les chœurs, etc. — D'ailleurs j'en ai besoin pour écrire la musique de la 1re partie (Le songe d'Hérode) à laquelle je travaille en ce moment.

J'ai vu Salomon Adam. Il avait envoyé le moule de mon médaillon à Londres; il va en faire un autre et dans quelques jours il m'apportera l'exemplaire que je lui ai demandé pour toi.

J'ai vu Seghers, et je lui ai transmis les observations de la Princesse W. relativement à l'éducation musicale de tes filles. Il vient de donner sa démission de chef d'orchestre de la Société de Ste Cécile. Il ne pouvait plus résister aux douceurs du gouvernement représentatif; sa chambre des députés (son comité) l'obsédait. Je le crois bien . . . .

Il y a eu hier un esclandre à l'Opéra, à la fin du 5me acte du Prophète, un inconnu s'est brûlé la cervelle dans une première loge avec un horrible succès.

Voilà toutes mes nouvelles. Ecris-moi vite, je t'en prie.
Mille amitiés.

31 Mai 1854.   H. Berlioz.

225. Derselbe.

Paris, 2 Juillet 1854.

Très cher ami,

Mr de Lüttichau vient de me renvoyer hier seulement la partition de piano de Cellini, et il y a plus d'un mois que je lui avais écrit de me la rendre s'il ne la faisait pas copier. J'en conclus qu'il la fait copier. Les journaux de

Dresde annoncent en ontre que cet opéra est à l'étnde. Mais je n'ai pas reçu une lettre officielle à ce sujet. Sais-tn quelque chose? .... Je viens d'écrire à Mr de Lüttichau. S'il réclame de toi la grande partition, *prête*-la-lui en l'engageant à la faire copier le plus tôt possible et à te la rendre [1]).

Je vois par un journal que tu as fait exécuter ton *Mazeppa* à Weimar; tn devrais bien m'écrire là-dessus quelques détails; j'en profiterais pour mon prochain feuilleton. Je dirais (ce qui est vrai) qne j'ai parcouru la partition à mon dernier passage à Weimar. Je m'en tirerai de façon à ne pas te compromettre, sois tranquille.

Mr Dingelstedt t'a-t-il dit quelque chose relativement à mon prochain voyage à Munich? Je suis décidé à accepter son offre obligeante de la salle de l'Odéon pour le commencement d'Août, quand le festival Lachner sera terminé. Il s'agit pourtant ici d'une grande machine de la force de 1200 musiciens à organiser, pour moi, le 15 Août, jour de la fête de l'Empereur, dans le Palais de Cristal des Champs Elysées, si la couverture en verre du dit palais peut être achevée pour cette époque. On y emploie des centaines d'ouvriers. J'ai même fait une Cantate *Impériale* à deux Chœurs pour le dit orchestre de 1200 musiciens. Mais je crois que le verre nous manquera sur la tête et que je devrai aller à Munich dès les premiers jours d'Août.

J'ai demain une réunion relative à l'exécution du *Te Deum* dans l'Eglise de St Eustache l'an prochain la veille de l'ouverture de l'Exposition. Quelques amis se réunissent pour faire les frais de cette exécution. L'un donne trois mille francs, l'autre deux mille, et ils sont en train d'avoir le reste. C'est Ducroquet, l'auteur du nouvel orgue de St Eustache, qui a mis cela en train. Quel dommage que tu ne veuilles pas jouer de l'orgue; tu aurais superbement fait notre affaire

---

1) Laut Jullien soll die Dresdner Aufführung daran gescheitert sein, dass Reissiger Berlioz nicht die Direction überlassen wollte. Erst 34 Jahre später gelangte »Cellini« auf die Dresdner Hofbühne.

pendant et après le Te Deum. Car comme Ducroquet veut,
avec raison, que l'on fasse valoir son instrument dont le rôle
est trop modeste dans ma partition, j'ai donné l'idée de faire
jouer un Solo d'orgue, après le Te Deum, par l'organiste
qu'on aura, soit par Hesse[1]), soit par Lemmens[2]), soit par
ce joli petit organiste à bagues, à camées, à canne à pomme
d'or, qui *enjolive* les thèmes qu'il joue, et qu'on nomme Le-
fébure-Wély[3]) .... Nous comptons aussi sur l'appui de
l'Impératrice, à cause d'une institution d'enfants qu'elle pro-
tége et dont j'emploierai sept ou huit cents *pour le choral du
Te Deum.* Ces messieurs comptent faire ce jour-là une recette
de 15,000 fr. dans l'Eglise. Je tâche de calmer l'ébullition
de ces espérances au lait, je connais trop mon Paris.

Voilà toutes mes nouvelles.

Je termine en ce moment *Le Songe d'Hérode* et je l'enverrai à Mr Cornelius aussitôt que la partition du chant sera
prête et qu'il pourra s'en occuper. Dis-lui mille choses af-
fectueuses de ma part.

Ton dévoué   H. Berlioz.

P. S. Rappelle-moi au souvenir de la Princesse W. en
lui présentant mes hommages empressés.

226. Derselbe.

Très cher ami,

Le Prince Wittgenstein en partant pour l'Allemagne a
emporté pour toi le plâtre médaillon que je t'avais promis et
la partition de Faust, dont nous avons pu à grand peine avoir
un exemplaire à l'imprimerie sans pouvoir seulement le faire
brocher. J'espère que cette partition est enfin correcte.

Je n'ai pas encore écrit une ligne dans le Journal des
Débats; les théâtres de Paris sont heureusement fermés et

---

1) Vielbewunderter Orgelvirtuos in Breslau (1809—1863).
2) Bedeutender belgischer Orgelkünstler (1823—1881).
3) Pariser Organist und Componist (»Les cloches du monas-
tère«) 1817—1869.

je me repose; mais je réparerai ce retard de mon mieux à la prochaine occasion, bien que tu ne m'aies pas donné les détails sur Mazeppa dont j'ai besoin.

Je vais faire une rapide excursion à Munich; je serai de retour le 25 Août au plus tard.

Mr de Bülow vient de me faire une surprise charmante; il m'a envoyé l'ouverture de Benvenuto supérieurement arrangée par lui pour le Piano à 4 mains. Brandus allait précisément commander ce travail à quelque manœuvre; on est occupé à graver la partition.

J'ai fini hier *Le Songe d'Hérode*, l[re] partie de ma Trilogie sacrée. Aussitôt que la partition de piano et chant en sera faite, et que je me verrai un peu en argent, je prierai encore Mr Cornelius de m'en traduire le texte. Ce sera probablement à mon retour de Bavière.

L'affaire du *Te Deum* est définitivement arrangée. Nous aurons, je l'espère, une exécution grandiose et soignée, et six ou sept cents enfants pour le 3me chœur (Le choral thème).

J'ai reçu une lettre de Mr de Lüttichau qui attend pour décider la mise à l'étude de Cellini que Mlle Ney[1]) accepte le rôle de Teresa. Il parait en faire une condition sine qua non. On a néanmoins copié la partition de piano.

Qu'a-t-on fait de beau à Rotterdam? Je n'en ai pas eu de nouvelles, Gathy n'étant pas encore de retour.

Voilà toutes mes nouvelles.

Adieu, je te quitte pour écrire à Bülow et le remercier. Je le suppose toujours à Dresde, bien que le paquet qu'il m'a adressé soit timbré de Mannheim.

Mille amitiés dévouées comme toujours.

28 Juillet 1854.   H. Berlioz.

---

1) Die ausgezeichnete damalige Dresdner Primadonna (1826—1886).

227. Hermann Grimm,

vornehmer Dichter und Kunstschriftsteller. geb. 6. Jan. 1828 zu
Cassel, lebt als Geh. Regierungsrath in Berlin.

Berlin, 31. juli 1854.

Hochgeehrter herr Doctor,

Soeben sendet mir mein buchhändler die ersten exemplare
des Demetrius zu und ich beeile mich, Ihnen und der frau
fürstin Wittgenstein, welche so freundlich war nach dem
drama zu fragen, dasselbe zu überschicken. ich würde es
schon früher gethan haben, wenn ich von dem zu meinem
gebrauche gedruckten manuscript noch etwas in händen gehabt hätte.

ich schrieb den Demetrius vor zwei und einem halben
jahre, vieles würde ich deshalb jetzt anders, vielleicht besser
schreiben. seine aufführung erscheint mir so kaum wünschenswerth. wahrscheinlich werde ich herrn Dr. Laube, der mir
ohne meine anfrage die darstellung anbot, sie aber der politischen situation wegen verschob, ersuchen. sie ganz aufzugeben, und ihm dafür ein andres stück einreichen, an dem
ich arbeite, und das zum herbst, wie ich hoffe, beendigt sein
wird.

Joachim ist noch hier. ich weiss nicht, wie lange er
noch bleibt. frau von Arnim[1] spricht von einer badereise.
sie ist mit fräulein Gisela[2] allein hier, da fräulein Armgart
zur gräfin Oriolla gegangen ist. diese erwartet ende august
ihre niederkunft.

hochachtungsvoll und ganz ergebenst

Hermann Grimm.

---

1) Grimm's nachmalige Schwiegermutter, Bettina.
2) Seine spätere Gattin, die auch als Dramendichterin auftrat.

228. Anton Rubinstein,

der geniale Clavierbeherrscher und Componist. der sich zumal in
ersterer Eigenschaft die alte und die neue Welt eroberte, geb.
28. Nov. 1829 zu Wechwotynetz in Bessarabien, gest. 20. Nov. 1894
zu Peterhof bei Petersburg als in den Adelstand erhobener kais.
russ. Staatsrath. mit dem Titel Excellenz. Er genoss schon als
12jähriger Knabe in Paris Liszt's Schutz und Theilnahme und
lernte, wie nachmals in Wien, vielfach von ihm; 1854 und später
war er monatelang der Gast der Altenburg in Weimar, und Liszt
bewahrte ihm zeitlebens seine Freundschaft.

Bieberich, 5 Août 1854.

Je vous accuse réception de ma caisse de manuscrits
ainsi que des 100 Thalers en vous en remerciant beaucoup[1]).

Ci-joint les lettres pour Mlle Cornelius; elle va dans un
pays où ce n'est pas assez d'une corde à son arc quand on
veut tirer à la cible de l'art musical, c'est pourquoi je lui
conseillerais d'aller avant tout chez Schuberth et de le prier
de l'annoncer chez Cavos, et de parler d'elle à d'autres auto-
rités, ce que d'ailleurs je lui recommande bien de faire, dans
ma lettre.

Vous recevrez par la prochaine poste le sujet de mon
Opéra traduit en prose, quoique très mal; cela pourra cependant donner une idée plus juste de la chose qu'un *scenario*
seul, c'est pourquoi je l'ai fait.

Si on l'accepte pour la représentation, ce que je vous
prie en grâce de me faire savoir, je viendrai les premiers
jours de Septembre à Weymar pour travailler avec Cornelius[2]).

Me voilà depuis quelque temps à Bieberich, mais je ne
suis pas très content de moi pour ce qu'il s'agit de travailler;
cela ne va que très médiocrement vu le voisinage de Wiesbade, Mayence et autres villes attrayantes. La seule chose

---

1) Der Brief beantwortete ein Schreiben Liszt's: F. Liszt's
Briefe I, Nr. 117.]

2) Derselbe übernahm die deutsche Übersetzung der russischen
Oper Rubinstein's: »Die sibirischen Jäger«, die Liszt in Weimar
aufführte.

que je gagne par là c'est de ne plus être un compositeur
de quantité. —

J'ai réussi à mettre dedans *Schott* pour mes compositions
de piano seul, il les prendra toutes, et commencera par les 24
portraits. Ce qui rend cette affaire très étrange, c'est que le
même jour où Schott est tombé dans ce guet-apens, Ch. Voss
se trouvait à Mayence — décidément le pauvre Schott se
fait vieux .... — *Schloss* à Cologne voulait aussi quelques
pages de manuscrit de moi, mais quand il est entré dans ma
chambre et qu'il a vu qu'il manquait d'être submergé de manu-
crits chez moi, il a profité de quelques leçons de natation
qu'il a prises jadis, pour se sauver bien vite. *André* de
Francfort paraît vouloir aussi mordre à l'hameçon, mais connaissant la faculté funeste de ma tête de Méduse, pour l'éditeur qui jetterait un regard sur moi, je lui laisse encore
quelque temps à respirer librement dans les sources de Blumen-
thal, les lacs de Goria, et en général dans les eaux claires
des compositions de Voss et consorts, cependant je le guette. —

J'ai entendu et vu le *Fliegende Holländer* et le *Tannhäuser*
à Wiesbade, je n'en puis rien dire parce que je trouve qu'il
faut entendre ces ouvrages plusieurs fois pour pouvoir en
juger. —

Une jeune chanteuse, Mlle Müller, fille du célèbre Ténor
du même nom, se prépare à aller vous voir à Weymar pour
vous faire entendre sa voix, je crois que vous aurez lieu de
n'en pas être trop mécontent.

Mme Parish-Alvars [1]) veut aussi venir vous voir, et se
faire entendre à vous; je vous dis tout cela pour que vous
sachiez vous en préserver si cela ne vous convenait pas.

J'ai trouvé à Hambourg les dames *Weyden* de Cologne;
la fille, comme je vous disais, a une démangeaison de mariage, et la mère voudrait en fait d'amour aussi un canard. —
Mme *de la Grange* [2]) qui a donné deux concerts très brillants,
m'a prié de la recommander à votre souvenir. Voilà tout à

---

1) Die berühmte Harfenvirtuosin.
2 Bekannte Coloratursängerin.

peu près ce qui est advenu de moi depuis que je vous ai quitté. En vous priant de vouloir bien me recommander au souvenir indulgent de Madame la Princesse ainsi que de la Princesse Marie, je suis avec le plus profond respect votre très humble serviteur

Si vous vouliez bien vous charger de mes compliments pour la famille Hoffmann, Schade, les Lisztschüler et Sabinin, je vous serais infiniment obligé.

229. Eduard Reményi.

Londres, le 8 Août 1854.
N° 30, Pickering Place, Paddington, ou 9, Manchester Street,
Manchester Square.

Mon adorable Maestro, Jupiter tonnant,

Les beaux jours de Bruxelles sont passés et dans mon âme il y a la plus complète désolation, mais je ne me plaindrai pas à vous — à quoi bon? Vous ne savez que trop bien que j'abhorre tout ce qui se passe dans ce Londres fumeux — l'art est aux abois — *es ist im Koth*, et on se souille si on y touche; les artistes de Londres sont des misérables qui, au lieu d'élever le public, se mettent toujours au niveau de la masse cohue. *Sie werden es mit der Kunst so weit bringen, dass das Publikum sie verachten wird und muss, dahin muss es kommen.* Le voile qui empêche le public de voir dans le véritable sanctuaire de l'art, *doit être déchiré*, il faut leur démontrer qu'ils sont ignoblement trompés, et comme il existe un Dieu, aussi sûr ces soit-disant artistes tomberont de leurs faibles piédestaux. Après leurs chutes nous serons miséricordieux. *Aber bessern müssen sich die Lumpen, oder das Donnerwetter soll in sie hineinschlagen!* Amen.

Autre chose: *Vous allez être étonné! Ich ergebe mich.* Daignez faire pour moi les *démarches nécessaires* près de *Prokesch von Osten* ou près de qui que ce soit, je laisse cette affaire entièrement à vous, vous l'arrangerez comme bon vous semblera, *étant sûr que, si je me donne à vous, mon honneur restera intact,* donc il n'est point nécessaire que je vous donne des instructions; vous savez beaucoup mieux que moi ce qu'il faut faire[1]). *C'est vous-même* qui m'avez plusieurs fois proposé cet arrangement, *maintenant* je l'accepte, ce n'est qu'après une profonde réflexion que j'écris à vous ces lignes, je me suis dit ce que vous avez cent fois remarqué — *aut aut* — eh bien, je veux, je serai artiste, je le sens que ma vocation est *là* et pas ailleurs! faites donc, mon admirable maître, mon digne compatriote, pour moi ce que vous pensez utile de faire, j'ai une confiance en vous comme en mon Dieu, je vous prie seulement de faire cette importante démarche *aussitôt* que votre temps le permettra (je sais bien que vous êtes énormément occupé), *car il est absolument nécessaire que je sois le plus tôt possible en Allemagne à cause de ma mère, qui se porte hélas! très mal.* J'ai reçu avant-hier la nouvelle déchirante qu'une de mes sœurs est morte — pour *cela et pour d'autres choses, il est urgent que je sois en Allemagne en très peu de temps, et surtout que je puisse me mouvoir librement.* Vous comprenez? *Vous pouvez dire* sur votre *honneur* que je ne me suis mêlé *d'aucune affaire politique! — d'aucune! J'attends donc avec la plus grande impatience votre lettre — votre réponse.*

Je vous prie, cher maître, excusez l'embarras que je vous cause, et croyez-moi que je suis votre adorateur

Edouard Reményi.

Klindworth[2]) fera son chemin — il me charge de vous dire combien il vous aime.

---

1) Es handelt sich hier offenbar um die für Reményi auszuwirkende Erlaubniss seiner Rückkehr nach Österreich.

2) Schüler Liszt's, ausgezeichneter Pianist, Lehrer, Dirigent

Présentez mes respects à la Princesse et Princesse Marie, Miss Anderson et toute la maison est saluée. Les Murls[1] aussi. Nous avons ici des Murl-soirées — où on ne joue que de la littérature Murloise, toute autre chose est exclue.

230. Anton Rubinstein.

Bieberich, le 9 Août 1854.

Je vous envoie ci-joint le sujet d'Opéra en question, ainsi que les deux autres pour vous laisser le choix libre; je les ai traduits à la hâte et en mauvais allemand, mais tel qu'ils sont ils peuvent cependant vous donner une idée de la marche dramatique de la chose.

Je crois que Cornelius n'aura pas trop de peine à ce travail, et j'attends un mot de vous, pour savoir si la chose est acceptée, et si je dois venir les premiers jours de Septembre à Weymar pour cela. Après ma première lettre où je vous ai fait part de tout ce qui me concerne, je n'ai rien à vous communiquer qui pourrait vous intéresser; c'est pourquoi j'expédie la présente si courte.

En vous priant de vouloir bien me mettre aux pieds de Madame la Princesse ainsi qu'à ceux de la Princesse Marie, je reste avec la plus grande estime et le plus profond respect votre très humble serviteur

Ant. Rubinstein.

231. Derselbe.

Bieberich, le 28 Août 1854.

Je viens de recevoir votre lettre[2] et m'empresse de vous annoncer, en vous remerciant de l'intérêt que vous prenez à

---

und Bearbeiter, geb. 1830 zu Hannover. lebt nach längerer Thätigkeit in London und Moskau seit 1884 in Berlin.

1) Der Verein der »Murls« (Mohren, Teufelskerle, d. i. Antiphilister, war damals in Weimar von Liszt und seinen Schülern und Anhängern: Bülow, Cornelius, Klindworth. Reményi etc. gegründet worden.

2 F. Liszt's Briefe I. Nr. 119.

moi, que je partirai d'ici le 3 du mois prochain pour me rendre à Weymar; pour ce qui est de l'Altenbourg j'ai conscience de vous ennuyer de mes éternelles Jérémiades musicales, ainsi je me rendrai à l'Hôtel; — je crois que le choix du libretto pour le 9 Nov. est bon pour plus d'une raison; traduire l'expression des sentiments d'amour est plus facile que la satire, vu que le premier est universel, tandis que le second propre seulement à quelques nations. Je suis curieux de ce que vous voulez dire par les *querelles d'amitié d'après thé*, je crois les deviner et m'écrie avec Schiller: »König, gieb Gedankenfreiheit!«

André a heureusement échappé aux filets que je lui ai tendus avec mes compositions — que Dieu le bénisse! J'ai fait plusieurs choses pour piano depuis, il y en a parmi, où je crois que nos regards se rencontreront, comme vous en avez fait la remarque quand je vous soumettais mes compositions à votre jugement, il y a quelque temps.

Je me réjouis beaucoup de vous revoir et croyez bien que jamais aucune Madame S. . . . . ne saurait me retenir quand il s'agit d'aller chez vous; du reste je n'ai jamais eu un goût très prononcé pour le Paradis, si Paradis il y a *dans* une femme ou auprès d'elle; j'ai toujours eu un grand respect pour *Satan* que je personnific dans la personne de *Prométheus* que je personnifie en *vous*.

Je vous dis au revoir, jusque-là je vous prie de me considérer comme votre très humble serviteur

Ant. Rubinstein.

232. Peter Cornelius.

Bernhardshütte, den 6ten September 1854 [1]).

Lieber verehrter Freund (Kunstphilosph und Padischah)!

Ihren Brief vom Sonntag erhielt ich leider erst gestern (Dienstag Abend). Ich würde statt aller Antwort eiligst selbst

---

1) Das Original trägt über dem Datum die primitive Federzeichnung einer von Bergen umgebenen Eisenhütte.

abreisen, hätte ich Ihnen nicht einen Vorschlag zu machen,
auf den Sie vielleicht eingehen können und werden, und dessen
Annahme und Bewilligung Ihrerseits mir sehr zu statten käme
und in hohem Grade erwünscht wäre. Mein *Pater noster* ist
seit vierzehn Tagen im Begriff eine ganz interessante Arbeit
zu werden, und bei Ankunft Ihres Briefes war ich eben an
Ausarbeitung des vorletzten Liedes[1]). Ich möchte es nun
gar gern als vollständig fertige Arbeit mit nach Weimar
bringen, um sie in Abschrift Ihnen und (wenn es die eingetretenen Verhältnisse gestatten!) womöglich Raff zu letzter
Censur vorzulegen, während zur bloss poetischen Feile mir
das Urtheil meines Bruders genügt, mit dem ich hier zusammen lebe. Wäre es nicht zu ermöglichen, dass Rubinstein
mir die Partitur zusendete, nebst deutschem Text oder Inhalts-
angabe und einem genauen Wunschzettel, wie er Alles haben
will[2])? Ich glaube nicht zuviel zu versprechen, wie ich die
Grösse der Oper kenne, dass ich in acht Tagen mit der
Arbeit fertig sein könnte, und dass Rubinstein mit meinen
Thüringerwaldcyclopen-Versen zufrieden sein soll. Es würde
mir in jeder Rücksicht angenehm sein, diese Arbeit zu übernehmen und dabei doch die nächsten Wochen noch in voll-
kommener Abgeschiedenheit verleben zu können. Denken Sie
sich recht in meine Lage, liebster Doctor! Mein schwäch-
liches opus 1 liegt nun in schönen Typen gedruckt vor mir
und kommt mir wie eine dringende Einladungskarte der Muse
vor, etwas Besseres und Höheres zu schaffen. Und wenn
ich mir dann denke, dass mir nun wieder ein Jahr in rast-
losem Einsaugen und Empfangen von Eindrücken hingegangen
ist, in möglichstem Studium des lebendigen und neuen Weimar,
und dass ich mich doch auch als Producirender, wenn auch
nur in der bescheidensten Weise, als ein Stück von seinem
Fleische geltend machen möchte, so können Sie lebhaft mit-
empfinden, wie erspriesslich und förderlich mir noch einige
Wochen Musse und Abgeschiedenheit sein werden! Schon

---

1) Er componirte einen Cyclus »Vater-Unser« in neun Liedern.
2) Die Übersetzung der »sibirischen Jäger« betreffend.

im vorigen Winter habe ich der Genast und Hopfgarten Lieder versprochen, und auch diese schon vorbereiteten Hefte würde ich als op. 3 und 4 mit nach Weimar bringen. Ich spreche nicht von einer Anzahl kleinerer Motetten, die ich für *Montag* machen möchte. — Ich lebe hier, ausser zwei grösseren Spaziergängen, seit 14 Tagen in den Pantoffeln auf der Studirstube, und gehe nur Abends manchmal im Garten spaziren. Mein Pater noster wird Sie interessiren! Neun Lieder über den Cantus firmus! Das ist neu, und manches ist mir geglückt, und mit dem Bimstein, der drin ist, mag die Kritik ihren Säbel putzen, für den Blaustein aber wird sie mir hie und da ein ›Ew. Wohlgeboren‹ nicht versagen dürfen.

Ich beeile mich diesen Brief noch dem Boten zu übergeben. In der Überzeugung, dass Sie meinem frommen Wunsch, wenn es möglich ist, gern der willfahrende und gewährende Zeus sein werden, schliesse ich. Geht es nicht, so reise ich nach Erhalten Ihrer abschlägigen Antwort schleunigst ab und hoffe die etwaige durch mich verursachte Zeitversäumniss einzuholen. — Sagen Sie der Durchlaucht mit meinen allerbesten Grüssen, dass ich meine Compositionen in dasselbe Buch schreibe, in welchem Ihr Tasso, Orpheus und Préludes stehen, und dass ich sie als stille Mitarbeiterin am Faust doppelt verehre. Mit meinen ergebensten Grüssen an Princess Marie sowie dear Miss Anderson [1]) und Alle, die nach mir fragen, verbinde ich die schönsten Empfehlungen von meiner Mutter und meinem Bruder Carl (dessen Anerbieten behufs der Wiedertäufergeschichte *Cotta* zurückgewiesen — sapienti sat) und verbleibe für heute und immer

meines guten und grossen Liszt Trabuco-Kritiker,

Peter Cornelius (Murl Seraskier).

[1'] Erzieherin der Prinzessin Marie Wittgenstein.

233. Anton Rubinstein.

Leipzig, le 6 Octobre 1854.

Si je ne vous ai pas donné des nouvelles jusqu'à présent sur mon séjour ici, c'est que je suis d'une humeur *»murrando assai«* [1]) et plus s'il est possible; rien ne me plait ici, je trouve les gens d'un arrogant insupportable, les choses d'un mauvais impardonnable. —

Votre lettre à *David* m'a valu la phrase sacramentale: »Seien Sie versichert, dass alles, was ich für Sie thun kann«, etc. etc.; ma visite à Rietz, Schleinitz etc., des regards scrutateurs et méfiants, ils m'ont demandé de donner ma Symphonie *Océan* à la commission du Gewandhaus, et ce n'est que quand elle aura passé leur censure, qu'elle pourra être exécutée en Novembre; ils veulent mesurer l'Océan à l'aune de la critique, grand bien leur en fasse.

Brendel, Moscheles et Langer [2]) sont les seuls qui m'ont rendu ma visite, j'ai montré au dernier mes Quatuors pour voix d'hommes, je crois qu'ils ne lui ont pas plu parce qu'il m'a dit qu'il les trouvait très beaux. —

Senff [3]) m'a laissé une odeur de soufre après que je l'ai vu, c'est un diable, et je désespère de l'amadouer s'il n'est pas bon diable.

Härtel et consort se tiennent sur leur défensive avec moi, je me contente de manœuvrer afin de les tenir toujours en haleine, je ne compte leur livrer bataille que quand le vent me sera favorable qui doit souffler de l'*Océan*.

Je n'ai ri qu'une fois depuis que je suis ici, c'est en apprenant que *Klemm* [4]) a aussi pris Mad. Denis-Street [5]) pour un Monsieur. Mad. Parish-Alvars m'écrit qu'elle désirerait beaucoup jouer à Weymar; ce n'est pas Mammon qui l'attire,

---

1) Scherzhafte Bezeichnung Liszt's für R.'s mürrisches Wesen.
2) Langjähriger Dirigent des Universitätsgesangvereins »Paulus«.
3) Musikverleger und Herausgeber der »Signale«. nachmals Rubinstein's intimer Freund und Hauptverleger.
4) Musikalienhändler und -Verleger in Leipzig.
5) Schülerin Liszt's.

mais Apollon; elle écrit: »Grüssen Sie den grössten der Künstler und den liebenswürdigsten der Menschen und geben Sie schleunigst Antwort.« J'attends donc un mot de vous pour lui répondre.

J'ai trouvé l'orchestre très bon ici, mais le premier concert du Gewandhaus ne m'a pas trop édifié; *Krüger* de Stuttgart joue dans le second, Mad. Clara Schumann dans le troisième concert; pour moi on m'a refusé de jouer dans le même concert où ma Symphonie sera exécutée, donc si je tiens à donner l'avance à ma composition, je ne puis jouer que vers la fin de Novembre.

Je ne vais voir personne, parce que personne ne vient me voir; il pleut dehors, et je suis triste dans l'âme, c'est tout ce que je puis vous apprendre de l'ours et du mât de cocagne.

Je me suis décidé à la composition de *Faust*, et je vais le commencer bientôt.

Tout à vous et plus que jamais

Ant. Rubinstein.

234. Clara Schumann.

Hochverehrter Freund,

Soeben erhielt ich einige Zeilen des Herrn Bibliothekar Eisert, dass Sie die Genoveva aufführen wollten, und ich möchte ihm meine Bedingungen nennen. Das setzt mich nun in grosse Verlegenheit, da, obgleich ich seit einigen Wochen wieder mit meinem theueren Manne correspondire, ich ihn doch nicht mit irgend einer Sache beunruhigen darf. Ich wende mich nun vertrauensvoll an Sie. Sie kennen die Verhältnisse in Weimar, Sie wissen, was ich fordern kann, ohne das Mass zu überschreiten; Sie wissen auch, dass wir auf die Verdienste durch unsere Kunst angewiesen, dass meine Sorgen jetzt auch nicht gering sind, und so rathen Sie mir, bitte! Ich weiss, dass Sie sicher mein Wohl im Auge haben. Wollen Sie die Güte haben mir sobald als möglich einige

Zeilen zu antworten, damit ich den Herrn Eisert nicht zu lange auf Antwort warten lassen muss.

Ich denke am 14ten nach Leipzig zu reisen, und bleibe dort 8 Tage. Wäre es nicht vielleicht möglich, dass ich in der Zeit auch einmal in Weimar spielte? vielleicht bei Hof oder im Theater, oder ein eigenes Concert gäbe? Wollen Sie auch darin gütig meiner denken!

Entschuldigen Sie freundlich, dass ich Sie belästige und genehmigen die Versicherung der hohen Verehrung

Ihrer ergebenen

Düsseldorf, d. 6. Octbr. 1854.   Clara Schumann.

235. Peter Cornelius.

Bernhardshütte, 7ten October 1854.

Liebster Doctor,

Nachdem Rubinstein uns verlassen, beendete ich die Bearbeitung seines Textes und sandte den Schluss mit einigen Worten an Sie. Mündlich werde ich Ihnen mancherlei Amüsantes über unser Zusammenarbeiten in der Wildniss mittheilen und Ihnen einige Parellelen ziehen zwischen *Russland* und den *Westmächten*, über die Sie, bei ungestörter Digestion, herzlich lachen sollen. Sodann machte ich mein *Pater noster* ganz fertig. Das letzte Gedicht hatte ich noch zu machen (»So wie auch wir vergeben«), die Composition desselben und des zweiten (»Geheiliget werde Dein Name«). — Sodann machte ich mich an die versprochenen Lieder für die Damen Genast und Hopfgarten. Die Letztere hatte mir gesagt, dass sie nur melancholische oder wenigstens ernste Lieder gut leiden könne. Ich combinirte dies Verlangen mit einer von Ihnen ausgesprochenen Idee — kleinere Lieder, wie mein op. 1, in einen Cyclus zu bringen — und dichtete einen solchen. Ich verfuhr dabei mit Sorgfalt, indem ich die gestrenge Kritik meines Bruders benutzte und zuletzt dessen Zufriedenheit erwarb. Das erste Lied spricht nun einen unersetzlichen Verlust aus. Das zweite: Angedenken. Das dritte: Milderung der Schmerzen. Das vierte: Trost im Träumen. Das fünfte: Versprechen ewiger Treue. Das sechste: Erhebung zu Gott. Die Titel sind: 1. Schmerz. 2. Angedenken. 3. Ein Ton. 4. Traum. 5. Treue. 6. Trost. — Als die Gedichte fertig waren, ging ich an die Composition der sechs Liebeslieder für Frl. Genast. Sie waren grade beendet, als ich gestern Ihren Brief mit der Einlage von *Berlioz* erhielt.

Berlioz schreibt mir am *ersten October*, dass er mir *übermorgen* schreiben werde und mir 100 Francs schicken wolle, sowie den *Songe d'Hérode*. Sollte nun irgend eine wenn auch nur kleine Angelegenheit Ihrerseits meine sofortige Rückkehr wünschenswerth machen, so senden Sie mir Ihren genauen *Tagesbefehl* mit einigen Worten, und ich werde sogleich kommen. Ist dies nicht der Fall, so möchte ich meine gänzliche Abgeschiedenheit noch bis etwa auf den zwanzigsten dieses Monats verlängern, um dann zu Ihrem Geburtstag jedenfalls wieder dort zu sein. Lässt sich dies ermöglichen, so bitte ich Sie, mir Brief und Partitur von Berlioz hierher zu senden. Ich werde die Übersetzung sogleich machen und in kürzester Frist direct nach Paris zurücksenden. Die übrige Zeit bliebe mir dann noch, um meinen kleinen Cyclus zu componiren.

Ich werde dann, oder wenn Sie rufen, schon jetzt, recht glücklich und froh nach Weimar zurückkehren. Ich freue mich auf die Arbeit für Pohl, die ich dann mit allen Kräften und ohne hindernde Nebengedanken (als Componiren etc.) anzugreifen und bald zu beenden gedenke. Später will ich Montag die versprochenen *leichten Motetten* machen und habe ein grösseres Liederwerk von circa 36—48 Liedern vor (Skizzenbuch), in welchem ich gar nicht objectiv, sondern ganz ungehindert *subjectiv* zu verfahren gedenke. — Und dicht daneben alles Schöne und Gute, von dem ich eine Zeitlang fliehen musste, um auch nur ein bescheidenes Stück Individualität aus mir heraus zu arbeiten. — Wie freue ich mich, nun wieder die Fürstin und Sie, die Princess und Miss Anderson wieder zu sehen! Wie freue ich mich auf die

Sonntage und auf die Oper! Wie freue ich mich auf Faust und Alles, was da braust und saust, und doch auch hoffentlich auf eine oder die andre sinfonische Dichtung in Leipzig!?

Mein Bruder war bis jetzt mit mir zusammen und es hat seit dem Tode meines Vaters nie ein so beträchtlicher Theil unsrer Familie wieder so schön zusammengelebt als wie in diesen letzten Wochen. Auch ist dies ein Grund mehr, meinen Aufenthalt gern noch einige Tage zu verlängern, um meine Mutter erst nach und nach wieder von dem Zusammensein mit den lieben Söhnen zu entwöhnen. Mein Bruder geht morgen nach Breslau zurück und es würde der *Alten* sehr hart sein, uns Beide auf einmal scheiden zu sehen.

> Denn die Blätter werden gelb
> Und die Haare werden weiss,
> Und wann seh' ich Dich wieder,
> Wenn ich jetzt verreis'?

Berlioz lässt Ihnen mille amitiés sagen und entschuldigt sich, Ihnen augenblicklich nicht schreiben zu können. Sie möchten den einliegenden Tact Correctur im *Faust* pag. 321 auf den letzten Tact der Singstimmen aufkleben. — Meine Mutter empfiehlt sich den jederzeit hohen Bewohnern der Altenburg zu Gnaden, und ich empfehle mich der gnädigsten Fürstin mit dem stillen und neidischen Gedanken, wie unvergleichlich sie das Zettelchen von Berlioz an die rechte Stelle setzen und aufkleben wird!

Mit vielen Grüssen an Hoffmann's, Schade [1]), sowie an Raff und die Murl's

Ihr

Cornelius.

236. Adolf Stahr.

Theurer Freund,

Moritz Hartmann ist gefangen. Seine Freunde in Paris schreiben mir, dass, wie sie aus Wien erfahren, *ein Theil* der dortigen Minister es, aus Furcht vor Skandal, selbst für poli-

---

1) Unter die Namen: Hoffmann's, Schade hat Cornelius ein paar komische Figuren gezeichnet.

tischer halten, den Dichter wieder in Freiheit zu setzen, der seit sechs Jahren ohne politische Thätigkeit, rein nur seiner Kunst und seinen schriftstellerischen Arbeiten gelebt hat. Es sei, schreiben sie mir, Alles noch im ersten Stadium der Untersuchung, und *eben* darum noch Zeit, für den Dichter thätig zu sein, um die Schale der Milde sinken zu machen. Auch ohne Auftrag von Paris her würde ich dazu Deine Mitwirkung, Deinen Einfluss, Deine Verbindungen, Deinen mondanen Ruhm in Anspruch zu nehmen mir erlauben; denn es gilt einem Freund, einem edlen Charakter, einem Dichter, einem Unglücklichen. Je mehr von allen Seiten, von den verschiedensten Persönlichkeiten Bitten und Befürwortungen nach Wien, als Zeichen von dem Interesse zur Kenntniss kommen, das man in Deutschland an dem Schicksale des *Dichters* nimmt, um so eher ist Aussicht dazu da, dass Kaiser Franz Joseph und seine Räthe thun werden, was menschlich und politisch das Klügste ist, zumal in einem Augenblicke, wo ein Louis Napoleon einen Barbès[1]) begnadigt, und wo Österreich durch einen solchen Akt die Stimmung von ganz Deutschland gewinnen kann. Fanny Lewald wird ihre Bitte um Verwendung gegen S. Kön. Hoheit den Grossherzog von Weimar aussprechen und Seiner Huld den Menschen und Dichter empfehlen. Ich habe leider! Niemand in Wien selbst, an den ich mich wenden könnte, Dir kann es daran nicht fehlen. Also noch einmal: thue, verehrter Freund, was Du kannst, und was Dein grossmüthiges Herz Dir eingiebt. —

Wir sind seit 14 Tagen aus Helgoland zurück, unserer Verbindung steht jetzt nichts mehr im Wege als das Eintreffen des Heirathskonsenses von Seiten der Oldenburg. Behörde, das sich seit Wochen und Wochen verzögert. Wir leben glücklich und zufrieden, nachdem wir durch fast 9 Jahre Leiden das Ziel erreicht: den Rest unseres Daseins gemeinsam verleben zu können. Ich habe zwei Söhne bei mir, und meine

---

1) Ein französischer Revolutionär, der sich gegen seine Begnadigung verwahrte und bei der Pariser Polizei — allerdings vergeblich — seine Wiedereinsperrung nachsuchte. Er verbannte sich darnach freiwillig aus Frankreich.

anderen Kinder sind wohl versorgt mit der Mutter in Jena. Ich arbeite fleissig und sehe manche Frucht reifen.

Darf ich Dich bitten, Deinem und meinem gnädigsten Gönner, dem Grossherzoge meine aufrichtigste Verehrung darzubringen, und den Ausdruck gleichen Gefühls der Frau Fürstin von W. auszusprechen?

Mit herzlicher Freundschaft der Deine

Berlin, 11. Octbr. 1854.   Adolf Stahr.

Leipz. Platz 3.

Nachschrift: Hartmann ist *krank*, und Krankheit war es, die ihn verhinderte, sich der Gefangennehmung zu entziehen.

237. Hector Berlioz.

Paris, Dimanche, 15 Octobre [1854].

Mon cher ami,

Sois assez bon pour m'écrire six lignes courrier par courrier et me faire savoir si Mr Cornelius a reçu deux lettres de moi et une partition du *Songe d'Hérode*. Je l'avais prié dans la dernière lettre qui contenait 25 Thaler de m'accuser réception du tout, et je n'ai rien reçu. Peut-être est-il absent, mais en tout cas, les paquets étant adressés *chez toi*, tu les lui auras fait parvenir. J'ai absolument besoin de mes partitions dès la première semaine de Novembre. Si Mr Cornelius n'avait pas pu finir sa traduction avant cette époque, fais-moi renvoyer néanmoins le manuscrit.

Je ne suis pas allé à Munich ainsi que tu le pensais. Dernièrement encore, les journaux de Paris me faisaient voyager en Allemagne quand j'étais en Dauphiné, occupé d'un partage de famille avec ma sœur et mon beau-frère. Me voilà réinstallé à Paris jusqu'au mois de Janvier. Alors je partirai réellement pour l'Allemagne. Je ne sais rien de Dresde, as-tu entendu parler de ce qu'on y fait? . . . .

Rien de ce qu'on tripote ici ne peut t'offrir le moindre intérêt, aussi me dispenserai-je de t'en entretenir. Nous ne voyons pas Belloni, et par conséquent il n'est pas facile, quand tu ne m'écris pas, d'avoir de tes nouvelles. On col-

porte une foule de bourdes sur tes projets, sur ton voyage
à Bruxelles etc.

Est-il vrai que tu aies marié tes deux filles? que tu
ailles en Amérique? .... etc. etc. Tu as le don de préoccuper
beaucoup l'attention publique; il ne faut donc pas t'étonner
de tous ces bavardages.

Adieu, très cher ami, je te serre la main.

Ton dévoué   Hector Berlioz.

P.S. Où est Joachim? je lui ai écrit et je n'ai pas reçu
de réponse *comme toujours*.

238. Clara Schumann.

Verehrtester Freund,

Es ist mir unmöglich Dienstag zu kommen; ich schrieb
allerdings früher an Frl. Sabinin[1], dass ich schon Dienstag
spielen möchte, wusste damals aber nicht, dass ich erst um
1 Uhr in Weimar sein kann, ferner dass die Frau Grossherzogin noch eine Stunde entfernt wohnt. Ich bitte Sie nun
recht freundlich, es möglich zu machen, dass ich Mittwoch
bei der Frau Grossherzogin spiele; ich habe nämlich Montag
mein eigenes Concert hier, es ist sehr anstrengend, denn ich
spiele viel, und fühle doch von den vielen Anstrengungen,
die ich hier habe, meine Nerven so angegriffen, dass ich
fürchte, wenn ich mich Dienstag (nicht ausruhen kann, am
Ende krank zu werden, und das wäre doch ein rechtes Unglück
für mich. Ich hoffe, lieber Freund, Sie halten das nicht für
Laune von mir, Sie kennen mich auch nicht so, nicht wahr?

Ich komme also jedenfalls Mittwoch; bitte, machen Sie,
dass ich dann am Mittwoch Abend in Ettersburg spiele.
Stellen Sie es der hohen Frau vor, dass es nur meine Gesundheit ist, die mir so zu handeln gebietet.

Zu dem Concert von Robert bin ich gern bereit — über
die Solostücke sprechen wir wohl später mündlich?

---

1) Martha Sabinin, Schülerin Liszt's, Tochter des Probstes der
russischen Kirche in Weimar.

Wollten Sie wohl gütigst der Frl. Sabinin mein Kommen am Mittwoch mittheilen?

Erhalte ich keine Nachricht mehr, so nehme ich an, dass Sie mich erwarten, und bitte Sie, lieber, verehrter Freund, um Nachsicht, wenn ich Ihnen wieder neue Mühen verursache[1]).

Mit herzlichen Grüssen und wahrer Verehrung Ihre

Leipzig, Sonnabend Morgen.　　　　　Clara Schumann.
　　[21. October 1854[2]).]

239. Hector Berlioz.

Mon cher Liszt,

Pardonne-moi de n'avoir pas encore répondu à ton excellente et si cordiale lettre qui m'a fait rougir du laconisme de mon billet précédent. J'ai reçu la traduction de Mr Cornelius et aussitôt je me suis mis en train pour préparer l'exécution de cette petite œuvre. Elle aura lieu le 10 Décembre prochain; je m'attends à perdre quelque huit ou neuf cents francs à ce concert. Mais ce sera, je l'espère, utile *pour l'Allemagne*. Et j'ai la faiblesse aussi de désirer faire entendre cela à quelques centaines de personnes à Paris dont le suffrage, si je l'obtiens, aura du prix pour moi, et à quelques douzaines de crapauds dont en tout cas, cela fera enfler le ventre. On me dit que la traduction allemande est très bien faite et je te prie de remercier très particulièrement mon exact et spirituel traducteur.

Je serai très enchanté d'aller à Weimar avant la fin de l'hiver en revenant de Gotha, où le Duc m'a fait inviter à

---

1) Sie spielte auch noch in einem von Liszt dirigirten Schumann-Concert am 27. Oct. das A-moll Concert, und Liszt brachte ihr darnach in einem ihre Künstlerschaft auf das edelste charakterisirenden Artikel in der »Neuen Zeitschrift für Musik« (Gesammelte Schriften, IV) eine geist- und poesievolle Huldigung dar.

2) Das dem Briefe fehlende Datum konnte nach dem des am 23. Oct. 1854 stattfindenden Leipziger Concertes von Clara Schumann ergänzt werden.

venir par Griepenkerl. J'ai vu il y a déjà longtemps Mr Oppelt; mais je ne sais s'il est encore à Paris. Mr de Lüttichau m'a écrit la semaine dernière. Il m'annonce qu'on va mettre en scène à Dresde *l'Etoile du Nord* et, en conséquence, qu'on ne pourra songer à *Cellini* que vers la fin de l'année prochaine, m'assurant d'ailleurs de ses bonnes intentions à l'égard de cet ouvrage. Mais il ne me dit pas un mot de la proposition par lui faite, lors de mon dernier voyage, à propos de la place de maître de chapelle.

Je n'ai pas eu signe de vie des Hanovriens; Joachim ne m'a pas répondu, et je n'ai reçu ni croix, ni quoi que ce soit. Je suis allé voir le secrétaire de la Légation de Hanovre qui ne sait rien de tout cela et n'y comprend pas plus que moi. Présente mes hommages respectueux à S. A. le Grand-Duc de Weimar; je suis bien reconnaissant de son bon souvenir. Si tu crois qu'on puisse monter Faust et la Trilogie à Weimar vers la fin de Janvier, écris-moi *à quelle époque je devrai t'envoyer les parties de chant*. J'aimerais infiniment mieux, je l'avoue, commencer par Weimar et n'aller à Gotha qu'après. En tout cas j'ai un autre engagement à Darmstadt, j'ai fait une promesse au Roi de Hanovre, et j'ai des affaires à Paris (pour l'Exposition prochaine .... un Jury, un Comité) qui m'obligeront à rendre aussi rapide que possible mon excursion en Allemagne.

Je te félicite d'avoir obtenu l'engagement de Madame Pohl; voilà au moins l'orchestre de Weimar au grand complet. Je te prie de me rappeler au souvenir de l'aimable harpiste et à celui de son mari; je serai bien joyeux de les retrouver l'un et l'autre. J'ai mon fils ici depuis quelques jours; il m'a apporté ses *trophées de Bomarsund*. Le voilà baptisé .... et le baptême ne lui a heureusement pas été fatal. Il repart ce soir pour la Crimée .... *Ma femme* te serre la main.

Pas d'autres nouvelles. Belloni se met en quatre pour mon concert; c'est un excellent et obligeant garçon. Je te ferai savoir comment cela se sera passé.

Adieu, je voudrais bien te savoir plus content que tu n'étais quand je t'ai quitté.

Crois à ma vive et sincère affection.   Ton dévoué
14 Nov. 1854.   H. Berlioz.

240. Josef Joachim.

Hannover, am 16ten Nbr 1854.

Lieber Liszt!

Die beiliegenden gedruckten Noten liegen schon die längste
Zeit gepackt bei mir — und noch immer habe ich eine Art
Scheu sie nach Weimar zu senden. Gedruckt und mit so
gewichtiger Dedication lassen die Dinge andres hoffen als
man findet. Mir war es, als ich von Euch aus Weimar schied,
darum zu thun, Euch mit meinem innerlichsten Ausdruck zu
sagen, dass ich nicht aus Eurem Andenken verklingen möchte;
leider war die Stimmung der Ouverture damals meine wahrste
Empfindung — und auf Kosten der Schönheit hat sie sich
breit genug gemacht. So nehmt denn Concert und Ouverture
wie sie sind, als ein höchst getreues, ungeschmeicheltes Portrait eines alten Bekannten, und wie man bei einem solchen
Conterfei zu thun pflegt, wirf beim Eröffnen des Packets noch
einen Blick der Güte darauf, bevor Du es in irgend eine
Ecke lehnst, des Weimar'schen Musikschrankes etwa: da
mag's ein zukünftiger Grossh. Concertmeister bestaubt wieder-
finden, um aus Curiosität zu sehen und zu hören, was sein
mürrischer Ahn an seinem morschen Pult vor undenklichen
Zeiten ausgeheckt hat. — Die geschriebene Partitur schicke
ich zu dem Zwecke noch ein. —

Frau Schumann, die kürzlich hier war, hat mir viel von
Weimar erzählt, und wie gut Du gegen sie gewesen seist.
Ich wusste, Du würdest es Dir nicht entgehen lassen, einer
so ausgezeichneten, aufopfernden Frau Rosen und Lorbeern
auf den kummerreichen Pfad des Concertgebers zu streuen.

Welch' grosses Glück ist es, dass Schumann's Zustand
merklich freier wird! Ich hatte kürzlich Brief von ihm aus
Endenich[1]. Er erzählt ganz klar manches gemeinschaftlich

---

1) Umnachteten Geistes befand sich Schumann in der dortigen
Heilanstalt.

Erlebte, mit einer freundlich milden Ausdrucksweise, als erwachte er eben vom Träumen; alles erscheint ihm wie neu, und er möchte theilnehmen, frägt nach Compositionen, nach Freunden: man kann wohl das Beste hoffen.

Soll ich von mir erzählen? Ich war in der Heimath; der Himmel ist mir dort musikalischer vorgekommen, als der Hannover'sche. In Wien, wo ich nur vier Tage war, wollte ich Deinen Oheim aufsuchen; aber bald dachte ich, ohne direkte Nachrichten von Dir könnte ich ihm nichts bedeuten; vielleicht lerne ich ihn durch Dich kennen, später. Die Donau bei Pesth ist schön, und die Zigeuner spielen noch enthusiastisch, von Herz zu Herz geht der Klang, das weisst *Du*. Es ist mehr Rhythmus und Seele in ihren Bogen, als in allen norddeutschen Kapellisten zusammengenommen; die Hannoverschen nicht ausgenommen. Seit 5 Wochen bin ich hier zurück; ich hoffe einen arbeitsamen Winter zu verleben, und denke mehr für meine hörenden Ohren zu musiciren, als tauben zu predigen, wobei nichts herauskömmt.

Das erste Concert wird am 9ten des künftigen Monats sein, und dann sollen in jedem Monat zwei folgen. Man hat mir für einen Abend die 9te Sinfonie versprochen, das war aber auch im vorigen Jahr geschehen. Im Theater will man den Tannhäuser bringen; die Stimmen werden copirt.

Denkst Du noch an Dein Versprechen, eine Deiner Symphonischen Dichtungen mir hier anzuvertrauen; wenn Du es thust, so denk' dann auch an *meine* Freude und an die Anregung, die *mir* dadurch würde. Ich bilde mir ein, dass mein Fortschreiten und Gedeihen Dir nicht gleichgültig geworden sei!

Darf ich Dich bitten, die beiden Ouverturen im Manuscript durchzusehen und mir darüber etwas zu sagen, wenn Du sie wiederschickst? Die eine zu Demetrius ist eine gänzliche Umarbeitung der früheren, an der mich ein gewisser heftiger Zug lockte, mich nochmals hinein zu vertiefen und ein besseres Ganze daraus zu machen zu suchen. Auch anderes habe ich seit der Zeit componirt, und so hoffe ich ein fleissiger Mensch mit der Zeit zu werden; nur in der Arbeit ist Ruhe.

Lebe wohl für heut'; empfiehl mich angelegentlich den Deinen und vergiss mich nicht.

Verehrungsvoll   Joachim.

241. Anton Rubinstein.

Le 16 Novembre 1854.

Je reviens du Gewandhaus, où on a exécuté ma Symphonie — j'ai fait diriger par Rietz qui est devenu très aimable pour moi dans les derniers temps; lui et David, les principaux artistes de l'orchestre, et même plusieurs compositeurs de la ville qui ont assisté aux répétitions, m'ont prédit un grand succès — ce soir avant le concert, la plupart de ces messieurs m'ont félicité d'avance en me disant que je serais rappelé; j'ai répondu à tout cela avec ce sourire propre à tout compositeur au moment où l'on va exécuter une de ses œuvres; ce sourire qui veut dire: veux-tu te moquer de moi? ou bien dois-je me moquer de toi? —

Enfin on commence — le premier morceau est bien exécuté, et on applaudit; le second est parfait d'exécution, on applaudit plus fort; le troisième est une merveille d'exécution, on applaudit très peu; le dernier, l'orchestre bat la campagne, on n'applaudit pas du tout. —

Donc je ne sais pas si c'est un fiasco, ou bien si le public de Leipzig m'a fait l'honneur de ne pas me comprendre — c'est égal, je ne suis curieux que d'une chose: avant le concert, Gurkhaus[1]) m'accoste dans la salle en me disant qu'il viendrait demain causer d'affaires; s'il ne vient pas, c'est la première de mes prévisions pour la Symphonie, s'il vient, c'est la seconde. —

J'espère que cela ne portera pas préjudice à mon intention de jouer dans un de ces concerts; jusqu'à présent rien n'est encore fixé à ce sujet; en tout cas ce ne sera pas le 30, comme je croyais avant, parce que *Mr Jaëll* joue ce soir-là;

---

1) Musikverleger, Chef der Firma F. Kistner.

ce sera donc dans la première ou dans la seconde semaine de Décembre, je le saurai ces jours-ci. —

Tout cela ne m'empêche pas de composer des Préludes, je viens de finir le cinquième, et je commence le sixième, je serai cependant très content d'en finir parce que cela commence à m'ennuyer. —

En écoutant ma Symphonie ce soir, mille idées l'une plus drôle que l'autre, se croisaient dans ma tête, en voici quelques échantillons:

Dialogue entre le Public et la Symphonie.

Public. Ocean, du Ungeheuer! wie wässerig bist du!

Symph. Publikum, du musikalische Einkommensteuer, wie ledern bist du!

Public. Symphonie, que me veux-tu?

Symph. Te prouver que ton Leipzig est un faux nid.

Public. Honni soit qui mal y pense!

Symph. Béni soit qui vertement te tance!

Un Italien. Che porcheria musicale!

L'Auteur (à part). Se non è vero è ben trovato ....

Symphonie (au Public): To be or not to be?

Le Public ajourne la question.

Symphonie. E pur si muove!!! —

etc. etc. etc.

Pardon de vous communiquer ces bêtises, mais ce sont mes voix intérieures de ce moment[1]). Je me recommande à votre bon souvenir et suis pour toujours

votre obligé   Ant. Rubinstein.

242. Derselbe.

Leipzig, le 15 Décembre 1854.

Cette fois-ci c'est un grand succès que j'ai à vous signaler; j'ai joué hier au Gewandhaus, premièrement une Fantaisie pour Piano et Orchestre en *fa*, et puis un Nocturne, le pre-

---

1) Liszt's Antwort: F. Liszt's Briefe I. Nr. 126.

mier Prélude, et une Etude — tout m'a réussi très bien, et le public a fait amende honorable. —

J'ai à vous remercier de votre bon conseil d'employer la trompette dans l'Adagio, c'est d'un effet incontestable et qui a fixé l'attention de tous les musiciens.

Senff est vraiment un bon diable, il a poussé sa bonhomie jusqu'à vouloir bien s'extasier hier; j'ai joué son piano d'Erard, parce que heureusement Härtel n'en avait pas de disponible; au sujet de ce piano j'aurai à vous communiquer verbalement quelque chose qui ne manquera pas de vous intéresser.

Mad. Schumann et Joachim se proposent de venir ici donner une soirée le 19; j'en suis enchanté, parce que cela me donnera l'occasion de faire la connaissance de Joachim.

Gurkhaus est cependant venu le lendemain de la Symphonie, et nous avons heureusement terminé nos affaires, pour les *Lieder persans*; je vous supplierai d'avoir la bonté de demander à Madame la G[rande] D[uchesse] Sophie sie elle veut bien en agréer la dédicace.

La Symphonie a cependant eu du succès à ce qu'il parait, le lendemain du concert où elle a été exécutée, tous ces messieurs sont venus me féliciter et les journaux se sont assez bien prononcés. — Du hast die schönsten Augen, mein Liebchen, was willst Du noch mehr?

Je me suis arrangé avec *Mr Schloenbach*[1]) pour me faire le libretto d'un Oratorio *le Paradis perdu*; il demande 100 Thl.; il veut me livrer la première partie comme échantillon, et si je n'en suis pas content je dois lui donner 40 Thlr. pour l'indemniser du temps qu'il y a employé; je crois que c'est acceptable.

Mlle Goddard, jeune pianiste anglaise, est ici et se propose de venir vous jouer quelque chose.

Jeudi prochain je joue dans la soirée de Quatuor du Gewandhaus, mon Octetto, je suis très curieux de l'effet.

J'attends avec impatience votre lettre pour savoir quand je peux venir à Weimar, c'est pour moi toujours une fête

---

1) Literat, der damals bei Liszt verkehrte.

d'avoir un prétexte d'aller chez vous. Madame la Princesse a daigné me charger d'une commission que j'accomplirai ponctuellement.

Madame Parish - Alvars a joué ici à l'avant-dernier concert et a fait fureur.

Jamais je n'ai été si paresseux pour la composition comme maintenant; je ne fais rien, et cependant je viens de recevoir de St. Pétersbourg une lettre au sujet de la Symphonie promise — je ne sais tout bonnement comment faire.

Mais j'ai encore deux mois de temps et peut-être que je réussirai à en faire une dans cet espace de temps.

Si vous vouliez bien me mettre aux pieds de Madame la Princesse et me recommander au bon souvenir de la Princesse Marie, je vous serais très reconnaissant.

Veuillez bien me croire votre tout dévoué

Ant. Rubinstein.

243. Hector Berlioz.

Mon cher Liszt,

Je me suis laissé aller à dire quelques vérités sur les impressions parisiennes, dans ma lettre d'hier à la Princesse Wittgenstein. Je t'écris aujourd'hui pour te prier de lui demander le secret sur ces aveux. Toute vérité n'est pas bonne à dire, celle-là surtout me ferait un tort affreux si l'on savait que j'ai osé la reconnaître.

Ainsi je suis devenu bon enfant, humain, clair, mélodique, je fais enfin de la musique comme tout le monde, voilà qui est bien convenu. Adieu, la sensation causée par cette conversion augmente; laissons-la augmenter. L'article de Scudo a mis tout le monde en rage, c'est excellent.

Si tu peux voir ceux du Siècle, du Pays, de l'Illustration, du Mousquetaire, du Constitutionnel, de la Revue des Théâtres, du Charivari, et ceux qui vont paraître demain Dimanche dans les journaux de musique, tu auras encore une idée affaiblie du tapage que cela fait. On m'annonce des choses superbes dans les journaux de demain, nous verrons bien.

D'Ortigue fait celui des *Débats*. Mais le mieux étudié sans doute, sera celui de Glover dans le Morning Post parce que Glover est un musicien distingué et qu'il a écrit avec ma partition sous les yeux.

J'ai là un monceau de lettres plus échevelées les unes que les autres. Je te dirai à toi que la véritable trouvaille que j'ai faite, c'est la scène et l'air d'Hérode avec les devins, ceci est d'un grand caractère et qui t'ira je l'espère. Pour les choses gracieuses qui touchent davantage, à l'exception du Duo de Bethléem, je ne crois pas qu'elles aient autant de valeur d'invention.

Adieu encore.   Ton dévoué

Samedi matin, 17 Décembre 1854.   H. Berlioz.

P. S. Mille amitiés à Cornelius, à Raff et Mr de Ferrière quand tu le verras. Le voilà Sénateur.

244. Gustav Freytag,

wol der grösste und nationalste der neueren deutschen Schriftsteller und Dichter, geb. 13. Juli 1816 zu Kreuzburg in Schlesien, lebte 1848—1879 in Leipzig, bis 1870 als Redacteur der »Grenzboten« thätig, sodann in Wiesbaden, wo er, vom Herzog v. Coburg zum Wirkl. Geheimrath mit dem Titel Excellenz ernannt, am 30. April 1895 starb.

Sonntag früh 10 Uhr. [Wol gegen Ende 1854 [1]).]

Verehrter Freund und Herr!

Beifolgende Exemplare als Zeichen treuer Gesinnung und respectvoller Ergebenheit. Möge Ihnen das Stück den Eindruck machen, dass es nicht unwahr und nicht unschön ist.

Ich eile zur Probe. Blumen vor Ihre Füsse!

Artigst Ihr

Freytag.

[1) Das Erscheinungsjahr der »Journalisten«.